Enno Schmoll

Künstliche Ferienwelten im Fokus der Nachhaltigkeit – Genesis statt Ausverkauf der Paradiese?

Schriftenreihe des Fachbereichs Wirtschaft
der Jade Hochschule
Wilhelmshaven/Oldenburg/Elsfleth

herausgegeben von

Sylke Behrends
Kurt Helms
Gerd Hilligweg

Band 2

LIT

Enno Schmoll

Künstliche Ferienwelten im Fokus der Nachhaltigkeit – Genesis statt Ausverkauf der Paradiese?

Eine Nachhaltigkeits-Analyse unter besonderer Berücksichtigung der kulturalistischen Perspektive am Beispiel des Tropical Islands

LIT

∞

Gedruckt auf alterungsbeständigem Werkdruckpapier entsprechend
ANSI Z3948 DIN ISO 9706

Bibliografische Information der Deutschen Nationalbibliothek
Die Deutsche Nationalbibliothek verzeichnet diese Publikation in der Deutschen Nationalbibliografie; detaillierte bibliografische Daten sind im Internet über http://dnb.d-nb.de abrufbar.

ISBN 978-3-643-11259-0
Zugl.: Oldenburg, Univ., Diss., 2011

Verlagskontakt:
Fresnostr. 2 D-48159 Münster
Tel. +49 (0) 2 51-62 03 20 Fax +49 (0) 2 51-23 19 72
E-Mail: lit@lit-verlag.de http://www.lit-verlag.de

Auslieferung:
Deutschland: LIT Verlag Fresnostr. 2, D-48159 Münster
Tel. +49 (0) 2 51-620 32 22, Fax +49 (0) 2 51-922 60 99, E-Mail: vertrieb@lit-verlag.de

Österreich: Medienlogistik Pichler-ÖBZ, E-Mail: mlo@medien-logistik.at
E-Books sind erhältlich unter www.litwebshop.de

„Wir tragen Verantwortung für das Land,
das wir von unseren Vätern geerbt haben.“

Aborigine – Weisheit

Vorwort

Der Klimawandel als besonders extreme Gefährdung einer nachhaltigen Entwicklung von Wirtschaft und Gesellschaft, das heißt hinreichender Lebenschancen auch für die kommenden Generationen, rückt den Tourismus in zunehmendem Maße in das kritische Scheinwerferlicht der Öffentlichkeit. Denn im Unterschied zu Feldern der Umweltpolitik wie Luftreinhaltung und Gewässerschutz, wo in der Vergangenheit wenigstens einige Erfolge erreicht werden konnten, scheint Tourismus erst recht unter den Bedingungen des demographischen Wandels keinerlei Grenzen zu kennen und scheinen die Möglichkeiten, dieser Expansion und ihren ökologischen Folgen wirksam zu begegnen, kaum vorhanden zu sein: viele der Menschen, die bei ihrer Ernährung, bei ihrem Energieverbrauch oder vielleicht sogar in ihrem alltäglichen Mobilitätsverhalten auf ökologische Qualität orientieren, wollen auf den Wert touristischer Erlebnisse auch und gerade in fernen Ländern anscheinend nicht verzichten.

Vor diesem Hintergrund bieten sich künstliche Ferienparadiese als Alternative an. Enno Schmoll, inzwischen Professor für Tourismuswirtschaft an der Jade-Hochschule Wilhelmshaven, hat am Beispiel der Tropical Islands den Nachhaltigkeitsanspruch einer solchen touristischen Perspektive untersucht und in den Kontext der nun schon lange anhaltenden Bemühungen um sanften, ökologischen oder eben nachhaltigen Tourismus gestellt.

Es ist ein Verdienst der vorliegenden Arbeit, die ökologische mit einer kulturalistischen Perspektive auf sehr gutem Niveau zu verknüpfen. Touristische Nachhaltigkeit muss, so die Argumentation, allen Schwierigkeiten zum Trotz zum Handlungswillen und Handlungswissen der Reisenden gemacht werden.

Der Arbeit ist es gelungen, die Sensibilität für touristische Bedürfnisse zwischen Natürlichkeit, Künstlichkeit und Authentizität zu stärken und geht in ihren Bezügen weit über eine Untersuchung der speziellen Ferienwelt hinaus. Insofern vermag sie einen wichtigen und interessanten Beitrag für die weitere tourismuswirtschaftliche und –wissenschaftliche Diskussion zu leisten.

Oldenburg und Stapelmoor, Januar 2013
Prof. Dr. Reinhard Pfriem

Danksagung

Das Verfahren einer Promotion vergleiche ich gern mit einer (Entdecker-) Reise: Man startet seine Promotions-„Reise“ mit klarem Ziel vor Augen in unbekanntes Land, ungewiss, was einem auf der Reise an Unwägbarkeiten begegnen mag. Ist man dann unterwegs, so ergeben sich einige Überraschungen; manch vorher geplanter Weg erweist sich beispielsweise als Sackgasse, ein anderer als Umweg.

Die Promotion ist deshalb für mich vor allem auch eines gewesen: ein Suchprozess. Um die klare Linie zu finden und dann auch beizubehalten, nicht aufzugeben und sein Ziel letztlich zu erreichen, bedarf es guter Freunde und Unterstützer, welche unter anderem mit Rat wie Kritik zur Seite stehen. Meinen Freunden und Unterstützern danke ich daher ausdrücklich für ihre mir geschenkte Zeit, Aufmerksamkeit und Energie. Erwähnt seien auch noch die Weggefährten des „Schreibtreffs“, einem Internetforum für Doktoranden, welche mich durch so manche arbeitsreiche Nacht begleitet haben.

Ein besonderer Dank geht vor allem auch an meinen Doktorvater Reinhard Pfriem, der durch zahlreiche Diskussionen und Gespräche wesentlich zum Gelingen dieser Arbeit beigetragen hat.

Inhaltsverzeichnis

Abbildungsverzeichnis

Tabellenverzeichnis

Abkürzungsverzeichnis

AGG	Allgemeines Gleichbehandlungsgesetz
BauGB	Baugesetzbuch
BGG	Bundesgleichstellungsgesetz
BNatSchG	Bundesnaturschutzgesetz
CIPRA	Commission Internationale pour la Protection des Alpes
CSR	Corporate Social Responsibility
EBITDA	earnings before interest, taxes, depreciation and amortization
EZB	Europäische Zentralbank
F.U.R.	Forschungsgemeinschaft Urlaub und Reisen
GG	Grundgesetz
ITB	Internationale Tourismusbörse Berlin
ICE/EC	Intercity-Express/Euro-City
ISOE	Institut für sozial-ökologische Forschung
Ltd.	Limited
MICE	Meetings/Inventives/Conventions/Events
ÖPNV	Öffentlicher Personennahverkehr
RM	Ringgit (Währung von Malaysia)
SWOT-Analyse	Strengths/Weaknesses/Opportunities/Threats-Analyse
UBA	Umweltbundesamt
UN	United Nations
UNEP	United Nations Environment Programme
UNWTO	World Tourism Organization

1. Einleitung und Hinführung zur Thematik und Untersuchung

1.1 Zur Notwendigkeit des Diskurses über künstliche Ferienwelten und ihr ambivalentes Verhältnis zum Nachhaltigen Tourismus

Jeder ist irgendwann einmal als Tourist unterwegs, zumindest in unserem Kulturkreis. Deshalb knüpft die Thematik des „Phänomens Tourismus"[1] sehr direkt an den persönlichen Erfahrungshorizont der Menschen an und vermag schnell Interesse zu wecken. Aber genau dieser Umstand führt auch dazu, dass so gut wie jeder eine Meinung zu touristischen Fachthemen hat, was eine Diskussion mitunter erschwert und häufig emotional auflädt. Deutlich wird dies auch an einem so kontrovers diskutierten Thema wie dem der künstlichen Ferienwelten.

Dabei befindet sich der moderne Tourismus historisch gesehen selbst noch in der Entwicklung und vielleicht auch in einer Suchbewegung zu einer anderen Form und Ausgestaltung. Er ist dabei einerseits davon geprägt, dass Zeit- und Raumhorizonte zu schrumpfen scheinen, so dass die Welt in gewissem Maße simultan erfahrbar wird.[2] Zugleich wird der Tourismus in seinem Angebot stets vielfältiger, komplexer und bunter. Von den Wirtschaftskräften in der Welt, den globalen Strömen an Kapital, Waren, Informationen und Menschen, erscheint der Tourismus zudem am auffälligsten. An ihm hat nicht nur ein Großteil der Bevölkerung der Wohlstandsländer Anteil,[3] sondern er ist in der Breite der Bevölkerung akzeptiert und aus unserem Lebensalltag kaum noch wegzudenken. Ein elementarer Bestandteil des Reisens war dabei bislang die Raumüberwindung. Wer Exotik und angenehmes Klima erfahren wollte, musste dazu geradezu axiomatisch eine lange Anreise in Kauf nehmen. Künstliche Ferienwelten[4] verändern diese Ordnung: Der exotische Urlaubsort drängt in

---

[1] Vgl. *Günter, W./Würbel, A.*, Phänomen, 1998.
[2] Vgl. *Bormann, R.*, Nicht-Orten, 2000, S. 218.
[3] Vgl. *Borghardt, J.*, Tourismus, 2002, S. 351.
[4] Eine Begriffsbestimmung „künstlicher Ferienwelten" erfolgt in Kapitel 2.3.3.

den Lebens- und Alltagsraum des Urlaubers, die Raumüberwindung verliert an Dominanz.

Zugleich ist mittelfristig global zu erwarten, dass mit zunehmendem Wohlstand in der Welt und einer Liberalisierung des Reisens auch die Tourismusströme weiter wachsen werden.[1] Was die Tourismuswirtschaft vielleicht einerseits hoffnungsvoll stimmt, kann andererseits mit der Gefahr einer zunehmenden Umweltzerstörung assoziiert werden. Denn Tourismus ist in diesem Falle Täter und Opfer zugleich. Er braucht auf der einen Seite die intakte Naturlandschaft als Attraktionsfaktor, gefährdet diese aber gleichzeitig auf der anderen Seite, indem er sie touristisch aufbereitet und nutzt. Dieses bereits 1958 von ENZENSBERGER beschriebene Paradoxon[2] zeigt das dem Tourismus immanente Dilemma: Um das Bedürfnis der Touristen zu befriedigen, gefährdet der Tourismus seine Existenzgrundlage. Der geäußerten Hoffnung, dass durch die Erschließung neuer Destinationen vielleicht die Chance auf eine größere Streuung der Touristenströme geschaffen würde,[3] steht jedoch entgegen, dass dies nur Probleme der direkten Landschaftszerstörung, weniger aber die Probleme der Raumüberwindung lösen würde.

Als 2007 die Klimadiskussion im Tourismus vorläufig ihren Höhepunkt erreichte, war der Klimawandel auch auf der jährlichen Internationalen Tourismusbörse in Berlin (ITB) ein zentrales Thema, vor allem bei den Reiseveranstaltern als auch bei den Airlines. Doch die Tourismusbranche hat ein kurzes Gedächtnis und heute scheint die Klimadiskussion im Tourismus eher wieder an den Rand gedrängt worden zu sein, wenngleich sie in der breiten Öffentlichkeit mehr denn je geführt wird. Wenn auch die ITB inzwischen einen eigenen „Sustainability-Day“ eingerichtet hat, an

---

[1] Dies bezieht sich jedoch auf die globalen Tourismusströme; im deutschen Reisemarkt ist hingegen die Reiseintensität seit Jahren relativ stabil.

[2] Siehe hierzu ausführlich bereits die Ausführungen von Enzensberger in seinem grundlegenden Aufsatz „Eine Theorie des Tourismus“ (vgl. *Enzensberger, H. M.*, Theorie, 1958).

[3] Vgl. *Petermann, T.*, Tourismus, 2004, S. 68.

dem über Nachhaltigkeit diskutiert sowie Projekte und Lösungen vorgestellt werden, reisen wir trotz alledem heute schneller, und manch Reisender vielleicht auch häufiger und energieintensiver. Da der Tourismus in unserer Gesellschaft eine so große Bedeutung einnimmt, „erscheint jede Forderung nach einer völligen oder weitgehenden Abkehr vom Tourismus (...) absolut unrealistisch und blauäugig (...)“[1]. Wie aber kann es erreicht werden, dass das Gros der Touristen klimaneutral oder zumindest weniger klimabelastend urlaubt?

Künstliche Ferienwelten bieten hierzu eine neue Perspektive in der Diskussion und laden den Diskurs zugleich emotional auf. Denn künstlich Geschaffenes und nachhaltiges Handeln erscheinen auf den ersten Blick genauso unvereinbar wie Massentourismus mit Nachhaltigem Tourismus. Künstliche Ferienwelten scheinen, indem sie reale Gletscher oder Tropeninseln abzubilden versuchen, durch ihren hohen Energieverbrauch zugleich dazu beizutragen, dass ihre realen Vorbilder abschmelzen beziehungsweise mit steigendem Meeresspiegel untergehen. So erscheint eine Fragestellung, ob es aus dem Blickwinkel der Nachhaltigkeit ökologisch sinnvoll sein kann, dass nicht die „Fernwehgeplagten“ die Tropen besuchen, sondern die Tropen zu ihnen kommen, auf den ersten Blick fremd. Aber „das Fremde ist das Unvertraute, und dieses Unvertraut sein, dieses Neugierig-sein-dürfen (und auch: Neugierig-sein-müssen), macht gerade für zukunftsbezogenes wirtschaftswissenschaftliches und speziell unternehmenstheoretisches Denken einen gewaltigen Reiz. Sind nämlich nicht die Fragen nach den Bedingungen von Innovation und Wandel und deren theoretischer Bearbeitbarkeit dringender denn je?“[2]

---

1 *Kirstges, T.*, Grundfragen, 2001, S. 14 f.
2 *Pfriem, R.*, Ökonomischen, 2004, S. 246.

1.2 Zielsetzungen sowie grundsätzliche Erwägungen

Diese Arbeit möchte nun einen Beitrag zur Diskussion leisten, ob beziehungsweise unter welchen Prämissen künstliche Ferienwelten mit den Vorstellungen von Nachhaltigem Tourismus vereinbar sind. Hierbei soll nicht allein auf die ökologischen Aspekte eingegangen werden. Vielmehr geht es darum, die Diskussion auch unter einem kulturellen Blickwinkel heraus komplexer zu führen. Als exemplarischer Untersuchungsgegenstand wurde dazu das Tropical Islands in Brandenburg gewählt. Dieses weicht, wie noch zu zeigen sein wird, von bisherigen künstlichen Ferienwelten in verschiedener Weise ab. Diese Anlage ist in ihrer Art derzeit einzigartig und spricht sowohl Tages- als auch Übernachtungstouristen an. Zudem gilt sie in ihrer Gesamtform gemeinhin als Prototyp. Einzigartig am Tropical Islands ist zudem, dass hierfür eine Industriebrache revitalisiert worden ist. In diesem Zusammenhang wird auch zu prüfen sein, wie das Tropical Islands in dem bisherigen Theorierahmen künstlicher Ferienwelten zu verorten ist.

Dabei sollen die für die Diskussion notwendigen Grundlagen zunächst theoriebezogen hergeleitet werden. Hierbei ist einerseits die Diskussion um künstliche Ferienwelten aufzugreifen und, sofern notwendig, das begriffliche Verständnis zu schärfen. Andererseits sind die Theoriebezüge zum Nachhaltigen Tourismus herzustellen. Dabei ist dieses Konzept zugleich von anderen Konzepten, wie beispielsweise dem Sanften Tourismus, abzugrenzen.

In der theoretischen Aufbereitung zum Nachhaltigen Tourismus ist ferner zu prüfen, inwiefern der bisherige Diskurs aus kulturalistischer Perspektive zu ergänzen ist. Hierzu sind die einzelnen Handlungsfelder der Nachhaltigkeit sowohl darzustellen als auch gegebenenfalls in ihrem Verständnis zu erweitern.

Auf der anderen Seite wird auch der Tourismus selbst aus kultureller Sicht zu betrachten sein. Um erklären zu können, weshalb künstliche Ferienwelten entstanden sind, wird hierbei sowohl auf die Tourismusgeschichte als auch auf die Reisemotivation abzustellen sein. Aus dieser Betrachtung heraus lässt sich im Weiteren die Frage beantworten, ob und inwiefern künstliche Ferienwelten überhaupt in der Lage sind, die Bedürfnisse des Urlaubers zu befriedigen. Zugleich wird hierzu aber zu hinterfragen sein, inwieweit künstliche Ferienwelten Ausdruck unserer Reisekultur werden könnten bzw. bereits sind.

Nach der theoretischen Herleitung und Betrachtung sollen die so gewonnenen Erkenntnisse und Folgerungen auf das Tropical Islands angewandt werden. Hier wird zu prüfen sein, inwiefern der theoretische Bezugsrahmen empirisch validiert werden kann. Darüber hinaus wird zu untersuchen sein, ob und gegebenenfalls welche Handlungsempfehlungen aus den so gewonnenen Erkenntnissen abgeleitet werden können.

Die zentrale Fragestellung der Arbeit bleibt jedoch, ob es sich bei künstlichen Ferienwelten letztlich um die „Genesis eines Paradieses" handelt, welche fern gelegene Urlaubsparadiese zugleich schützen könnte, oder ob es sich hierbei nur um eine andere Spielart des „Ausverkaufes von Urlaubsparadiesen" handelt, so wie er in der Vergangenheit dem Tourismus schon oft kritisch entgegengehalten wurde.

1.3 Der Aufbau der Untersuchung

Grundsätzlich teilt sich die Arbeit in zwei Abschnitte. Im ersten Schritt wird in den Kapiteln zwei bis vier der theoretische Bezugsrahmen erarbeitet und zu diskutieren sein. Bereits in diesem Abschnitt wird stets dort, wo es sinnvoll erscheint, der Bezug zu künstlichen Ferienwelt hergestellt. Im zweiten Schritt wird dieser dann in den Kapiteln fünf bis acht empirisch angewendet und dort, wo es sich als nötig erweist, weiterentwickelt.

Die einzelnen Kapitel der Untersuchung befassen sich dabei primär mit folgenden Thematiken:

Kapitel 2: Im zweiten Kapitel wird das Augenmerk auf den theoretischen Bezugsrahmen gelegt werden. Dabei wird zum einen auf den Tourismus wie auch auf die Theorie der künstlichen Ferienwelten eingegangen. Zudem wird der kulturalistische Theoriebezug der Arbeit verortet. Weiter ist das Konzept eines Nachhaltigen Tourismus in diesem Kapitel von thematisch verwandten Konzepten abzugrenzen.

Kapitel 3: Im dritten Kapitel werden die Handlungsfelder eines Nachhaltigen Tourismus herzuleiten und vertiefend zu diskutieren sein. Ausgehend von künstlichen Ferienwelten und im Bezug auf den kulturalistischen Ansatz wird dabei die Perspektive nicht nur auf den Bereisten, sondern auch auf den Reisenden selbst zu richten sein.

Kapitel 4: Im vierten Kapitel wird dann der Tourismus hinsichtlich der Motivation des Reisens und der Ausprägungen unserer Reisekultur betrachtet werden. Im Hinblick auf Ferienwelten wird dieses Kapitel auch eine Auseinandersetzung mit dem Moment des Künstlichen beinhalten.

Kapitel 5: Das fünfte Kapitel stellt die Überleitung zum empirischen Teil der Arbeit dar. Dazu werden sowohl die Methodik kurz erläutert als auch der Untersuchungsgegenstand näher beschrieben. In diesem Zusammenhang wird auch eine Subsumtion des Untersuchungsgegenstandes anhand des im zweiten Kapitel erarbeiteten theoretischen Bezugsrahmens vorzunehmen sein.

Kapitel 6: Das sechste Kapitel stellt primär eine Verortung des Untersuchungsgegenstandes entsprechend dem Theorierahmen des dritten Kapitels dar. Hier wird zu prüfen sein, inwiefern der Typus einer künstlichen Ferienwelt, wie sie das Tropical Islands darstellt, den Anforderungen eines Nachhaltigen Tourismus gerecht werden kann.

Kapitel 7: Im siebten Kapitel wird dann die Theoriegrundlage des vierten Kapitels auf die vorgenommene empirische Untersuchung angewendet. In diesem Zusammenhang wird einerseits diskutiert werden, inwiefern der Untersuchungsgegenstand ein vollständiges Urlaubsprodukt ist, das den Bedürfnissen eines modernen Touristen gerecht wird. Allerdings wird hier zugleich zu prüfen sein, welche Stellung der Typus einer künstlichen Ferienwelt, wie das Tropical Islands, in unserer Reisekultur einnimmt.

Kapitel 8: Das achte Kapitel reflektiert die Ergebnisse der voran gegangenen Kapitel aus kulturalistischer Perspektive. Dabei werden sowohl zukünftige Entwicklungsmöglichkeiten als auch der Umgang künstlicher Ferienwelten mit fremden Kulturen betrachtet. Zudem wird das Modell eines Nachhaltigen Tourismus noch einmal kurz verortet.

Kapitel 9: Das neunte Kapitel fasst die bisherigen Ergebnisse noch einmal zusammen und leitet daraus Handlungsempfehlungen ab. Zudem werden Forschungsfragen, welche in der Arbeit nicht beantwortet werden konnten oder die durch die Arbeit erst entstanden sind, abgeleitet.

2. Klärung des begrifflichen und theoretischen Bezugsrahmens

2.1 Tourismus als Untersuchungsgegenstand betriebswirtschaftlicher Praxis

2.1.1 Zum Kompositum des Tourismus

Berücksichtigt man die große wirtschaftliche und gesellschaftliche Bedeutung des Tourismus, so liegt es aus betriebswirtschaftlicher Sicht nahe, den Tourismus bzw. die Tourismuswirtschaft als Untersuchungsgegenstand zu wählen. So bietet die deutsche Tourismusbranche beispielsweise mehr als 2,8 Millionen nicht exportierbare Arbeitsplätze, und im Deutschlandtourismus wurde 2009 ein Bruttoumsatz von 232,6 Milliarden Euro erwirtschaftet.[1] Dies unterstreicht exemplarisch das Gewicht der Tourismuswirtschaft als bedeutendem Wirtschaftsfaktor in Deutschland und ihre Bedeutung als wichtiges Handlungsfeld betriebswirtschaftlicher Praxis.

Dabei ist der Tourismus selbst eine Querschnittsbranche, mit der sich nicht zuletzt auch unterschiedliche wissenschaftliche Disziplinen, so neben der Betriebswirtschaftslehre zum Beispiel auch die Geografie, die Ethnologie und die Soziologie, beschäftigen. Gerade diese „Multidisziplinarität bei der Analyse und Lösung von Tourismusproblemen stellt eine Notwendigkeit und zugleich eine Herausforderung dar.“[2]

Da in der Literatur zahlreiche, leicht differierende Tourismusdefinitionen zu finden sind, wird für diese Arbeit im Folgenden auf eine Definition von KASPAR zurückgegriffen, nach der Tourismus verstanden werden kann als „(...) Gesamtheit der Beziehungen und Erscheinungen, die sich

---

1 Vgl. *Deutscher Tourismusverband e. V.*, Tourismus, 2010, S. 4. In Niedersachsen hat der Tourismus beispielsweise mit 14,048 Mrd. Bruttoumsatz einen Anteil von sieben Prozent am Bruttoinlandsprodukt, vgl. *Deloitte & Touche GmbH Wirtschaftsprüfungsgesellschaft*, Entwicklungsstrategie, 2009.

2 *Wöhler, K.*, Editorial, 1997, S. 6.

aus der Ortsveränderung und dem Aufenthalt von Personen ergeben, für die der Aufenthaltsort weder hauptsächlicher und dauerhafter Wohn- noch Arbeitsort ist.“[3] Ergänzend benennt die UNWTO in ihrer international gebräuchlichen Definition die zeitliche Beschränkung des Aufenthaltes als weitere Komponente des Tourismus und schließt auch geschäftsbedingten Tourismus ausdrücklich in ihre Definition mit ein: „Tourism comprises the activities of persons travelling to and staying in places outside their usual environment for not more than one consecutive year for leisure, business and other purposes not related to the exercise of an activity remunerated from within the place visited.”[4] Der in dieser Form recht weit gefasste Tourismusbegriff beinhaltet damit ein sehr großes Untersuchungsfeld. Im Rahmen dieser Arbeit werden jedoch die Aspekte des Tagestourismus und des Geschäftsreisetourismus bei der Betrachtung und Analyse weitestgehend ausgeklammert, während der Fokus aus methodischen Gründen auf den Übernachtungstourismus gelegt wird, um die im Kapitel eins dargelegten Forschungsfragen beantworten zu können.

Als konstitutive Elemente des Tourismus lassen sich aus den Definitionen daher „Raum“ und „Zeit“ ableiten. Für den Konsum eines Fremd-Raumes sind damit sowohl die Raumüberwindung,[5] zum Beispiel vom Heimatort zum Urlaubsort, als auch die tatsächliche Raum-Nutzung am Urlaubsort, hier insbesondere auch der Natur und der raum-immanenten Kultur, notwendige Prämissen. Für den Konsum von Zeit bedarf es hingegen der freien Zeit, der „Dispositionszeit“.[6] Die Elemente des Tourismus veranschaulicht folgende Abbildung:

---

[3] *Kaspar, C.*, Tourismuslehre, 1996, S. 16.

[4] *UNWTO*, Tourism, 2001, S. 13.

[5] Vgl. *Job, H.*, Reisestile, 2003, S. 355.

[6] *Opaschowski, H. W.*, Pädagogik, 1996, S. 86 ff. Opaschowski grenzt hier selbst- bzw. mitbestimmbare Dispositionszeit von fremdbestimmter „Determinationszeit“ und zweckbestimmter „Obligationszeit“ ab.

Abbildung 1: Kompositum des Tourismus

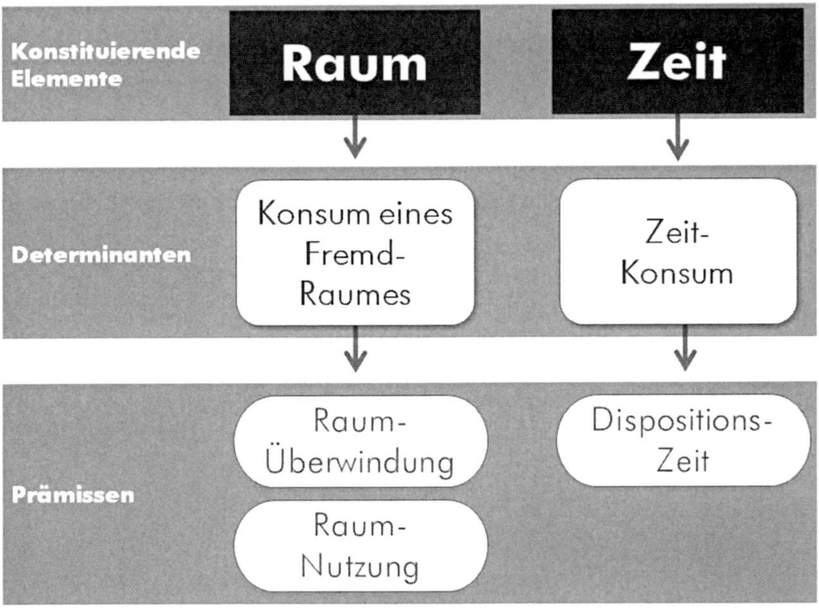

Quelle: eigene Darstellung

Basiselemente einer analytischen Betrachtung des Tourismus sind dabei vor allem „die Bedingungen und Wirkungen der raumbezogenen Abreise, Passage und Ankunft sowie des Aufenthaltes an einem fremden Ort (...).“[7] Dabei werden im Diskurs touristischer Nachhaltigkeit die Prämissen des Raumkonsums gleichermaßen kritisch betrachtet, wenn auch der Raumüberwindung dabei häufig eine besondere Beachtung zukommt, denn Tourismus gründet sich maßgeblich auf eine weiträumige Mobilität.[8] Vor allem der Flugverkehr gilt dabei als ökologisch kritisch,[9] ist er

---

7 *Wöhler, K.*, Editoral, 1997, S. 10.

8 Vgl. *Held, G.*, Urbanisierung, 2002, S. 43; LUBERICHS vertrat 1999 hingegen noch die Ansicht, dass der Raumüberwindung in der Diskussion zur Nachhaltigkeit noch zu wenig Beachtung geschenkt werde (vgl. hierzu *Luberichs, J.*, Primärenergieverbrauch,

doch „tatsächlich einer der größten und zudem kaum lösbaren Schwachpunkte des Ferntourismus.“[10] So hat beispielsweise nach DEMUNTER der Flugverkehr im Marktsegment weiter Urlaubsreisen in weniger als zehn Jahren um 33 Prozent zugenommen.[11] Die Vergrößerung des touristischen Aktionsraumes mag auf eine größere Mobilitätsbereitschaft der Reisenden bei gleichzeitig gesunkenen Mobilitätskosten der Verkehrsträger zurückzuführen sein, wenn auch EHMER/HEYMANN für die Zukunft eine Verteuerung der Mobilität erwarten, was vor allem zu Lasten des Ferntourismus gehen dürfte.[12] Die vermutlich im Zuge der Globalisierung und auch durch die so genannten neuen Medien gestiegene Mobilitätsbereitschaft dürfte hingegen kaum wieder sinken.

Während die Raumüberwindung ursprünglich ein wesentlicher Erlebnisbestandteil des Reisens war, ist sie heutzutage zu einem notwendigen Annex geworden, - von speziellen Tourismusarten, bei denen die Raumüberwindung ein gewollter Bestandteil des Urlaubs ist, wie zum Beispiel Kreuzfahrten, einmal abgesehen. Demgegenüber gewinnen alternative Reiseformen mit „intrinsischer Mobilität“[13], bei denen die Mobilität selbst ein wesentliches Motiv des Urlaubs darstellt, jedenfalls in kleinem Maße wieder an Bedeutung, was sich am Beispiel des Radtourismus exemplarisch belegen lässt.[14]
Während die Raumüberwindung ein notwendiges Übel des Reisens geworden zu sein scheint, ist der touristische Raum heutzutage vermehrt konstruierter Raum, wird er doch vor allem durch die unterschiedlichen Tourismusanbieter und durch die Tourismusnachfrager selbst erst ge-

---

1999, S. 27). Zu Beginn stand vor allem die Kritik am Raumkonsum (vgl. hierzu beispielsweise bereits die grundlegende Kritik in *Krippendorf, J.*, Landschaftsfresser, 1981).

9 Vgl. hierzu zum Beispiel ausführlicher *Kohnen, U./Bienge, K./Schroff, W.*, Umweltfolgen, 2006.

10 *Steck, B.*, Tourismus, 1999, S. 9.

11 Vgl. *Demunter, C.*, Entwicklungen, 2008, S. 4.

12 Vgl. *Ehmer, P./Heymann, E.*, Klimawandel, 2008, S. 10.

13 *Scheiner, J./Steinberg, G.*, Flugzeug, 2002, S. 107.

14 Vgl. *Albers, A.*, Sport, 2006, S. 356.

schaffen.[15] Letztlich ist der Tourismus damit heutzutage ein „Raumkonstrukteur" ersten Grades: Orte werden mit bestimmten Vorstellungen, Werten und Gefühlen aufgeladen und in einem dazu passenden Kontext präsentiert. Dies hat die Entwicklung entsprechender Assoziationen zur Folge, die sich im touristischen Gedächtnis manifestieren.[16] Damit wird der moderne Tourismus zugleich Katalysator einer „Abschaffung der raumverfassten sperrigen Wirklichkeit, die sich in die Realität der Inszenierungen auflöst."[17]

Die ökologischen Folgen des Raumkonsums zeigen sich dabei zugleich in den Folgen der Erschließung des touristischen Raumes, durch seine gezielte Inwertsetzung durch infrastrukturelle oder suprastrukturelle Maßnahmen beispielsweise, aber zugleich auch durch die direkten Nutzungsfolgen.[18] Dabei sind die hierdurch tatsächlich verursachten Kosten bislang allerdings nicht zu erfassen, „weshalb touristische Planung oft nur auf Vermutungen und auf Wunschdenken beruht."[19] Mit den ökologischen Folgen der touristischen Raumüberwindung und Raumnutzung beschäftigen sich die Kapitel 3.2.2 und 3.2.3 eingehender.

2.1.2 Tourismus als Spiegelbild unserer Zeit

Nicht nur in der Konstruktion räumlicher Wirklichkeit, sondern auch in der ganzen Breite des Tourismus spiegelt sich die Praxis gesellschaftlicher, ökonomischer und infrastruktureller Verhältnisse wider. Dies gilt im Detail insbesondere für

- **ökonomische Strukturen** und die Geschichte der Produktionsbedingungen bis hin zur Massenfertigung,

---

[15] Vgl. *Wöhler, K.*, Virtualisierung, 2003, S. 242.
[16] Vgl. *Wöhler, K.*, Topographie, 2005, S. 17.
[17] *Wöhler, K.*, Konvergenz, 2001, S. 101.
[18] Vgl. *Mose, I.*, Alternative, 1989, S. 12.
[19] *Friedl, H./Friedl, H. A.*, Tourismusethik, 2002, S. 56.

- **sozialökonomische Strukturen** wie auch fundamentale technologische Wandlungen (hier insbesondere bei den Verkehrsträgern),
- **politische Strukturen**, in Form einer politischen Überformung und Instrumentalisierung durch die Machthabenden, wie sich beispielsweise anhand der Reisefreiheit konkret nachvollziehen lässt, aber auch als kritischer Reflex des Volkes,
- die **zeittypische Kultur**, zum Beispiel Bürgerlichkeit, und
- die Abbildung **gesellschaftlicher Differenzen**, zum Beispiel in Geschlecht, Bildung, Alter, Familienstand, Konfession, politischen Einstellungen und nationaler Zugehörigkeit.[20]

Dabei profitiert nach VESTER der Tourismus vor allem von der postmodernen Vorliebe für pasticheartige[21] Entwicklungen. Die Postmoderne erlaubt eine „Außerkraftsetzung des Kanons von Werten und Stilrichtungen, im Pastiche kommt es zu hybriden Rekombinationen des früher einmal sauber Getrennten."[22] Der Tourismus selbst ist ebenfalls pasticheartig, „stellt er doch eine merkwürdige Kombination aus Arbeit und Freizeit dar und vermischt effiziente Organisation und Technik mit der Schaffung einer Welt, die die Gesetze von Zeit und Raum, von Arbeit und sozialer Kontrolle außer Kraft zu setzen scheint."[23] In der Anwendung der Theorie Bourdieus über die sozialen Felder und ihre Kapitalsorten kommt VESTER darüber hinaus zu dem Schluss, dass man in der Verschmelzung von ökonomischem, kulturellem, sozialem und symbolischem Kapital im Tourismus auch von einem *touristischen* Kapital sprechen könne: „Man könnte hier auch vom *touristischen Kapital* sprechen, einem besonderen symbolischen Schatz, der verfügbares ökonomisches, kulturelles und soziales Kapital in idealer Weise kombiniert. Wer reich an touristischem

---

[20] Vgl. *Hachtmann, R.*, Tourismus-Geschichte, 2007, S. 172 ff.

[21] Unter einem „Pastiche" wird hier im Folgenden die tendenziell parodistische Nachahmung eines Stiles oder einer Idee verstanden, der jedoch das satirisch-komische oder polemische Element fehlt.

[22] *Vester, H.-G.*, Tourismustheorie, 1999, S. 106.

[23] Ebd.

Kapital in diesem Sinne ist, versteht aus seinen Möglichkeiten - seinen Mitteln in ökonomischer, kultureller und sozialer Hinsicht - das Beste zu machen. Die nicht nur finanzielle Investition in die Reise verspricht dann auch optimalen Profit, sowohl während der Reise als auch danach.“[24]

Aus dieser Widerspiegelung realer Verhältnisse erklärt sich, warum eine Kritik am Tourismus häufig gesellschaftskritische Züge trägt und der Diskurs über touristische Phänomene polarisiert. So wird auf der einen Seite Tourismus beispielsweise als „systemstabilisierendes Herrschaftsinstrument“[25] abgelehnt, während auf der anderen Seite den Kritikern vorgeworfen wird, sie würden den Tourismus für ihre Gesellschaftskritik nur instrumentalisieren.[26] Tatsächlich zeigt die Kritik am Tourismus mitunter auch skurrile Züge. So wurde 1989 dem Tourismus beispielsweise ein suizidförderndes Potenzial der Bereisten zugewiesen.[27] Erst im Jahr 2000 konnte BACHLEITNER dann nachweisen, dass über einen längeren Zeitraum keine signifikante oder gar kontinuierlich steigende Suizidgefährdung bei den Bereisten festzustellen ist.[28]

2.2 Eine erste Annäherung an die kulturellen Dimensionen der Tourismuswirtschaft

Der Tourismus ist in seiner heutigen Erscheinungsform sowohl in der Breite als auch in der Tiefe mit verschiedenen kulturellen Aspekten[29] auf vielfältige Weise verwoben. Zum einen werden im Tourismus auch kulturelle Vorstellungen, Bilder, Lebensstile und Zeichenwelten konsumiert.[30]

---

[24] *Vester, H.-G.*, Tourismustheorie, 1999, S. 78.
[25] *Armanski, G.*, Tage, 1986, S. 38 ff.
[26] Vgl. *Thiem, M.*, Identität, 1994, S. 168.
[27] Vgl. *Haller, R./Lingg, A.*, Suizidstudie, 1989, S. 107; so auch *Schönberger, A.*, Alm-Rausch, 1994, S. 49; *Högl, H.*, Fassaden, 1995, S. 114 ff.
[28] Vgl. *Bachleitner, R./Penz, O.*, Massentourismus, 2000, S. 113 ff.
[29] Der Begriff „Kultur“ wird im Abschnitt 3.3.1. näher definiert.
[30] Vgl. *Bormann, R.*, Nicht-Orten, 2000, S. 216 f.

Zudem hat der Tourismus auch in seiner kulturellen Ausprägung eine gesellschaftliche Dimension, an die 1958 bereits die Tourismuskritik von ENZENSBERGER anknüpfte.[31] Auch das touristische Zielgebiet selbst, die Destination, ist ein jeweils unverwechselbarer Träger von kulturellen Bedeutungen und Zuweisungen.[32] Zum anderen ist der Tourismus in vielen Ländern ein bedeutender Wirtschaftszweig. So besitzt er durch sein hohes ökonomisches Wertschöpfungspotenzial vor allem auch eine volkswirtschaftliche Dimension. In einer kulturalistischen Sichtweise werden nun diese zwei Dimensionen nicht getrennt voneinander betrachtet, sondern als ein Prozess gegenseitiger Gestaltung begriffen. Eingebettet in die sie umgebende Gesellschaft und Kultur prägen Unternehmen eben diese prozessmäßig rekursiv mit. Insbesondere über ihre kulturelle Dimension sind Unternehmen geradezu symbiotisch mit ihrem gesellschaftlichen Umfeld verbunden, wobei dies als ein Prozess „in seiner Rekursivität zu begreifen ist: kulturelle Faktoren wirken auf das ein, was wir als Ökonomisches aus der Gesamtheit der Gesellschaft herauslösen, umgekehrt wirken innerhalb des so markierten Ökonomischen generierte Entwicklungen auf alles Übrige zurück."[33] In der Tourismusbranche tritt nun besonders deutlich hervor, dass Unternehmen als aktiv arrangierende Kraft sowohl neue Ressourcen und geografische Regionen kommodifizieren und darüber hinaus durch die Schaffung neuer Bedürfnisse und Identitätswünsche auf der Nachfrageseite neue Absatzmärkte überhaupt erst schaffen.[34] Die kulturelle Bedeutung von Unternehmen lässt sich nach BESCHORNER U. A. dabei auf vier Ebenen verorten:

„1. die kulturelle Aufladung der betrieblichen Organisation, die sich durch alle relevanten Funktionsbereiche eines Unternehmens zieht,

---

[31] Vgl. *Enzensberger, H. M.*, Einzelheiten, 1962 (1958).

[32] Vgl. *Fuchs, M.*, Qualitätswahrnehmung, 2004, S. 130.

[33] *Pfriem, R.*, *Aufsatz in:* Moral, 2007, S. 75.

[34] Vgl. *Backes, M.*, Anderssein, 2002, S. 158; vgl. auch *Kramer, D.*, Theorie, 1998, S. 163.

2. die kulturelle Einbettung von Unternehmen in ihre gesellschaftlichen Umwelten, dabei insbesondere
3. die kulturelle Aufladung der Beziehung zwischen Unternehmen und Konsumenten, die sich
4. in den Produkten anhaftenden Bedeutungen widerspiegelt.“[35]

Diese vier Ebenen lassen sich ebenso auf Unternehmen der Tourismuswirtschaft anwenden. Letztlich sind dabei aber auch „das Ausmaß, die generelle Sinnhaftigkeit und schließlich die Legitimität von Konsumansprüchen (...) eine kulturelle Frage.“[36] Dies gilt insbesondere für den Tourismus und die ihm implizite Mobilität, was besonders deutlich wird, wenn man die Notwendigkeit fluggebundener Reisen in Frage stellt. KRAMER geht noch einen Schritt weiter und spricht dem Tourismus eine eigene Funktion ab. Der Tourismus spiele vielmehr lediglich eine Rolle und indem er *möglich* geworden, aber eben nicht *nötig* sei, stehe er im Grunde selbst zur Disposition.[37]

Da die Urlaubsreise in der Regel ein preislich hochwertiges Konsumgut darstellt, welches zugleich im Umfeld des Konsumenten eine deutliche Wahrnehmung erfährt, kann als Beweggrund des Konsums auch[38] eine Symbol- und Signalfunktion bzw. ein Demonstrationseffekt vermutet werden. Denn der Wahl der Urlaubsdestination, gegebenenfalls auch des Reiseveranstalters oder Verkehrsmittels, haftet zugleich eine Signalfunktion an, die auch über das Verschicken von Postkarten aus dem Urlaub an Familie, Freunde und Kollegen bzw. demonstrativ durch Zeigen von Urlaubsfotos genutzt wird. Dies ist für eine kulturalistische Betrachtung der Tourismuswirtschaft von Bedeutung, denn „wenn jeder Konsum immer auch symbolisch ist, wird deutlich, dass er nur in seinem kulturellen Zu-

---

[35] *Beschorner, T.* u. a., Perspektiven, 2004, S. 11.
[36] *Paech, N./Pfriem, R.*, Konzepte, 2004, S. 48.
[37] Vgl. *Kramer, D.*, Theorie, 1998, S. 157.
[38] Daneben kann das Reisebedürfnis auch anhand von Maslow erklärt werden (vgl. dazu die ausführliche Aufarbeitung in *Kirstges, T.*, Sanfter Tourismus, 2003, S. 101 ff.).

sammenhang zu verstehen ist. Dies war schon immer so. Neu ist jedoch, dass sich diese kulturellen Kontexte pluralisiert haben und sich damit auch die Symbole und Codes vervielfältigen."[39]

Darüber hinaus ist aber die Diskussion um die kulturelle Dimension des Tourismus auch auf zwei weiteren Ebenen zu führen: Zum einen geht es um die Frage nach der Ausprägung der heutigen Formen des Tourismus und damit um unsere Reisekultur an sich, ohne an dieser Stelle in die zurückliegenden grundsätzlichen tourismuskritischen Diskurse erneut einzusteigen. Zum anderen geht es um den Einfluss, den der Tourismus auf die Alltagskultur ausübt. Vom Tourismus wird im positiven Sinne angenommen, dass er Sichtweisen und Mentalitäten im Alltag beeinflussen und verändern könne.[40] Damit ist der Tourismus nicht allein selbst kulturelles als vielmehr zugleich kulturprägendes Handeln, dessen Legitimität sich nach KRAMER letztlich daher auch aus sich selbst heraus ergibt.[41] Der Massentourismus, so wie wir ihn heute wahrnehmen, ist vielleicht seine auffälligste kulturelle Ausprägung. Wie noch zu zeigen sein wird, konsumiert die Tourismusindustrie allerlei kulturelle Ausprägungen wie auch Bilder, Symbole und Zeichenwelten.[42] Doch da diese „von ihren ursprünglichen sozialen oder kulturellen Bezügen losgelöst, zur Ware geworden und überall in den verschiedensten regionalen und sozialen Kontexten verfügbar sind, (...) gehen damit (...) zugleich Enträumlichkeitsprozesse einher, territoriale und damit auch mentale Entankerungen der vormals in stabile, auch räumlich fixierbare soziale Kategorien eingebundenen Subjekte."[43]

Bejaht man nun den Einfluss der Tourismusindustrie auf unsere Kultur und damit auf unsere gesellschaftliche Entwicklung im Ganzen, so ergibt

---

[39] *Fischer, D.*, Symbolökonomie, 2005, S. 357.
[40] Vgl. *Kramer, D.*, Kulturanthropologie, 1993, S. 56.
[41] Vgl. *Kramer, D.*, Theorie, 1998, S. 157.
[42] Vgl. hierzu Kapitel 4.2.5.
[43] *Bormann, R.*, Nicht-Orten, 2000, S. 217.

sich hieraus die Forderung nach einer Bereitschaft der Tourismuswirtschaft, die damit verbundene Verantwortung anzuerkennen und diesen Entwicklungsprozess verantwortungsvoll mit zu gestalten, so wie in der Vergangenheit der Tourismusindustrie bereits für die Umwelt eine gesellschaftliche Verantwortung zugewiesen wurde.[44] Tourismus unter einem kulturalistischen Fokus zu betrachten, bedeutet daher auch, die Frage aufzuwerfen, inwiefern die Tourismuswirtschaft auf unsere gesellschaftlichen Realitäten einwirkt, diese beeinflusst und mit gestaltet. Indem sich zum Beispiel unsere Landschaftskultur regional durch tourismusinduzierte Infrastruktur verändert hat,[45] manifestiert sich der kulturelle Einfluss der Tourismuswirtschaft in diesem Feld für jedermann sichtbar.[46] Insbesondere die Tourismusräume sind letztlich auch „unverwechselbare Träger kultureller Bedeutungen“.[47]

Umfassend betrachtet geht es daher bei einer nachhaltigen Perspektive nicht nur um einen verantwortungsvollen Umgang mit fremden Kulturen in bereisten Gebieten. Tatsächlich geht es vielmehr auch um ein Verständnis unserer eigenen Reisekultur. Damit rückt gleichzeitig unser gesellschaftliches Selbstverständnis ins Blickfeld, denn „auch heute noch ist Kultur der Lebensentwurf, der eine Gesellschaft zusammenhält.“[48] Dabei geht es in einer kulturalistischen Betrachtungsweise weniger um eine kulturwissenschaftlich-theoretische Analyse, als vielmehr um eine besondere Perspektive innerhalb einer primär betriebswirtschaftlichen Sichtweise. Da der Tourismus in seiner heutigen hedonistischen Ausprägung eine noch relativ junge Erscheinung ist und als Phänomen moderner Wohlstandsgesellschaften begriffen werden kann,[49] darf angenommen werden,

---

[44] Vgl. *Kirstges, T.*, Fallstudien, 2001, S. 24.
[45] Vgl. *Richter, D.*, Tourismus, 1998, S. 145.
[46] Diese Wirkung hat Krippendorf 1981 auch zum Anlass für seine Tourismuskritik genommen (vgl. *Krippendorf, J.*, Landschaftsfresser, 1981).
[47] *Fuchs, M.*, Qualitätswahrnehmung, 2004, S. 130.
[48] *Meyer-Abich, K. M.*, Kultur, 1999, S. 6.
[49] Vgl. *Kramer, D.*, Theorie, 1998, S. 156 f.

dass den (Tourismus-) Unternehmen eine besondere Rolle in der Ausgestaltung einer prinzipiell noch offenen Zukunft zuwächst.[50]

In der kulturalistischen Unternehmenstheorie wird Kultur zugleich als symbolische Ordnung gesellschaftlicher Fähigkeiten und Potenziale verstanden. Damit ist Kultur ein Aspekt jeglichen wirtschaftlichen Handelns und drückt sich zum Beispiel in Unternehmensstrategien aus. Es ist nicht das Unternehmen, welches ausschließlich auf gesellschaftliche Bedingungen reagiert. Vielmehr agieren Gesellschaft und Unternehmen in einem rekursiven Interaktionsprozess miteinander und prägen sich somit gegenseitig. Die gesellschaftliche Reproduktion von Kultur spiegelt sich daher in den Praktiken und Produkten bzw. Dienstleistungen eines Unternehmens wider. Sie wirkt im ökonomischen Handeln damit zugleich auch symbolisch wie identitätsstiftend. So sind die vom unternehmerischen Subjekt getroffenen Entscheidungen stets auch kulturelle Angebote über mögliche zukünftige Entwicklungen einer Gesellschaft.[51] Das impliziert, dass der kulturelle Austausch von Gesellschaft und Unternehmen ein stetiger Entwicklungsprozess ist, dessen Zukunft offen bleibt.[52] Unternehmerische Entscheidungen allein auf ihre bloße wirtschaftliche Dimension zu beschränken, griffe folglich zu kurz. Indem Tourismusunternehmen beispielsweise neue Urlaubsformen anbieten oder neue Tourismusräume erschließen und Mobilität bereitstellen, gestalten sie auch die Gesellschaft mit. Es geht in der Diskussion um neue Tourismuskonzepte darum, die reine Betrachtung der Symptomebene zu verlassen, wie bereits MOSE 1989 anmerkte.[53] Den rekursiven Interaktionsprozess verdeutlicht folgende Abbildung:

---

[50] Vgl. *Pfriem, R.*, Unternehmensethik, 2008, S. 76.
[51] Vgl. *Pfriem, R.*, Strukturwandel, 2005, S. 47.
[52] Vgl. *Wieland, J.*, Kulturalismus, 2009, S. 262 ff.
[53] Vgl. *Mose, I.*, Alternative, 1989, S. 14.

Abbildung 2: Rekursiver Interaktionsprozess zwischen Tourismusindustrie und Gesellschaft

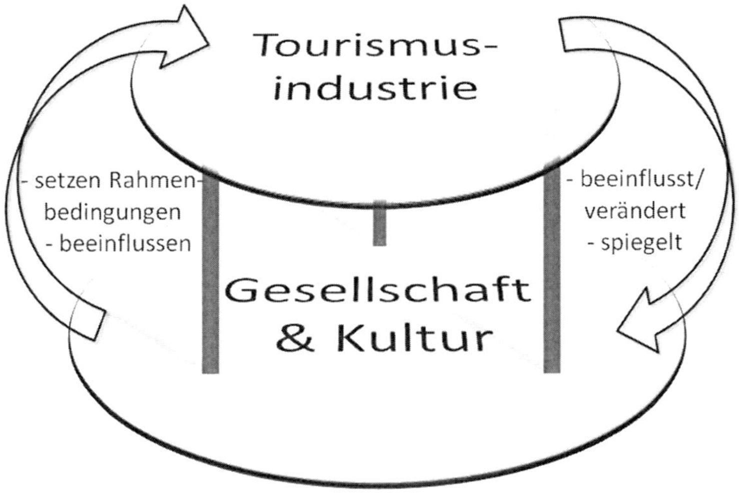

Quelle: eigene Darstellung

Kultur und kulturalistisches Verständnis der Ökonomie bilden damit zugleich eine Klammer im Nachhaltigkeitsverständnis und dürfen bei der Betrachtung eines Nachhaltigen Tourismusmodells nicht vernachlässigt werden. Kultur ist im Tourismus weit mehr als nur ein Attraktionsfaktor, es ist als bindendes Element mit den verschiedenen Handlungsfeldern eines Nachhaltigen Tourismus verwoben. Das kulturalistische Verständnis von Unternehmung, verantwortlich in der Gesellschaft zu handeln, bildet zudem die theoretische Basis für Handlungsentscheidungen im Nachhaltigen Tourismus. Zugleich ist hier aber auch ein scheinbares Paradigma der Unvereinbarkeit von Massentourismus und Nachhaltigkeit zu hinterfragen. Das vermutete Paradoxon eines nachhaltigen Massentourismus[54] gilt es daher näher zu betrachten.

Zugleich scheint aber eine Diskussion um Nachhaltigkeit, die sich eher an ihren technischen Aspekten und Ergebnissen orientiert, insofern eher anthropozentrisch geprägt zu sein, als dass Natur in diesem Falle primär als nutzbare Ressource verstanden wird. Auch diesem Aspekt ist in der Frage nach unserem Naturverständnis nachzugehen. Letztlich ist der Diskussionsprozess um eine nachhaltige Entwicklung der Gesellschaft selbst noch nicht abgeschlossen.

In der Entwicklung des Urlaubs-Tourismus, die damit begann, dass Touristen ausgewählte Räume aufsuchten, ist durch die Entstehung künstlicher Ferienwelten eine teilweise Umkehr zu beobachten, da durch sie der Tourismusraum nunmehr buchstäblich zu den Touristen kommt und nicht umgekehrt. In der Fortschreibung einer Tourismusentwicklung, die damit begann, dass die Touristen ausgewählte touristische Räume aufsuchten, kehren künstliche Ferienwelten diese Entwicklung teilweise wieder um, indem der Tourismusraum zu den Touristen gebracht wird. Künstliche Ferienwelten generieren ferner verdichtete Prozesse der Enträumlichung und Entankerung. Dabei verwenden sie zugleich ein „Übermaß an symbolischen Figurationen, die, von ihren ursprünglichen sozialen oder kulturellen Bezügen losgelöst, zur Ware geworden und überall in den verschiedensten regionalen und sozialen Kontexten verfügbar sind.“[55] BORMANN sieht hierin das Fortschreiten einer „Erosion von Lokalität“, wodurch zugleich auch gewachsene, territoriale Identitäten zerstört werden.[56] Dieser Verdichtungs- und zugleich Auflösungsprozess, der touristische Orte retortengleich an beliebigen geografischen Räumen zu schaffen in der Lage ist, kann dabei vielleicht auch als folgerichtig im Sinne

---

[54] KIRSTGES diskutierte bereits 1995 das Paradoxon eines sanften Massentourismus (vgl. *Kirstges, T.*, Sanfter Tourismus, 1995, S. 103).

[55] *Bormann, R.*, Nicht-Orten, 2000, S. 217.

[56] Vgl. *Bormann, R.*, Nicht-Orten, 2000, S. 220.

einer effektiven Reproduktion internationalen Kapitals begriffen werden. Denn die „soziale Konstruktion von Tourismusräumen ist demzufolge als eine politische Ökonomie der Wirklichkeit zu verstehen, bei der es essenziell darum geht, Differenzen zwischen dem vom Touristen angetroffenen Realraum und den Raumbildern aufzuheben."[57] Der Wegfall von Mobilitätskosten und Reisezeit sowie eine Überall-Erfüllbarkeit von Touristen-Träumen versprechen dabei den Investoren höhere Gewinne und den Konsumenten größeren Nutzen.

Doch indem sich Fiktionen real materialisieren, stehen die dabei verwendeten Inszenierungen und Abbilder einer Aneignung des Realraums entgegen und „die Chance zum bildungswirksamen und realitätshaltigen Erleben wird zerstört durch das Angebot von vorgefertigten Kunstwelten."[58] Mit ihrem Angebot an visueller Konsumtion und konsumierbaren Identitäten drohen künstlich geschaffene Tourismusräume damit bisher verankerte Identitätsräume zu ersetzen.[59]

2.3 Künstliche Ferienwelten als touristische Räume

2.3.1 Zur Relevanz künstlicher Ferienwelten für den Tourismus

Einen typischen Ausdruck finden künstlich geschaffene Tourismusräume in sogenannten künstlichen Ferienwelten.[60] Sie scheinen als materialisierte Utopie alle Urlauberwünsche zu erfüllen und dabei zugleich einen optimalen Erlebniszusammenhang zu bieten: „Höhere Qualität zu tieferem Preis, alles möglichst sofort, ohne für den Gast wahrnehmbare Umweltbelastung, mit kulturellem, sinnstiftendem Hintergrund, Geborgenheit vermittelnd, sicher und erst noch gesund und gesellig!"[61] Doch sind

---

[57] *Wöhler, K.*, Aufhebung, 1999, S. 8.
[58] *Kramer, D.*, Kulturanthropologie, 1993, S. 57.
[59] Vgl. *Bormann, R.*, Nicht-Orten, 2000, S. 221.
[60] In Kapitel 2.3.3 wird der Typus einer künstlichen Ferienwelt näher bestimmt.
[61] *Bieger, T.*, Destinationsperspektive, 2001, S. 28.

künstliche Ferienwelten mit ihren „Annäherungen an paradiesische Zustände“[62] zugleich eine Antwort auf einen übersättigten Urlaubsmarkt, in dem der Urlauber das Ungewöhnliche, das Beste und das Besondere sucht.[63] Sie sind ebenso logisches Produkt eines postmodernen Tourismus, denn „gerade der postmoderne Tourismus erzeugt Traumwelten, die ‚vollkommener‘ sind als die Realität.“[64]

Künstliche Ferienwelten sind mit ihrer inhärenten Angebotsvielfalt daher auch eine Antwort auf die Ansprüche des heutigen multioptionalen Gastes, der an einem einzigen Ort ein möglichst breites Spektrum synchron erlebbarer Attraktionen sucht, aus denen er individuell und temporär wählen kann: „Auf dieser ‚Cocktail-‘ oder Büffet-Konsumhaltung basiert der Erfolg aller Arten von Mixed-Use-Centern, die mehr bieten als monofunktionale Einrichtungen.“[65] Dabei, so darf man vermuten, werden im multioptionalen Angebot nicht alle dargebotenen Attraktionen dann auch vom Gast tatsächlich genutzt. So sucht vermutlich nicht jeder Gast beispielsweise ein Hallenschwimmbad oder den Lesesaal in einem Kurort auf, auch wenn das Vorhandensein derselben von ihm bei der Urlaubsentscheidung berücksichtigt wurde. Doch weiß er, dass er diese Angebote nutzen *könnte*, sofern er den Wunsch dazu verspüren würde. Offenbar befriedigt eine künstliche Ferienwelt daher die latenten und virulenten Bedürfnisse eines multioptionalen Gastes auf besondere Weise in einem zugleich räumlich verdichteten Ereignisraum. Inwiefern dieser Raum auch ein Erlebnis- oder auch Erfahrungsraum sein kann, wird in Kapitel 4.1.4 behandelt.

Über mannigfache Ereignisangebote hinaus bieten künstliche Ferienwelten dem Besucher, ähnlich der Konstruktion eines Disneylandes,[66] vor al-

---

[62] *Kiefl, W.*, Utopia, 2005, S. 208.
[63] Vgl. *Steinecke, A.*, Hyperkonsument, 2000, S. 88.
[64] *Vester, H.-G.*, Tourismustheorie, 1999, S. 109.
[65] *Steinecke, A.*, Hyperkonsument, 2000, S. 89 f.
[66] Vgl. *Kagelmann, H. J.*, Erlebnisse, 2001, S. 98.

lem eines: Sicherheit. Der Gast scheint sich hier in diesem begrenzten und geschützten Raum zum einen seiner *physischen* Sicherheit gewiss. [67] Die mit einer Fernreise oft assoziierten Gefahren, wie beispielsweise Kriminalität, Überfälle, tropische Krankheiten oder gar Flugzeugabstürze, kann er hier weitestgehend ausblenden. Eine künstliche Ferienwelt bietet ihm darüber hinaus aber auch ein gewisses Maß an *psychischer* Sicherheit, deren Ursache darin zu sehen sein mag, die erwartete Urlaubsleistung auch zu erhalten. Das zu erlebende Klima ist von vornherein sicher, Umweltfaktoren verlieren ihr Risikopotenzial, da sich der Urlauber z. B. des guten „Wetters" gewiss sein kann. Seine Planungssicherheit und der Erfüllungsgrad seiner Erwartungen dürften sich erhöhen, weil die Realisierbarkeit der Reiseangebote für den Urlaub-Planenden vermeintlich überschaubarer und mit weniger Unwägbarkeiten verbunden ist als eine Fernreise. Dies dürfte sich positiv auf das Bedürfnis des Gastes auswirken, die Planungssicherheit und die Realisierung seiner Erwartungen zu gewährleisten.

Diese „Kathedralen der Freizeit" lösen darüber hinaus nach HASSE „die Utopie eines freien und selbstbestimmenden Lebens ein. Sie vermitteln dem Individuum das Erlebnis, sich selbst zu erleben und befreien es von äußeren Zwängen. (...) Kathedralen der Freizeit sind als realisierte Utopien gebaute Ideologien, die im Medium der entgrenzten Lust das Leiden an der modernen Zivilisation erträglich machen. Sie sind eine Bestätigung dessen, wozu die Menschen vergesellschaftet worden sind."[68] Der Raum ist dabei nicht nur selbst ein soziales Produkt, sondern besitzt auch selbst eine gestaltende Kraft für das soziale Leben,[69] was insbesondere auf den fest definierten touristischen Raum einer künstlichen Ferienwelt zutreffen mag. Und doch sieht WACHTER die Entstehung und Verbreitung künstlicher Ferienwelten als touristisches Phänomen und zugleich als kulturelle Herausforderung. Sie sind für ihn nicht nur „eine gesell-

---

[67] Vgl. *Scheiner, J./Steinberg, G.*, Flugzeug, 2002, S. 111.
[68] *Hasse, J.*, Paradies, 1995, S. 164.
[69] Vgl. *Bormann, R.*, Nicht-Orten, 2000, S. 216.

schaftliche Realität und der Ausdruck einer immer mehr zu hedonistischen Zielen strebenden Gesellschaft. Eine Dämonisierung von künstlichen Freizeitwelten ist dabei ebenso wenig hilfreich wie eine kritiklose Befürwortung jeder neuen Entwicklung."[70]

2.3.2 Zur geschichtlichen Entwicklung künstlicher Ferienwelten

Die aktuelle Bedeutung künstlicher Ferienwelten ist nur in ihrem historischen Kontext nachvollziehbar. Deshalb soll im Folgenden ein kurzer Überblick über die geschichtliche Entwicklung künstlicher Ferienwelten gegeben werden.

Die Anfänge künstlicher Ferienwelten sieht WACHTER durch eine Verknüpfung des Freizeitzwecks mit dem engen funktionalen und räumlichen Zusammenhang bereits in den dauerhaften Inszenierungen des antiken griechischen Theaters bzw. in den römischen Gladiatorenkämpfen. Diese wiederum wurden im Mittelalter von den Volks- und Schützenwiesen und dann im Barock durch die Inszenierung von Lustgärten und Landschaftsgärten abgelöst. Im 19. Jahrhundert folgten darauf sowohl die Lunaparks bzw. Tivolis als auch die Weltausstellungen und Palmenhäuser. Eine bedeutende Trendwende erfolgte 1955 mit der Eröffnung der Disney-Themenparks in Kalifornien.[71] Disney-Welten führen, anders als klassische Vergnügungsparks, ihre Besucher in einer erzählerischen Kombination aus Architektur und Geschäften durch inszenierte Landschaften, die durch kostümierte Menschen belebt werden, so dass letztlich der Besucher selbst zum Bewegten wird.[72] Eben jene Disney-Themenparks gelten heutzutage als die Prototypen der Erlebniswelt.[73] Doch sieht WAGNER in der Freizeitarchitektur der Nachkriegsjahre fanta-

---

[70] *Wachter, M.*, Freizeitwelten, 2001, S. 132.
[71] Vgl. *Wachter, M.*, Freizeitwelten, 2001, S. 59 f.
[72] Vgl. *Berger, W.*, Technologisierung, 1999, S. 44.
[73] Vgl. *Kagelmann, H. J.*, Erlebniswelten, 1998, S. 62.

sielose Produkte mit kommerziellem Kalkül,[74] wenngleich er auch nicht glaubt, dass es zukünftig eine typische, einheitliche Freizeitarchitektur geben wird, da allein die Funktionsbestimmungen bereits zu different seien.[75]

BECKER unterscheidet nun in der Entwicklung von Feriengroßprojekten in Deutschland vier Phasen:[76] Die erste Phase verortet er bis 1968 als Vorläuferstadium. Die Anlagen dieser Zeit besaßen regelmäßig keine nennenswerten Freizeiteinrichtungen, obschon gemeinsame Unternehmungen als auch Unterhaltung angeboten wurden und in der Verpflegung auch Vollpension möglich war. Die zweite Phase verlief nach BECKER von 1969-1973. In dieser „Boomphase" wurden allein in Westdeutschland 22 touristische Großprojekte errichtet, mit einer Bettenzahl zwischen 1.000 und 5.900. Diese Anlagen verfügten regelmäßig über ein Hallenbad und mindestens ein Restaurant. Neben Appartementanlagen und Ferienparks wurden ebenso Highrise-Hotels mit bis zu 35 Stockwerken errichtet. Auslösendes Moment der Boomphase war nach BECKER eine verbesserte staatliche Förderung, die durch den inflationsbedingten Immobilienboom und verbesserte Finanzierungsmöglichkeiten über die GmbH & Co. KG flankiert wurden. Als infolge der Förderpolitik Überkapazitäten entstanden und auch die negativen Folgen für das Landschaftsbild deutlich wurden, änderte sich die staatliche Förderung. Damit wurde zugleich auch die Boomphase beendet. Im Folgestadium von 1974-1989 wurden dann nur mehr 36 weitere Feriengroßprojekte gebaut. Insbesondere in den 1990er Jahren waren diese Feriengroßprojekte wesentliche Innovatoren im deutschen Fremdenverkehr. Als mehrere Großprojekte in Zahlungsschwierigkeiten gerieten, zeigten sich die finanziellen Risiken deutlich und es wurde nur noch jede fünfte Anlage mit mehr als 1.000 Betten realisiert. Zugleich wendeten sich verstärkt Bürgerinitiativen und Umweltschutzgruppen gegen derartige Großprojekte und auch die regio-

---

[74] Vgl. *Wagner, F. A.*, Architekturstile, 1999, S. 10.
[75] Vgl. *Wagner, F. A.*, Architekturstile, 1999, S. 11 f.
[76] Vgl. im Folgenden *Becker, C.*, Großprojekte, 2000, S. 29 f.

nalplanerischen Anforderungen wurden erhöht. Ab 1990 begann dann die Erneuerungsphase, in der weniger Großprojekte als zuvor neu errichtet und stattdessen vorhandene Anlagen umgebaut oder renoviert wurden.

So sieht BECKER Feriengroßprojekte auch als geeignetes Tourismus-Instrument: Damit der Fremdenverkehr „gegenüber der ausländischen Konkurrenz bestehen kann, erscheint eine begrenzte Anzahl weiterer touristischer Großprojekte durchaus wünschenswert; sie können auf eine entsprechende Nachfrage treffen.“[77] BECKER vermutete, dass ab dem Jahr 2000 die Verbreitung von weiteren Feriengroßprojekten durch deren zunehmende Akzeptanz wie auch durch ihre optimale Vermarktbarkeit sowie aufgrund einer Zunahme von Zweit- und Drittreisen pro Jahr begünstigt würde. So hat die Freizeitarchitektur des zwanzigsten Jahrhunderts in der Sozialgeschichte des Bauens erstmalig die Freizeit breiter Bevölkerungsschichten zum Ziel und dient damit nicht primär dem Wohnen, der Kultuspflege, der Repräsentation oder dem Handel bzw. der Wirtschaft.[78] Die dabei fast schon obligatorische thematische Aufladung ist dabei nicht neu, denn es „(…) ist gerade diese thematische Orientierung von Freizeitanlagen historisch belegt und sie besitzt eine Kontinuität von den Landschaftsgärten des 17. Jahrhunderts bis zu den postmodernen Erlebniswelten.“[79]

---

[77] *Becker, C.*, Großprojekte, 2000, S. 33.

[78] Vgl. *Wagner, F. A.*, Architekturstile, 1999, S. 9.

[79] *Brittner, A.*, Natürlichkeit, 2002, S. 235; bei BRITTNER findet sich zudem eine ausführliche Darstellung der geschichtlichen Entwicklung von Feriengroßprojekten in Deutschland und Europa (vgl. *Brittner, A.*, Natürlichkeit, 2002, S. 34 ff.).

Abbildung 3: Innovationen bei den Feriengroßprojekten in Deutschland im Vergleich zum übrigen Europa

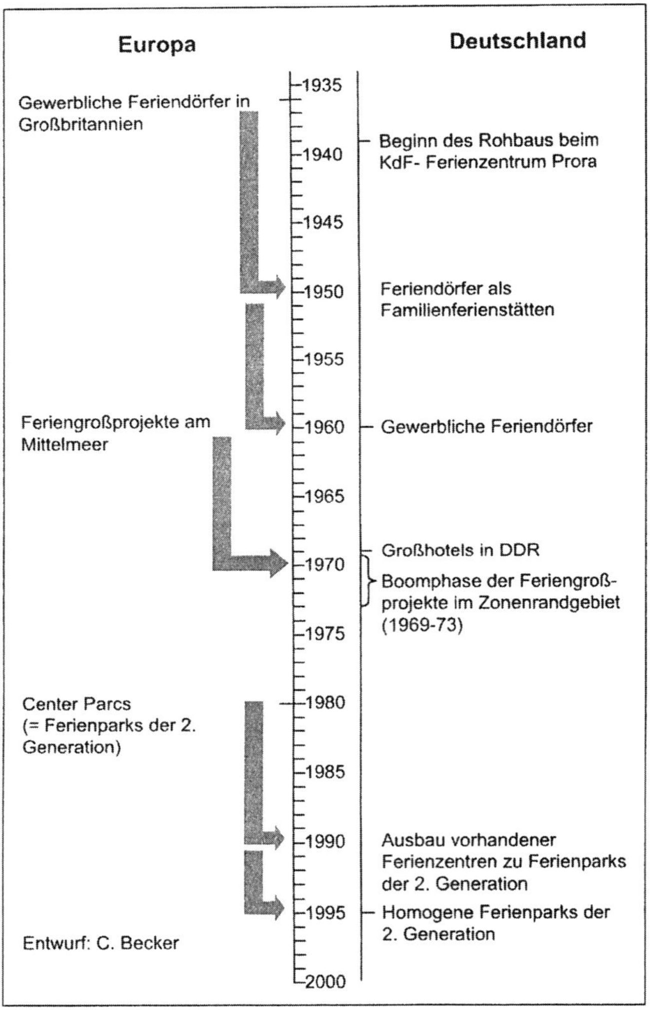

Quelle: *Becker, C.*, Großprojekte, 2000, S. 33

2.3.3 Beschreibungsversuche und Typologisierungen

Der Begriff „künstliche Ferienwelt" wird in vielfältigen Zusammenhängen synonym gebraucht und so in der Literatur weitgehend uneinheitlich verwendet,[80] wodurch der Diskurs um das Für und Wider künstlicher Ferienwelten verzerrt wird.[81] Daher nähert sich BRITTNER beispielsweise diesem Begriff durch verschiedene Beschreibungsversuche, zum Beispiel historisch,[82] reduziert ihre Ausführungen allerdings dann nicht auf eine begrenzende Deutung. KÜBLBÖCK definiert hingegen den Begriff dualistisch,[83] indem er verschiedene Aspekte des Raumbezugs künstlicher Erlebniswelten denen natürlich-kulturlandschaftlicher Welten gegenüberstellt, wobei er selbst diese Trennung nur als idealtypischen Vorschlag versteht. So sind künstliche Erlebniswelten hiernach Raumenklaven innerhalb einer Landschaft, deren soziale Kommunikation flüchtig bleibt. Ihre Aneignung geschieht über Simulation und Hyperrealität, während zugleich die Identität des Raumes symbolisch neu geschaffen wird.[84] Aber auch diese Definition scheint für die vorliegende Untersuchung wenig zielführend, da sie unter anderem eben auch jene Orte einschließt, die dem Freizeiterleben und nicht primär dem Tourismus dienen.[85] Mit der Intention von Bestimmung und Abgrenzung des Begriffs „künstlicher Ferienwelten" wird im Folgenden über eine semantische Annäherung eine pragmatische Definition künstlicher Ferienwelten gesucht.

---

[80] So werden mitunter synonym Begriffe wie „Ferienparks", „Ferienzentren" und „Freizeitparks" verwendet.

[81] Vgl. *Brittner, A.*, Natürlichkeit, 2002, S. 236.

[82] Vgl. *Brittner, A.*, Natürlichkeit, 2002, S. 88 ff.

[83] In Erweiterung von *Krüger, R.*, Strandurlaub, 2001.

[84] Vgl. *Küblböck, S.*, Urlaub, 2005, S. 69.

[85] Anm.: Im Freizeitbereich wird hier vor allem zwischen Thermal-Erlebnisbädern, die neben einer Wasserlandschaft, einer Saunalandschaft, einem Wellness- und Therapiebereich auch eine Gastrolandschaft beinhalten, und einem Tropenbad unterschieden, das sich in einer Komposition von tropischem Grün und weiteren charakteristischen Merkmalen, wie zum Beispiel künstlichen Wasserfällen oder Lagunen, an Bilder von Südsee- oder Karibik-Paradiesen anlehnt (vgl. *Kagelmann, H. J.*, Spaßbad, 2006, S. 16).

Wie in Kapitel 4.3.1 noch zu zeigen sein wird, ist eine polarisierende Gegenüberstellung von „natürlich“ und „künstlich“ für eine definitorische Betrachtung wenig schärfend, da zum Beispiel vieles, was uns als „natürlich“ erscheint, streng genommen künstlichen Ursprungs und damit im weitesten Sinne ebenfalls künstlich ist. Deshalb wird, anknüpfend an den Aspekt des Raumbezuges, im Folgenden vorgeschlagen, dass Ferienwelten dann als künstlich[86] gelten, wenn sie ihrem natürlichen Raumbezug entbettet sind und damit historisch bzw. anthropologisch ihren Anschluss zu ihrer ursprünglichen räumlichen Umgebung verloren haben. So kann hiernach zum Beispiel eine Hotelanlage als künstlich eingeordnet werden, welche in einem Urlaubsort wesentliche Aspekte des an sich fremden Heimatraumes der Urlauber trägt, zum Beispiel in der Architektur. Der Begriff „Ferienwelt“ enthält darüber hinaus als wesentliche Intention:

a) eine Ausrichtung auf Ferien- bzw. Urlaubskultur: Eine *Ferien*welt verfolgt den Zweck, einen Raum bereit zu stellen, welcher primär dem Urlaubserleben dient bzw. Urlaubserlebnisse ermöglichen soll. Dabei ist es unerheblich, ob es sich um einen Kurzurlaub oder um einen vollwertigen Urlaubsaufenthalt, von dem man regelmäßig ab vier Übernachtungen spricht, handelt. Der Raum kann dabei sekundär auch Freizeitzwecken dienen;
b) den Anspruch, eine „Welt“ darzustellen: Der Begriff Welt impliziert ein in sich geschlossenes Ganzes, das zwar nicht vollständig oder vollkommen sein muss, jedoch in sich deutlich abgrenzbar ist, zum Beispiel räumlich oder auch über spezielle das Zusammenleben prägende Normen, Werte und Regeln.

Kurz gefasst werden touristische Anlagen in dieser Arbeit dann als **künstliche Ferienwelten** verstanden, wenn sie ihrem natürlichen Raumbezug entbettet einen Raum bereit stellen, welcher primär dem Urlaubser-

---

[86] Vgl. zur Diskussion um Künstlichkeit und Authentizität auch Kapitel 4.3.1.

leben dient bzw. Urlaubserlebnisse ermöglichen soll und der in sich als weitgehend geschlossenes Ganzes deutlich abgrenzbar ist.

Mit dieser Definition sind die meisten Feriengroßprojekte ebenfalls den künstlichen Ferienwelten zuzuordnen. Von einem touristischen Großprojekt wird dabei regelmäßig ab einer Bettenzahl von 400 gesprochen.[87] Diese werden in der Literatur entsprechend ihrem Entwicklungsstand anhand verschiedener Kriterien unter anderem in Ferienzentren der ersten Generation und Ferienzentren der zweiten Generation unterteilt.[88]

Der Grundtypus des Ferienparks, der Ferienpark der ersten Generation, besitzt demnach

- mindestens zwei der folgenden Beherbergungsangebote: Hotel-, Apartmentteil sowie Bungalowgruppen oder
- Ferienhausgruppen mit 3-12 Wohnungen,
- mindestens ein Geschäft,
- mindestens ein Restaurant,
- ein größeres Angebot an Freizeit- und Unterhaltungseinrichtungen
  wie auch beispielsweise Sport- und Spieleinrichtungen sowie
- einen eher städtischen Charakter.[89]

Der erste 1980 errichtete Center Parc Eemhof besaß darüber hinaus bereits ein „subtropisches Badeparadies" und richtete sich durch seine teil-

---

[87] Vgl. *Becker, C.*, Großprojekte, 2000, S. 29.

[88] Eine ausführliche Begriffsbestimmung und Beschreibung von Ferienzentren unter Berücksichtigung ihrer historischen Entwicklung findet sich zum Beispiel auch in *Huber, A.*, Feriengroßprojekte, 1999.

[89] Vgl. *Becker, C.*, Großprojekte, 2000, S. 29; *Büro für Tourismus- und Erholungsplanung (BTE)*, Großprojekte, 1994, S. 10.

weise überdachten Anlagen ganzjährig an die Zielgruppe der Kurzurlauber.[90] Damit entstand der Ferienpark der zweiten Generation, der

- in der Art des Beherbergungsangebots den Ferienparks der ersten Generation entspricht,
- über mindestens 1.800 Betten sowie
- eine überdachte Einkaufszone mit mehreren Geschäften und Restaurants verfügt,
- ein meist überglastes "subtropisches Badeparadies" und
- eine Vielzahl an Freizeit- und Unterhaltungseinrichtungen besitzt, die sowohl im Innen- als auch im Außenbereich der Anlage liegen.[91]

Zur Beschreibung von Ferienparks der zweiten Generation sind die von der Firma Center Parcs errichteten Anlagen letztlich sowohl Maßstab als auch Vorbild.[92] Für eine Fortschreibung dieses Typologisierungssystems schlägt DOGTEROM nun vor, Ferienparks, welche eine stärkere ökologische Ausrichtung haben, als *dritte Generation* zu bezeichnen und solche Anlagen, welche eine ganzheitliche, thematische Inszenierung unter Berücksichtigung eines Umweltmanagements umsetzen, der vierten Generation zuzurechnen:

---

[90] Vgl. *Becker, C.*, Großprojekte, 2000, S. 32.
[91] Vgl. *Becker, C.*, Großprojekte, 2000, S. 29; *Büro für Tourismus- und Erholungsplanung (BTE)*, Großprojekte, 1994, S. 10.
[92] Vgl. *Mielke, B.*, Freizeiteinrichtungen, 1993, S. 11.

Abbildung 4: Entwicklung der Ferienparks verschiedener Generationen

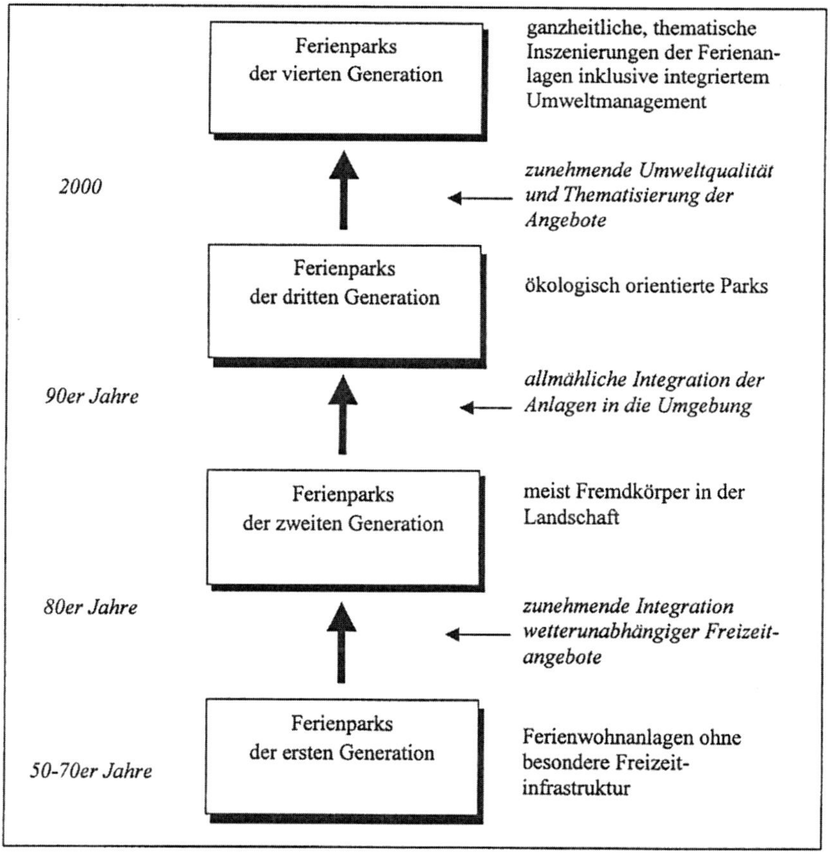

Quelle: *Dogterom, R. J.*, Inszenierung, 2000, S. 147

Die von DOGTEROM vorgenommene Fortschreibung erscheint bei näherer Betrachtung jedoch eher hypothetisch zu sein, denn sie lässt sich bislang nicht valide anhand realer Projekte nachweisen. Allenfalls im Projekt

„Land Fleesensee" in Mecklenburg-Vorpommern sieht BRITTNER einen Typ der vierten Generation ansatzweise verwirklicht.[93]

Nach Ansicht MÜLLERs geht zukünftig mit zunehmender Ausbreitung künstlicher Ferienwelten die Gefahr einer zunehmend konfliktionären Entwicklung einher: „Was als Aufstand der Bereisten schon in intensiv touristisch überformten Ferienregionen Europas erkennbar wurde, das wird sich auch und gerade an den künstlichen Ferienwelten von Center Parcs reiben. Noch scheint das Image von Kunst- und Erlebniswelten ungebrochen positiv. Der Bruch ist aber bei zunehmender Fragmentierung von Lebenswelten, Rückzug auf Brauchtum und die angeblich besseren alten Zeiten, Polarisierung von sozialen Milieus, Armutsentwicklung und Exklusionsneigungen und zunehmenden Berührungsängsten zwischen den Milieus programmiert."[94]

Die Betriebskonzepte von Ferienzentren lassen sich zudem in einen innen-orientierten bzw. geschlossenen und einen außen-orientierten bzw. halb-offenen Typus unterscheiden.[95] Während beim innen-orientierten Betriebstyp der Besucher seinen Aufenthalt ausschließlich innerhalb der Anlage verbringt und in der Regel keine Tagesbesucher zugelassen werden, sind im außen-orientierten Konzept auch Angebote außerhalb der Anlage in das Freizeitangebot integriert.[96] Hier ist es für die Standortwahl wichtig, dass auch außerhalb der Anlage genügend primäre bzw. sekundäre Attraktionsfaktoren[97] vorhanden sind. Aus Sicht der Nachhaltigkeit scheint dabei aber keines der beiden Konzepte dem anderen grundsätzlich

---

93 Vgl. *Brittner, A.*, Natürlichkeit, 2002, S. 45.

94 *Müller, S.*, Parks, 1998, S. 188.

95 Vgl. hierzu und im Folgenden ausführlich *Harfst, W./Strasdas, W.*, Ferienzentren, 1991; *Mielke, B.*, Freizeiteinrichtungen, 1993, S. 55.

96 Vgl. *Heinze, G. W./Kill, H. H.*, Freizeit, 1997, S. 58.

97 Attraktionsfaktoren werden hier als Einheiten verstanden, welche Menschen motivieren, eine bestimmte Zeitspanne für ihren Besuch bzw. ihre Anwesenheit an einem Ort zu verbringen. Primär sind sie immer dann, wenn sie reise-*auslösend* wirken, sekundär, sofern sich Reisende **vor** Antritt der Reisen über die Attraktion *infor mieren* (vgl. hierzu ausführlicher *Bieger, T./Laesser, C.*, Konzept, 2003, S. 18 ff.).

überlegen zu sein, beide haben ihre jeweiligen Stärken und Schwächen,[98] wenngleich auch der Flächenbedarf bei innen-orientierten Anlagen dreimal höher ist als bei außen-orientierten Anlagen.[99] Insgesamt schwankt er zwischen 26ha und 88ha. Der Versiegelungsgrad ist ebenfalls unterschiedlich und liegt zwischen 19 Prozent und 64 Prozent.[100]

Zugleich dürften die meisten künstlichen Ferienwelten auch dem besonderen Typus einer *Themenwelt* entsprechen. Themenwelten können nach HOLLINSHEAD verstanden werden als „highly developed, capital intensive, selfe-centralized recreational spaces, which contain a pre-designated mix of entertainment facilities, speciality food outlets, and attractions-of-specific interest which are somehow arranged and organized around a 'theme' or 'unifying idea' which has been deliberately taken from history of the nature which (normally, but not always!) pertains to the immediate region within which that park is located."[101]

Als wesentliche Attribute einer Themenwelt, die als kritisch zu bewerten seien, identifiziert sie:

- **Commodity aesthetics:** Um sich von den Mitwettbewerbern abzugrenzen, wird über Bildersprache eine Warenästhetik geschaffen, durch welche der eigentliche Inhalt der dargebotenen Dienstleistung oder des Produktes hinter dem ästhetischen Ausdruck zurücktritt.
- **Creeping surrealism:** Durch fortschreitende Vermengung des Realen mit dem Phantastischem wird es fast unmöglich, das eine von dem anderen (Realität von Phantasie) zu unterscheiden. Diesen vermeintlichen Verlust an „Realität" mögen die einen befürchten, während er andere unberührt lässt.

---

[98] Vgl. hierzu auch *Huber, A.*, Feriengroßprojekte, 1999, S. 45 ff., *Job, H.*, Jubiläumsausgabe, 2000, S. 45. Ein ausführlicher Vergleich der zwei Betriebskonzepte findet sich bei *Mielke, B.*, Freizeiteinrichtungen, 1993, S. 55.

[99] Vgl. *Horny, C.*, Großprojekte, 2002, S. 202.

[100] Vgl. *Horny, C.*, Großprojekte, 2002, S. 203.

[101] *Hollinshead, K.*, Theme Parks, 2009, S. 269.

- **Culture redux:** Unternehmen erfinden kulturelle Symbole neu oder eignen sich bestehende an, wodurch Produkte und Kultur derart miteinander verflochten werden, dass sie sich zugleich gegenseitig in ihrer Existenz legitimieren.
- **Emplotment:** Mittels kreativen Verfassens von Texten werden wesentliche Aussagen durch gezieltes Zusammenfassen, Dekonstruieren oder Nebeneinanderstellen in ihrem Inhalt so verändert, dass Bedeutungen hinzugefügt oder entfernt werden.
- **Pasteurized history:** Durch absichtliche und sorglose Dekontextualisierung oder Rekontextualisierung vergangener Ereignisse wird Geschichte von Unternehmen „passend" gemacht, werden ungenießbare Wahrheiten aus ihr entfernt und Historie wird, ähnlich wie an anderer Stelle Kultur und Natur, sterilisiert.[102]

Doch gerade diese „Ambivalenz von höchster Wirklichkeit und höchster Unwirklichkeit" bewertet Berger positiv als ein eher mythisches Element, welches ansonsten für sakrale Orte charakteristisch ist.[103] Denn einem sakralen Ort ähnlich, erschaffen künstliche Ferienwelten eine Enklave des Gegenalltags im Alltag.[104] Pragmatischer charakterisiert STEINECKE Themenwelten als Orte, die als typische Merkmale ihres Angebots aufweisen:

- **Multifunktionalität**, eine Vielfalt wählbarer Angebote,
- **Thematisierung**, die Darstellung eines oder mehrerer Themen,
- **Erlebnisorientierung**, die Schaffung verschiedener Erlebnismöglichkeiten.[105]

Doch obgleich Themenwelten für den Besucher unterschiedliche Aktivitätsschwerpunkte setzen können, wie zum Beispiel den Restaurantbesuch,

---

[102] Vgl. *Hollinshead, K.*, Theme Parks, 2009, S. 283.
[103] Vgl. *Berger, W.*, Technologisierung, 1999, S. 43.
[104] Vgl. *Reeh, T./Kreisel, W.*, Motive, 2005, S. 22.
[105] Vgl. *Steinecke, A.*, Themenwelten, 2009, S. 7.

das Shopping oder das Baden, so folgen sie doch stets den gleichen standardisierten Konstruktionsprinzipien.[106] Ihre besondere Attraktivität ziehen sie dabei vor allem aus dem Kontrast zwischen ihrem Thema und ihrem Standort. Allerdings finden sich in einer zunehmend „fragmentierten baulichen und sozialen Realität (…) vermehrt auch Themenwelten, in denen *der historische regionale Charakter an Originalstandorten* inszeniert wird."[107] Dieses Bestreben der Themen- und Erlebnisarchitektur, über déjà-vu-Effekte Identität (wieder) erzeugen zu wollen, sieht BREUER hingegen kritisch, führe doch dies über eine zu große Vielfalt heterogener Elemente letztlich zu einer „ästhetischen Hypertrophierung".[108] Ihre Abgrenzung zu Museen finden sie darin, dass hier Originale und Duplikate gleichermaßen verwendet werden,[109] sich der Instrumente „imitatio" (Nachahmung), „perfectio" (Perfektionierung) und „aemulatio" (das Vorbild übertreffende Nachahmung) bedienen.[110] GLEITER sieht hingegen die Chance, dass Themenparks beim Besucher die Relativierung des Eigenen durch das Fremde zu bewirken vermögen und damit die Moderne selbstkritisch reflektieren, wie dies bei japanischen Themenparks der Fall sei.[111]

Künstliche Ferienwelten bedienen sich analog zu anderen Themenparks verschiedener Techniken, um sich selbst zu inszenieren. Dieser „Handwerkskasten an Inszenierungstechniken" besteht dabei nach STEINECKE aus folgenden Elementen:

---

[106] Vgl. *Steinecke, A.*, Themenwelten, 2009, S. 5 f.
[107] *Steinecke, A.*, Themenwelten, 2009, S. 11.
[108] Vgl. *Breuer, T.*, Fremdenverkehrsgebiete, 1998, S. 230.
[109] Vgl. *Lobin, D.*, Kundenanforderungen, 2007, S. 62. Wenngleich sich auch in Museen Duplikate an Stelle von Originalen finden lassen.
[110] Vgl. *Gleiter, J. H.*, Exotisierung, 1999, S. 64.
[111] Vgl. *Gleiter, J. H.*, Exotisierung, 1999, S. 66.

Abbildung 5: Techniken der Inszenierung in Themenwelten

Quelle: *Steinecke, A.*, Themenwelten, 2009, S. 14

Ihren Ursprung finden diese Inszenierungstechniken dabei sowohl in der Welt des Theaters und der Medien als auch in den Erfahrungen von

Kunstwelten früherer Zeiten.[112] Um die Besucher temporär dann in eine illusionäre Welt zu versetzen, werden die verschiedenen Inszenierungstechniken miteinander kombiniert und exakt aufeinander abgestimmt, um Illusionsbrüche zu vermeiden.[113] Je besser dies gelingt, umso tiefer kann der Besucher mental in die Themenwelt eintauchen. Lässt er sich von der dargebotenen Welt gar mental derart absorbieren, dass er seine kritische Distanz zum Dargebotenen verliert und stark emotional involviert ist, so kann von einem *immersiven* Prozess gesprochen werden,[114] wie dies für Filmwelten beschrieben wird: „Die Korrelation zwischen technisch gestalteter Illusionsinnovation und bedrängtem inneren Distanzierungsvermögen kann für einen gewissen Zeitraum, der sowohl vom Suggestionspotenzial des neuen Illusionsmediums als auch von der individuellen Disposition der Betrachter abhängig ist, bewusst erfahrene Illusion in unbewusste wandeln und dem Schein die Wirkung des Realen verleihen."[115] Doch sieht VOSS hierin keinen für sich eigenständigen psychologischen Zustand, sondern vielmehr eine gesteigerte Aufmerksamkeit für völlig unterschiedliche mentale und körperliche Empfindungen.[116]

2.3.4 Mögliche Auswirkungen von Ferienwelten

2.3.4.1 Auswirkungen von Ferienwelten im Allgemeinen

Insbesondere strukturschwache Gemeinden erhoffen sich durch Freizeitgroßprojekte eine Neubelebung der regionalen Wirtschaft und des Arbeitsmarktes oder auch eine sinnvolle Nachnutzung von Industriebrachen.[117] Nach REEH/KREISEL können künstliche Ferienwelten allerdings

---

[112] Vgl. *Steinecke, A.*, Themenwelten, 2009, S. 13; hierzu sind insbesondere auch die frühen Landschaftsgärten zu zählen. Eine ausführliche Betrachtung findet sich bei *Brittner, A.*, Natürlichkeit, 2002, S. 71 ff.

[113] Vgl. *Steinecke, A.*, Themenwelten, 2009, S. 26.

[114] Vgl. *Grau, O.*, Immersion, 2005, S. 97.

[115] *Grau, O.*, Immersion, 2005, S. 80.

[116] Vgl. *Voss, C.*, Immersion, 2008, S. 14.

[117] Vgl. *Heinze, G. W./Kill, H. H.*, Freizeit, 1997, S. 54.

auch in Konkurrenz zu den bereits vorhandenen Angeboten einer Destination treten, in die sie eingebettet sind.[118] HENNINGS sieht zudem die Gefahr, dass lokale spezifische Formen von Kulturangeboten und regionale Erholungsangebote verdrängt werden können.[119] Dabei sind die Auswirkungen von Feriengroßprojekten umso größer, je kleiner und ländlich geprägter der betroffene Ort ist.[120] Doch ist es nach WÖHLER geradezu kennzeichnend für postmoderne Tourismusräume, dass diese zunehmend fremdbestimmt werden, wenngleich dies eine Entwicklung ist, die bislang eher im Dritte-Welt-Tourismus zu finden war. Doch scheint dies offenbar die logische Konsequenz der Produktionsweise des Tourismus zu sein: „Das global wandernde Kapital formt einen Tourismusraumtyp, der den Touristen in eine Landschaft stellt, die überall gleich ist,“[121] da die vermuteten Erfolgsrezepte, mit denen die Tourismuswirtschaft die Bedürfnisse eines Touristen zu befriedigen sucht, sich stets ähneln, wenn nicht gar gleich sind. Daher ist diese äußere und innere Simplifizierung des touristischen Angebotes auch weniger Ausdruck der häufig beschriebenen Disneyfizierung als vielmehr einer Entgrenzung des Tourismus.[122]

Touristische Destinationen erhoffen sich durch die Schaffung von künstlichen Ferienwelten in der Regel vor allem eine Stärkung der Wettbewerbsposition, zum Beispiel indem die künstliche Ferienwelt eine Art „Appetizer-Funktion“ übernimmt.[123] Zudem werden mit künstlichen Ferienwelten unterschiedliche Zielgruppen angesprochen. Gerade die Heterogenität der Gästesegmente in künstlichen Ferienwelten bewertet

---

[118] Vgl. *Reeh, T./Kreisel, W.*, Motive, 2005, S. 20 f.
[119] Vgl. *Hennings, G.*, Fremdbestimmung, 2000, S. 503.
[120] Vgl. *Becker, C./Job, H.*, Tourismus, 1996, S. 47.
[121] *Wöhler, K.*, Konvergenz, 2001, S. 112.
[122] Vgl. *Wöhler, K.*, Konvergenz, 2001, S. 107.
[123] Vgl. *Reeh, T./Kreisel, W.*, Motive, 2005, S. 22. Ähnlich sieht auch BRITTNER große Synergieeffekte zwischen Destinationen und künstlichen Ferienwelten, ohne diese auf dem deutschen und internationalen Tourismusmarkt weniger wettbewerbsfähig wären (vgl. *Brittner, A.*, Natürlichkeit, 2002, S. 237). Die Appetizer-Funktion dürfte sich vor allem auf das reiseauslösende Moment beziehen, da das Image bzw. Thema der künstlichen Ferienwelt von dem der Destination abweichen kann.

Horny denn auch positiv als eine Ergänzung des vorhandenen Gästesegmentes.[124] Hier kommen für die Betreiber künstlicher Ferienwelten nach Becker vor allem „ländlich attraktive Räume im Einzugsbereich von Agglomerationen“[125] in Frage. Ähnlich sieht Hennig eine dezentrale, mittelständisch strukturierte Fremdenverkehrsentwicklung als vorteilhaft.[126] So hätten nach Hennig „>künstliche Ferienwelten< in *Regionen mit wenigen oder keinen touristischen Attraktionen* (...) meist positive wirtschaftliche und oft sogar begrüßenswerte ökologische Effekte.“[127] Geeignete Anlagen können „nahezu völlig eigenständig ohne ein landschaftlich hochattraktives Umfeld durchaus in hohem Maße Gäste anziehen, insbesondere Erstbesucher.“[128]

Horny sieht hierbei vor allem außen-orientierte Anlagen als vorteilhaft für eine Region, da diese regelmäßig auch Tagesgästen unbegrenzt zu ihrem Angebot Zugang gewähren.[129] Der Einzugsbereich von Erlebnisbädern liegt beispielsweise im Wohnortausflugsverkehr bei einer Anreisezeit von bis zu 1,5 Stunden, im Urlauberverkehr von bis zu einer Stunde, wobei sich 75 Prozent der Ausflüge zu Erlebnisbädern innerhalb einer 30-Minuten-Anfahrtszeit abspielen.[130] Zudem schwankt die vermutete Ausflugshäufigkeit der Gäste künstlicher Ferienwelten, die ihr Quartier in außen-orientierten Anlagen haben, stark: sie wird zwischen 25 Prozent und 80 Prozent vermutet.[131] So ergibt sich für die touristischen Destinationen vor allem bei außen-orientierten Anlagen eine Chance auf

---

[124] Vgl. *Horny, C.*, Großprojekte, 2002, S. 208.
[125] *Becker, C./Job, H.*, Tourismus, 1996, S. 45 f.; ähnlich *Horny, C.*, Großprojekte, 2002, S. 206.
[126] Vgl. *Hennig, C.*, Reiselust, 1999, S. 175.
[127] *Hennig, C.*, Reiselust, 1999, S. 176.
[128] *Brittner, A.*, Natürlichkeit, 2002, S. 238.
[129] Vgl. *Horny, C.*, Großprojekte, 2002, S. 202.
[130] Vgl. *Maschke, J.*, Erlebnisbäder, 2000, S. 80; anders hingegen sieht Horny den Einzugsbereich im Umkreis von ca. zwei Stunden Fahrzeit (vgl. *Horny, C.*, Großprojekte, 2002, S. 204).
[131] Vgl. *Horny, C.*, Großprojekte, 2002, S. 204.

Spreizung der touristischen Saison und damit eine bessere Auslastung auch in ansonsten schwachen Saisonzeiten.

Doch erscheinen künstliche Ferienwelten für eine Destination auch deshalb besonders attraktiv, weil sie in der Regel weniger stark wetterabhängig und daher Ganzjahresziele sind. Sie zielen dabei auf den modernen „Klima-Touristen"[132], der das Bedürfnis nach Sonnengarantie und Wärme verspürt, denn „wer einmal langanhaltende Sonnenperioden in einem südlichen Urlaubsland erlebt hat, wird im Urlaub Schlechtwettergebiete meiden und ‚schöne Ferien' mit Sonnengarantie suchen."[133]

Damit könnten künstliche Ferienwelten als Ganzjahresdestinationen auch dem saisonal bedingten Aussterben typischer Touristenorte entgegenwirken. Dieses saisonbedingte Problem kritisierte KRIPPENDORF bereits 1981. Für ihn ähnelten stark frequentierte Touristenorte nach einer oftmals nur kurzen Saison „menschenleeren Geisterstädten. Geschlossene Fensterläden, verriegelte Türen, ganze Rolladensiedlungen, tote Orte, blinde Fassaden stehen als übriggebliebene Kulissen des kurzen touristischen Theaters herrenlos, aber in alle Ewigkeiten gezimmert und betoniert, als zeitgenössische Pompejis in der geschädigten Erholungslandschaft herum."[134] Doch erfahren künstliche Ferienwelten über die typischen Ferienzeiten ebenfalls saisonale Spitzen (was aber durch eine möglichst heterogene Gästestruktur abgemildert werden kann: beispielsweise dürften erlebnisorientierte Badebereiche eher Familien mit Kindern ansprechen, während Wellness-Angebote eher von älteren Menschen oder kinderlosen Paaren genutzt werden, die die Ferienwelt gegebenenfalls dann gerade gezielt außerhalb der Ferienzeit aufsuchen, da dann mehr Ruhe herrscht). Darüber hinaus besteht auch die Gefahr, dass am Ende des Lebenszyklusses künstlicher Ferienwelten Immobilienbrachen zurückbleiben, sofern keine geeigneten Nachnutzungskonzepte gefunden

---

[132] *Sloterdijk, P.*, Tractatus, 2008, S. 10.
[133] *Opaschowski, H. W.*, Tourismusforschung, 1989, S. 159.
[134] *Krippendorf, J.*, Landschaftsfresser, 1981, S. 58.

werden. Denkbar ist auch, dass eine „Patchwork-Destination“[135] entsteht, in der verschiedene Arten bzw. Definitionen von touristischen Räumen gleichzeitig existieren. Denn aus unternehmerischer Sicht stellen künstliche Ferienwelten ein hohes Risiko dar. Sie sind sowohl durch hohe Erstinvestitionskosten, als auch hohe laufende Kosten belastet. Darüber hinaus unterliegen sie einem Marktdruck, regelmäßig mit Novitäten auf sich aufmerksam machen zu müssen, weshalb HENNIG eine dezentrale, mittelständisch strukturierte Fremdenverkehrs-Entwicklung auch als vorteilhafter ansieht.[136] Die hohen Investitions- und Betriebskosten erfordern nach HORNY daher auch eine sehr hohe Mindestauslastung von 80 bis 90 Prozent, um Gewinne zu erwirtschaften.[137] Auf der anderen Seite mögen gerade die hohen Investitionsvolumina ein Indiz dafür sein, dass künstliche Ferienwelten nicht nur eine kurzfristige Modeerscheinung sein werden.

Zugleich werden Ferienparkprojekte regelmäßig kontrovers diskutiert und polarisieren bereits in der Planungsphase die betroffene Bevölkerung.[138] MÜLLER prognostiziert hier zukünftig eine Zuspitzung der Konflikte um derlei Ferienanlagen, indem neben dem Eingriff in die Natur und Landschaft vermehrt der Eingriff in die autochthone Lebenswelt und Freizeitkultur im Fokus der Kritik stehen wird.[139]

Der vermutete positive Effekt für die Region birgt damit sowohl die Gefahr einer sich entwickelnden wirtschaftlichen Abhängigkeit vom Tourismus als auch die Gefahr des Verlustes an regionaler Identität, indem zum Beispiel traditionelle Kultur musealisiert wird und dem Tourismus

---

[135] *Job, H.*, Reisestile, 2003, S. 368.
[136] Vgl. *Hennig, C.*, Reiselust, 1999, S. 175.
[137] Vgl. *Horny, C.*, Großprojekte, 2002, S. 206.
[138] Vgl. hierzu zum Beispiel *Müller, S.*, Konflikte, 1998, S. 104 ff. MÜLLER beschreibt hier den Planungsprozess des Center Parcs Bispinger Heide, der über diverse Klagen und Widerklagen bis zur Verwirklichung des Projektes konfliktreich verlaufen ist.
[139] Vgl. *Müller, S.*, Konflikte, 1998, S. 111.

lediglich als Kulisse dient.[140] Obwohl der Ganzjahresbetrieb zwar ökonomisch vorteilhaft ist, könnte die dauerhafte Anwesenheit von Fremden aus soziokultureller Sicht einige Bevölkerungsschichten auch belasten.[141] DRAHEIM sieht hingegen den potenziellen dauerhaften Zuzug von Arbeitskräften positiv, da sich diese Personen, anders als Saisonarbeitskräfte, in eine Gemeinschaft vor Ort integrieren würden. So konnte er anhand von Ferienzentren der zweiten Generation zeigen, dass hier 40 bis 66 Prozent der Arbeitskräfte in einem Vollarbeitszeitverhältnis stehen und 80 bis 95 Prozent der Mitarbeiter aus den Standortregionen der Ferienzentren stammen.[142] Vor allem strukturschwache Kommunen erhoffen sich von der Installation einer künstlichen Ferienwelt häufig eine Alternative zu Industriearbeitsplätzen.[143] Allerdings sind die direkten und indirekten Beschäftigungseffekte laut BECKER regelmäßig geringer als vorgegeben und liegen unter der von Hotels mit derselben Bettenzahl.[144]

DRAHEIM stuft dann auch Ferienzentren der zweiten Generation insgesamt als sozialverträglich ein, wobei er sich in seiner Bewertung darauf fokussiert, dass während des Betriebes kaum soziokulturelle Spannungen entstünden, in erheblichem Umfange neue Arbeitsplätze geschaffen sowie weitere Unternehmen in den Standortregionen von dem Betrieb profitieren würden und den kommunalen Haushalten Steuereinnahmen zuflössen, ohne dass dem Ausgaben entgegenstünden.[145] Diese Sichtweise blendet jedoch wesentliche Aspekte aus: So kann beispielsweise die kommunale Belastung durch Vorleistungen, wie zum Beispiel dem Ausbau entsprechender Infrastruktur, bereits recht groß sein.[146] Diese dürfte dann weiter durch regelmäßige Instandsetzungs- und Bereitstellungskosten zum Beispiel für die Verkehrsinfrastruktur intensiviert werden. Auch

---

[140] Vgl. *Horny, C.*, Großprojekte, 2002, S. 209.
[141] Vgl. *Horny, C.*, Großprojekte, 2002, S. 210.
[142] Vgl. Draheim 2002 #903: 136}.
[143] Vgl. *Heinze, G. W./Kill, H. H.*, Freizeit, 1997, S. 54.
[144] Vgl. *Becker, C./Job, H.*, Tourismus, 1996, S. 48.
[145] Vgl. *Draheim, A.*, Ferienzentren, 2002, S. 137 f.
[146] Vgl. *Becker, C./Job, H.*, Tourismus, 1996, S. 49.

werden beispielsweise mögliche Verdrängungsprozesse innerhalb der regionalen Fremdenverkehrsbetriebe zu wenig gewürdigt. So befürchtet HENNIGs beispielsweise, dass sowohl lokal spezifische Formen von Kulturangeboten als auch regionale Erholungsangebote verdrängt werden könnten.[147] Aus kulturalistischer Sicht bleibt der auf technische und ökonomische Aspekte reduzierte Fokus, der anthropogene und kulturelle Aspekte in den Hintergrund treten lässt oder völlig ausblendet, zu fragmentarisch.

2.3.4.2 Künstliche Ferienwelten als touristischer Raum

Ein wesentliches konstitutives Element künstlicher Ferienwelten ist die exakte Raumbegrenzung, ein Raumrahmen, der nicht zuletzt auch durch Zäune, Absperrungen oder ähnliches nicht nur symbolisch zu verstehen ist. Innerhalb des so begrenzten Raums halten sich die Touristen überwiegend oder vollständig auf. Dabei ist diese Raum*be*grenzung oftmals zugleich eine reale *Ab*grenzung von einem nicht-touristischen Raum, womit sich ein Trend fortsetzt, in dem sich „die Ghettosituation der Touristen so vervollkommnet, dass der Standort nahezu außerhalb der Wahrnehmung der Touristen bleiben kann“[148], wie GREVERUS bereits 1978 kritisierte. Diese „vielversprechende (und viel geschmähte) Lösung (...) einer noch intensiveren Ghettoisierung, die in der Schaffung und Aufwertung von Freizeitzonen und Freizeitanlagen sowie einer ‚Institutionalisierung‘ des Freizeitverhaltens“[149] besteht, schützt einerseits den Bereisten, indem der Kontakt zwischen Reisenden und Bereisten kontrolliert erfolgen kann, so wie es beispielsweise bei den Resortinseln der Malediven

---

[147] Vgl. *Hennings, G.*, Fremdbestimmung, 2000, S. 503.

[148] *Greverus, I. M.*, Kommunikation, 1978, S. 101. WAGNER hatte zuvor 1970 bereits darauf hingewiesen, dass die damals zu beobachtenden Ghettoisierung touristischer Urlaubswelten vor allem durch Sprachbarrieren verursacht werde (vgl. *Wagner, F. A.*, Urlaubswelt, 1970, S. 214).

[149] *Kiefl, W.*, Massentourismus, 1993, S. 670 f.

der Fall ist.[150] Andererseits „schützt" sie auch den Reisenden selbst, zum Beispiel indem er hier ganz „im Gegensatz zu konventionellen Destinationen (...) beispielsweise keine fremden Sitten und Traditionen beachten oder mühsam das Unbekannte kennen lernen [muss; Anm. d. Verf.]."[151] Aber gerade weil das Heimische in der Fremde zugleich komfortabel ist, gewinnt „der Aspekt der Gestaltung des eigenen Raumes Priorität vor dem Bedürfnis nach Exploration des bereisten Raumes."[152] DRAHEIM konnte hingegen für deutsche Ferienparks der zweiten Generation nachweisen, „dass besonders das Kennenlernen des Umlands eine beliebte Ausflugsabsicht ist."[153]

Mehr noch sind derartige Urlaubsghettos „‚keimfrei', das heißt sie weisen sich nicht durch das Sperrige, die heimlichen Einverständnisse der Sprache, die nicht ausformulierten Regeln der Lebenskunst, die spröde ökologische Umwelt, die sozialen Widersprüche u. a. m. aus. Es ist alles wohl temperiert, standardisiert, garantiert erlebnisreich in Bezug auf ein bestimmtes Thema - kurz: In destinationalisierten Freizeitparks ist alles instantmäßig inszeniert."[154] Seine Steigerung erfährt diese selektive Ablehnung von Realität, indem auch der touristische Produktionsprozess in künstlichen Ferienwelten weitestgehend im Verborgenen erfolgt. HASSE sieht hier einen neuen soziologischen Schritt zu einer „Freizeithygiene": Indem zugleich alles, was zur Produktion gehört, weitestgehend ausgeblendet wird, beweise sich letztlich die „Verwirklichung des Konzepts einer hedonistischen Negation von Lebensbezügen."[155] Der Gast wünscht bewusst oder unbewusst überhaupt nicht, alle Details und Hintergründe zu kennen, vielmehr wünsche er sich die perfekte Traumwelt.[156] Diese Verzerrung von Lebensrealitäten erfährt noch eine Steigerung darin, dass

---

[150] Vgl. *Domrös, M.*, Malediven, 2005, S. 63 ff.
[151] *Küblböck, S.*, Urlaub, 2005, S. 77.
[152] *Eder, W.*, Hause, 1991, S. 162.
[153] *Draheim, A.*, Ferienzentren, 2002.
[154] *Wöhler, K.*, Konvergenz, 2001, S. 109.
[155] *Hasse, J.*, Heimat, 1993, S. 43; ähnlich *Wachter, M.*, Freizeitwelten, 2001, S. 132.
[156] Vgl. *Bieger, T.*, Destinationsperspektive, 2001, S. 28.

die Mitarbeiter selbst Teil der Inszenierung innerhalb einer künstlichen Ferienwelt sein können und dann vermutlich kaum noch als arbeitende Menschen wahrgenommen werden.

Zugleich sieht KRAMER die Gefahr, dass „nur Wohlstandsinseln außerhalb der privilegierten Zonen“ geschaffen werden,[157] die nach EDER in den Urlaubsgebieten „nicht nur ökologisch, sondern auch ökonomisch eine Wüste“ hinterlassen.[158] BERTRAM lehnt diese Form des Tourismus deshalb auch als „Ferien zu Knastbedingungen“ gänzlich ab,[159] wobei sie sich auf MÄDER bezieht, der diesen Begriff allerdings in einem völlig anderen Sinnzusammenhang gebraucht.[160] Für die Reiseveranstalter und die Resort-Betreiber selbst erscheint eine Ghettoisierung hingegen von Vorteil, dürfte ihnen doch ein weitaus größerer Teil der direkten touristischen Wertschöpfung zufließen, da der Gast mehr Leistungen und Angebote innerhalb der Anlage nutzt. So sah WAGNER bereits 1970 in den künstlich geschaffenen Resorts auch einen Lösungsansatz, um einer weiteren Zerstörung und Zersiedelung von Kurorten und Dörfern entgegenzuwirken,[161] während JOERGES/KARSTEN 1978 bereits von Orten träumten, „durch die man sich gewissermaßen die ‚Kulturen der Welt‘ ins eigene Land holen kann.“[162] Anders sieht hingegen KIEFL den Sinn von Ferienwelten weniger darin, „sich vom Fremden „ergreifen“ zu lassen (bzw. sich dieses einzuverleiben) als darin, bestimmte bekannte und geschätzte Erlebnis- und Erfahrungsmöglichkeiten konzentriert wahrnehmen zu können und andere nach Möglichkeit auszuschließen.“[163] WACHTER hingegen sieht weiterhin eine Chance darin, künstliche Ferienwelten als eine Art lebendiges Museum zu nutzen, um kulturelle Defizite auszugleichen

---

[157] Vgl. *Kramer, D.*, Einleitung, 2001, S. 10.
[158] Vgl. *Eder, W.*, Hause, 1991, S. 170.
[159] Vgl. *Bertram, J.*, Arm, 1995, S. 109.
[160] Vgl. *Mäder, U.*, Kolonialismus, 1987, S. 132; Mäder beschreibt damit den von einem Reiseveranstalter in einem Gefängnis angebotenen Ferienaufenthalt.
[161] Vgl. *Wagner, F. A.*, Urlaubswelt, 1970, S. 102.
[162] *Joerges, B./Karsten, D.*, Editorial, 1978, S. 10.
[163] *Kiefl, W.*, Utopia, 2005, S. 208.

und damit gleichzeitig als integratives Element innerhalb der Region zu wirken.[164] Allerdings bezieht er sich dabei, anders als JOERGES/KARSTEN, auf die eigene Kultur. Beides berücksichtigend dient der Raum einer künstlichen Ferienwelt dann auch nach BRITTNER „nicht primär als materieller (durch Klima und Landschaftsformen geprägter), realweltlicher Raum, sondern in erster Linie als Anschauungsraum bzw. Erlebnisraum, denn er wurde eigens zum Zweck des Erlebnisses errichtet."[165] Dies impliziert zudem, dass auch die Anschauung mit Erlebnis verbunden wird bzw. werden sollte.

Es stellt sich in diesem Zusammenhang die Frage, ob ein Prozess der „imitatio", „perfectio" und „aemulatio" fremder Kultur, wie bereits im Zusammenhang mit historischen Objekten beschrieben, das Bedürfnis nach Fernreisen senken oder sie gar überflüssig machen könnte. In dieser Fragestellung ist die Hoffnung enthalten, dass zum Beispiel Ferienzentren mit subtropischem Badeparadies eine Fernreise bzw. einen Auslandsurlaub tatsächlich substituieren könnten,[166] indem sie in der Lage seien, analog zur gebräuchlichen „Honey-Pot-Strategie"[167] im Naturschutzgebiet-Tourismus, Besucher- bzw. Urlauberströme weg von Fernreisen hin zu Nahreisen zu lenken. Doch hat BRITTNER in ihrer Untersuchung aufgezeigt, dass nur für 14 Prozent der Besucher der Aufenthalt in einer künstlichen Ferienwelt ein Ersatz für ein anderes Reiseziel sei,[168] wogegen DRAHEIM aufgrund seiner Untersuchungen ein höheres Substitutions-Potenzial von 23 Prozent sieht.[169]

---

[164] Vgl. *Wachter, M.*, Freizeitwelten, 2001, S. 123.
[165] *Brittner, A.*, Natürlichkeit, 2002, S. 238.
[166] Vgl. *Becker, C./Job, H.*, Tourismus, 1996, S. 46.
[167] *Revermann, C./Petermann, T.*, Großschutzgebieten, 2002, S. 10. Mit der „Honey-Pot-Strategie" wird versucht, über eine Kombination von Angeboten und Verboten Besucherströme zu kanalisieren und konzentrieren.
[168] Vgl. *Brittner, A.*, Natürlichkeit, 2002, S. 227.
[169] Vgl. *Draheim, A.*, Ferienzentren, 2002, S. 94. Es wird jedoch nicht zwischen dem Erst-, Zweit- oder Dritturlaub unterschieden.

2.3.4.3 Mögliche Effekte von Ferienzentren der zweiten Generation

Nach MIELKE erzeugen Ferienparks der zweiten Generation zudem neue Verkehrsströme anstatt Verkehrsströme zu substituieren,[170] was auch darin begründet liegen mag, dass bei Ferienzentren aufgrund fehlender Alternativen 96 Prozent der Gäste mit dem Pkw anreisen.[171] DRAHEIM kommt allerdings zu dem Schluss, dass es sich abhängig vom jeweiligen Betriebskonzept bei Ferienzentren der zweiten Generation um verkehrsfreundliche Konzepte handele, auch wenn die Anreise überwiegend mit dem Pkw erfolgt und er zugleich feststellt, dass die Anfahrt meist zwischen 200 und 300 Kilometer liegt.[172] Für ihn bleibt die Frage offen, ob die Ferienzentren der zweiten Generation überhaupt erst neue Nachfrage und damit neue Verkehrsströme erzeugen.[173] Allerdings substituieren Aufenthalte in Ferienzentren der zweiten Generation in einem Maße von acht Prozent Ausflüge, die ansonsten Zuhause stattgefunden hätten, was von DRAHEIM als erheblich bewertet wird. Auch aus diesem Grunde kommt er letztlich zu der Schlussfolgerung, dass Ferienzentren der zweiten Generation als umweltfreundliche Auffanglösung fungieren könnten. Dies gelte insbesondere für innen-orientierte Betriebskonzepte.[174]

Bei der Bewertung der möglichen Effekte von Ferienzentren der zweiten Generation können die Inhalte der Diskussion um Effekte von künstlichen Themenwelten analog übertragen werden. In der in der Literatur werden hierzu eine ganze Reihe negativer und positiver Effekte aufgezeigt. Die folgenden zwei Darstellungen zeigen jeweils in einer Übersicht mögliche negative und positive Effekte von Ferienzentren der zweiten Generation:

---

[170] Vgl. *Mielke, B.*, Freizeiteinrichtungen, 1993, S. 45.
[171] Vgl. *Draheim, A.*, Ferienzentren, 2002, S. 48 ff.
[172] Vgl. *Draheim, A.*, Ferienzentren, 2002, S. 95.
[173] Vgl. *Draheim, A.*, Ferienzentren, 2002, S. 97.
[174] Vgl. *Draheim, A.*, Ferienzentren, 2002, S. 114 ff.

Abbildung 6: Mögliche negative Effekte von Ferienzentren der zweiten Generation

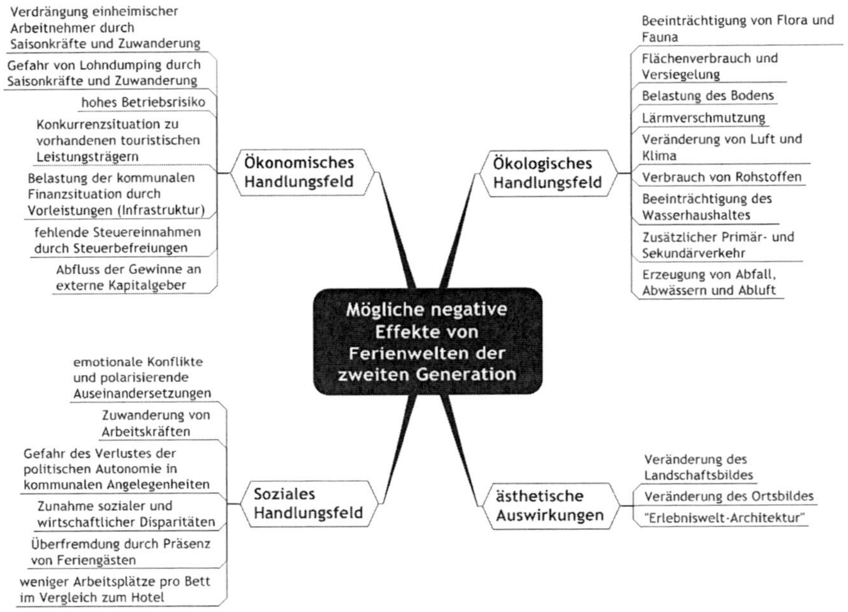

Quelle: In Anlehnung an *Voßebürger, P./Weber, A.*, Freizeitgroßprojekte, 1998, S. 39; *Hennig, C.*, Reiselust, 1999, S. 175; *Mielke, B.*, Freizeiteinrichtungen, 1993, S. 54; *Becker, C./Job, H.*, Tourismus, 1996, S. 45–49; *Steinecke, A.*, Themenwelten, 2009, S. 54; eigene Ergänzungen.

Abbildung 7: Mögliche positive Effekte von Ferienzentren der zweiten Generation

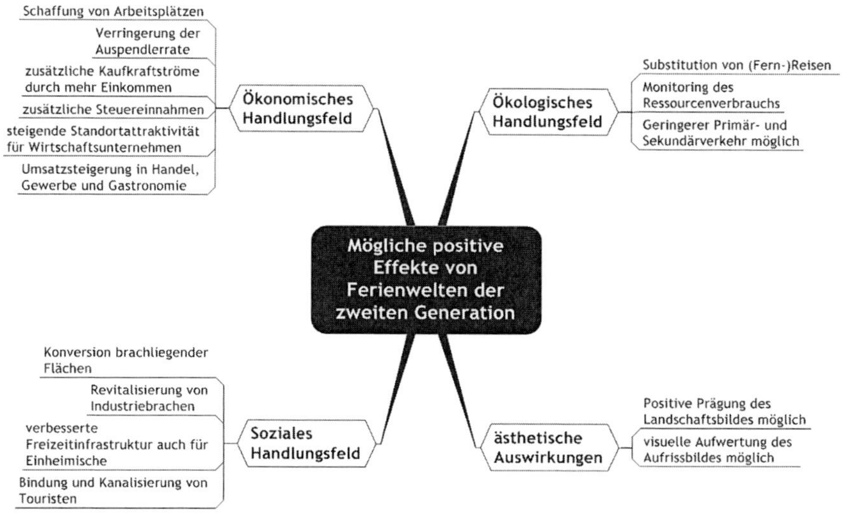

Quelle: In Anlehnung an *Voßebürger, P./Weber, A.*, Freizeitgroßprojekte, 1998, S. 39; *Steinecke, A.*, Themenwelten, 2009, S. 54; eigene Ergänzungen

In der Gegenüberstellung zeigt sich, dass einige Effekte durchaus ambivalenten Charakter haben. So ist beispielsweise die Schaffung von Arbeitsplätzen positiv zu bewerten, sie impliziert aber die Gefahr der Verdrängung einheimischer Arbeitnehmer durch Zureisende, die beispielsweise besser ausgebildet oder bereit sind, für einen geringeren Lohn zu arbeiten. Damit wird auch deutlich, dass eine abschließende pauschalierende Bewertung nicht möglich ist, hängt die Bewertung doch letztlich immer vom konkreten Objekt ab.

Auch wenn künstlichen Ferienwelten grundsätzlich eine positive Zukunft prognostiziert wird,[175] so sind doch bereits Anlagen wieder geschlossen

---

[175] Vgl. hierzu beispielsweise *Becker, C.*, Großprojekte, 2000, S. 32; *Job, H.*, Reisestile, 2003, S. 372.

worden, wie zum Beispiel das im Oktober 2007 geschlossene Seagaia Ocean Dome in Japan. Als Gründe für ein solches Scheitern sieht STEINECKE bei Themenwelten folgende Ursachen:

- Fehlerquellen bei der Planung und beim Betrieb
- Falsches Konzept
- Unrealistische Prognosen zum Besucheraufkommen
- Unprofessionelle Thematisierung
- Fehlende Attraktionspunkte für unterschiedliche Zielgruppen
- Geringe Produkt- bzw. Dienstleistungsqualität
- Fehlende Zukunftsplanung[176]

Dabei bleibt diese Ursachenbeschreibung aus kulturalistischer Perspektive auf einer eher oberflächlichen Betrachtungsebene. Weitere mögliche Ursachen werden in Kapitel 8 zu diskutieren sein.

2.3.5 Zur Attraktivität künstlicher Ferienwelten

Wie schon gezeigt, liegt die Attraktivität einer künstlichen Ferienwelt für den Besucher auch darin begründet, dass der ursprünglich exotische Klimaraum mit ihr zum Touristen kommt, der Tourist also nicht mehr in ein entferntes Urlaubsgebiet reisen muss, um ein erwartetes oder sogar fremdartiges Klima zu erfahren. Doch beziehen künstliche Ferienwelten ihre besondere Attraktivität aber auch daraus, dass sie in der Regel multifunktional konstruiert sind. So stellen sie oftmals zugleich eine Freizeit-, Tourismus-, Konsum-, Beherbergungs-, Sport- und/oder Kultur-Einrichtung dar. Auch diese Art von Entgrenzung des Angebots ist für Themenwelten geradezu typisch.[177] Der Besucher erfährt in einer Art virtuellem Urlaub möglichst nah an seinem Zuhause ein nicht-alltägliches

---

[176] Vgl. *Steinecke, A.*, Themenwelten, 2009, S. 41 ff.
[177] Vgl. ebd.

Erlebnis.[178] So wird eine künstliche Ferienwelt zu einem speziellen „Mindscape“ und erfüllt Funktionen als

- „Traum- und Gegenwelt zum Alltag, in die man temporär abtauchen kann,
- Raum, in den man Konsum- (und vielleicht Lebens)träume projizieren kann,
- Bühne, auf der man sich in selbst gewählten Rollen präsentieren kann,
- Treffpunkt mit anderen Menschen,
- Schauplatz, auf dem man etwas Ungewöhnliches erleben kann.“[179]

Als eine Art Brennglas der Freizeit- und Konsumwünsche von Urlaubern werden Themenwelten somit gleichzeitig zu den „Boulevards des 21. Jahrhunderts.“[180] Damit wird die gebaute Utopie eines freien und selbstbestimmten Lebens letztlich nicht nur zum Ausdruck, sondern auch zur Kritik der gesellschaftlichen Verhältnisse.[181] In den konstruierten und dargebotenen Raumbildern greifen sie in ihrer Gestaltung auch vielfach Fernwehimaginationen und Medienbilder auf „und konstruieren aus diesen Phantasmen direkt künstliche Reiselandschaften für ihre Kunden in einer Parkarchitektur.“[182] Die örtliche Naturausstattung wird dabei zugleich durch eine geklonte Landschaft substituiert.[183]

Indem sie leicht buchbar sind, zugleich aber ein fertiges Produktpaket an gehobener Hotellerie, Gastronomie und Entertainment bieten, versprechen sie einen unkomplizierten Zugang zu touristischer Vielseitigkeit.[184] Hinzu kommen auch Gefühle von Freiheit und Ungezwungenheit ebenso wie Familienfreundlichkeit, die Wärme, das Gefühl von Geborgenheit und Sicherheit, welche den Erfolg derartiger Anlagen

---

[178] Vgl. *Kirchberg, V.*, McDonaldisierung, 2000, S. 123.
[179] *Steinecke, A.*, Erlebniswelten, 2000, S. 45.
[180] *Steinecke, A.*, Erlebniswelten, 2001, S. 69.
[181] Vgl. *Hasse, J.*, Paradies, 1995, S. 173.
[182] *Müller, S.*, Parks, 1998, S. 177.
[183] Vgl. *Müller, S.*, Parks, 1998, S. 179.
[184] Vgl. *Bachleitner, R.*, Erlebniswelten, 1998, S. 46.

begünstigen mögen.[185] Gleichwohl bieten sie aber nicht nur differenzierten Zusatznutzen und bedienen die multioptionalen Bedürfnisse des Gastes, sie erfüllen in der Regel auch den Wunsch des Gastes nach Markttransparenz.[186] Die veränderten und mitunter hybriden Ansprüche des Gastes beschreibt BIEGER denn auch wie folgt: „Höhere Qualität zu tieferem Preis, alles möglichst sofort, ohne für den Gast wahrnehmbare Umweltbelastung, mit kulturellem, sinnstiftendem Hintergrund, Geborgenheit vermittelnd, sicher und erst noch gesund und gesellig!“[187]

Themenparks bieten dem Besucher damit eine unkomplizierte Flucht in den virtuellen Urlaub.[188] Dabei richten sich die Ferienparks vor allem auf das Marktsegment der kurzurlaubenden Familien.[189] Auch hier zeigt sich wiederum, dass ein Aufenthalt in einer künstlichen Ferienwelt kaum als Ersatz für eine andere Reise dient, sondern vielmehr eine zusätzliche Produktoption in der Vielfalt der Urlaubsangebote darstellt.[190] LOBIN konnte anhand künstlicher Skiwelten jedoch aufzeigen, dass es bei diesem Urlaubsprodukt vor allem auf die authentische[191] Umsetzung eines gewählten Themas ankommt. Zudem sieht sie in der Breite der angebotenen Konsummöglichkeiten, welche den multioptionalen Bedürfnissen des Besuchers entgegenkommen mag, und der bewusst emotionalen Handlung gegenüber dem Gast, die sich zum Beispiel in Freundlichkeit der Mitarbeiter ausdrücken kann, wichtige Komponenten in der Gestaltung einer künstlichen Themenwelt.[192] Doch die Planung von Emotionen, bei den Mitarbeitern als Instrument und bei den Gästen als gewünschtes Ergebnis, läuft auch Gefahr, eine Kommerzialisierung unserer Gefühle vo-

---

[185] Vgl. *Riemer, K.*, Center Parcs, 1995, S. 67 f.
[186] Vgl. *Steinecke, A.*, Erlebniswelten, 2001, S. 69.
[187] *Bieger, T.*, Destinationsperspektive, 2001, S. 28.
[188] Vgl. *Kirchberg, V.*, McDonaldisierung, 2000, S. 123.
[189] Vgl. *Brittner, A.*, Natürlichkeit, 2002, S. 236.
[190] Vgl. *Brittner, A.*, Natürlichkeit, 2002, S. 231.
[191] Vgl. zur Diskussion um Künstlichkeit und Authentizität auch Kapitel 4.3.1.
[192] Vgl. *Lobin, D.*, Kundenanforderungen, 2007, S. 377.

ranzutreiben, wie sie von HOCHSCHILD bereits 1983 ausführlich beschrieben wurde.[193]

Zugleich liegt dem Besuch von Themenwelten ein ganzes Bündel unterschiedlicher Motive zugrunde,[194] die Themenwelten auch mittels Inszenierung verschiedener Mythen zu befriedigen suchen. Dabei sind es wiederkehrend verschiedene Grundmythen, auf die in der Inszenierung regelmäßig zurückgegriffen wird:

- **Mythos der Naturbeherrschung**: entspricht dem Wunsch nach vollkommener Beherrschung der Natur
- **Mythos der Ordnung:** entspricht inmitten einer geradezu fragmentierten Welt dem Wunsch nach überschaubaren, einheitlichen Strukturen
- **Mythos der Gleichheit**: entspricht dem Wunsch nach Zusammengehörigkeit und Solidarität ohne gesellschaftliche Unterschiede oder Privilegien
- **Mythos des Rollenspiels:** entspricht dem Wunsch, sich selbst zu inszenieren und in temporären Identitäten ungewöhnliche Erfahrungen zu machen
- **Mythos des Reichtums:** entspricht dem Wunsch, die ganze Welt als Reiseziel aufsuchen zu können
- **Mythos der Gemeinschaft**: entspricht dem Wunsch, entgegen zunehmender Anonymisierung und Individualisierung mit anderen Menschen in einer neuen Form von Gruppeneinheit solidarisch beisammen zu sein
- **Mythos der nicht-alltäglichen Idealräume**: entspricht dem Wunsch nach stressfreien und risikolosen Lebensräumen[195]

---

[193] Vgl. *Hochschild, A. R.*, Commercialization, 1983.
[194] Vgl. *Lobin, D.*, Kundenanforderungen, 2007, S. 178 f.
[195] Vgl. *Steinecke, A.*, Themenwelten, 2009, S. 33 f.

Indessen bleibt dieses Konglomerat von populären Mythen realiter jedoch nicht mehr als ein Trugbild,[196] sind es doch gerade die „unerfüllbaren Glücksversprechen, die Anmaßung und die Tendenz zum Größenwahn, die für Bescheidenheit oder gar Demut keinen Platz mehr lassen."[197] Und doch werden dieser Art „optimierte Räume"[198] nicht gänzlich abgelehnt. Für DRAHEIM stellen sie ein offenbar perfektes Angebot dar, welches Urlaubsbedürfnisse optimal erfüllt: „Ganzjährig geöffnet, wetterunabhängig und in der Natur gelegen, bieten sie alles, was der Konsument des 21. Jahrhunderts erwartet."[199]

2.4 Abgrenzung wesentlicher Konzepte eines umwelt- und sozialverträglichen Tourismus

2.4.1 Zur Notwendigkeit einer Abgrenzung

Vor gut einem Jahrzehnt war das Interesse an einem „Sanften Tourismus" noch besonders groß. Inzwischen sind die Bestrebungen um einen „Sanften Tourismus" anscheinend wieder zurückgegangen, was sich auch an der sinkenden Anzahl der wissenschaftlichen Arbeiten und allgemeinen Publikationen zeigt, die sich allein mit diesem Thema beschäftigen. Zugleich sind in der Diskussion zum Teil neue Begrifflichkeiten bzw. Konzepte aufgetaucht. Mitunter ist auch ein inflationärer Gebrauch der verschiedenen Begriffe erkennbar, die zudem häufig synonym verwendet werden.[200] Da sich jedoch zeigt, dass diese Begriffe bei einer näheren Betrachtung nicht deckungsgleich sind, ist es für ihre folgende wissenschaft-

---

[196] Vgl. ebd.

[197] *Opaschowski, H. W.*, Kathedralen, 2000, S. 53.

[198] *Steinecke, A.*, Themenwelten, 2009, S. 32.

[199] *Draheim, A.*, Ferienzentren, 2002, S. 139; ähnlich *Brittner, A.*, Natürlichkeit, 2002, S. 90.

[200] Vgl. hierzu *Kolbe, C.*, Ökotourismus, 2002; zum Beispiel bei *Hahne, U.*, Regionalentwicklung, 1995, S. 43; *Steck, B.*, Tourismus, 1999; eine früher Übersicht einiger synonymer Begriffe mit ihren jeweiligen Vertretern findet sich bei *Haßlacher, P.*, Sanfter Tourismus, 1989, S. 126.

liche Anwendung notwendig, diese Termini näher zu betrachten, eventuelle Überlappungen aufzuzeigen und eine möglichst hohe Definitionsschärfe herzustellen. Auch erscheint diese grundsätzliche Diskussion notwendig, um nicht durch beliebige Auslegung der Begrifflichkeiten in einen Widerstreit von Interessen zu geraten.

2.4.2 Ökotourismus

Der Begriff „Ecotourism“ oder „Ökotourismus“ wird international häufig verwendet. Zugleich sind jedoch sowohl das Verständnis als auch die Vorstellung zur Umsetzung eines Ökotourismus-Konzeptes sehr heterogen.[201] In der Praxis kann dies zur Folge haben, dass auch Reisen, die eigentlich nur ins Grüne führen, bereits mit diesem Terminus etikettiert werden.[202] Dies zeigt sich auch darin, dass international in der Literatur ca. 35 verwandte Begriffe in ähnlichem Zusammenhang Verwendung finden.[203] Der deutsche Begriff „Ökotourismus“ ist dabei eine Übersetzung des bereits 1965 verwendeten ursprünglich amerikanischen Terminus „Ecotourism“.

In der definitorischen Annäherung findet man nun zuerst zwei einfache Hauptkriterien: Zum einen bezieht sich der Begriff auf das vom Touristen besuchte Zielgebiet. Der Ökotourist sucht demnach natürliche Gebiete bzw. Landschaftsräume auf, die sich in einem möglichst intakten, urbelassenen Zustand befinden, wozu auch Schutzgebiete zählen. Spätere Definitionsversuche erweitern diesen Rahmen um den Wunsch des Reisenden, indigene Kulturen zu erleben. Dabei möchte der Reisende, dies ist

---

[201] Vgl. *Tomás, H.*, Summary, 2002, S. 114.

[202] So werden zum Beispiel auf Kuba viele Reisen, die ins Grüne führen, mit dem Stichwort „Ecotourismo“ deklariert (vgl. *Ellenberg, L./Beier, B./Scholz, M.*, Ökotourismus, 1997, S. 54).

[203] Vgl. *Kurte, B.*, Ökotourismus-Begriff, 2002, S. 17; in dieser Dissertation ist der Ökotourismus- Begriff der zentrale Untersuchungsgegenstand. Vgl. auch *Haßlacher, P.*, Sanfter Tourismus, 1989, S. 126.

das zweite Kriterium, sein Urlaubsgebiet entweder passiv genießen oder aber aktiv studieren. Abenteuerurlaub und Sporttourismus zählen demnach nicht zum Ökotourismus.[204]

In späteren Definitionsversuchen wird alsdann die Motivation des Reisenden dahingehend erweitert, dass er zugleich das von ihm besuchte Gebiet bzw. dessen Schutz durch seine Reise finanziell unterstützen möchte bzw. unterstützt. So zeigt der Ökotourist idealerweise Wertschätzung, Teilnahme und Sensibilität gegenüber dem von ihm bereisten Gebiet. Die vorhandenen Ressourcen werden von ihm zwar genutzt, aber nicht verbraucht.[205] Mit diesem Blickwinkel kann dann zum Beispiel Jagdtourismus nur bedingt zum Ökotourismus gezählt werden. Allerdings wäre hiernach der Ökotourismus keine gänzlich neue Tourismusform, sondern nur der bereits bekannte Naturtourismus, der um eine aktive Betrachtungsperspektive des Touristen erweitert würde, womit dieses Konzept auch als Schnittmenge zwischen Naturtourismus und Nachhaltigem Tourismus verstanden werden könnte.[206]

Aus der Flut der Definitionsversuche hat sich dabei insbesondere die Definition der Arbeitsgruppe Ökotourismus durchsetzen können. Hiernach werden unter Ökotourismus „(...) Formen von Naturtourismus verstanden, die in verantwortungsvoller Weise negative Umweltauswirkungen und sozio-kulturelle Veränderungen zu minimieren suchen, zur Finanzierung von Schutzgebieten beitragen und Einkommensmöglichkeiten für die lokale Bevölkerung schaffen."[207]

Eingebettet in ein organisatorisches Konzept sorgt sich dabei der Ökotourismus im Idealfall nicht nur um die zielgerechte Mittelverwendung, sondern auch um die Bewusstseinsbildung des Touristen und der Bevölke-

---

[204] Vgl. *Kurte, B.*, Ökotourismus-Begriff, 2002, S. 22 f.
[205] Vgl. *Kurte, B.*, Ökotourismus-Begriff, 2002, S. 24 f.
[206] Vgl. *Strasdas, W.*, Ökotourismus, 2001, S. 6.
[207] Schwarzbeck, F., Ökotourismus, 1995, S. 3 f.

rung, um hier unter anderem die Naturschutzakzeptanz zu stärken.[208] Damit wird dem Ökotourismus auch ein pädagogischer Wert bzw. eine informatorische und erzieherische Aufgabe zugewiesen.[209] So sieht STRASDAS das Konzept des Ökotourismus in dem Maß dem Konzept eines Nachhaltigen Tourismus überlegen, in dem dieses positive signifikante Effekte hervorrufe, die ohne Tourismusentwicklung ausgeblieben wären.[210]

Doch so attraktiv das Konzept des Ökotourismus in seiner ideellen Form sich auch darbietet, so bleiben doch Zweifel, inwieweit sich dieses Konzept in der Praxis auch realisieren lässt. Bedenken finden sich bereits in der Begrifflichkeit des Konzeptes selbst. Denn nicht zuletzt die bisweilen sehr weite Auslegung des Begriffs durch die Veranstalter, die sich mitunter selbst ad absurdum führt, lässt den Begriff leicht zu einer „leeren Hülle“ verkommen.[211] Damit bleibt „Ökotourismus“ in der Wahrnehmung der Öffentlichkeit nicht nur unbestimmt, sondern der Begriff gerät in Gefahr, auf Dauer überhaupt an Akzeptanz zu verlieren.

Zugleich haben BAUMGARTNER/RÖSNER darauf hingewiesen, dass auch in den Konzepten des Ökotourismus die wirtschaftlichen Strukturen des klassischen Ferntourismus übernommen werden, so dass nach Schätzungen der Weltbank auch hier 55 bis 90 Prozent der Einnahmen wieder in die Herkunftsländer der Touristen zurückfließen.[212] Da mit Ökotourismus zudem in der Regel Ferntourismus gemeint ist, bei dem die Anreise mit dem Flugzeug erfolgt, zeigt sich hier zugleich ein massiver Widerspruch zwischen dem Umweltverträglichkeitsanspruch des Ökotouristen einer-

---

[208] Vgl. *Kurte, B.*, Ökotourismus-Begriff, 2002, S. 26 f.; *Strasdas, W.*, Ökotourismus, 2001, S. 6.

[209] Vgl. *Tomás, H.*, Summary, 2002, S. 110; *World Tourism Organization (UNWTO)*, Ecotourism, 2002, S. 65.

[210] Vgl. *Strasdas, W.*, Ökotourismus, 2001, S. 7 f.

[211] *Dorner, A.-M.*, Ökotourismus, 2001, S. 88; vgl. ebenso auch *Ellenberg, L./Beier, B./Scholz, M.*, Ökotourismus, 1997, S. 26.

[212] Vgl. *Baumgartner, C./Röhrer, C.*, Nachhaltigkeit, 1998, S. 14.

seits und seinem realen Reiseverhalten andererseits.[213] Der Ökotourist führt damit streng genommen im Aufsuchen flugabhängiger Destinationen sein ökologisches Urlaubskonzept im Grunde selbst ad absurdum.[214]

Überdies kommt es vor, dass gerade die Umsetzung von Ökotourismus-Konzepten ursächlich dafür verantwortlich zeichnet, dass traditionelle, indigene Völker aus ausgewiesenen Schutzgebieten vertrieben werden,[215] so dass aus Sicht der Bereisten „ecotourism (...) can become ecoterrorism“[216]. Damit tritt bei näherer Betrachtung bereits im Konzept selbst ein Widerspruch zutage, wenn nicht nur regionale oder nationale Naturparks besucht werden.

Des Weiteren fokussiert sich dieses Konzept in erster Linie auf den Naturschutz. Die weiter reichenden Aspekte und Handlungsfelder eines Nachhaltigen Tourismus werden kaum berücksichtigt. Damit bleibt das Konzept auch normativ recht eng gefasst. In der realen Umsetzung bleibt zudem fraglich, inwiefern Ökotourismus eher eine Marktnische als ein normatives Konzept darstellt.[217]

2.4.3 Sanfter Tourismus

Die Verbreitung des Begriffs „Sanfter Tourismus“ ist auf eine Veröffentlichung von JUNGK im Jahr 1980 zurückzuführen,[218] in der einigen Aspekte des bis dahin klassischen „Harten Tourismus“ dualistisch Vorstellungen eines „Sanften Tourismus“ gegenübergestellt wurden. Die diesem

---

[213] Vgl. *Niekisch, M.*, Ökotourismus, 1997, S. 18.
[214] Vgl. Ebd.; *Schallaböck, K. O.*, Fliegen, 1996, S. 38 ff; FRIEDL überträgt dies auch auf das Konzept eines Nachhaltigen Tourismus (vgl. *Friedl, H./Friedl, H. A.*, Tourismusethik, 2002, S. 59).
[215] Vgl. *Suchanek, N.*, Ökotourismus, 2002, S. 9.
[216] *Myburgh, E./Saayman, M.*, Ecotourism, 1999, S. 5.
[217] Vgl. *Strasdas, W.*, Ökotourismus, 2001, S. IX.
[218] *Jungk, R.*, Plädoyer, 1980.

Konzept innewohnende fast konstitutive Polarität mag auch darin begründet liegen, dass zum Zeitpunkt der Veröffentlichung Ökologie und Ökonomie in der Regel noch als gegensätzliche Begrifflichkeiten verstanden wurden.[219] Diese polarisierende Sichtweise hat sich in dem folgenden Diskurs in einigen Aspekten fortgesetzt, wenn zum Beispiel Massentourismus generell abgelehnt wurde.[220] Als wesentliches Merkmal des Sanften Tourismus ist jedoch hervorzuheben, dass dem Touristen hier eine aktive, mitgestaltende Rolle zukommt, indem er bewusst verantwortungsvoll vor und während der Reise agiert, sich zum Beispiel auf sein Urlaubsland vorbereitet sowie die Reise aktiv erlebt und nicht bloß passiv konsumiert.[221] Dieser durchaus aktiv-orientierte Ansatz ist in dem heutigen Diskurs mitunter verloren gegangen.[222]

So verstand noch 1984 die internationale Alpenschutzkommission CIPRA in ihrer Deklaration von Chur auf JUNGK aufbauend „unter Sanftem Tourismus einen Gästeverkehr, der gegenseitiges Verständnis des Einheimischen und Gastes füreinander schafft, die kulturelle Eigenart des besuchten Gebietes nicht beeinträchtigt und der Landschaft mit größtmöglicher Gewaltlosigkeit begegnet."[223] Diese damals richtungsweisende Definition, die eben auch den sozio-kulturellen Aspekt betont, fand alsbald unter der Kurzformel eines „umwelt- und sozialverträglichen Tourismus" weite Verbreitung.[224] MOSE erweiterte dann das Verständnis eines Sanften Tourismus um die Forderung, dass die touristische Entfaltung auch Bestandteil der Strategien zu einer eigenständigen Regionalentwicklung sein müsse.

---

219 Vgl. *Bätzing, W.*, Alpen, 1992, S. 54.
220 Vgl. *Haßlacher, P.*, Sanfter Tourismus, 1989, S. 124.
221 Vgl. dazu beispielsweise *Mäder, U.*, Freizeit, 1990, S. 123.
222 Vgl. hierzu zum Beispiel die Definition des Sanften Tourismus nach *Losang, E.*, Nachhaltigkeit, 2000, S. 72.
223 *Broggi, M. F.*, Sanfter Tourismus, 1985, S. 284.
224 Vgl. zum Beispiel *Mose, I.*, Alternative, 1989, S. 15 ff.

Statt einer Definition wurden häufig, ähnlich wie schon bei JUNGK, Auflistungen verschiedener Merkmale verwendet, die diese Tourismusform kennzeichnen.[225] Doch trotz des weiterhin breitgeführten Diskurses kam es in den Folgejahren bis heute zu keiner einheitlichen Auffassung oder allgemein akzeptierten Definition darüber, was exakt unter „Sanftem Tourismus" zu verstehen sei.[226] In diesem Zusammenhang führte der Gebrauch synonymer Begriffe und Wortschöpfungen letztlich früh zu einer Begriffsverwirrung anstatt zu einer Begriffsklärung.[227]

Letztlich war die Abhandlung von JUNGK auslösendes Moment für eine umfangreiche Diskussion um die richtige Form des Tourismus an sich und zugleich Leitbild der Tourismuskritik in den 1980er und 1990er Jahren. Sie gab Anstoß für zahlreiche alternative Tourismus-Projekte, die mit dem Wunsch verbunden waren, ein neues Reiseverständnis zu schaffen. Ein wesentlicher Vorteil des ursprünglichen Konzeptes liegt sicherlich auch darin, dass der „Harte Tourismus" als Kontrapunkt zu einem neuen Tourismus-Konzept klar benannt ist und damit über ein polarisierendes Verständnis von Tourismus das Problembewusstsein der Tourismusindustrie und auch der Reisenden geschärft wurde. KIRSTGES hat hingegen bereits früh das polarisierende Element im Sanften Tourismus aufgehoben.[228]

Inzwischen haben sich die Auffassungen eines Sanften Tourismus auch dahin gehend weiterentwickelt, dass sie sich den Vorstellungen eines „Nachhaltigen Tourismus" angenähert oder diese sogar übernommen haben. Man mag daher unterstellen, dass dieses Konzept mindestens an Bedeutung verloren habe, vielleicht sogar veraltet und durch den Nachhalti-

---

[225] Vgl. zum Beispiel *Mose, I.*, Alternative, 1989, S. 16 f.; *Baumgartner, C./Röhrer, C.*, Nachhaltigkeit, 1998, S. 11.

[226] Vgl. *Freyer, W.*, Tourismus, 2000, S. 205.

[227] Vgl. *Mose, I.*, Alternative, 1989, S. 15 f.

[228] Vgl. hierzu beispielsweise *Kirstges, T.*, Sanfter Tourismus, 1992. Zudem sind hier bereits früh Aspekte zu finden, die auch im Konzept eines Nachhaltigen Tourismus enthalten sind.

gen Tourismus abgelöst worden sei.[229] Diese Auffassung mag auch darin begründet liegen, dass die der ursprünglichen Darstellung nach JUNGK innewohnende Hoffnung, eine neue Tourismuskultur werde das bisherige Tourismusverständnis ablösen, bislang nicht erfüllt wurde.

Während anfangs die Vertreter des Sanften Tourismus dem Massentourismus generell noch ablehnend gegenüber standen und Konzepte von massenhaftem und sanftem Reisen als unvereinbar ansahen,[230] sieht FREYER inzwischen zumindest Ansätze für eine „sanfte Massenbewegung".[231] Sowohl Destinationen als auch Tourismusunternehmen bedienen sich dabei inzwischen des Sanften Tourismus als Marketing-Strategie, wobei mitunter nur einzelne Elemente aus dem Ideenspektrum des Sanften Tourismus umgesetzt werden. Zudem sind Anspruch und touristische Realität oftmals nicht deckungsgleich.[232]

Versteht man die Forderungen, die an einen Sanften Tourismus gestellt werden, grundsätzlich jedoch eher als Zielvorgaben anstelle eines statischen Idealbildes, dem gänzlich und sogleich zu entsprechen sei, kann man Sanften Tourismus als „Ausdruck eines Prozesses, der allenfalls theoretisch ein Maximum als Idealzustand erreichen kann"[233] begreifen. Seine Erfüllung erfolgt somit im Rahmen eines fortschreitenden Transformationsprozesses sukzessive und das Auseinanderfallen von normativen Leitlinien und deren aktueller Umsetzung ist damit zugleich auch Ausdruck dieses Prozesses.

Führt man die hier akzentuierten, zum Teil ursprünglichen Aspekte dieses Konzeptes zusammen, so ergeben sich für das Modell eines Sanften Tou-

---

229 Vgl. *Mose, I./Jacobs, A.-K.*, Tourismus, 2004, S. 16; *Viegas, A.*, Ökomanagement, 1998, S. 10.
230 Vgl. hierzu *Haßlacher, P.*, Sanfter Tourismus, 1989, S. 124; *Rahner, S.*, Sanfter Tourismus, 1995, S. 244.
231 Vgl. *Freyer, W.*, Tourismus, 2000, S. 205.
232 Vgl. *Viegas, A.*, Ökomanagement, 1998, S. 10; *Freyer, W.*, Tourismus, 2000, S. 205.
233 *Kirstges, T.*, Sanfter Tourismus, 2003, S. 24.

rismus deutliche Eckpunkte. Sanfter Tourismus könnte demnach verstanden werden, als

- ein richtungsweisendes Idealbild,
- welches bewusst in einem Polaritätsfeld zum Harten Tourismus dualistisch verortet wird,
- dessen Verwirklichung die Beteiligten prozessmäßig anstreben und
- in dem der originär aktive Tourist bewusst verantwortungsvoll reist.

Legt man diese Aspekte konstitutiv zugrunde, so hat das Konzept eines Sanften Tourismus längst nicht ausgedient und ist keinesfalls von dem Konzept eines Nachhaltigen Tourismus abgelöst worden. Sollte die Bewegung tatsächlich „im Sand verlaufen sein", wie VIEGAS bereits 1998 konstatierte,[234] so wäre es bereits aus den vorgenannten Gründen sinnvoll, sie wieder zu beleben. Denn der Sanfte Tourismus stellt nach dem Vorstehenden nach wie vor ein eigenes abgrenzbares Konzept dar, das nicht zuletzt durch seinen visionären Charakter von seiner Existenzberechtigung nichts verloren hat. Gerade der Anspruch, dass der Tourist sich mit dem Reiseland auseinandersetzt und dass der Sanfte Tourismus dies nicht nur zulässt, sondern auch fördert, hat zur Folge, dass diese Reiseform für den Reisenden selbst auch identitätsverändernd wirken kann und sich so zu einem modernen Äquivalent der ursprünglichen Bildungsreise entwickelt, wie sie in der „Grand Tour"[235] bestand.

In der unternehmerischen Praxis wurde dem Konzept des Sanften Tourismus allerdings eine zu starke gesellschaftskritische Betrachtungsweise vorgeworfen. Aufgrund der eher idealistischen Ausrichtung seien die ökonomischen Interessen des Tourismus vernachlässigt worden, weshalb

---

[234] Vgl. *Viegas, A.*, Ökomanagement, 1998, S. 10; ähnlich *Mose, I./Jacobs, A.-K.*, Tourismus, 2004, S. 16.

[235] Vgl. Kapitel 4.2.1.

kaum konkrete Umsetzungsstrategien bestünden.[236] MIELKE sieht den sanften Tourismus so auch nicht als Alternative zu beispielsweise Ferienparks, sondern als eine ergänzende Tourismusform, die ein anderes Marktsegment anspreche.[237]

Zudem liegt diesem Konzept originär eine gewisse Paradoxie zugrunde: Die touristische Realität ist bislang unbestritten eine Massenbewegung. Der Sanfte Tourismus könnte allerdings die Quantität der heutigen Reiseströme gar nicht in der Fläche angemessen bedienen und zudem ist, wie bereits beschrieben, eine Massenbewegung mit den Idealen eines Sanften Tourismus unvereinbar.[238] Damit gilt mehr denn je die Aussage von OPASCHOWSKI aus dem Jahr 1989: „Der Traum vom ‚sanftem Tourismus' bleibt sicher auch in Zukunft das, was er immer war: eine konkrete Vision."[239] Diese Aussage wird am Ende der Untersuchung in Kapitel 8 noch einmal zu diskutieren sein.

2.4.4 Nachhaltiger Tourismus

Der bereits 1713 von CARLOWITZ in der Forstwirtschaft formulierte Gedanke nachhaltigen Handelns findet inzwischen längst auch auf den Tourismus Anwendung. Der Idee nachhaltigen Handelns liegt dabei der Kerngedanke zugrunde, dass einerseits die Befriedigung der aktuellen Bedürfnisse der Menschen nötig sei, dies aber nicht die Befriedigung der Bedürfnisse zukünftiger Generationen gefährden dürfe, weshalb sich heu-

---

[236] Vgl. *Strasdas, W.*, Ökotourismus, 2001, S. 86. Vgl. auch bereits *Kirstges, T.*, Sanfter Tourismus, 1992.
[237] Vgl. *Mielke, B.*, Freizeiteinrichtungen, 1993, S. 52.
[238] Vgl. *Kirstges, T.*, Fallstudien, 2001, S. 20 f.
[239] *Opaschowski, H. W.*, Tourismusforschung, 1989, S. 153.

tiges Handeln stets an seiner „Generationen-Verträglichkeit“ messen lassen müsse.[240]

Dabei wurde das Konzept der Nachhaltigkeit nicht zuletzt durch den Brundlandt-Report (1987), die „Rio-Erklärung über Umwelt und Entwicklung“ (1992) sowie die UN-Konferenz über Umwelt und Entwicklung (1992) auch international stark verbreitet. Es wurde bisher in seinem Verständnis stets erweitert und zugleich inhaltlich verdichtet. Obgleich sich viele Definitionen an den Brundlandt-Report anlehnen, besteht doch zum Teil eine definitorische Unsicherheit.[241]

Die UNWTO, als globale Institution der Tourismuswirtschaft ein Meinungsbildner, definiert Nachhaltigkeit im Tourismus über folgende drei Dimensionen:

1) ökonomische Nachhaltigkeit
2) soziale Nachhaltigkeit
3) ökologische Nachhaltigkeit[242]

Die Forderung nach *ökonomischer* Nachhaltigkeit beinhaltet primär die Fähigkeit eines Unternehmens, seine Tätigkeiten über einen langen Zeitraum aufrecht erhalten zu können. Allerdings spielt hier auch, ebenso wie bei den anderen Dimensionen, die Beteiligung verschiedener sozialer Gruppen am ökonomischen Wohlstand eine Rolle.

Soziale Nachhaltigkeit fordert hier vor allem die Berücksichtigung von Menschenrechten und gleiche Chancen für die Mitglieder einer Gesellschaft. Es gilt den erwirtschafteten Nutzen gerecht zu verteilen und be-

---

[240] Vgl. zum Beispiel *Müller, H.*, Regionalentwicklung, 1995., S. 12; *Drews,A./ Rauschelbach, B.*, (Öko-)Tourismus, 1998, S. 131; *Paech, N./Pfriem, R.*, Konzepte, 2004, S. 17; *Müller, H.*, Ökologie, 2007, S. 28.
[241] Vgl. *Losang, E.*, Tourismusentwicklung, 1999, S. 7.
[242] Vgl. *UNEP / UNWTO*, Tourism, 2005, S. 9.

vorzugt die Armut zu lindern. Zugleich geht es auch darum, andere Kulturen zu respektieren und jede Form von Ausbeutung zu vermeiden.[243]

Ökologische Nachhaltigkeit umfasst das Bewahren unser natürlichen Ressourcen, insbesondere derer, die für das Leben der Menschheit besonders wertvoll und/oder nicht erneuerbar sind. Dies erfordert nicht nur eine Verschmutzung von Luft, Land und Wasser zu vermeiden, sondern auch die biologische Diversität und das Erbe der Natur zu bewahren.[244]

In dieser Definition wird allerdings, wie auch in anderen Begriffsbestimmungen üblich,[245] die kulturelle Dimension mit der sozialen Komponente zu einer soziokulturellen Zieldimension vermengt. Mitunter werden auch beide Dimensionen gleichgesetzt.[246] Ferner wird Nachhaltigkeit nicht statisch verstanden, sondern als Entwicklungsprozess begriffen.

Das Konzept eines Nachhaltigen Tourismus ist deutlich umfassender definiert als das Konzept des Ökotourismus. Das Verständnis eines Sanften Tourismus hingegen gleicht sich dem des Nachhaltigen Tourismus inzwischen mitunter an und könnte auch synonym verwandt werden. Allerdings macht es Sinn, wie bereits gezeigt wurde, diese beiden Konzepte definitorisch nach wie vor zu trennen. Das Verständnis eines Sanften Tourismus ist originär ein aktives Konzept, das im Ursprung einen bewusst anders reisenden Touristen in seinen Mittelpunkt stellt. Das Konzept eines Nachhaltigen Tourismus hingegen hat eben diesen Anspruch an den Reisenden nicht. Nachhaltiger Tourismus kann somit auch passiv gelebt bzw. erlebt werden und setzt gerade nicht die bewusste Entscheidung des konsumierenden Touristen voraus.

---

243 *UNEP / UNWTO*, Tourism, 2005, S. 9.
244 Ebd.
245 Vgl. zum Beispiel *Baumgartner, C./Röhrer, C.*, Nachhaltigkeit, 1998, S. 83 ff.
246 Vgl. *Becker, C./Job, H.*, Tourismus, 1996, S. 141.

2.4.5 Zusammenfassung und Relevanz

Bei näherer Betrachtung der Konzepte zeigt sich, dass künstliche Ferienwelten am ehesten mit den Vorstellungen des Nachhaltigen Tourismus vereinbar sein könnten. Ökotourismus und auch Sanfter Tourismus in ihren Reinformen sind mit dem Konzept einer künstlichen Ferienwelt dagegen nur schwer vereinbar. Zugleich können sehr wohl im Nachhaltigen Tourismus in bestimmten Bereichen ökotouristische Aspekte, die zum Beispiel auf eine Umwelterziehung hinwirken, umgesetzt und eingebracht werden.[247]

Das Modell touristischer Nachhaltigkeit erscheint zudem am ehesten auch mit dem Phänomen des Massentourismus kompatibel,[248] da es sich eben nicht primär an die Reisenden, sondern an die touristischen Organisationen und Unternehmen wendet.[249] Klammert man die Erscheinungsform des Massentourismus dagegen aus den Betrachtungen und Lösungsversuchen gänzlich aus, bestünde zudem die Gefahr, die Anschlussfähigkeit in die unternehmerische Praxis zu verlieren und ex ante zu scheitern.[250] So stellte BERTRAM bereits 1995 fest, dass es nicht darum gehen könne, Alternativen *zum* Massentourismus zu schaffen, sondern dass vielmehr Alternativen *für* den Massentourismus geschaffen werden müssten. Nachhaltige Alternativen müssten sich demnach daran messen lassen, ob sie auch von den Massen in Anspruch genommen würden.[251] Hier könnten künstliche Ferienwelten eventuell ein Bindeglied darstellen.

So gilt es auch zu untersuchen, inwiefern Massentourismus nachhaltig gestaltet werden kann. Allerdings ist fraglich, inwiefern Ferntourismus überhaupt als nachhaltig gelten kann. Stattdessen wären Nahziele wün-

---

[247] Vgl. *Kolbe, C.*, Ökotourismus, 2002, S. 19.
[248] Vgl. zum Beispiel auch *Schmied, M.* u. a., Traumziel, 2009, S. 34.
[249] Vgl. *Viegas, A.*, Ökomanagement, 1998, S. 15.
[250] Vgl. *Friedl, H./Friedl, H. A.*, Tourismusethik, 2002, S. 17.
[251] Vgl. *Bertram, J.*, Arm, 1995, S. 21.

schenswert, die allein bodengestützt bereist werden könnten. Denn „erst wenn in diesem Fall der Bedarf selbst zur Disposition gestellt würde, zum Beispiel zugunsten eines Urlaubs an der Ostsee, wären nachhaltige Nutzungssysteme und Technologien überhaupt anwendbar. Nicht nur für dieses Beispiel gilt, dass keine auch noch so ausgeklügelte Technik- oder Systemlösung die Folgen einer grenzenlosen Expansion von Bedarfen auffangen kann. Aber das Ausmaß, die generelle Sinnhaftigkeit und schließlich die Legitimation von Konsumansprüchen sind eine kulturelle Frage."[252] Tourismus unter einem kulturalistischen Fokus zu betrachten, bedeutet daher auch, die Frage aufzuwerfen, inwiefern die Tourismuswirtschaft auf unsere gesellschaftlichen Realitäten einwirkt, diese beeinflusst bzw. mitgestaltet.

Künstliche Ferienwelten stellen gewissermaßen sowohl ein Spiegelbild des modernen Tourismus dar, als vielleicht auch ein Bindeglied zwischen den Ansprüchen des Massentourismus und denen des Nachhaltigen Tourismus. Denn noch sieht ein Großteil der Tourismuswirtschaft vor allem im Massengeschäft sein unternehmerisches Interesse und seine Haupteinnahmequelle.

Dabei rückt zuerst die Gefahr ökologischer Schäden durch den Tourismus ins Blickfeld. Aber durch verschlechterte Umweltzustände, wie zum Beispiel einen verschmutzten Strand, durch Abholzung entstandene Lawinengefahr oder andere ökologische Schäden, wird dem Touristen selbst ein Wohlfahrtsverlust zugefügt, indem er über eine wesentliche Produkteigenschaft getäuscht wird. „Derartige Moral-Hazard-Situationen sind geradezu typisch im Tourismusmarkt."[253] Allerdings mag sich mit der weiteren Zunahme der Akzeptanz im Bereich des Social-Web die bislang asymmetrische Informationslage ausgleichen, wodurch verschlechterte Umweltzustände auch den Profit der Tourismuswirtschaft schnell und dauerhaft bedrohen können.

---

[252] *Paech, N.*, Entwicklung, 2004, S. 355.
[253] *Wöhler, K.*, Qualitätszeichen, 2002, S. 8.

Aus diesem Grunde ist für die Tourismuswirtschaft Umweltschutz letztlich nichts anderes als Selbstschutz.[254] Dies gilt insbesondere für touristische Räume und Destinationen, welche verschlechterten Umweltzuständen und ökologischen Schäden nicht entfliehen können, während hingegen Reiseveranstalter in begrenztem Umfang Reiseziele in ihrem Angebots-Portfolio austauschen können.

Doch es wird im Folgenden zu zeigen sein, welche weiteren Aspekte in der Umsetzung eines Nachhaltigen Tourismuskonzeptes eine Rolle spielen und inwiefern eine Umsetzung in künstlichen Ferienwelten bereits erfolgt bzw. überhaupt möglich ist. Letztlich geht es aber, darüber hinausgehend, darum, dass die touristischen Akteure sich über eine monetäre Betrachtung hinaus als Gestalter gesellschaftlicher Realität begreifen und die Perspektive ihres Einzelsystems überwinden.

---

[254] So ähnlich in der Intention bereits Krippendorf 1981 (vgl. *Krippendorf, J.*, Landschaftsfresser, 1981, S. 90).

3. Konzeptionelle Überlegungen zum Nachhaltigen Tourismus

3.1 Entwicklung nachhaltigkeitsbezogener Handlungsfelder

„Nachhaltiger Tourismus ist die große Chance für die Tourismusbranche“[1], stellte das Umweltbundesamt bereits 1997 fest. Aufgrund der vielfältigen Vorstellungen und Interpretationen des Nachhaltigkeitsbegriffs sowie dessen Komplexität ist es jedoch zunächst erforderlich, das Konzept eines Nachhaltigen Tourismus zu präzisieren. Dabei sind die den einzelnen Handlungsfeldern zugrunde liegenden Inhalte zu untersuchen, auf den Tourismus im Allgemeinen anzuwenden und gegebenenfalls zu ergänzen.

Den Vorstellungen eines Nachhaltigkeitskonzeptes liegt häufig das „Dreisäulen-Modell“ zugrunde. Dieses basiert auf der Annahme, dass die drei Dimensionen der Nachhaltigkeit, Ökologie, Ökonomie und Soziokulturelles, als Ziele gleichrangig nebeneinander stehen.[2] Davon ausgehend, dass zwar alle Komponenten gleich schutz*würdig,* aber nicht gleichermaßen schutz*bedürftig* sind, schlagen PAECH/PFRIEM vor, nicht von Zieldimensionen, sondern stattdessen von Handlungsfeldern zu sprechen, um den konzeptionellen Widerspruch aufzulösen.[3] Kehrt man zum Ursprung der Nachhaltigkeitsdiskussion zurück, so muss der Ökologie eine herausragende Schutzbedürftigkeit zugerechnet werden, auch wenn man annimmt, dass die in den anderen genannten Dimensionen enthaltenen Werte im selben Maße schutzwürdig sind.[4] Dies gilt für jegliches Wirtschaften im Allgemeinen, weil die negativen Folgen ökologischer Sorglosigkeit letztlich global existenziell sind. Darüber hinaus gilt dies für die Tourismuswirtschaft aber im Besonderen, da eine intakte Ökologie in diesem Bereich einen zentralen Angebotsfaktor darstellt. Dabei spielt insbeson-

---

[1] *Umweltbundesamt*, Zukunft, 1997, S. 27.
[2] So zum Beispiel bei *Wöhler, K./Saretzki, A.*, Nachhaltigkeitsdenken, 2004, S. 327.
[3] Vgl. *Paech, N./Pfriem, R.*, Konzepte, 2004, S. 33.
[4] Vgl. *Paech, N./Pfriem, R.*, Konzepte, 2004.

dere die wahrgenommene Umweltqualität bei Reisenden, die in den deutschen Küstenländern ihren Urlaub verbringen, eine bedeutende Rolle.[5] Zugleich wirken die Umweltfolgekosten inzwischen wieder auf den Freizeit- und Tourismusbereich zurück, wie sich an zahlreichen unterschiedlichen Beispielen, wie der Erdrutsche in den Alpen oder der Algenpest an den Küsten, veranschaulichen lässt.[6] Das Potenzial räumlicher und zeitlicher Wirkungen von negativen ökologischen Einflüssen zeigt sich zum Beispiel deutlich in den Folgen der Klimaveränderung. Deshalb kann insbesondere für den Tourismus festgestellt werden, dass Ökologie letztlich Langfristökonomie ist.[7] Letztlich stellen die negativen Folgen für die Umwelt Nebenwirkungen einer Gesellschaft des Überflusses dar. Würden andere Nationen genauso viel Geld in ihre Auslandsreisen investieren wie die deutsche Bevölkerung, so hätte dies kaum vorstellbare, jedoch zweifellos katastrophale, globale Folgen für die Umwelt.[8]

Doch auch Unternehmen, die keinen Blick für die globalen Folgen eines ungebremsten Tourismuswachstums haben, können, selbst bei einer eher kurz- oder mittelfristigen Ausrichtung, betriebswirtschaftlich-erfolgsstrategisch motiviert ökologisch handeln. Hierbei spielen dann meist Motive der Kostensenkung, der Ertragssteigerung bzw. der gesteigerten Leistungsfähigkeit des Unternehmens eine große Rolle.[9]

Eine abschließende Definition des Begriffes eines Nachhaltigen Tourismus ist aufgrund der Vielschichtigkeit des Themenfeldes schwierig, denn letztlich ist das Ökologieproblem selbst von sehr großer Komplexität.[10] Deshalb wird zum Teil auch für eine Begriffsbestimmung wiederum auf eine Aufzählung verschiedener Kriterien oder Zieldimensionen zurück-

---

[5] Vgl. *Petermann, T.*, Folgen, 1998, S. 135.
[6] Vgl. *Heinze, G. W./Kill, H. H.*, Freizeit, 1997, S. 86 f.
[7] Vgl. *Heinze, G. W./Kill, H. H.*, Freizeit, 1997, S. 65.
[8] Vgl. *Betz, K.*, Theorie, 1998, S. 91.
[9] Vgl. *Pfriem, R.*, Unternehmenspolitik, 1995, S. 99 f.
[10] Vgl. *Pfriem, R.*, Unternehmenspolitik, 1995, S. 290; vgl. zur Bestimmung des Begriffes „Nachhaltiger Tourismus" auch bereits Kapitel 2.4.4.

gegriffen,[11] ähnlich wie dies beim Konzept des Sanften Tourismus häufig der Fall ist. So führt die UNWTO beispielsweise folgende zwölf Ziele auf:

1) Economic Viability
2) Local Prosperity
3) Employment Quality
4) Social Equity
5) Visitor Fulfillment
6) Local Control
7) Community Wellbeing
8) Cultural Richness
9) Physical Integrity
10) Biological Diversity
11) Ressource Efficiency
12) Environmental Purity[12]

Eine Aufzählung dieser Art erschwert allerdings die Handhabung des Begriffes und macht ihn möglicherweise weniger greifbar. Eine Beliebigkeit dieser Zieldimensionen ergibt sich auch daraus, dass allen zwölf Zielen laut UNWTO die gleiche Bedeutung zukommen soll.[13] Interessant ist jedoch, dass in dieser Definition auch die Erfüllung der Wünsche des Reisenden explizit als Ziel genannt wird. Konkret wird hier darauf abgestellt, dass der Tourismus nicht nur eine sichere, befriedigende und erfüllende Erfahrung für den Reisenden sein soll, sondern, dass nachhaltiger Tourismus darüber hinaus bedeutet, jeden Menschen unabhängig von Geschlecht, Rasse und physischen oder psychischen Beeinträchtigungen am Tourismus partizipieren zu lassen. Dabei ist Nachhaltigkeit zugleich ein Prozess, der eines ständigen Monitorings bedarf.[14]

---

[11] Vgl. hierzu zum Beispiel *Becker, C./Job, H.*, Tourismus, 1996, S. 4 ff.
[12] Vgl. *UNEP / UNWTO*, Tourism, 2005, S. 18 f.
[13] Ebd.
[14] Vgl. *Niekisch, M.*, Ökotourismus, 1997, S. 17.

In Erweiterung der drei regelmäßig genannten Handlungsfelder der Nachhaltigkeit erscheint es allerdings sinnvoll und zielführend, den Fokus auf ein weiteres, viertes Handlungsfeld der Nachhaltigkeit, zu richten, so wie STECK dies bereits 1999 formulierte: „Nachhaltiger Tourismus muss soziale, kulturelle, ökologische und wirtschaftliche Verträglichkeitskriterien erfüllen. Nachhaltiger Tourismus ist langfristig, in Bezug auf heutige wie auf zukünftige Generationen, ethisch und sozial gerecht und kulturell angepasst, ökologisch tragfähig sowie wirtschaftlich sinnvoll und ergiebig.“[15] In der übrigen Literatur wird hingegen häufig die kulturelle Dimension mit der sozialen Dimension zu einer soziokulturellen Zieldimension verknüpft,[16] wenn nicht sogar mit der sozialen Dimension gleichgesetzt[17] oder gänzlich vernachlässigt. Wie noch zu zeigen sein wird, greift diese Betrachtungsweise im Tourismus allerdings zu kurz.

Da dem Konzept der Nachhaltigkeit jedoch primär das Ziel ökologischer Sicherung zugrunde liegt und diese mindestens für touristische Destinationen Selbstzweck ist, kommt diesem Handlungsfeld im Tourismus eine überragende Rolle zu. Das Ziel ökologischer Tragfähigkeit gilt es daher primär zu verfolgen, während jedoch zugleich der ökonomisch sinnvolle Nutzen, der auch die ökonomische Überlebensfähigkeit einschließt, nicht verloren gehen darf. Deshalb kann dieses Handlungsfeld in einem Schaubild auch über die weiteren Handlungsfelder angeordnet werden. Die beiden anderen Handlungsfelder können bei der Verfolgung der Ziele temporär hinter den bereits genannten zurücktreten und diese flankieren. In der Praxis zeigt sich allerdings, dass sich häufig das ökonomische Handlungsfeld gegenüber den anderen durchsetzt.[18] Mittelfristig ist jedoch keines der Handlungsfelder vernachlässigbar. Folgendes Schaubild ver-

---

[15] *Steck, B.*, Tourismus, 1999, S. 11.
[16] Vgl. *Baumgartner, C./Röhrer, C.*, Nachhaltigkeit, 1998, S. 83 ff.
[17] Vgl. *Becker, C./Job, H.*, Tourismus, 1996, S. 141 ff.
[18] Vgl. *Krippendorf, J.*, Frage, 1997, S. 62.

deutlicht ein mögliches Ranking der Handlungsfelder eines Nachhaltigen Tourismus:

Abbildung 8: Gewichtung der Handlungsfelder im Nachhaltigen Tourismus

Quelle: eigene Darstellung

Auf der Ebene des Unternehmens kann sich nachhaltiges Handeln im Rahmen der Handlungsfelder an folgenden Handlungsprinzipien orientieren:

1. **Umverteilung** der vorhandenen Wertschöpfung und Ressourcen
2. **Suffizienz** als konsumptive Selbstbegrenzung oder durch Substitution nachhaltiger Produkte

3. **Effizienz** durch Senkung des Ressourcen-Einsatzes pro Output-/ Nutzeneinheit
4. **Konsistenz** durch möglichst geschlossene Stoffkreisläufe oder Wiederverwertbarkeit
5. **Vermeidung** von Aktivitäten, Produkten und Strukturen, welche ökologisch nicht tragfähig sind.[19]

BAUMGARTNER setzt weitere Prämissen für einen Nachhaltigen Tourismus, welche die unternehmensbezogene Ebene verlassen: Zum einen müssten nach BAUMGARTNER die Tourismus-Quellgebiete und übergeordneten politischen Systeme für die touristischen Effekte Mitverantwortung übernehmen (institutionelle Dimension). Zum anderen müsste die gesamte Bevölkerung im Reiseland Zugang zu allen Informationen besitzen und zugleich in alle Entscheidungsprozesse eingebunden sein (intragenerative Dimension) und letztlich müssten „mitdenkende Tourismusregionen“ die Bedürfnisse spezieller Gruppen berücksichtigen.[20] Die beiden zuletzt genannten Prämissen können dabei dem Handlungsfeld sozialer Verträglichkeit zugeordnet werden, wobei die intragenerative Dimension strukturell derart weitreichend ist, dass sie zumindest im Entscheidungsverfahren der Forderung nach einer direkten Demokratie gleichkommt. In der Praxis gibt es dazu Umsetzungsversuche im Rahmen von „Community-Based-Tourism“, in welchen die Bevölkerung in unterschiedlichem Intensitätsgrad an den Tourismusprojekten partizipiert.[21] Die angeführte institutionelle Dimension hingegen ist der hier vertretenen Auffassung von Nachhaltigkeit immanent.

---

[19] Vgl. *Paech, N./Pfriem, R.*, Konzepte, 2004, S. 21ff.
[20] Vgl. *Baumgartner, C.*, Nachhaltigkeit, 2008, S. 31.
[21] Vgl. *Palm, P.*, potential, 2001; *Häusler, N.*, Finanzierung, 2004, S. 147 ff.

3.2 Handlungsfeld „Ökologische Tragfähigkeit"

3.2.1 Allgemeine Überlegungen zum Handlungsfeld

Wie bereits gezeigt wurde, wird der Wunsch nach Abwechslung des Urlaubers raumbezogen durch dreierlei Prozesse erfüllt: beginnend durch das Verlassen des gewohnten Umfeldes, gefolgt durch die Raumüberwindung aufgrund des Reisens und schließlich durch die mit dem Erreichen der Zieldestination einsetzende Raumnutzung. Ökologische Auswirkungen ergeben sich regelmäßig primär in der Raumüberwindung der Touristen und danach sekundär durch die Raumnutzung. Das tourismusbedingte Mobilitätsbedürfnis, das in einer geradezu „entfesselten Mobilität"[22] gipfelt, ist dabei vor allem wegen der damit verbundenen Emission von klimarelevanten Stoffen kritisch zu sehen. In der Raumnutzung trifft der Flächenverbrauch gerade im Massentourismus nicht selten auf ökologisch sensible und wertvolle Regionen. Hier sind Verlust oder irreversible Schäden an Biotopen und der Biodiversität möglich.[23]

Zugleich hat die Raumüberwindung als wesentlicher Bestandteil einer Reise in der modernen Gesellschaft offensichtlich mehr und mehr ihren Reiz verloren und ist vielmehr notwendiger instrumenteller Bestandteil des Urlaubs geworden. Folgerichtig wird dieses Instrument vom Reisenden und der Tourismuswirtschaft dahin gehend „optimiert", dass weitere Distanzen in immer kürzerer Zeit und mittels geringerer finanzieller Mittel überwunden werden können. Bei sinkenden Mobilitätskosten und zugleich steigender Mobilitätsbereitschaft erhöht sich der Aktionsraum des Touristen zunehmend. Flankiert wird diese Entwicklung dadurch, dass der technische Fortschritt der letzten Jahre es ermöglicht, mit höheren Reisegeschwindigkeiten stets schneller und weiter reisen zu können. Viele von den Touristen genutzte Ressourcen, wie zum Beispiel die Verkehrsinfrastruktur der Straßen, werden zudem unentgeltlich genutzt. Ent-

---

[22] *o. V.*, Mobilität, 1991.
[23] Vgl. *Petermann, T.*, Folgen, 1998, S. 83.

standende Schäden hingegen, zum Beispiel ökonomische Kosten in Form von Verkehrsstaus, oder Umweltkosten, fallen monetär nicht auf die Reisenden zurück. So spiegelt der Marktpreis von Urlaubsangeboten kaum die durch die Reise verursachten Umweltschäden wieder.[24] Noch deutlicher wird das Scheitern des Marktpreis-Prinzips aus ökologischer Sicht am Beispiel des Flugverkehrs im Low-Cost-Carrier-Bereich: Hier spiegeln die beworbenen Niedrigstpreise in keiner Weise die entstehenden ökologischen Schäden wieder.[25] Dabei sind die durch den Tourismus verursachten potenziellen räumlichen und zeitlichen Umweltschäden nur schwer abzuschätzen.

3.2.2 Ökologische Tragfähigkeit in der Raumüberwindung

3.2.2.1 Ökologische Auswirkungen tourismusbedingter Mobilität

Die ökologischen Auswirkungen der tourismusbedingten Mobilität sind vielfältig. So entfallen in der Regel ein Großteil des Energieverbrauchs und durchschnittlich 62,9 Prozent der Schadstoff-Emissionen einer Urlaubsreise auf die An- und Abreise,[26] wobei der Emissionsgrad in Abhängigkeit vom gewählten Verkehrsmittel steht. Diese Wahl ist wiederum hauptsächlich von der Reisedistanz abhängig. So wird bei Kurzurlaubsreisen mit einem Anteil von 73 Prozent vor allem der Pkw als Verkehrsmittel genutzt,[27] was auch darin begründet liegen mag, dass es dem Indi-

---

[24] Zum Auseinanderklaffen zwischen dem Verursachen und Tragen sozialer Kosten siehe auch die umfangreiche Literatur zu „negativen externen Effekten" (vgl. beispielsweise ausführlich *Fritsch, M.*, Marktversagen, 2011; *Fees, E.*, Umweltökonomie, 2007; vgl. auch kürzer, aber mit konkretem Tourismusbezug *Kirstges, T.*, Sanfter Tourismus, 2003, S. 283).

[25] Vgl. *Hopfenbeck, W./Zimmer, P.*, Tourismusmanagement, 1993, S. 43 ff.

[26] Vgl. *Öko-Institut e.V.*, Umwelt, 2001, S. 3.

[27] Vgl. *Luberichs, J.*, Primärenergieverbrauch, 1999, S. 34; eine ISOE-Studie kommt 2005 zu anderen Ergebnissen bei der Verkehrsmittelwahl: Auto (inklusive Wohnmobil und Auto mit Wohnwagen) 61,4% / Reisebus 16,6% / Zug 13,6% / Flugzeug 5,5%; vgl. *Götz,K./Seltmann, G.*, Reisestile, 2005, S. 39.

vidualismus unserer Freizeitgesellschaft am ehesten entspricht,[28] mit dem Pkw unterwegs und damit weitgehend unabhängig zu sein. Es überrascht kaum, dass das Auto insbesondere bei Urlaubsreisen mit Kindern das mit Abstand beliebteste Anreise-Verkehrsmittel ist:

Abbildung 9: Einfluss mitreisender Kinder auf das Anreise-Verkehrsmittel

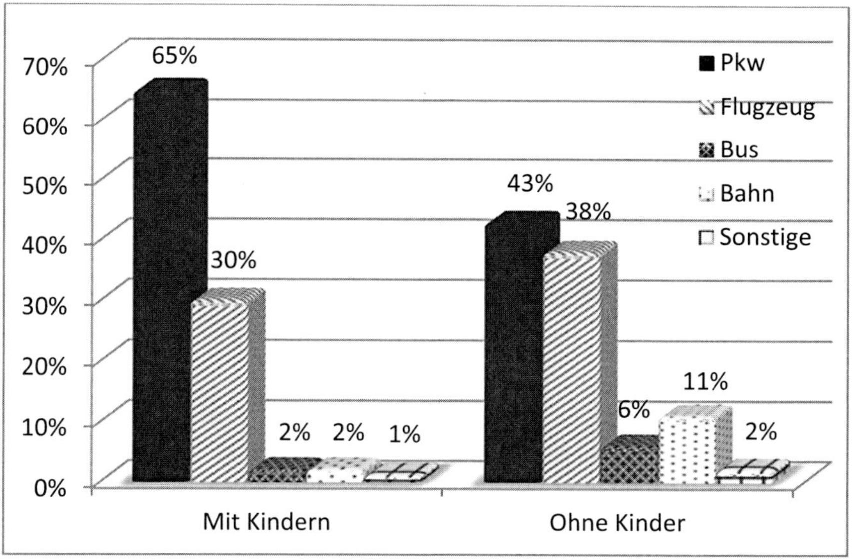

Quelle: eigene Darstellung nach *Aderhold, P.*, Urlaubsreisen, 2008, S. 64[29]

Bei Familien mit Kindern verliert dabei insbesondere die Bahn gegenüber den anderen Verkehrsmitteln am stärksten an Bedeutung. Auslösender

---

[28] Vgl. *Heinze, G. W./Kill, H. H.*, Freizeit, 1997, S. 32.

[29] Eine Repräsentativ-Befragung der ISOE kam 2005 zu einem im Verhältnis ähnlichen Ergebnis, wobei bei in dieser Studie bei Reisenden ohne Kinder die Anreise im Flugzeug mit 43,1 Prozent überwiegt (Pkw 34,5/Bus 13,2 /Bahn 6,3 Prozent); vgl. *Götz, K./Seltmann, G.*, Reisestile, 2005, S. 29.

Grund könnte hier auch die Gepäckmenge sein, die beispielsweise im Pkw leichter zu transportieren ist, insbesondere, wenn die Kinder noch kleiner sind und ihr Gepäck selbst nicht mittragen können. Aber auch das Flugzeug ist bei Familien mit Kindern signifikant weniger beliebt.

Bei Reisezielen über 1.500 km Entfernung ist hingegen das Flugzeug in mehr als drei Viertel der Fälle das bevorzugte Verkehrsmittel.[30] Dabei hat der prozentual geringe Anteil an Reisen über weite Entfernungen zugleich einen Großteil des Ressourcen-Verbrauchs zur Folge, so dass der Ferntourismus allein aufgrund der Reiseökobilanz im Grunde nicht nachhaltig sein kann.[31] Aber auch die aus Sicht des Reisenden anfallenden Mobilitätskosten einer Pkw-Nutzung zeigen nicht die tatsächlich anfallenden Wege-, Unfall-, Stau- und Umweltkosten auf,[32] wobei bei Berechnung der externen Kosten aller Verkehrsmittel der größte Kostenblock bei Pkw insbesondere auf ungedeckte Unfallkosten entfallen dürfte.[33]

Bei der Nutzung des Pkws ist der Primärenergieverbrauch im Verhältnis zur zurückgelegten Strecke im Vergleich zu anderen Verkehrsmitteln dann am höchsten, wenn er allein besetzt ist. Mit steigender Mitfahrerzahl bessert sich hingegen die Transportbilanz und wird erst bei einer Besetzung ab drei Personen pro Pkw geringer als beim Flugverkehr.[34] Jedoch kann den tourismusinduzierten Umweltbelastungen durch die Emissionen von klimarelevanten Stoffen eine höhere Priorität als dem Ressourcenverbrauch zugewiesen werden.[35] Hier ist das Flugzeug deutlich umweltschädlicher als die übrigen Verkehrsmittel.[36] Allerdings ist bei der Betrachtung der umweltökologischen Folgen auch die Reisedauer einzubeziehen, denn „ein bestimmter Transport-Energiebedarf, verbunden mit

---

30 Vgl. *Luberichs, J.*, Primärenergieverbrauch, 1999, S. 40.
31 Vgl. *Wolters, J.*, Tourismus, 1998; *Steck, B.*, Tourismus, 1999, S. 9.
32 Vgl. *Frey Marti, C.*, Umweltproblematik, 1996, S. 165 f.
33 Vgl. hierzu die Studie *Infras (Hg.)*, Kosten, 2007, S. 6.
34 Vgl. *Baumgartner, C./Röhrer, C.*, Nachhaltigkeit, 1998, S. 70 f.
35 Vgl. hierzu *Petermann, T.*, Folgen, 1998, S. 84.
36 Vgl. *Wernicke, K.*, Reisefieber, 1998, S. 24.

einem dreiwöchigen Aufenthalt, ist als eher verantwortbar zu bezeichnen als derselbe Energieaufwand für eine einwöchige Kurzreise."[37] Die Transport-Energie-Bilanz wichtiger touristischer Verkehrsträger zeigt folgende Tabelle in einer Übersicht:

Tabelle 1: Transport-Energie-Bilanz wichtiger touristischer Verkehrsträger in MJ/Personen-Km

Modell	Pkw				Reisebus	Bahn	Flugzeug
Müller / Mezzasalma	2,88	1,44	0,96	0,72	0,35	0,34	1,49 + 343*
Auslastung	1 Pers.	2 Pers.	3 Pers.	4 Pers.	85%	60%	65-90%**
UBA / eigene Berechnung	2,98	1,49	0,99	0,75	0,45	0,864***	1,856
Auslastung	1 Pers.	2 Pers.	3 Pers.	4 Pers.	60%	44%	73%

* je Start- und Landevorgang
** 65 Prozent bei Swissair-Maschinen, 90 Prozent bei Charter-Maschinen
***die Bahn gibt diesen Wert selbst mit 0,9 an[38]
Quellen: *Mezzasalma, R.*, Öko-Management, 1994, S. 152 f. und (*Müller, H.*, Ökologie, 2007, S. 174; *Umweltbundesamt*, Vergleich, 2009; mit eigenen Berechnungen, wobei je einem Liter Benzinäquivalent 32 MJ Energie zugrunde gelegt wurden, die sich aus einem Energiegehalt von 43,5MJ/kg und einer Dichte von 0,74g/l bei Ottokraftstoff ergeben.[39]

Die Darstellung der Transport-Energiebilanz zeigt, dass sich die Ergebnisse der unterschiedlichen Modellrechnungen vor allem bei der Bewertung der Bahn stark unterscheiden. Dabei liegt den Daten des Umweltbundesamtes bei der Bahn die tatsächliche durchschnittliche Auslastung der ICE/EC-Züge mit 44 Prozent[40] zu Grunde. Hiermit sind die Energiebilanz-Werte des Flugzeuges im Vergleich zu anderen Verkehrsträgern

---

[37] *Müller, H.*, Ökologie, 2007, S. 174.
[38] Vgl. *Deutsche Bahn AG (Hg.)*, Nachhaltigkeit, 2007, S. 12.
[39] Vgl. *Institut für Energie und Umweltforschung Heidelberg GmbH (ifeu)*, Grundlagenbericht, 2000, S. 10.
[40] Vgl. *Deutsche Bahn AG (Hg.)*, Daten, 2009, S. 18; der exakte Wert liegt bei 44,2 Prozent in 2008 und 42,1 Prozent in 2007.

nicht konkurrenzfähig. Am besten schneidet in der Energiebilanz der Reisebus ab, vorausgesetzt die Auslastung beträgt mindestens 60 Prozent, was als durchaus realistisch betrachtet werden kann.[41] Der Pkw wird erst ab einer Auslastung mit vier Personen konkurrenzfähig, erzielt in der Auswertung des UBA dann jedoch sogar bessere Werte als die Bahn. Allerdings müssen bei der Betrachtung des Energieverbrauchs pro Personen-Kilometer auch die Schadstoffemissionen mit einbezogen werden, wie folgende Tabelle zeigt:

Tabelle 2: Schadstoffemissions-Bilanz wichtiger touristischer Verkehrsträger in Gramm/Personen-Km

Schadstoff	Pkw				Reisebus	Bahn	Flugzeug
Kohlenmonoxid	1,80	0,90	0,60	0,45	0,06	0,02	0,39
Kohlendioxid	207	103,5	69	51,75	32	52	369
Füchtige Kohlenwasserstoffe	0,21	0,11	0,07	0,05	0,02	0,01	0,09
Stickoxide	0,44	0,22	0,15	0,11	0,34	0,07	0,58
Partikel	0,009	0,005	0,003	0,002	0,008	0,001	0,002
Auslastung	1 Pers.	2 Pers.	3 Pers.	4 Pers.	60%	44%	73%

Quelle: *Umweltbundesamt*, Vergleich, 2010,[42]
eigene Berechnungen zum Pkw (nur näherungsweise)

In der Schadstoffemissions-Bilanz zeigt sich wiederum, dass das Flugzeug vor allem im Bereich der CO^2-Emissionen nicht konkurrenzfähig ist. Während der Pkw in der Energiebilanz bei einer Auslastung mit vier Personen der Bahn noch überlegen ist, so spricht die Schadstoffemissi-

---

41 Ein typischer Fern-Reisebus ist bei Klassifizierung durch die Gütegemeinschaft Buskomfort e. V. als Vier-Sterne-Bus aufgrund des vorgeschriebenen Sitzabstandes regelmäßig mit 45 Sitzplätzen bestuhlt. Dazu beträgt die *Mindestteilnehmerzahl* im Ferienzielverkehr branchenüblicherweise 25 Personen. Dies entspricht einer Auslas tung von 55,6 Prozent. Ein Reisebus wird daher erst ab 25 Personen fahren, in der Regel aber besser besetzt sein.

42 In der Berechnung sind die Emissionen zur Erzeugung der Energieträger berücksichtigt. Die Kohlendioxidwerte im Flugverkehr umfassen alle seine klimawirksamen Effekte.

ons-Bilanz für die Bahn. Allein der Bus ist hier konkurrenzfähig und liegt in der CO^2-Belastung besser als die Bahn, während jedoch die übrigen Werte für die Bahn sprechen.

Dennoch können die Daten nur als Näherungswerte betrachtet werden, da insbesondere hinsichtlich des Pkw-Verkehrs die Berechnungsergebnisse nicht nur von der Besetzung, sondern vor allem auch von Fahrzeugtyp und Größenklasse abhängen. Die aktuelle Auslastung der Bahn im ICE-Verkehr mit 44 Prozent bietet zudem gegenüber den anderen Verkehrsmitteln noch deutliches Verbesserungspotenzial. Würde die Bahn hier eine höhere Auslastung erzielen, hätte dies sowohl eine Verbesserung der Energie-Transport-Bilanz als auch der Schadstoffemissions-Bilanz zur Folge. Nicht berücksichtigt wurde zudem die entstehende Lärmbelastung durch den Verkehr, die ebenfalls zu den Umweltfolgen gerechnet werden muss.

Im Vergleich zur Bahn stellt hingegen das Flugzeug keine Alternative dar. So konnten HOFSTETTER/MEIENBERG 1992 in einer Studie[43] nachweisen, dass bei kürzeren Distanzen (bis 450 Kilometer) das Flugzeug pro Person rund fünf- bis sechsmal so viel Energie wie die Bahn verbraucht und dabei zugleich rund viermal so viele Luftschadstoffe emittiert. Bei den mittleren Distanzen (450-600 Kilometer) verbraucht beziehungsweise verursacht ein Fluggast jeweils ungefähr dreimal so viel Energie bzw. Schadstoffe wie ein Bahnreisender. Erst bei größeren Distanzen, im Beispiel Zürich-London mit 787 Kilometer, verringert sich das Ungleichheitsverhältnis auf den Faktor 1.6 (Energie) und 2.5 (Schadstoffe). Die Autoren stellen jedoch fest, dass dem eine rund 20stündige Reisezeitverkürzung durch das Flugzeug gegenüberstehe. Das Auto konnte hingegen in der Studie bei keiner Entfernung als sinnvolles Verkehrsmittel beurteilt werden. Für alle mittleren oder kürzeren Distanzen empfeh-

---

[43] Vgl. *Hofstetter, P.*, Vergleich, 1992.

len die Autoren nachdrücklich die Bahn.[44] Für den Transport vor Ort, beispielsweise vom Bahnhof zum Hotel, wird der Gast jedoch nicht in allen Fällen auf den Öffentlichen Personennahverkehr zurückgreifen können und dann mitunter doch ein Taxi bemühen müssen.

Insgesamt schneiden, je nach Gewichtung der Ergebnisse, Bahn und Bus als ökologisch sinnvollste Alternativen zur touristischen Raumüberwindung ab. Für künstliche Ferienwelten bedeutet dies aus ökologischer Sicht, dass sie insbesondere auf eine attraktive Anbindung an die Bahn achten bzw. Angebote für Busreiseveranstalter schaffen sollten.

3.2.2.2 Möglichkeiten zur Veränderung tourismusbedingter Mobilität

Zugleich stellt sich wiederum die Frage, inwiefern urlaubsbedingte Fahrten, wie zum Beispiel im Fernreiseverkehr, durch künstliche Ferienwelten substituiert werden können. Dieser Aspekt gewinnt vor allem deshalb an Bedeutung, da der sich stetig vergrößernde touristische Aktionsraum in der Gesellschaft dazu führen kann, dass auch für Kurzreisen künftig vermehrt Mittelstrecken-Ziele gewählt werden, sofern die Reisezeit zum Beispiel durch einen Flug verringert werden kann. Damit dürften auch im Marktsegment der Kurzreisen künftig häufiger als bisher weitere Strecken zurückgelegt werden. Bereits heute führt mehr als jede vierte Kurzreise der Deutschen ins europäische Ausland.[45] Zwar wird der ISOE-Studie zufolge im Kurzurlaubs-Segment das Flugzeug bislang von nur 5,5 Prozent der Reisenden zur Anreise genutzt. Doch Low-Cost-Airlines bedienen inzwischen nicht nur Städteziele, sondern auch Flächen-Destinationen. Berücksichtigt man zudem, dass zugleich 25,7 Prozent al-

---

[44] Vgl. *Hofstetter, P.*, Vergleich, 1992, S. 18.
[45] Vgl. *Götz, K./Seltmann, G.*, Reisestile, 2005, S. 36.

ler Reisenden die Zunahme an Billigflugangeboten begrüßen,[46] kann dies als ein Indiz dafür gewertet werden, dass künftig auch für eine verlängerte Wochenendreise Flugreisen im Kurzurlaubs-Segment zunehmen werden. Damit könnte sich eine bereits in der Vergangenheit zu beobachtende Entwicklung wiederholen, in der mit sinkenden Flugpreisen für die Urlaubsreise andere Anreise-Verkehrsmittel durch den Flugverkehr zurückgedrängt wurden.

Doch es sind dabei nicht allein die Reisenden selbst, welche den Trend zur Nutzung des Flugzeuges bei Kurzreisen bzw. Kurz- und Mittelstrecken vorantreiben. Auch von den touristischen Zieldestinationen selbst werden die Umweltgesichtspunkte in der angeflogenen Destination mitunter ausgeblendet. So wird zum Beispiel in einer SWOT-Analyse zur touristischen Zukunft Kärntens die neue Low-Cost-Flugverbindung als Stärke und „massive Aufwertung“ angeführt, während zugleich die Klimaveränderung zwar als Gefahr gesehen wird, aber die ökologischen Effekte durch die Zunahme des Kurzstreckenflugverkehrs vollständig ausgeblendet werden.[47] Dabei läuft gerade Kärnten Gefahr, infolge der Klimaveränderung und der damit einhergehenden steigenden Schneefallgrenzen als Winterdestination sein Kundenpotenzial gänzlich zu verlieren, setzt dabei aber zugleich auf Technologien, welche die Klimaveränderung weiter forcieren. Damit wird zur Erreichung kurzfristiger Ziele das langfristige Ziel der Destination, attraktives Winter-Urlaubsziel zu bleiben, gefährdet und die Zerstörung seiner bedeutendsten Ressource, die intakte Natur, vorangetrieben. Low-Cost-Airlines werden allerdings auch ansonsten gerne für Kurzreisen genutzt, wobei ein Kurzaufenthalt aus ökologischer Sicht umso fraglicher erscheint, je größer die zurückgelegte Strecke ist.[48]

---

46 Vgl. *Götz, K./Seltmann, G.*, Reisestile, 2005, S. 43.
47 Vgl. *Österreichische Gesellschaft für Marketing*, Weißbuch, 2005, S. 20.
48 Vgl. *Hofstetter, P.*, Vergleich, 1992, S. 17.

Appelle an die Reisenden, vermehrt umweltgerechtere Verkehrsmittel zu nutzen oder gänzlich auf ökologisch kritische Verkehrsmittel, wie zum Beispiel Flugzeuge für Kurzstrecken, zu verzichten, haben bislang nicht zu einer sichtbaren Änderung im Mobilitätsverhalten der Konsumenten geführt. Dabei wird Mobilität nicht nur zu den Bedingungen der modernen Industrie- und Dienstleistungsgesellschaft gezählt und gewissermaßen als „Urbedürfnis akzeptiert",[49] sondern sie scheint auch bei jüngeren Menschen selbstverständlich zu sein. Möglichkeiten zur Änderung des Mobilitätsverhaltens der Konsumenten sehen WÖHLER/SARETZKI allerdings sowohl auf gesellschaftlicher Ebene, durch eine Veränderung von Normen, Sitten, Traditionen und Tabus, als auch formgebunden über Gesetze oder Leitbilder.[50]

Auch die Verteuerung von Mobilität könnte eine Veränderung des Reiseverhaltens bewirken, denn derzeit spiegeln die Mobilitätskosten der Touristen nicht die realen Kosten wider.[51] Dabei könnte durch eine Aufhebung der Steuerbefreiungen für Kerosin bestehenden Wettbewerbsverzerrungen zwischen den Verkehrsmitteln und damit auch zwischen den Reisedestinationen entgegengewirkt werden. Die Einführung einer Luftverkehrssteuer ab 2011 in Deutschland weist hierbei zwar in die Richtung, die ökologischen Kosten in den Flugpreis einzubeziehen, doch bleibt fraglich, inwieweit die Abgabenhöhe die verursachten ökologischen Kosten angemessen widerspiegelt. Eine Erhöhung der Mobilitätskosten könnte dabei auch zu einem Rückgang der genutzten Mobilität führen. Allerdings konnte in einer F.U.R.-Studie 2006 gezeigt werden, dass die Bereitschaft zur Entrichtung einer freiwilligen Umweltschutzabgabe bei Fluggästen mit 22 Prozent höher war als bei Nutzern anderer Verkehrsmittel.[52]

---

[49] *Heinze, G. W./Kill, H. H.*, Freizeit, 1997, S. 92; vgl. auch *Baumgartner, C./Röhrer, C.*, Nachhaltigkeit, 1998, S. 13; *Romeiß-Stracke, F.*, Nomaden, 1997, S. 66.
[50] Vgl. *Wöhler, K./Saretzki, A.*, Nachhaltigkeitsdenken, 2004, S. 336.
[51] Vgl. *Smeral, E.*, Tourismus, 1994, S. 180; *Plüss, C.*, Macht, 1997, S. 127.
[52] Vgl. *Lohmann, M.*, Akzeptanz, 2007, S. 4.

FREY-MARTI hat beispielsweise gezeigt, dass sich eine Erhöhung von Benzinpreisen durch Rückgänge im Übernachtungstourismus und besonders im überregionalen Tagestourismus auswirkt, da hier die großen Distanzen zu höheren Distanzkosten führen. Dies ist auch für Ferienzentren bedeutsam, da nahezu alle Besucher von Ferienzentren den Pkw zur Anreise nutzen.[53] So kann im Allgemeinen bei Freizeiteinrichtungen mit etwa 0,4 Pkw-Anfahrten pro Besucher gerechnet werden. Dieser Wert sinkt bei besonders hohen Besucherfrequenzen allerdings etwas ab.[54] Eine Regulierung über den Preis würde allerdings bestimmte gesellschaftliche Gruppen auch in ihrer Mobilität einschränken oder sie von einigen Mobilitätsmöglichkeiten ganz ausschließen, was wiederum im Widerspruch zu den sozialen Aspekten der Nachhaltigkeit steht.[55] Im Alltag finden aber immerhin klimaschonende Verhaltensweisen noch mehr Akzeptanz als auf Reisen.[56] Und doch bietet eine bereits signifikant erkennbare Änderungsbereitschaft bei der Verkehrsmittelwahl ein Potenzial für Veränderungen auch im Tourismussegment. Dies verdeutlicht auch folgende Grafik:

---

[53] Vgl. *Heinze, G. W./Kill, H. H.*, Freizeit, 1997, S. 58.
[54] Vgl. *Hauer, W.*, Verkehrsaufkommen, 1982, S. 81.
[55] Vgl. *Graf, B.*, Reisen, 2002, S. 270.
[56] Vgl. *Lohmann, M.*, Akzeptanz, 2007, S. 1.

Abbildung 10: Verhaltensoptionen der Reisenden 2006 bei Klimawandel

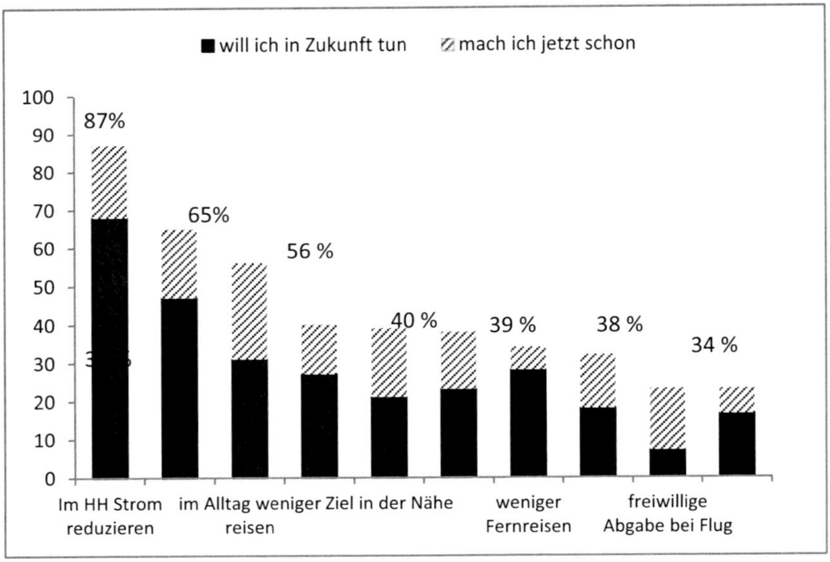

Basis: Reisende 2006 = 100%

Quelle: nach *Lohmann, M.*, Akzeptanz, 2007, S. 2

Doch die geäußerte Handlungs*bereitschaft* gibt noch keine Auskunft über ihre tatsächliche Realisierung.[57] Stattdessen ist öfter eine Inkonsistenz zwischen ökologischem Anspruch bzw. geäußertem Umweltbewusstsein[58] und dem tatsächlichen Umwelthandeln festzustellen.[59] Die meisten

---

[57] Vgl. *Lohmann, M.*, Akzeptanz, S. 4; so auch *Preisendörfer, P.*, Umwelteinstellungen, 1998, S. 453 f.

[58] Der Definition von SCHEMEL folgend wird unter Umweltbewusstsein im Folgenden verstanden: „Umweltbewusstsein im engeren Sinne (als Einstellung begriffen) umfasst drei Komponenten: die kognitive Komponente spricht das Ausmaß der Einsicht in die Gefährdung unserer natürlichen Lebensgrundlagen an, die affektive Komponente stellt ab auf den Grad der emotionalen Besetzung der Umweltgefährdung und auf das Ausmaß der emotionalen Reaktion, und die konative Komponente betrifft die persönliche Handlungsbereitschaft im Bereich des Umweltschutzes.“ (*Schemel, H.-J.*, Kommunikation, 2001, S. 17).

Handelnden suchen sich eine Situation, die keine größeren Verhaltensänderungen erfordert, wenig Unbequemlichkeit verursacht und keinen Zusatzaufwand verlangt.[60] So sind, um dieses Veränderungspotenzial auch realisieren zu können, neben einer Handlungsbereitschaft beziehungsweise einem Handlungswillen darüber hinaus sowohl eine Handlungskompetenz, also das Wissen um Alternativen, als auch Einsicht notwendig.[61]

Ferner ist auch die Umweltbelastung durch den Sekundärverkehr in einer Destination kritisch zu sehen. Hierdurch wird die Umwelt naturnaher Freizeiträume besonders stark belastet.[62] Denn 50,8 Prozent der Urlauber nutzen am Urlaubsort zumindest manchmal das Auto, während den ÖPNV nur 14,1 Prozent manchmal und sogar nur 6,8 Prozent häufig nutzen.[63] Allerdings lässt sich der touristische Sekundärverkehr innerhalb einer Destination eher durch regionale und kommunale Maßnahmen steuern. Hierbei kommen beispielsweise der Ausbau des öffentlichen Regionalverkehrs und die Bewirtschaftung von Zielparkplätzen in Betracht.[64] So gibt es auch bereits Gemeinden, die bewusst autofrei sind, wie zum Beispiel Oberstdorf oder einige der ostfriesischen Inseln. BRIEGEL kommt in seinen Modell-Simulationen zu dem Schluss, dass eine nachhaltige Verkehrspolitik nicht ohne restriktive Elemente gegenüber dem motorisierten Individualverkehr auskommt.[65] Fraglich bleibt letztlich auch, ob das Verkehrsmittel des Reisenden durch den gewählten Zielort

---

59 Vgl. hierzu ausführlich mit Erklärungsversuchen *Kirstges, T.*, Sanfter Tourismus, 2003, S. 138 ff.

60 Vgl. *Bodenstein, G./Spiller, A.*, Entwicklungsstränge, 1996, S. 8 ff.

61 Vgl. hierzu auch Kapitel 3.7.

62 Vgl. *Heinze, G. W./Kill, H. H.*, Freizeit, 1997, S. 24; *Scheiner, J./Steinberg, G.*, Flugzeug, 2002, S. 111 f.

63 Vgl. *Götz, K./Seltmann, G.*, Reisestile, 2005, S. 31.

64 Vgl. *Frey Marti, C.*, Umweltproblematik, 1996, S. 291 ff.

65 Vgl. *Briegel, R.*, Freizeitmobilität, 2006, S. 195.

bestimmt wird[66] oder zwischen konkurrierenden Zielorten bei feststehendem Verkehrsmittel wählt wird.[67]

Mit gezielten Maßnahmen zur Attraktivitätssteigerung könnten zudem Anreize für den Umstieg auf Bus und Bahn gesetzt werden. Als mögliche Maßnahmen schlägt das Öko-Institut zum Beispiel vor:

- „Verbesserung und Erweiterung des Angebotes (...), verbesserte Anbindung der Urlaubsorte, Pauschalangebote
- Verbesserung des Reisekomforts und der Serviceleistungen (Wegekette von Haustür zu Haustür, Gepäcktransport)
- Flexibilisierung der Angebote
- umfassende Informationsübermittlung über bestehende Mobilitätsangebote
  (auch am Urlaubsort)
- Preisanreize (auch für die Mobilität am Urlaubsort)“[68]

Diese Maßnahmen können insbesondere von künstlichen Ferienwelten umgesetzt werden. Wendet man das Instrumentarium der Nachhaltigkeit aus Kapitel 3.1 auf die tourismusbedingte Mobilität an, so könnten sich folgende Handlungsmöglichkeiten ergeben:

---

[66] Vgl. *Kirstges, T.*, Expansionsstrategien, 2010, 258

[67] Vgl. *Scheiner, J./Steinberg, G.*, Flugzeug, 2002, S. 114.

[68] *Buchert, M.*, Umweltschutz, 2001, S. 95.

Abbildung 11: Nachhaltigkeits-Instrumente bezogen auf Tourismus-Mobilität

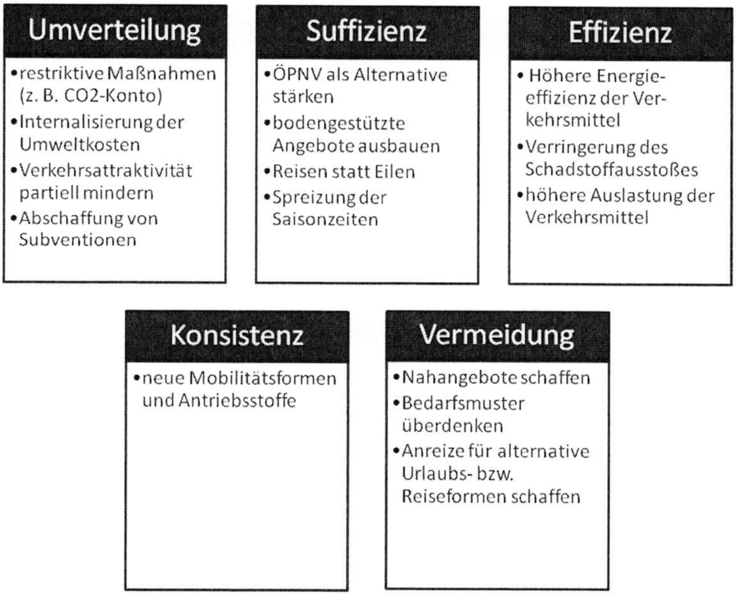

Quelle: eigene Darstellung in Anlehnung an
Heinze, G. W./Kill, H. H., Freizeit, 1997, S. 143.

Eine Umverteilung könnte zum Beispiel erfolgen, indem durch konsequente Anwendung des Verursacherprinzips die Umweltkosten internalisiert würden, was sich in der praktischen Umsetzung allerdings schwierig gestalten dürfte. Durch eine Verlangsamung der Reisegeschwindigkeit und das Nichtbedienen von Spitzenkapazitäten zu bestimmten Saisonzeiten könnte allerdings eine Spreizung der Saisonzeiten forciert werden,[69] wobei dieser Gedanke eher hypothetischer Natur ist. Tatsächlich dürfte sich vielmehr zeigen, dass positive Effekte durch eine Verringerung des

[69] Hier könnte zudem die Politik ordnungspolitisch eingreifen und mit einer zwischen den Bundesländern besser abgestimmten Sommerferienregelung die Reiseströme der Deutschen entzerren.

Ressourcenverbrauchs und der Schadstoffemissionen im Sinne höherer Effizienz mittelfristig durch eine vermehrte Nutzung der Verkehrsmittel wieder aufgebraucht wird. Eine Vermeidung von Mobilität durch Schaffung von Urlaubsalternativen im Naherholungsbereich oder Prägung neuer Bedarfsmuster stellen weitere Alternativen dar. Dabei könnte es auch sinnvoll sein, „auf einen partiellen Konsumverzicht hinzuwirken.“[70]

Es bleibt an dieser Stelle der Arbeit noch offen, ob eine künstliche Ferienwelt im Sinne von Vermeidung oder Suffizienz von Mobilität als Instrument der Nachhaltigkeit dienen könnte, indem hierdurch zum Beispiel andere Reiseziele, insbesondere Fernreiseziele, substituiert werden und der Sekundärverkehr vor Ort verringert wird. SCHEINER/STEINBERG vermuten hingegen, dass „gerade Ferienpark-Kunden vorwiegend Personen sein könnten, die nicht statt in die echten in die virtuellen Tropen des Ferienparks fahren, sondern diese als zusätzliches Angebot nutzen.”[71] Auf der anderen Seite wird die Zunahme der Zweit- und Drittreisen vor allem den Mittelmeerreisen und auch dem Ferntourismus Zuwächse bringen.[72] In dem Maße, wie hierdurch zusätzlicher Energieverbrauch und Schadstoffemissionen entstehen, ist zu prüfen, inwiefern eine künstliche Ferienwelt aus ökologischer Sicht betrachtet zu diesen Reisen ein geeignetes Substitut darstellen kann.

3.2.3 Ökologische Tragfähigkeit in der Raumnutzung

In der Raumnutzung durch den Tourismus zeigt sich mitunter sehr deutlich, dass der Tourist selbst „nicht nur Täter, sondern auch Opfer des

---

[70] *Kirstges, T.*, Sanfter Tourismus, 2003, S. 29; ähnlich auch *Rahner, S.*, Sanfter Tourismus, 1995, S. 249. JOB schlägt hingegen die Einführung eines Reisekontos vor. Allerdings sieht er zugleich die Gefahr, dass Reisen damit wieder elitärer würde (vgl. *Job, H.*, Nachhaltigkeit, 1997, S. 201).

[71] *Scheiner, J./Steinberg, G.*, Flugzeug, 2002, S. 111.

[72] Vgl. *Schmied, M.* u. a., Umwelt, 2002, S. 67.

Tourismus“[73] ist. Ein touristischer Raum weist in der Regel nur eine begrenzte Nutzungskapazität auf, sowohl in physischer, als auch in ökologischer und vermutlich sogar in sozialpsychologischer Hinsicht.[74] Als möglicher Indikator für eine Erreichung des Nutzungsgrades wird im Destination-Management der kapazitätsbezogene Erholungswert herangezogen, der die Besucherzahl ins Verhältnis zur Erholungsfläche setzt.[75] So stellt SMERAL fest, dass die temporäre Übernutzung der touristischen Räume zu einem wachsenden Unbehagen der Reisenden, wenn nicht bisweilen zu einem Protest der Reisenden führt.[76] Mit dem Entwurf eines sechsfachen Kapazitätennetzes zeigt KÖNIG hingegen, dass das Modell einer Carrying Capacity auch hinsichtlich anderer Aspekte, wie zum Beispiel gesellschaftlicher Kapazitätsgrenzen, genutzt werden kann.[77]

Zugleich besitzen gerade jene Räume eine besondere natürliche Attraktivität für den Touristen, denen zugleich eine hohe Vulnerabilität inne ist. Der tourismusinduzierte entstehende Schaden in diesen Gebieten besteht dabei nicht allein in der Verschmutzung und Verursachung von Schäden an der Vegetation, sondern auch in einer möglichen Verhaltensänderung der Tiere.[78] Auf der anderen Seite kann Tourismus auch Natur- und Kulturlandschaften schützen helfen, wenn entsprechende Flächen für ihn geschaffen beziehungsweise erhalten und damit andere Nutzungen verhindert werden. Dass aber beispielsweise die Aufgabe von Viehfarmen zugunsten von Wildtier-Reservaten in Afrika als Erfolg im Sinne der Nachhaltigkeit gewertet wird,[79] greift insbesondere dann regelmäßig zu kurz, wenn die soziokulturellen Folgen dieser Veränderung, wie beispielsweise der Wegfall von Arbeitsplätzen, in der Betrachtung ausgeblendet werden.

---

[73] *Kapeller, K.*, Folklorismus, 1991, S. 291.
[74] Vgl. *Smeral, E.*, Tourismus, 1994, S. 200 ff.
[75] Vgl. *Luft, H.*, Destination Management, 2007, S. 35.
[76] Vgl. *Smeral, E.*, Tourismus, 1994, S. 180.
[77] Vgl. *König, N.*, Nachhaltigkeit, 2002.
[78] Vgl. *Kreib, Y.*, Gratwanderung, 1997, S. 20.
[79] Vgl. hierzu zum Beispiel *Tempel, K. G.*, Nachhaltiger Tourismus, 1999, S. 475.

Hier obliegt es den Tourismusverantwortlichen vor Ort, sich eine freiwillige Selbstbeschränkung aufzuerlegen, die nach KIRSTGES insbesondere Aspekte der

- ökologischen Kapazität hinsichtlich der Belastbarkeit des Ökosystems,
- sozialpsychologischen Kapazität hinsichtlich der Akzeptanz des Tourismus durch die Bereisten,
- ökonomischen Kapazität hinsichtlich der Preisentwicklung gegenüber der Bevölkerung als auch einer angemessenen regionalen Infrastruktur,
- technischen Kapazität hinsichtlich des Flächenbedarfs und physikalischer Gegebenheiten und
- Erholungskapazität

berücksichtigt.[80] Darüber hinaus können auch durch eine gezielte Besucherlenkung der Touristen vor Ort sensible Ökosysteme geschützt werden.[81] SMERAL schlägt hingegen vor, kostenpflichtige Zertifikate für den Besuch eines touristischen Raumes auszugeben.[82] Allerdings ist fraglich, ob die von einem Ökosystem noch tragbare Besucherkapazität exakt und valide ermittelt werden kann. Zudem setzt dieser Vorschlag einen abgrenzbaren Bereich und Überwachungsmöglichkeiten voraus, was in der Praxis nicht immer umsetzbar sein wird.

Hinsichtlich der Raumnutzung werden künstlichen Ferienwelten neben dem Flächenverbrauch und der Flächenversiegelung durch die Anlage vor allem auch eine Beeinträchtigung des Landschaftsbildes sowie eine mögliche Zersiedelung der Landschaft als negative ökologische Folgen vorgeworfen.[83] Der Standortwahl für eine künstliche Ferienwelt kommt daher eine hohe Bedeutung zu. Einige dieser Kriterien sind in der folgenden Übersicht zusammengefasst:

---

[80] Vgl. *Kirstges, T.*, Sanfter Tourismus, 2003, S. 227.
[81] Vgl. hierzu zum Beispiel ausführlich *Scharpf, H.*, Großschutzgebiete, 1998.
[82] Vgl. *Smeral, E.*, Tourismus, 1994, S. 202.
[83] Vgl. *Hochfeld, C./Strubel, V./Havers, K.*, Umweltauswirkungen, 2002, S. 60.

Tabelle 3: Mögliche Ausschluss- und Positivkriterien der Standortauswahl für Freizeit- und Erlebnisparks hinsichtlich naturräumlicher und landschaftlicher Aspekte

Ausschlusskriterien	Positivkriterien
Nationalparks	Devastierte Flächen (zum Beispiel Tageabbauflächen der Braunkohle)
Naturschutzgebiete und Schonge-biete	brachliegende Flächen vormaliger gewerblicher oder militärischer Nutzung
Gebiete in räumlicher Nähe und Beziehung zu Schutzgebieten	innerstädtische, hochversiegelte Flächen oder Flächen in Randlagen von Ballungsgebieten
Biosphärenreservate, Land-schaftsschutzgebiete und Elemente der Biotopvernetzung	landschaftlich unattraktive Flächen
Wasserschutz-, -vorbehalts- und -mangelgebiete sowie Gebiete mit geringem Grundwasserflurab-stand	Flächen mit vorhandenen oder ge-planten Erschließungseinrichtun-gen
Kultur- und Bodendenkmalsbe-reiche	Flächen im bebauten Innenbereich gemäß § 34 BauGB
Biotope nach § 30 BNatSchG und Standorte der Rote-Listen-Arten	großräumig ausgeräumte, intensiv landwirtschaftlich genutzte Flächen (großflächige Monokulturen)
nicht gesetzlich geschützte Gebiete besonderer landschaftlicher Viel-falt, Eigenart und Schönheit, na-turnahe Waldflächen	
Gebiete mit besonderer Bedeutung für die landschaftsgebundene Er-holung (einschl. Kur- und Badeor-te)	
lufthygienisch belastete Gebiete	
Gebiete im unbebauten Außenbe-	

reich gemäß § 35 BauGB	

Quelle: eigene und berichtigte[84] Erstellung nach *Hochfeld, C./Strubel, V./Havers, K.*, Umweltauswirkungen, 2002, S. 66

Darüber hinaus sind insbesondere bei geplanten Ferienparks eventuelle Nachnutzungsstrategien oder Umnutzungsperspektiven gefordert.[85] Ansonsten würden gescheiterte Betriebskonzepte nur weitere Industriebrachen hervorbringen.

Ein wesentlicher positiver Aspekt künstlicher Ferienwelten ist es, dass die Ghettoisierung der Besucher es erlaubt, auf den Touristenstrom hinsichtlich ökologischer Folgen gezielt einzuwirken und den Besucherstrom zu organisieren.[86] Die ökologischen Folgen sind somit durch die räumliche Begrenztheit stark kontrollierbar, auch wenn dem entgegen stehen mag, dass künstliche Ferienwelten mit einer Flächenversiegelung und Umnutzung großflächiger Areale einhergehen, zumindest sofern die Anlage neu gebaut wird. Hinzu kommen weitere klassische Umweltprobleme der Moderne, wie zum Beispiel Müllentstehung und -entsorgung, Energieverbrauch, Abwasserentsorgung und Geräuschemissionen.[87]

3.3 Verantwortlicher Umgang mit der kulturellen Dimension

3.3.1 Definition des Kulturbegriffs im Sinne dieser Arbeit

Die besondere Komplexität, welche dem Nachhaltigkeitskonzept innewohnt, zeigt sich besonders deutlich in seiner kulturellen Dimension, die jedoch allzu häufig, zum Beispiel bei der Betrachtung regionaler Nach-

[84] Die Berichtigung bezieht sich auf den § 30 BNatSchG, dessen Inhalte bis 2002 in §20c BNatSchG aufgeführt wurden.
[85] Vgl. *Rieder, M.*, Erlebniswelten, 1998, S. 28.
[86] Ähnlich auch bereits *Kirstges, T.*, Ghetto, 1996.
[87] Vgl. *Becker, C./Job, H.*, Tourismus, 1996, S. 45 f.; vgl. auch *Steck, B.*, Tourismus, 1999, S. 83 f.

haltigkeit, ausgeblendet wird.[88] Zudem erscheint es schwierig, die kulturellen Einflüsse und Wechselbeziehungen im Tourismus richtig zu erfassen und zu bewerten.

Nähert man sich dem Begriff der Kultur oder versucht gar, ihn zu definieren, so scheint die Bedeutung dieses Begriffes schnell zu verschwimmen. Der hierzu geführte kulturtheoretische, interdisziplinäre wissenschaftliche Diskurs ist gleichermaßen komplex und kontrovers. Dabei läuft man durch „die Vieldeutigkeit des Begriffes und die immer wieder sichtbare Tendenz, kurzerhand alles zur Kultur zu erklären“[89], auch Gefahr, das Profil für eine wissenschaftliche Betrachtungsweise bis zur Unkenntlichkeit zu verwischen.

In der Tourismusdiskussion wird hingegen häufig ein eher starres Kulturverständnis verwendet, welches das Idealbild einer Kultur impliziert, bei der jede Abweichung oder Veränderung praktisch als negativ eingestuft werden muss.[90] Dieser eher kulturpessimistische Ansatz erscheint jedoch für eine weitergehende Auseinandersetzung mit den kulturellen Wechselbeziehungen im Tourismus wenig geeignet.

Für eine tourismusspezifische Kulturdefinition scheint eine Annäherung an das ethnologische Verständnis des Kulturellen durchaus geeignet, da beide Wissenschaften auf das „kulturell Fremde“ abstellen. Dabei ist insbesondere der Grad der Unterschiedlichkeit von Kulturen ein Abgrenzungskriterium für den Untersuchungsgegenstand des Ethnologen,[91] wohingegen ein hoher Grad an Unterschiedlichkeit für den Touristen, im Sinne eines exotischen Andersseins, besonders attraktiv ist.

---

[88] Vgl. zum Beispiel *Peters, U./Witzel, A.*, Nachhaltigkeit, 1995, S. 19 ff.
[89] *Kaschuba, W.*, Ethnologie, 2003, S. 116.
[90] Vgl. *Thiem, M.*, Kulturwandel, 1998.
[91] Vgl. *Kohl, K.-H.*, Ethnologie, 2000, S. 26.

Die grundlegende Formulierung des ethnologischen Kulturbegriffes erfolgte 1871 durch TYLOR: „Kultur – im weiten ethnographischen Sinne des Wortes – (…) ist jedes komplexe Ganze, das Wissen, Glauben, Kunst, Moral, Recht, Sitte, Brauch und alle anderen Fähigkeiten und Gewohnheiten umfasst, die der Mensch als Mitglied einer Gesellschaft erworben hat. Die Art der Kultur verschiedener menschlicher Gesellschaften ist, wenn sie nach allgemeinen Prinzipien untersucht wird, ein Gegenstand, der die Erforschung der Gesetze menschlichen Denkens und Handelns ermöglicht.“[92]

Im historischen Kulturverständnis wurde die Kultur demnach vor allem als soziales Erbe verstanden und der Aspekt der Tradierung wurde in den Mittelpunkt gestellt. So betrachtet wird Kultur von Generation zu Generation weitergegeben und muss vom Individuum erst enkulturiert werden.[93] Eine Erweiterung des ethnologischen Kulturbegriffs, der den Diskurs seit TYLOR berücksichtigt, findet sich beispielsweise bei RUDOLPH. Für ihn umfasst Kultur „alles Materielle und Nichtmaterielle, was im menschlichen Dasein nicht von Natur aus vorgegeben ist, sondern von Menschen durch ‚Innovationen' zielgerichtet hinzugefügt wurde. Die Definition von Kultur ist dementsprechend ‚Gesamtheit der Ergebnisse von Innovationen'.“[94]

Dieser Kulturbegriff berücksichtigt in besonderem Maße die der Kultur innewohnende Veränderung, ist aber auch so weit gefasst, dass hiermit letztlich alles zur Kultur erklärt werden kann. Etwas enger und damit präziser fasst hingegen BEER als Kernannahmen die maßgeblichen Kriterien, die sich in der überwiegenden Zahl der Kulturbegriffe wiederfinden, wie folgt zusammen:

1. Kultur ist erlerntes Verhalten.

---

[92] Tylor 1871, S. 1 zitiert nach *Harris, M.*, Kulturanthropologie, 1989, S. 20.

[93] Vgl. *Beer, B.*, Ethnos, 2003, S. 62.

[94] *Rudolph, W.*, Ethnos, 1992, S. 62.

2. Kultur ist überindividuell.
3. Kultur ist historisch gewachsen.
4. Kultur besteht aus einer Anzahl von Merkmalen aus Kenntnissen, emotionalen und Verhaltensroutinen oder Gewohnheiten, die sich empirisch erfassen lassen und ein strukturiertes Ganzes bilden.
5. Die Grenzen dieses Ganzen bleiben dabei unscharf.
6. Kultur ist nicht völlig homogen.
7. Kultur ist eine Abstraktion des Betrachters.[95]

Daraus kann für diese Arbeit folgende Arbeitsdefinition abgeleitet werden:

Kultur umfasst alles Materielle und Nichtmaterielle, was als erlerntes Verhalten von mehreren Menschen geteilt wird, durch Menschen entstanden und in ständiger Veränderung begriffen ist. In ihrer Gesamtheit bildet Kultur ein vom Betrachter durch Abstraktion festgelegtes System aus verschiedensten Merkmalen, Kenntnissen und Habits, das wiederum mit anderen Systemen vernetzt ist und sich überschneidet.

In der kulturalistischen Unternehmenstheorie bildet sie zugleich auch „symbolische Ordnungen, die für ein bestimmtes soziales Gebilde eine sinnstiftende und zusammenhaltende Funktion erfüllen."[96] Dabei kann die Regionalität zwar konstituierendes Element von Kultur sein, ist aber nicht per se mit ihr verbunden. Demgegenüber wird von der Tourismuswissenschaft zum Teil unterstellt, dass „eine gewachsene, lebendige Kultur nicht von der Region zu trennen"[97] sei. Mit der oben gefundenen Definition ist zudem die Vorstellung von dauerhaften Kulturisolaten, die auch teilweise in der Ethnologie bestand, durchbrochen. Hiernach können Kulturisolate bestenfalls temporär existieren. Insbesondere im Zeitalter der Globalisierung, das durch zunehmende Vernetzung aller Nationen und Kulturen

---

[95] Verkürzt nach *Beer, B.*, Ethnos, 2003, S. 66 f.
[96] *Pfriem, R.*, Unternehmensstrategien, 2006, S. 177.
[97] *Thiem, M.*, Identität, 1994, S. 31.

und eine „Dichotomie von zivilisierten und primitiven Kulturen“[98] geprägt ist, erscheint ein „Kultur-Containerparadigma“ unangebracht.[99]

Zudem greift eine Betrachtung möglicher kultureller Einflüsse durch den Tourismus, die sich auf die Alltagskultur der Bereisten beschränkt, zu kurz. Denn im Tourismus treffen nach THIEM zum einen insgesamt vier verschiedene Kulturebenen aufeinander: Hierzu zählen die jeweilige Alltagskultur der Bereisten und der Touristen, dazwischen stehen die adaptierte Ferienkultur der Bereisten und die Reisekultur der Touristen. Dass es hier im Aufeinandertreffen auch zu Friktionen kommt, erscheint unausweichlich.[100] Das Ineinandergreifen der vier Ebenen veranschaulicht folgende Abbildung:

---

98 Vgl. *Schmidt, B.*, Kulturbegriff, 2000, S. 131 ff.
99 Vgl. ebd.
100 Vgl. *Thiem, M.*, Identität, 1994, S. 40 ff.

Abbildung 12: Vier-Kulturen-Schema nach THIEM

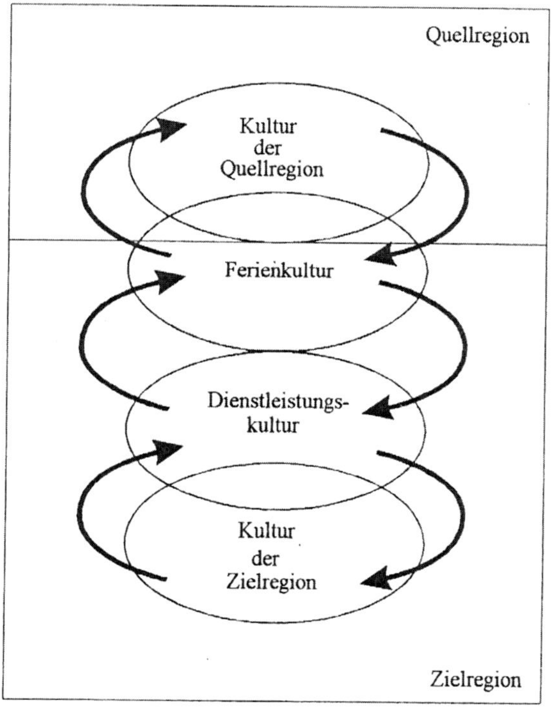

Quelle: *Thiem, M.*, Identität, 1994, S. 42

Zum anderen stehen alle Kulturebenen mit der jeweils nächsten Kulturebene in Wechselwirkung, wodurch auch eine Rückkopplung von kulturellen Einflüssen bis in die Alltagskultur der Touristen möglich ist. Damit löst sich dieser Modellansatz zugleich von einem bislang häufig stillschweigend unterstellten Paradigma: Der Tourismus beeinflusse überwiegend oder gar ausschließlich die Kultur der Bereisten.

Dass Vorgänge von Akkulturation bei den Reisenden selbst vielleicht gar nicht wahrgenommen werden, mag auch in einem zeitlich zu kurz gewählten Betrachtungshorizont begründet sein. Denn kulturelle Entwicklungs- und Rückkopplungsprozesse unterliegen einer unterschiedlichen zeitlichen Ausprägung: „Kontingenz einerseits, Wandel und Innovation andererseits erweisen sich deswegen auch gar nicht als zueinander fremde, sondern als sehr verwandte Bestimmungsmerkmale des Kulturbegriffs, unterschieden über die unterscheidende zeitliche Dimension: die Kontingenz des Momentes ist die konstitutive Bedingung des Wandels in der Zeit."[101]

3.3.2 Wirkung des Tourismus auf die Kultur der Bereisten

Auch wenn Kultur per se der ständigen Veränderung unterliegt, so kann mit dieser Feststellung keinesfalls die Wirkung des Tourismus auf die Kultur der am Tourismus Beteiligten kurzer Hand legitimiert werden. Vielmehr ist zu untersuchen, inwiefern exogener Kulturwandel durch den Tourismus angeschoben, beschleunigt oder auch verhindert wird.

Die Begegnung unterschiedlicher Kulturen ist dem Tourismus immanent. Dies führt zwangsläufig auch zu einer gegenseitigen Beeinflussung und einem Kulturwandel der sich begegnenden Kulturen,[102] wodurch dem Tourismus gern eine positive, Völker verständigende Wirkung zugesprochen wird. Dabei wird jedoch häufig ausgeblendet, dass die interkulturelle Kommunikation im Tourismus oft nur oberflächlich bleibt. In den Fällen einer nur oberflächlichen Begegnung erreicht der Tourismus mitunter genau das Gegenteil, „perfekte Völkermissverständigung und interkulturelle Konflikte sind daher häufiger das Ergebnis als geglückte Kommunikation."[103] Gleichwohl sind es nicht immer nur Sprachbarrieren und un-

---

[101] *Pfriem, R.*, Ökonomischen, 2004, S. 250 f.

[102] Vgl. *Kramer, D.*, Tourismus-Diskussion, 1990, S. 120.

[103] *Luger, K.*, Horizontverschiebungen, 2004, S. 47; anders argumentiert dagegen Heß, die auf einen empirisch positiv belegten Zusammenhang zwischen Auslandsreiseerfahrung und interkulturellem Verständnis hinweist. Allerdings blendet Heß in ihrer Herleitung aus, dass sie sich fast überwiegend auf Studien beruft, die sich auf Jugendliche beziehen. Diese Erkenntnisse können eben nicht ohne weiteres auf den größten Teil

terschiedliche Lebenssituationen, die einen aktiven interkulturellen Austausch verhindern, sondern mitunter auch unterschiedliche Motivstrukturen. Der kulturinteressierte Tourist muss damit rechnen, dass auf der Seite des Bereisten neben Neugier und traditioneller Gastfreundschaft auch ökonomische Motive im Spiel sind.[104] Diese beeinflussen auf der anderen Seite gegebenenfalls auch wiederum die soziale und kulturelle Selbstdarstellung der Gastgeber, womit dessen kulturelle Eigenständigkeit verloren zu gehen droht.[105]

Dabei kann das Ausmaß des Kontaktes zwischen Touristen und Bereisten sehr unterschiedlich ausfallen.[106] Nach RENSCHLER hängt die Intensität des Austausches von verschiedenen Faktoren ab, wie

1. vom Grad der Unvertrautheit mit der fremden Kultur,
2. von den gesellschaftlichen Bedingungen, unter denen die Begegnung stattfindet,
3. von den historischen Bedingungen der Begegnung (zum Beispiel Kolonialzeit).

Hierbei wird der interkulturelle Dialog erschwert durch

4. übliche Reiseformen und Aufenthaltsorte der Touristen,
5. falsche Erwartungen und gegenseitiges Rollenverhalten.[107]

Im Aufeinandertreffen der unterschiedlichen Kulturen und Kultur-Ebenen kommt es dann zur Demonstration derselben. In dieser Begegnung werden dann kulturelle Unterschiede und Gemeinsamkeiten festgestellt.

---

des Tourismus übertragen werden, da sowohl Reiseform, Reiseanlass als auch Reisende hier divergieren (vgl. *Heß, U.*, Debatte, 1998).

[104] Vgl. *Pardon, K.*, Begegnung, 1997, S. 141 ff.

[105] Vgl. *Kapeller, K.*, Folklorismus, 1991, S. 270.

[106] So bezeichnet FRIEDL die Urlaubsreisen in ferne Länder als „Galopptour durch die Kontinente", bei denen es unmöglich sei, als Tourist in die fremden Mentalitäten einzutauchen (vgl. *Friedl, H./Friedl, H. A.*, Tourismusethik, 2002, S. 71 f.).

[107] Vgl. *Renschler, R.*, Dimension, 1982, S. 79 ff.

3.3.3 Akkulturation durch Demonstrationseffekte

3.3.3.1 Zur tourismusinduzierten Akkulturation

Die kulturelle Demonstration kann in unterschiedlicher Ausprägung in kulturellen Anpassungs- bzw. Abgleichungsprozessen, der Akkulturation, münden. Genauso ist es aber denkbar, dass sich sowohl der Tourist als auch der Bereiste in der Begegnung mit dem Anderen der Besonderheiten des Eigenen bewusst wird und dass sie beide deshalb eine Akkulturation verweigern.[108]

Insbesondere aber, wenn sich in der Demonstration große soziale Unterschiede zeigen, führt „der Kontakt mit den reichen Fremden (...) entweder zum Versuch der Imitation oder zur Frustration."[109] Die Imitation ist dabei nicht auf Äußeres beschränkt und kann auch Werte und Verhaltensweisen umfassen. Als Steigerung der Imitation offenbaren sich Identifikationseffekte, bei denen fremde Kulturelemente und Verhaltensweisen vollständig übernommen werden. In meist zeitlich verzögertem Auftreten und häufig weniger offensichtlich zeigen sich darüber hinaus weitere Akkulturationseffekte.[110]

---

[108] Vgl. *Richter, D.*, Tourismus, 1998, S. 143.

[109] *Krippendorf, J.*, Frage, 1997, S. 61. Die Vorstellung, der Tourist sei reich und müsse nicht arbeiten, charakterisiert dabei im Wesentlichen die Rolle, die dem Touristen mitunter zugeschrieben wird (vgl. *Renschler, R.*, Dimension, 1982, S. 85).

[110] Vgl. *Lüem, T.*, Auswirkungen, 1985, S. 68 ff.

Abbildung 13: Wirkungsschema der tourismusinduzierten Akkulturation

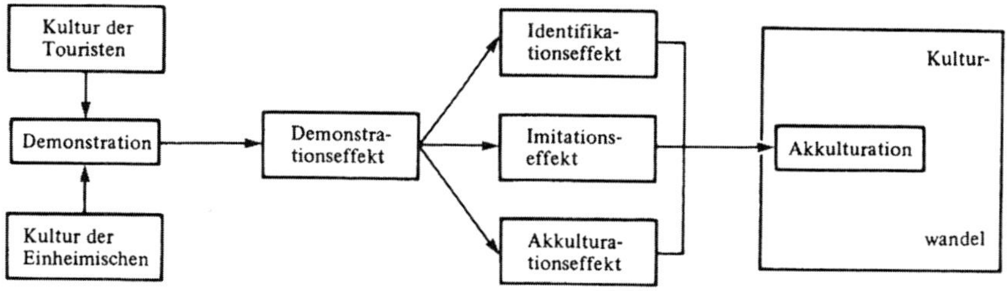

Quelle: *Lüem, T.*, Auswirkungen, 1985, S. 68

In der Begegnung und Differenz zweier Kulturen ergibt sich ein Demonstrationseffekt. Die Auswirkungen daraus sind dann in der Akkulturation am stärksten, wohingegen Imitation und Imitationseffekte am schwächsten sind.[111]

Auch wenn nach KAHRMANN die Demonstrationseffekte durch den Tourismus zu gering sind, um bei den Bereisten Änderungen im Denk- und Verhaltensmuster herbeizuführen,[112] so können doch von beiden Seiten in dem Ausmaße, „wie man Kontakt zu anderen Kulturen gewinnt, die bisher selbstverständlichen Praktiken der Gesellschaft kontingent gesetzt“[113] werden, womit der Tourismus zumindest theoretisch dem Reisenden wie auch dem Bereisten die Möglichkeit eröffnet, im eigenen Kulturkreis Bestehendes zu hinterfragen. Ebenso kann aber auch aus dem Moment der Konfrontation in einer Art Gegenbewegung ein gestärktes regionalkulturelles Selbstbewusstsein hervorgehen.[114] Dies ist sogar wahrscheinlicher, da in einer sich globalisierenden Welt die eigene ethnische Zuge-

---

[111] Vgl. *Lüem, T.*, Auswirkungen, 1985, S. 68.
[112] Vgl. *Kahrmann, C.*, Sichtweise, 1995, S. 240.
[113] *Beschorner, T.* u. a., Perspektiven, 2004, S. 50.
[114] Vgl. *Vorlaufer, K.*, Tourismus, 1996, S. 203; *Richter, D.*, Tourismus, 1998, S. 143.

hörigkeit und Kultur mehr und mehr bewusst gesucht wird.[115] Es sind eher jene Bevölkerungsteile, die nur sporadisch den Touristen begegnen, welche kulturelle Änderungen ablehnen.[116] Das Maß einer möglichen Akkulturation mag daher auch von einer bereits vorhandenen „kulturellen Resilienz" beeinflusst werden.

Im Zusammentreffen der unterschiedlichen Kulturebenen im Tourismus hängen das mögliche Ausmaß und die potentielle Stärke einer Akkulturation dabei auf der einen Seite wesentlich von der Art des Tourismus ab. Denn je mehr die Begegnungen zwischen Reisenden und Bereisten organisiert und damit strukturiert sind, umso oberflächlicher und seltener sind persönliche Kontakte häufig möglich.[117] Ausnahmen mögen hierbei vielleicht Studienreisen bilden, die eben genau jene persönlichen Begegnungsmöglichkeiten kultivieren und in das Reiseprogramm einbauen. Die vom Touristen wahrgenommene Realität wird hingegen zum Beispiel auf Sightseeing-Touren auf Symbole und Simulakren reduziert, eine Auseinandersetzung mit dem Besuchten findet in der Regel selten statt. Daher bleibt die Kultur eines bereisten Volkes regelmäßig für die meisten Touristen unerreichbar.[118] Im positiven Sinne gedeutet heißt das aber auch, dass Massentourismus unter Umständen weniger kulturelle Spuren im Reiseland hinterlässt als Individual- oder Rucksacktourismus.

Die Stärke des Einflusses durch den Massentourismus ist hingegen abhängig sowohl von der Anzahl der Reisenden, der Größe des kulturellen Unterschiedes und des besuchten Ortes als auch von der Geschwindigkeit der Tourismusentwicklung.[119] Allerdings kann der Naturtourismus wie auch der Rucksacktourismus stärkere Auswirkungen haben als der Massentourismus, dies insbesondere dann, wenn er zu indigenen Völkern

---

[115] Vgl. *Naisbitt, J.*, Paradox, 1994, S. 27; ähnlich *Richter, D.*, Tourismus, 1998, S. 145.
[116] Vgl. *Dworschak, H.*, Authentizität, 1998, S. 126.
[117] Vgl. *Kapeller, K.*, Folklorismus, 1991, S. 271; *Strasdas, W.*, Ökotourismus, 2001, S. 83 f.
[118] Vgl. *Luger, K.*, Horizontverschiebungen, 2004, S. 43.
[119] Vgl. *Friedl, H./Friedl, H. A.*, Tourismusethik, 2002, S. 77.

führt. Hier kommt es unter Umständen zu einem direkten und intensiven Kontakt, dies oft auch in Gegenden, die ansonsten von Touristen oder Fremden nicht oder nur selten aufgesucht werden.[120] So findet hier durchaus ein sehr persönlicher Austausch statt, der allerdings in der Demonstration selbst anders geartet sein mag. Zudem ist bei der Begegnung der Kulturen die Art und Ausprägung der Kultur der Bereisten bzw. Reisenden von ausschlaggebender Bedeutung. Denn „generell erscheinen die auf einer Hochkultur basierenden Gesellschaften durch den Einfluss des Tourismus in ihrer kulturellen Identität weniger stark gefährdet als ‚primitivere', auf dem Animismus basierende und auch hinsichtlich ihrer materiellen Kultur fragilere sog. Stammesgesellschaften."[121]

Dies bedeutet im Umkehrschluss, dass die Wahrscheinlichkeit, dass ein Reisender aus Industrieländern nicht nur temporär Akkulturationseffekten unterliegt, eher gering ist und er sich nicht, wie zum Beispiel HELD vermutet, der fremden Welt in einem gewissen Grade unterwirft.[122] Die in seinem langen Sozialisationsprozess erworbenen Werte und Normen führen stattdessen viel eher zu einer Überwertung der eigenen Kultur mit ethnozentrischen[123] Tendenzen.[124] Dabei mag unser Bild von der Ferne und dem Fremden immer noch von der europäischen kolonialen Vergangenheit beeinflusst sein.[125] Hier schließt auch der Vorwurf an, dass der moderne Tourismus mitunter nur eine neue, subtilere Form eines Neoko-

---

[120] Vgl. *Armanski, G.*, Tage, 1986, S. 147; *Kramer, D.*, Tourismus-Diskussion, 1990, S. 21.

[121] *Vorlaufer, K.*, Tourismus, 1996, S. 204.

[122] Vgl. *Held, G.*, Urbanisierung, 2002, S. 43.

[123] Der Begriff des „Ethnozentrismus" wurde 1906 von W. G. SUMNER in seinem Werk „Folkways" wie folgt eingeführt: „Ethnocentrism is the technical name for this view of things in which one's own group is the center of everything, and all others are scaled and rated with reference to it." (*Sumner, W. G.*, Folkways, 2007 (1906), S. 13). Obgleich Ethnozentrismus ein universales Phänomen ist, hat er in unserer Gesellschaft einen besonderen Stellenwert eingenommen. Seine stärkste und zugleich negativste Ausprägung ist der Rassismus (vgl. *Panoff, M./Perrin, M./Stagl, J.*, Ethnologie, 2000, S. 79 f.).

[124] Vgl. *Kapeller, K.*, Folklorismus, 1991, S. 279.

[125] Vgl. *Pardon, K.*, Begegnung, 1997, S. 139.

lonialismus sei.[126] Diese Kritik ist insofern nachvollziehbar, wenn man berücksichtigt, dass der aus den Ressourcen in den touristischen Destinationen, wie zum Beispiel dem Klima und der Naturlandschaft, gewonnene Nutzen in Form von monetärer Wertschöpfung teilweise von global agierenden Konzernen abgezogen wird und zugleich die Raumnutzung wie auch die ästhetische Aufbereitung des touristischen Raumes durch eben diese Konzerne fremdbestimmt wird.

Wie stark ethnozentrische Tendenzen bereits in unserer Gesellschaft verankert sind, versucht BACKES anhand der Berichterstattung über den Tsunami 2004 in Südthailand nachzuweisen. So hätten hier die westlichen Medien weder die sozialen Realitäten noch die existierenden Probleme vor Ort richtig wiedergegeben oder überhaupt wahrgenommen. Besonders deutlich zeigte sich dies beispielsweise in der damaligen Berichterstattung zum Thema Kindeshandel in der Region: Das Thema Kindeshandel wurde von den Medien erst aufgegriffen und ausführlich behandelt, als auch ein Touristenkind vermisst wurde.[127]

3.3.3.2 Kulturverantwortlicher Umgang im Tourismus

Auch der Wunsch, eine Form von „positiver" Akkulturation zu idealisieren[128] oder gar den kulturellen Entwicklungsstand einer anderen Gesellschaftsgruppe gewissermaßen zu konservieren, weist Parallelen zu einer ethnozentrischen Sichtweise auf.[129] Denn der Versuch, einen Kulturaustausch von vornherein zu verweigern oder zu verhindern, um eine vorhandene Kultur im Reiseland zu bewahren, käme einer paternalistischen Bevormundung gleich und könnte zu einer „konservierenden Musealisie-

---

126 Vgl. hierzu zum Beispiel *Mäder, U.*, Fluchthelfer, 1982, S. 30.
127 Vgl. *Backes, M.*, Reise, 2005, S. 51 ff.
128 Vgl. *Häusler, N.*, Horizont, 1995, S. 6.
129 Vgl. *Leclerc, G.*, Anthropologie, 1973, S. 125 ff.

rung von Lebensräumen" führen.[130] Zudem sind derlei Versuche vermutlich von vornherein zum Scheitern verurteilt. So stellt ELLENBERG fest: „Die Abschottung indigener Gruppen innerhalb einer harmonisch gestalteten Umwelt ist eine Illusion. (...) Die Aufwertung von Stille gegenüber Lärm, slow food gegenüber fast food, Selbstbesinnung gegenüber Zerstreuung, Ortstreue gegenüber Mobilität und Naturergebenheit gegenüber anthropogener Umwelt beginnt bei denen, die seit ihrer Jugend die Belastungen der Industriegesellschaft erlitten haben, und nicht bei denen, die sie erst im Laufe des Lebens als externes Exotikum erfuhren."[131]

Für die Forderung nach kulturell verantwortlichem Umgang im Tourismus bedeutet dies auch, keine Kultur a priori zu überhöhen oder gering zu achten. Dass derartige Befürchtungen bei anderen Kulturen tatsächlich bestehen, zeigt sich in der 1998 geführten Debatte zum Internationalen Jahr des Dialogs der Kulturen 2001. Hier forderte zum Beispiel Ägypten: „That dialogue should depend on equality of civilizations, regardless how long they had existed, how developed they were, how many achievements they had made, or how strong their beliefs and ideologies were."[132]

Die Befürchtung anderer Staaten, nicht als gleichwertig anerkannt zu werden, lässt sich hier unschwer erkennen.[133] Doch eine Form kultureller Arroganz zeigt sich mitunter bereits bei touristisch-alltäglichem Verhalten, wie dem Fotografieren. THURNER stellte zum Beispiel nach mehrjähriger Beobachtung deutscher Gruppenreisender in Dritte-Welt-Ländern fest, dass Fotografieren vor allem zur Bestätigung der eigenen Lebenswelt und gleichzeitiger Abwertung des Fremden und weniger zur Kontaktaufnahme genutzt werde. Denn „indem die Fotografierten als rückständig bewertet werden, wird man selbst erhöht. Der Fortschritt, den

---

[130] Vgl. *Heil, D./Krüger, R.*, Reisen, 1994, S. 27.

[131] *Ellenberg, L./Beier, B./Scholz, M.*, Ökotourismus, 1997, S. 48.

[132] Zitiert nach *Bernecker, R.*, Dialog, 2001, S. 13.

[133] So merkt MÜLLENMEISTER zum Beispiel an, dass die Verwendung des Begriffes „Entwicklungsland" bereits auf postkoloniales Denken schließen lasse (vgl. ausführlich hierzu *Müllenmeister, H. M.*, Kultur, 1998, S. 19).

man selbst erreicht hat, so zweifelhaft er heute manchmal eingeschätzt werden mag, wird so bestätigt: ‚zurück' will niemand." [134]

Dieser Art der Kulturbegegnung im Tourismus wird daher auch vorgeworfen, neokolonialistische Züge zu tragen, da hier das Fremde zur Projektionsfläche eigener Wahrnehmungsmuster gemacht und eine Aneignung des Fremden verhindert wird.[135] Sofern die eigenen Wertvorstellungen und Normen nicht zur Disposition gestellt werden, gerät eine derartige Begegnung leicht zu nicht viel mehr als einer Legitimation des eigenen Lebensstils. Daher sind derart ausgeprägte Demonstrationseffekte auch geeignet, Vorurteile und Stereotypen auf beiden Seiten zu verstärken.[136]
Dem Tourismus ist eigen, dass der Kulturkontakt überwiegend im Reiseland selbst stattfindet, also raumbezogen eine fremde Kultur in ihrem Quellgebiet erfahren wird. Dies verleiht der kulturellen Erfahrung zusätzlich den Anschein von Authentizität. Darüber hinaus findet ein Kontakt auch bei den Reisenden vor oder nach der Reise über Reisesendungen und Reiseliteratur statt, wenn mitunter auch nur peripher. In künstlichen Ferienwelten hingegen ist die Begegnung mit Elementen einer fremden Kultur, sofern entsprechende Elemente fremder Kulturen verwendet werden, dem originären Raum und Kontext entzogen. Zwar gibt es somit auf der einen Seite keine Demonstrationseffekte für die Bereisten, aus deren Region eventuell Kulturelemente entnommen wurden. Allerdings darf auf der anderen Seite nicht übersehen werden, dass durchaus eine einseitige Interaktion des Touristen mit den vorgefundenen Kulturelementen stattfindet und bei den Besuchern sehr wohl Demonstrationseffekte denkbar sind. Diese jedoch direkt nachzuweisen, erscheint allein aufgrund der Überlagerung mit vielen anderen Einflüssen kaum möglich.

---

[134] *Thurner, I.*, Foto, 1992, S. 26.
[135] Vgl. *Mandel, B.*, Urlaubsfotografie, 1997, S. 422; *Schurian-Bremecker*, Fotografie, 2002, S. 186; ähnlich *Goethe, T.*, Erleben, 2002, S. 23.
[136] Vgl. *Steck, B.*, Tourismus, 1999, S. 84; *Kapeller, K.*, Folklorismus, 1991, S. 278 und S. 283.

Bei näherer Betrachtung ergibt sich, dass ein kultureller Wandel im Gegensatz zu ökonomischen Folgen nur schwer messbar ist. Der Versuch von BECKER, die kulturellen Auswirkungen des Tourismus anhand eines Akkulturationsindikators zu messen,[137] erscheint hingegen in mehrerer Hinsicht fragwürdig. Indem er den indigenen Ethnien die touristische Intensität gegenübersetzt, versucht BECKER eine touristisch verursachte Abnahme der Kulturvielfalt abzubilden. Dabei werden jedoch Komplexität und Mehrdimensionalität des Kulturwandels stark vereinfacht sowie allein eine Kausalität zwischen Tourismus und Veränderung einer Kultur unterstellt. Ferner wird zugrunde gelegt, dass Kulturwandel per se negativ sei, was eine ethnozentristische Tendenz dieses Ansatzes vermuten lässt. So müssten wir vielmehr unsere „(...) unhaltbare kulturpessimistische Position vom Idealbild einer Kultur aufgeben, wonach jede Abweichung davon als Zerstörung oder Zerfall aufgefasst wird. Kulturwandel muss keineswegs immer auch Kulturverlust sein, denn alle Kulturen verändern sich mit der Zeit.“[138]

Neben potenziell negativen Demonstrationseffekten werden dem Tourismus auch die Zerstörung traditioneller Werte im Reiseland sowie eine Profanisierung kultureller Stätten und Feste vorgeworfen,[139] was letztlich einer „kulturellen Kolonialisierung“[140] nahe kommt. Hier liegen allerdings auch die Grenzen zwischen tourismusindizierten Prozessen von Enttraditionalisierung und einer Revitalisierung verlorener Traditionen eng nebeneinander.[141]

Die Kultur einer Destination gehört zu ihren intangiblen Attraktionsfaktoren, weshalb sie auch oftmals explizit für die Touristen aufbereitet und, sofern möglich, vorgeführt wird. Die andersartige oder fremde Kultur be-

---

[137] Vgl. *Becker, C./Job, H.*, Tourismus, 1996, S. 138 ff.
[138] *Friedl, H./Friedl, H. A.*, Tourismusethik, 2002, S. 79.
[139] Vgl. *Strasdas, W.*, Ökotourismus, 2001, S. 83.
[140] *Dworschak, H.*, Authentizität, 1998, S. 123.
[141] Vgl. *Richter, D.*, Tourismus, 1998, S. 143; *Kahrmann, C.*, Sichtweise, 1995, S. 116 ff.

friedigt in ihren verschiedenen Ausprägungen das Bedürfnis des Touristen nach Kontrasterfahrung.[142] In einer solchen Vorführung wird häufig Kultur aus der kulturellen Vergangenheit des Reiselandes, zum Beispiel in Form von Aufführungen und Shows, für den Touristen inszeniert. Dabei ist jedoch diese Form des Folklorismus[143] keine allein durch den Tourismus ausgelöste Erscheinung. Folklorismus kann sich durchaus über seine wirtschaftliche Funktion legitimieren, darüber hinaus beinhalten Brauchtums- und Folkloreveranstaltungen für die Aufführenden mitunter auch die Demonstration einer Einheit nach außen sowie die Stärkung des Gemeinschaftsgefühls.[144] Allerdings werden Traditionen häufig ohne das Einverständnis der sozialen Trägergruppen vermarktet.[145] Das Interesse der Touristen an derartigen Aufführungen ergibt sich dabei aus „der zusätzlichen symbolintensiven Gebrauchswertbestimmung, die derartige Vorführungen den aktiv und passiv Teilnehmenden signalisieren; diese wären neben Geselligkeit, Exotik, oftmals ‚gute alte Zeit', positive Wertbegriffe wie ‚Tradition' (…) Ursprünglichkeit, usw."[146]

Sofern jedoch die Revitalisierung von kulturellen Elementen zu einer Musealisierung der Kultur führt oder gar eine Weiterentwicklung durch zu starke Rückorientierung verhindert wird, überwiegen die negativen Auswirkungen.[147] Zudem entfalten derartige Aufführungen schnell ein Eigenleben, bei dem die alten Requisiten und Bräuche in einen völlig neuen Zusammenhang gestellt werden, so dass oftmals eher von einer Neubelebung anstelle einer Wiederbelebung gesprochen werden müsste.[148] Eine Steigerung erfährt diese Entwicklung in der inszenierten Authentizität, in der Bräuche und Traditionen für den Touristen überhaupt

---

[142] Vgl. hierzu ausführlich *Schmoll, E.*, Kulturtourismus, 2010.

[143] Folklorismus verstanden als „Vermittlung und Vorführung von Volkskultur aus zweiter Hand", so wie MOSER den Begriff 1962 in die volkskundliche Diskussion einbrachte (vgl. *Moser, H.*, Folklorismus, 1962, S. 180).

[144] Vgl. *Thiem, M.*, Identität, 1994, S. 77 ff.

[145] Vgl. *Dworschak, H.*, Authentizität, 1998, S. 122.

[146] *Kapeller, K.*, Folklorismus, 1991.

[147] Vgl. *Thiem, M.*, Identität, 1994, S. 77 ff.

[148] Vgl. *Kapeller, K.*, Folklorismus, 1991, S. 161 ff.

erst erschaffen und als historisch echt präsentiert werden, obwohl es sie in dieser Form nie gegeben hat.[149] Das Konsumieren solcher Darbietungen vermittelt den Touristen jedoch das Gefühl, die bereiste Kultur besonders authentisch zu erleben, obwohl es hier gerade an Authentizität[150] mangelt.

Die Profanisierung der kulturellen Elemente der Bereisten kann sich dabei in vielfacher Weise äußern. Als extremes Beispiel mag hier eine Abhandlung von BACKHAUS dienen, in welcher er beschreibt, wie traditionelle Begräbniszeremonien auf Bali bewusst von Reiseunternehmen aufgesucht und als Attraktion vermarktet werden.[151] Eine Profanisierung von sakralen Orten und Handlungen kann dabei sicherlich auch nicht immer allein durch Aufklärung der Touristen verhindert werden. So konnte beispielsweise der Autor 2006 am Uluru (Ayers Rock) in Australien selbst beobachten, dass viele Touristen diesen für die Aborigines heiligen Berg besteigen. Und dies, obwohl sowohl eine Hinweistafel als auch ein Kulturzentrum vor Ort die Touristen darüber informieren, dass die indigene Bevölkerung darum bittet, von einer derartigen Entweihung dieses für sie heiligen Ortes abzusehen. Trotzdem setzen hier immer noch zahlreiche Touristen ihren persönlichen Erlebnishunger über die religiösen Gefühle einer ethnischen Minderheit und eignen sich so, analog zum früheren westlichen Imperialismus, einen fremden Raum gegen den Willen ihrer Eigentümer[152] an, wenn in diesem Falle auch nur temporär.

Allerdings macht die Profanisierung von fremder Kultur auch nicht vor der westlichen Kultur selbst halt. So sind beispielsweise Kopien traditioneller Elemente westlicher Kultur in japanischen Themenparks zu finden,

---

[149] FRIEDL bringt hierzu das Beispiel von Massai-Masken, die in Ostafrika an Touristen verkauft werden, obwohl die Massai früher nie Masken gekannt hatten (vgl. *Friedl, H./Friedl, H. A.*, Tourismusethik, 2002, S. 80).

[150] Vgl. zur Authentizitätsdebatte auch Kapitel 4.3.

[151] Vgl. *Backhaus, N.*, Bali, 1997, S. 108 f.

[152] Das Gelände ist seit 1985 wieder im Eigentum der Anangu, wenn auch noch bis 2084 an den Australian National Park und Wildlife Service verpachtet.

die dort auf ein triviales Maß herunter gebrochen worden sind.[153] So ist eine Profanisierung fremder Kultur auch in künstlichen Ferienwelten denkbar. Dies mag vor allem immer dann angenommen werden, wenn Kulturelemente fremder Kulturen ihrem Kontext entrissen und kommerzialisiert werden und das exotisch Fremde als reine Kulisse genutzt wird.

So kann festgestellt werden, dass die touristische Nutzung von Kultur stets eine Gratwanderung zwischen ihrer Pflege bzw. Vermittlung und ihrer Kommerzialisierung ist. Wie eng beides im Tourismus mitunter verwoben ist, zeigt sich am Beispiel des Einheimischen, der sich fotografieren lässt: Die Motive des Handels (Foto gegen Bargeld) und der kulturellen Prostitution (Foto nur wegen Bargeld) liegen hier sehr eng nebeneinander[154] und überschneiden sich mitunter. So sind auch die Grenzen zwischen einer folkloristischen Show und einer Darbietung authentischer Kultur durchaus fließend.

3.3.4 Resümee und erste Schlussfolgerungen

Während vor allem die frühe Tourismuskritik noch von Kultur*zerstörung* durch den Tourismus gesprochen hat, wird der kulturelle Veränderungsprozess heute überwiegend als eine Form des Kultur*wandels* begriffen.[155] Nachhaltige Tourismusentwicklung kann somit nicht auf eine rein „konservierende" Raumentwicklung ausgerichtet sein, bei der es darum geht, Vorhandenes um jeden Preis zu erhalten. Vielmehr geht es darum, den kulturellen Wandel intelligent zu implementieren,[156] indem Tradition und Moderne gleichermaßen innerhalb der Tourismusentwicklung Raum finden. Dabei ist der Erhalt kultureller Werte wünschenswert, sofern neue oder bislang fremde Kulturbestandteile in die bisherige Kultur integriert

---

[153] Vgl. *Gleiter, J. H.*, Exotisierung, 1999, S. 57 f.
[154] Vgl. *Niekisch, M.*, Ökotourismus, 1997, S. 25.
[155] Vgl. *Hennig, C.*, Reiselust, 1997, S. 135 ff.
[156] Vgl. *Krüger, R.*, Entwicklung, 1995, S. 54.

werden und sich nicht ein unvermitteltes oder gegnerisches Nebeneinander verschiedener Gruppen ergibt.[157]

Zudem wird ein exogen verursachter Kulturwandel kaum allein durch den Tourismus, sondern vielmehr mehrdimensional verursacht. Zwar besteht weitgehend Einigkeit darin, dass Tourismus aus Industrieländern wesentlich zu kulturellem Wandel beitragen kann. Wie stark jedoch der Einfluss im Vergleich zu anderen Faktoren, beispielsweise den Massenmedien und dem Internet, ist, bleibt unbestimmt.[158] Letztlich wirken auch der jeweilige Staat selbst, multinationale Unternehmen und verschiedene Interessengruppen auf die Kultur eines Reiselandes ein.[159]

Auch bleibt eine Bewertung von kulturellen Veränderungen schwierig. Denn eine solche kann sicher nicht allein aus Sicht der Kulturebene des Betrachters heraus erfolgen. Allein die Suche nach objektiven Maßstäben für eine solche Bewertung müsste stets auch die Sichtweise der Bereisten angemessen berücksichtigen.

Ein weiteres Ziel im Rahmen der kulturellen Verantwortlichkeit im Sinne eines Nachhaltigen Tourismus könnte es sein, die kulturelle Kompetenz der Touristen zu fördern. Dabei müssten jedoch die Reiseveranstalter selbst zuallererst für interkulturelle Kompetenz im eigenen Unternehmen sorgen, um auch hier etwaigen Stereotypisierungen, ethnozentrischem Denken und selektiven Wahrnehmungen vorzubeugen und zu begegnen. Allerdings verfolgen nach Stark entsprechende Seminare zur kulturellen Sensibilisierung häufig eher eine „Fettnäpfchen-Vermeidungs-Philosophie“, in denen vornehmlich Rezeptwissen in Form von „Do’s and Taboo’s“ vermittelt werden.[160]

---

[157] Vgl. *Müllenmeister, H. M.*, Kultur, 1998, S. 20.
[158] Vgl. *Strasdas, W.*, Ökotourismus, 2001, S. 82.
[159] Vgl. *Kahrmann, C.*, Sichtweise, 1995, S. 21.
[160] Vgl. *Stark, O.*, Kompetenz, 2005, S. 71.

Auf der anderen Seite müssten die Bereisten auf die Touristen vorbereitet werden, was bisher regelmäßig gar nicht oder zu wenig geschieht.[161] Dass dies gelingen kann, zeigt das Beispiel des thailändischen Reiseveranstalters REST (Responsible Ecological Social Tours),[162] der die Bewohner eines Dorfes, das zugleich von Touristen bewohnt wird, in Trainingsmaßnahmen auf den Umgang mit Besuchern vorbereitet. Im Rahmen dieses Tourismuskonzeptes nehmen die Touristen an dem Leben der Dorfbewohner aktiv teil und übernachten bei Gastfamilien, wobei die Zahl der jährlichen Besuchstage begrenzt ist.[163]

Ferner müssten aber auch die Reisenden entsprechend auf ihren Aufenthalt im Urlaubsland vorbereitet werden. Eine reisepädagogische Arbeit mit den Reisenden müsste einerseits vermitteln, was die Touristen im Urlaubsland erwartet, sollte aber andererseits auch beinhalten, was die Bereisten von den Touristen erwarten. Wenn sich der Hinweis in einem Reisekatalog beispielsweise darauf beschränkt, dass zur Zeit des Ramadan in einem Hotel mit überwiegend muslimischen Angestellten nur ein eingeschränkter Service bestehe, dann wird zugleich verschwiegen, dass exzessiver Alkoholgenuss und ausgelassenes Feiern tagsüber selbst innerhalb des Hotels für die einheimische, dort tätige Bevölkerung eine Missachtung ihrer Werte darstellt.

Als Ergänzung zu den Prinzipien der Nachhaltigkeit aus Kapitel 3.1 wird für die kulturelle Dimension ein **Prinzip der „Achtsamkeit“** [164] vorgeschlagen. Achtsamkeit wird hier verstanden als ein Prozess der *Wahrnehmung*, der zugleich eine *wertschätzende Beobachtung* beinhaltet. In

---

[161] Vgl. *Wolters, J.*, Tourismus, 1998, S. 22.

[162] REST ist August 2007 in das Thailand Community Based Tourism Institute (CBT-I) integriert worden.

[163] Vgl. *Häusler, N.*, Tourismusansätze, 2002, S. 67.

[164] Vgl. auch in anderem Zusammenhang *Stern, H. von*, Antennen, S. 20 ff. WEICK/SUTCLIFFE verwenden den Begriff der Achtsamkeit im Zusammenhang mit der Widerstandsfähigkeit von Unternehmen (vgl. *Weick, K./Sutcliffe, K.*, Uner wartete, 2003).

der kulturellen Dimension der Nachhaltigkeit bedeutet dies für die Beteiligten konkret:

- **Perspektivenwechsel** in der Begegnung mit fremder Kultur, indem auch die Sichtweisen der begegnenden Kultur berücksichtigt werden. Dies bedeutet zudem, sich auch von westlichen Denkmustern temporär zu lösen und mit einer entsprechenden Veränderung des Standpunktes die Fähigkeit zur Empathie zu entwickeln bzw. zu verstärken.

- Größtmögliche **Neutralität** im Umgang mit der zu begegnenden Kultur und damit Vermeidung ethnozentrischer Tendenzen. Ein Perspektivenwechsel verhindert eine vorschnelle Beurteilung der bereisten Kultur. In der Forderung nach Neutralität wird dies fortgeführt, denn eine Beurteilung und Bewertung einer fremden Kultur setzt ein vertieftes Kulturverständnis voraus. Neutralität meint daher nicht vollkommene Kritiklosigkeit gegenüber einer fremden Kultur, sondern knüpft die Kritik an die Bedingung des Perspektivenwechsels. Denn letztlich ist Völkerverständigung ohne die Möglichkeit zur Kritik nicht möglich.[165]

- **Kenntnis** des kulturellen Erbes, des eigenen als auch des fremden, und sorgsamer Umgang mit diesem. Bei Kenntnis des kulturellen Erbes und der Historie einer Kultur können Brauchtum und Volkskultur in den ursprünglichen Zusammenhang gestellt oder bewusst neu definiert werden. Damit würde gegebenenfalls auch ein Regionalbewusstsein der Bereisten gestärkt werden.

- **Akzeptanz** des Ungewissen: Die Begegnung mit dem Unbekannten ist von Unsicherheit begleitet, die in ihrer stärksten Ausprägung in Xenophobie münden kann. Die Akzeptanz des Ungewis-

---

[165] Vgl. *Hansen, K. P.*, Kultur, 2000, S. 327.

sen hat insofern auch eine gesellschaftliche Ebene, als der Umgang mit Unbekanntem und Fremdem auch eine Frage der Sozialisation des Individuums ist.

Die Umsetzung dieses Prinzips setzt den Einsatz (reise-)pädagogischer Instrumente sowohl für die Beteiligten der Tourismusindustrie selbst als auch für die Reisenden voraus. Ansonsten bestünde die Gefahr, dass dieses Prinzip nicht über eine Absichtserklärung hinaus käme, so wie viele einschlägige Forderungen oftmals nur Leerformeln bleiben.[166]

3.4 Handlungsfeld „Soziale Verträglichkeit"

Das Handlungsfeld der sozialen Verträglichkeit hat in der Regel die Situation der Bereisten im Fokus. Als mögliche negative soziale Effekte des Tourismus im Reiseland nennt STECK in diesem Zusammenhang:

- Verschärfung sozialer Gegensätze
- Soziale Entwurzelung durch Migration
- Zunahme von Prostitution[167] und Kriminalität
- Verschlechterung der gesellschaftlichen Position der Frau
- Zerstörung des Sozialgefüges und Veränderung des Wertesystems[168]

Wie bereits in Kapitel 2.1.2 kurz erwähnt, gibt es vor allem in Österreich zudem eine Debatte um mögliche suizidogene Auswirkungen des Tourismus. Nachdem in den 1980er Jahren im Vorarlberger Land die Suizidzahlen ungewöhnlich hoch waren, wiesen HALLER/LING einen Zusam-

---

166 Vgl. *Kramer, D.*, Tourismus-Diskussion, 1990, S. 118.

167 So ist zum Beispiel in Thailand die Zahl der Prostituierten parallel zu den Touristenzahlen gestiegen (vgl. *Geller, M.*, Tourismusentwicklung, 2005, S. 7).

168 Vgl. *Steck, B.*, Tourismus, 1999, S. 84.

menhang mit dem dortigen Tourismus nach.[169] BACHLEITNER widerlegte daraufhin die unterstellte Kausalität.[170] Inzwischen gibt es eine weitere Studie, die über einen Untersuchungszeitraum von 2001 bis 2004 in Bezirken mit stärkerer Involvierung des Tourismus auch höhere Suizidraten nachweist und dies als Indiz für einen kausalen Zusammenhang wertet.[171] Auch dieser Aspekt ist dem Handlungsfeld sozialer Verträglichkeit zugehörig, wenngleich die Studie keine Auskunft darüber gibt, welche Aspekte des Tourismus suizidogen seien. Hier besteht noch Forschungsbedarf, vor allem da eine undifferenzierte Schuldzuweisung gegenüber dem Tourismus wenig Erkenntnisgewinn bringt und zugleich als eine Form pauschaler Tourismuskritik anzusehen ist.

KRAMER sieht in der klassischen räumlichen Verteilung des Tourismus in überwiegend *Ziel*gebiete einerseits und überwiegend *Quell*gebiete andererseits die Gefahr einer dauerhaften Stabilisierung sozialkultureller Unterschiede.[172] Jedoch wird hierbei außer Acht gelassen, dass bei entsprechender Beteiligung der Bereisten an dem wirtschaftlichen Mehrwert durch den Tourismus die Bereisten selbst zu Reisenden und die Zielgebiete selbst auch zu Quellgebieten werden.

Weiter definiert BECKER als soziales Ziel des Tourismus eine „gerechte Verteilung der Lebenschancen zwischen den Generationen und in der Region“.[173] Damit erfasst er die Partizipation der breiten Bevölkerung an den Wohlfahrtseffekten des Tourismus als auch an den Entscheidungsprozessen.[174] Dabei ginge es im Tourismus in erster Linie auch darum, Disparitäten innerhalb der Gesellschaft auszugleichen. In Indonesien bei-

---

[169] Vgl. *Haller, R./Lingg, A.*, Suizidstudie, 1989; vgl. auch *Schönberger, A.*, Alm-Rausch, 1994, S. 49; *Högl, H.*, Fassaden, 1995, S. 114 ff.
[170] Vgl. *Bachleitner, R./Penz, O.*, Massentourismus, 2000, S. 113 ff.
[171] Vgl. *Watzka, C.*, Sozialstruktur, 2008, S. 174.
[172] Vgl. *Kramer, D.*, Theorie, 1998, S. 165.
[173] *Becker, C.*, Regionalentwicklung, 1995, S. 29.
[174] Vgl. *Becker, C.*, Regionalentwicklung, 1995, S. 29; ähnlich BAUMGARTNER in Kapitel 3.1.

spielsweise gehören einheimische Reiseführer zu den am besten verdienenden Vertretern des Mittelstandes. Allerdings wird die wichtigste Qualifikation dafür, die Kenntnis der englischen Sprache, nicht im Schulsystem vermittelt, so dass deren Erwerb schwierig ist.[175]

Darüber hinaus fordert die UNWTO in ihren Zielvorgaben für Nachhaltigen Tourismus: „The social dimension and equity principles associated with sustainable development should apply to tourists as well as to the host population."[176] Damit eröffnet sich zugleich eine neue Sichtweise, die bislang in der Diskussion um Nachhaltigen Tourismus vernachlässigt wurde: die Prinzipien sozialer Verträglichkeit auf die Reisenden selbst anzuwenden und damit auch zugleich den Blick auf die eigene gesellschaftliche Dimension touristischer Nachhaltigkeit zu richten. Dazu nennt die UNWTO folgende Unterziele:

- Verbesserter Zugang für alle
- Bereitstellung von Urlaubsmöglichkeiten für sozial und wirtschaftlich Benachteiligte
- Verpflichtung, sich um die Sicherheit der Besucher zu kümmern
- Überwachung sowie Fokus auf Besucher-Zufriedenheit und Qualität möglicher Erfahrungen

1995 hatten ELSASSER et al. bereits darauf hingewiesen, dass man in der Nachhaltigkeitsdiskussion die Wohlfahrt des Touristen nicht ausblenden dürfe,[177] und 1999 hatten MÜLLER/FLÜGLER die optimale Befriedigung vielfältiger Gästebedürfnisse als einen von fünf Grundeckpunkten im Zielsystem der touristischen Nachhaltigkeit definiert.[178] Dieser Aspekt könnte jedoch in Teilen auch dem ökonomischen Handlungsfeld zugerechnet werden, da nur die Erfüllung der Gästebedürfnisse mittelfristig und langfristig den Gästezustrom sichert. Die physische Unversehrtheit

---

[175] Vgl. *Vickers, A.*, Bali, 1996, S. 245.
[176] *UNEP / UNWTO*, Tourism, 2005, S. 33.
[177] Vgl. *Elsasser, H.* u. a., Nachhaltigkeit, 1995, S. 13.
[178] Vgl. *Müller, H.*, Tourismus, 1999, S. 43.

des Reisenden sicherzustellen, dürfte in den meisten Destinationen insofern ebenfalls bereits Selbstzweck sein, da persönliche Sicherheit einen wesentlichen Aspekt bei der Reiseauswahl deutscher Reisender darstellt,[179] wobei dieser Aspekt durch die jeweilige allgemeine Sicherheitslage oder Terrorbedrohung unterschiedlich stark beeinflusst wird.[180]

Insbesondere auch den sozial und ökonomisch Benachteiligten einer Gesellschaft entsprechende Urlaubsmöglichkeiten zu eröffnen, ist eine Forderung, welche für ein Verständnis von Nachhaltigem Tourismus von zweifacher Bedeutung ist. Denn zum einen betrifft dies Modelle des Nachhaltigen Tourismus direkt, da ihnen die Gefahr inne wohnt, zu einer elitären[181] Tourismusform zu werden und damit bestimmte Bevölkerungsgruppen auszugrenzen.[182] Zum anderen fokussiert dies den Blick im besonderen Maße zurück auf das Quellgebiet der Reisenden. Tourismus bzw. die Möglichkeit der Teilhabe am Tourismus ist danach nicht nur eine tourismuspolitische, sondern auch eine gesellschaftspolitische Aufgabe.

Die Aufforderung der UNWTO, den Zugang zum Tourismus für alle zu verbessern, greift hingegen weiter. Denn dies bedeutet, vor allem auch Menschen mit besonderen Bedürfnissen bzw. Behinderungen einen Zugang zum Tourismus im Sinne von Inklusion[183] zu ermöglichen und stellt dabei insbesondere auf das Reiseland ab.

---

179 Vgl. *Aderhold, P.*, Urlaubsreisen, 2008, S. 92.

180 Vgl. *Lohmann, M./Aderhold, P.*, Urlaubsreisetrends, 2009, S. 55.

181 So steht der Ökotourismus zum Beispiel im Verdacht, „die Sehnsüchte einer finanziell besser gestellten Öko-Elite" zu bedienen (vgl. *Kreib, Y.*, Ökotourismus, 1998, S. 93).

182 Vgl. *Elsasser, H.*, Nachbemerkungen, 1985, S. 259; *Heil, D./Krüger, R.*, Reisen, 1994, S. 27; *Köstlin, K.*, Touristen, 1995, S. 5.

183 Dieser ursprünglich vom amerikanischen Soziologen TALCOTT PARSONS geprägte Begriff ist hier determiniert als die gleichwertige Teilhabe aller Individuen an einer Gesellschaft, unabhängig von etwaigen Unterschieden zwischen ihnen, seien sie physischer oder psychischer Natur.

Zudem sind inzwischen sowohl auf nationaler Ebene als auch auf EU-Ebene Regelungen zur Barrierefreiheit[184] gesetzlich verankert,[185] beispielsweise die Verpflichtung, bei neuen Bauvorhaben barrierefreie Zugänge herzustellen. Doch in der Praxis zeigt sich mitunter, dass entsprechende Regelungen nicht immer adäquat angewandt werden. So kann es geschehen, dass zum Beispiel behindertengerechte Eingänge als Sondereingänge mehrere Hundert Meter entfernt vom Haupteingang geschaffen werden. Der Betroffene kann dann nicht, wie die übrigen Gäste, ein Gebäude durch den Fronteingang betreten.

Im Rahmen eines „barrierefreien Tourismus" werden in Deutschland inzwischen verschiedene Projekte umgesetzt,[186] welche sich zum Ziel gesetzt haben, spezielle Urlaubsangebote für Menschen mit besonderen Bedürfnissen zu schaffen. Allerdings ist es für Menschen mit Behinderungen erforderlich, dass nicht nur einzelne Leistungsträger einer Destination barrierefreie Angebote schaffen, sondern die gesamte touristische Wertschöpfungskette barrierefrei gestaltet wird, damit das Urlaubsangebot tatsächlich auch genutzt werden kann. Für zehn Prozent der Bevölkerung ist Barrierefreiheit auf Reisen unentbehrlich, für weitere 30-40 Prozent zumindest notwendig, während sie für jeden Menschen komfortabel ist.[187] Das heißt konkret, dass auch nicht-betroffene Reisende von vielen, im Rahmen der Barrierefreiheit vorgenommenen Veränderungen, zum Beispiel durch mehr Bequemlichkeit profitieren.

---

[184] Der Begriff der Barrierefreiheit wird in § 4 des Gesetzes zur Gleichstellung behinderter Menschen (Behindertengleichstellungsgesetz - BGG) wie folgt definiert: „Barriere frei sind bauliche und sonstige Anlagen, Verkehrsmittel, technische Gebrauchsgegenstände, Systeme der Informationsverarbeitung, akustische und visuelle Informationsquellen und Kommunikationseinrichtungen sowie andere gestaltete Lebensbereiche, wenn sie für behinderte Menschen in der allgemein üblichen Weise, ohne besondere Erschwernis und grundsätzlich ohne fremde Hilfe zugänglich und nutzbar sind."

[185] So zum Beispiel im Art. 3 GG mit der Änderung 1995, im BGG (seit 2002) und im AGG (seit 2006).

[186] So zum Beispiel ist bei der Umsetzung des Masterplans 2015 im Tourismusverband Nordsee e. V. „Barrierefreiheit" eines von drei strategischen Entwicklungszielen.

[187] Vgl. *Allemeyer, W./Neumann, P.*, Impulse, 2003, S. 13.

Die gesamte Wertschöpfungskette barrierefrei zu erschließen, bedeutet in diesem Zusammenhang auch, zum Beispiel bei touristischen Sehenswürdigkeiten und Attraktionen für sehbehinderte Menschen Möglichkeiten der Ertastbarkeit und des Anhörens von Infotexten zu schaffen oder beispielsweise Infotexte für Menschen mit geringen sprachlichen Fähigkeiten auch in einfacher Sprache bereit zu stellen. Es geht nicht allein um Hindernisfreiheit und Zugänglichkeit, sondern zugleich auch um Nutzbarkeit.

Ferner ist damit zu rechnen, dass die demografische Veränderung in unserer Gesellschaft in den nächsten Jahren vermehrt barrierefreie Angebote einfordern wird, da bis 2050 der Anteil der über 65-jährigen in der Gesellschaft auf über 30 Prozent steigen wird;[188] von diesen 30 Prozent werden wiederum 40 Prozent 80 Jahre oder älter sein.[189] Für den Reisemarkt hat dies vor allem dahingehend Konsequenzen, dass mit steigendem Alter die gesundheitlichen Beeinträchtigungen zunehmen und somit das Reisen erschwert wird. So waren 2007 von der Gruppe der 65- bis 74-jährigen immerhin 32 Prozent gesundheitlich etwas und elf Prozent sogar stark eingeschränkt, bei den Befragten ab 75 Jahre waren hingegen bereits 42 Prozent gesundheitlich etwas eingeschränkt und 21 Prozent der Befragten bezeichneten sich als stark gesundheitlich eingeschränkt.[190] In Verbindung mit der erwarteten Zunahme des älteren Teils der Bevölkerung ergibt sich daraus, dass die Tourismusindustrie ihr Angebot entsprechend anpassen muss, nicht allein aus ökonomischen, sondern auch aus sozialen Aspekten heraus. Da zudem die Reisemotive bei den aktivitäts- oder mobilitätseingeschränkten Menschen im Wesentlichen mit denen der Durchschnittsbevölkerung übereinstimmen,[191] besitzt bereits heute barrie-

---

[188] Vgl. *Deutschland / Statistisches Bundesamt*, Bevölkerung, 2003, S. 5.
[189] Vgl. *Deutschland / Statistisches Bundesamt*, Bevölkerung, 2003, S. 23.
[190] Vgl. *Lohmann, M./Sierck, A./Grimm, B.*, Seniorenreisen, 2007, S. 14.
[191] Vgl. *Neumann, P.*, Qualitätssteigerung, 2008, S. 78.

refreier Tourismus ein erhebliches Marktpotenzial, das bislang nur wenig genutzt wird.[192]

Insbesondere mit der Forderung, die Bevölkerung in einem Tourismusgebiet in tourismusrelevante Entscheidungen mit einzubeziehen, als auch mit einem erweiterten Fokus, der auch die Reisenden selbst mit einschließt, ist dieses Handlungsfeld mit dem Ziel sozialer Verträglichkeit sowohl für die deutsche Tourismusindustrie im Allgemeinen als auch auf künstliche Ferienwelten im Speziellen anwendbar.

Die Geschichte des Tourismus der Massen ist zugleich auch das Abbild einer Demokratisierung des Reisens. Indem immer mehr Menschen reisten, wurde das Reisen günstiger, wodurch sich wiederum mehr Menschen Urlaubsreisen auch zu exotischeren Zielen leisten konnten. Dies wird allgemein als *Demokratisierung des Reisens* verstanden.[193] STEINECKE weist jedoch darauf hin, dass dieser Begriff irreführend sei, da es doch beim Reisen weiterhin große soziale Unterschiede gäbe. Dies zeigt sich auch in der Reiseintensität[194], da diese zwar 2009 in der oberen sozialen Schicht 90 Prozent, hingegen in der unteren sozialen Schicht nur 54 Prozent betrug.[195] Zudem ist die Entwicklung der Reiseintensität insbesondere in den unteren Einkommensschichten rückläufig.[196] Insofern kann auch von einer Tendenz zur *Entdemokratisierung des Reisens* gesprochen werden.

Zugleich steht hier auch das Konzept eines Nachhaltigen Tourismus vor einem Dilemma. Denn zum einen ist die bewusste Aussperrung der Massen von Reisenden in einigen natürlichen Räumen gewünscht. Dies kann

---

[192] Vgl. *Allemeyer, W./Neumann, P.*, Impulse, 2003, S. 39 ff.
[193] Vgl. *Mundt, J. W.*, Tourismus, 2006, S. 167.
[194] Die Reiseintensität misst den „Anteil der Bevölkerung ab 14 Jahren, der pro Jahr mindestens eine Urlaubsreise von 5 Tagen Dauer (oder länger) unternimmt" (*Aderhold, P.*, Urlaubsreisen, 2010, S. 15).
[195] Vgl. *Aderhold, P.*, Urlaubsreisen, 2010, S. 23.
[196] Vgl. *Aderhold, P.*, Urlaubsreisen, 2010, S. 23.

auf der einen Seite durch bewusste Besucherlenkung und eine Kapazitätsbegrenzung geschehen, indem ein in sich abgegrenzter Raum nur kontrolliert betreten werden kann. Besteht eine solche räumliche Abgrenzungsmöglichkeit nicht, müssen andere Mechanismen zur künstlichen Limitierung der Besucherzahl gefunden werden. Hier wird teilweise gefordert, anstelle des quantitativen Wachstums, zum Beispiel durch immer weiter steigende Gästezahlen, auf qualitatives Wachstum, zum Beispiel durch eine höhere Wertschöpfung und eine „Gästestrukturveredelung", zu setzen. Denn indem der Besuch eines Raumes verteuert wird, kann ebenfalls eine Senkung der Gästezahlen bei gleichbleibender oder steigender Wertschöpfung erreicht werden. Ein solcher „Lockout" von Besuchern, die eine Zahl x übersteigen, ist also aus der Perspektive der ökologischen Nachhaltigkeit und des Naturschutzes durchaus wünschenswert. Auf der anderen Seite fördert ein Ausgrenzungsversuch über den Preis allerdings die Tendenz zur weiteren Entdemokratisierung des Reisens. Dass sich Urlauber mit geringerem Einkommen den Besuch eines bestimmten Raumes nicht mehr leisten könnten, steht im Widerspruch zum Anspruch auf Sozialverträglichkeit und einem „Tourismus für Alle". Es zeigt sich damit in den widerstreitenden Interessen von effizienter Raumnutzung und gesellschaftlicher Teilhabe eine Art „Lockout-Dilemma" in der Zielverfolgung ökologischer Tragfähigkeit einerseits und Sozialverträglichkeit andererseits.

3.5 Handlungsfeld „ökonomischer Nutzen"

Das vierte Handlungsfeld befasst sich mit der Forderung nach einem ökonomischen Nutzen. Auch in diesem Handlungsfeld gibt es zwei Betrachtungsebenen. Zum einen muss sich für das handelnde Unternehmen selbst ein ökonomischer Nutzen insofern ergeben, als dass das Überleben des Unternehmens dauerhaft sichergestellt werden muss. Zum anderen müssen die Bereisten am ökonomischen Nutzen auch sinnvoll partizipieren. Auch verursacht Tourismus in seinen Zielgebieten häufig Preissteigerungseffekte,[197] welche gerade in einkommensschwächeren Gebieten die Bereisten ökonomisch stark belasten können.[198]

Dabei bleibt insbesondere in Dritte-Welt-Ländern oftmals nur ein Drittel bis zu einem Viertel der Tourismus-Einnahmen im Land,[199] wobei der Tourismus im Prinzip geeignet wäre, das Wohlstandsgefälle zu minimieren.[200] Bei der Forderung nach finanzieller Partizipation geht es allerdings nicht nur um Gerechtigkeit, sondern der wirtschaftliche Ausgleich kann auch im Eigeninteresse erfolgen, wenn man die durch Migrationsströme verursachten Probleme berücksichtigt.[201]

Nachhaltiger Tourismus hat daher in seinem ökonomischen Handlungsfeld eine stabile wirtschaftliche Entwicklung zu gewährleisten, an dessen Wertschöpfung die Bevölkerung insgesamt Anteil erhält, was auch eine technische Teilhaberschaft umschließt. Dabei können nachhaltige Tourismusprodukte auch aus sich heraus zu einem ökonomischen Wachstum beitragen,[202] indem sie zum Beispiel vom Gast als attraktiver bewertet werden. Die vom Tourismus geschaffenen primären und sekundären Wertschöpfungen sollten regional eingebunden sein,[203] was beispielsweise auch durch kleinere Warenkreisläufe im Food-Bereich realisiert werden kann. Die geschaffenen Arbeitsplätze sollten nicht nur saisonal und auf eine geringe Qualifikationsstufe im unteren Einkommensbereich begrenzt sein.[204] Außerdem kann eine zu starke Ausrichtung auf den Tourismus wirtschaftliche Monostrukturen schaffen und auch gewachsene Wirtschaftsstrukturen zerstören,[205] insbesondere wenn wenige und je-

---

[197] Vgl. *Mäder, U.*, Kolonialismus, 1987, S. 150.
[198] Vgl. *Umweltbundesamt*, Zukunft, 1997, S. 10.
[199] Vgl. *Prahl, H.-W.*, Millionen, 1989, S. 11.
[200] Vgl. *Hoffmann, H.*, Hochsicherheitstrakt, 2001, S. 64.
[201] Vgl. *Paech, N./Pfriem, R.*, Konzepte, 2004, S. 18; vgl. ähnlich *Kramer, D.*, Tourismus-Diskussion, 1990, S. 105.
[202] Vgl. *Viegas, A.*, Ökomanagement, 1998, S. 126.
[203] Vgl. *Becker, C.*, Regionalentwicklung, 1995, S. 28 f.
[204] Vgl. *Umweltbundesamt*, Zukunft, 1997, S. 10.
[205] Vgl. *ebd.*

weils unterschiedlich große Betriebe den Tourismusmarkt vor Ort bestimmen. Diese Forderungen können auf künstliche Ferienwelten übertragen werden, indem sowohl ein ökonomischer Anschluss an die umgebende Region vorhanden als auch die ökonomische Überlebensfähigkeit langfristig gesichert sein sollte, ohne dass es staatlicher Subventionen bedarf.

Zugleich kann ein ökonomischer Nutzen dem Grunde nach aber auch dadurch gestiftet werden, dass Industriebrachen revitalisiert werden. Beispiele hierfür bieten das Tropical Island, mit der Nachnutzung einer Cargo-Lifter Produktionshalle, oder das „Dorf Wangerland", für das eine leer stehende Militärkaserne in ein Feriendorf umgebaut wurde. Dies bedeutet im Umkehrschluss aber auch, dass bei einem Neubau andererseits bereits in der Planungsphase Nachnutzungskonzepte zu erstellen sind.

3.6 Gründe für ein Scheitern bisheriger Nachhaltigkeitsprojekte

Bislang spielen nachhaltige Tourismusprojekte im Tourismusmarkt eher eine Nischenrolle. So liegt zum Beispiel der Marktanteil der im Forum-Anders-Reisen zusammengeschlossenen Reiseveranstalter bei unter einem Prozent.[206]

Auch erreichen nachhaltige oder ökotouristische Projekte nicht immer ihre selbst gesteckten Ziele bzw. scheitern gänzlich. Die Gründe hierfür sind dabei vielgestaltig und bislang vor allem an Beispielen des Ökotourismus untersucht worden. Hier zeigt sich, dass die durch den Ökotourismus oftmals erhoffte Unterstützung einer Region zu gering ist oder über-

---

[206] Vgl. *Schmied, M.* u. a., Traumziel, 2009, S. 48; SCHMIED et al. beziehen sich hierbei allerdings auf das Jahr 2007. Inzwischen sind sowohl die Mitgliederzahl von 142 in 2007 auf 130 in 2010, als auch die Kundenzahl von 114.000 Kunden auf 95.000 Kunden sowie der Umsatz von 210 Millionen auf 127 Millionen Euro zurückgegangen (vgl. *forum anders reisen*, Firmenporträt, 2010).

haupt nicht ankommt.[207] Die Ursachen des Scheiterns lassen sich wie folgt zusammenfassen:

1. Reduzierung der Maßnahmen unter ökonomischen Gesichtspunkten
   - auf das gerade notwendige Maß, das ausreicht, um für Touristen attraktiv zu sein;
   - allein auf die Erhaltung touristischer Highlights.
2. Festgesetzte Grenzen für Besucherzahlen werden nicht eingehalten.
3. Tourismusbedingte Schäden sind nur bedingt prognostizierbar und werden oftmals erst retroperspektiv festgestellt.
4. Die formale Verfügungsgewalt und die ordnungspolitische Gliederung berücksichtigen zu wenig die Anspruchsgruppen vor Ort.
5. Fehlendes Wissen / fehlendes Verantwortungsbewusstsein der Touristen.[208]

Die zwei ersten genannten Punkte lassen zudem befürchten, dass insbesondere dann, wenn es um eine Neu-Initiierung von Tourismus geht, Konzepte eines Nachhaltigen Tourismus nur eine Vorreiterrolle für unkontrollierten Massentourismus Tourismus spielen.[209] In diesem Falle würde das Konzept eines Nachhaltigen Tourismus letztlich ad absurdum geführt.

Ökotourismus, Sanfter Tourismus und Nachhaltiger Tourismus sind bislang auf dem Reisemarkt Nischenprodukte geblieben.[210] Konzepte des Sanften Tourismus erfüllen oftmals nur eine Außenseiter- oder sogar nur

---

[207] Vgl. *Backes, M.*, Ökoreisen, 2003, S. 22.

[208] Vgl. *Niekisch, M.*, Erhaltung, 1998, S. 50 ff; *Schwarzbeck, F.*, Ökotourismus, 1995, S. 263 f.

[209] Vgl. *Heil, D./Krüger, R.*, Reisen, 1994, S. 28.

[210] Vgl. beispielsweise *Kramer, D.*, Tourismus-Diskussion, 1990, S. 148; *Kreib, Y.*, Ökotourismus, 1998, S. 93; *Baumgartner, C./Röhrer, C.*, Nachhaltigkeit, 1998, S. 3.

eine Alibifunktion.[211] Hoffnungen, dass es sich bei diesen Konzepten um Vorläufer einer neuen Reiseform handeln könnte,[212] haben sich bislang nicht erfüllt. Viel eher scheint sich zu bewahrheiten, dass, wie bereits 1989 von MOSE befürchtet, die alternativen Konzepte des Tourismus bloß ein „weiterer Bestandteil in einem allgemeinen Konglomerat von Tourismusangeboten“[213] geworden sind. Die Gründe hierfür mögen dabei auch in der Motivation der Reisenden selbst liegen, denn „insofern ist der Tourist ein Egoist: das Ich steht im Vordergrund, das persönliche eigene Lebensglück auf Zeit.“[214] Im sozialen Dilemma zwischen kollektiver Selbstschädigung oder dem kostengünstigeren Verfolgen des eigenen Vorteils stellen ökologische Produkt- und Handlungsvarianten nicht selten die unattraktivere Wahl dar, wobei zu den monetären Kosten auch die physischen, zeitlichen und sozialen Kosten gezählt werden müssen.[215] Und in der Begegnung mit dem Fremden wird es den Touristen offenbar auch leicht gemacht, die Lebenswirklichkeit der Bereisten auszublenden,[216] und sich stattdessen einer romantischen Verklärung der Realität hinzugeben.

3. 7 Zusammenfassung und Resümee

Berücksichtigt man die zukünftig erwarteten globalen Reisebedarfe, stellt sich die Frage, wie nachhaltige Tourismusangebote beschaffen sein müssen, damit sie für den Touristen nicht nur eine weitere Wahlmöglichkeit im Amalgam eines multioptionalen Angebotsportfolios darstellen, sondern idealiter nicht-nachhaltige Reisen substituieren. Auf der anderen Seite müssen Reisekultur sowie Reisemotive und damit auch das Selbst-

---

[211] Vgl. *Rahner, S.*, Sanfter Tourismus, 1995, S. 246.
[212] Vgl. *Ellenberg, L.*, Tourismus, 1998, S. 27.
[213] *Mose, I.*, Alternative, 1989, S. 17; vgl. ähnlich *Kramer, D.*, Tourismus-Diskussion, 1990, S. 148.
[214] *Krippendorf, J.*, Frage, 1997, S. 61.
[215] Vgl. *Saretzki, A.*, Umwelt, 2001, S. 41.
[216] Vgl. *Vickers, A.*, Bali, 1996, S. 249.

verständnis des Reisens überhaupt einen gesellschaftlichen Wertewandel erfahren, damit sich alternative Reiseangebote aus ihrem Nischendasein befreien können.[217] Eine aktuelle Studie weist darauf hin, dass der heutige Gast durchaus bereit ist, für ein nachhaltiges Angebot einen höheren Preis zu zahlen, wofür er allerdings auch einen Mehrwert erwartet.[218] Auch dies kann als Indiz gewertet werden, dass Nachhaltiger Tourismus stets auch mit Qualitätstourismus bzw. höherer Qualität verknüpft ist.[219]

Allerdings haben die vorstehenden Ausführungen auch gezeigt, dass die Perspektive eines Nachhaltigen Tourismus bislang überwiegend eine Außen- und weniger eine Innensicht gewesen ist. So standen vielmehr die Bereisten und die touristischen Destinationen und weniger die Reisenden selbst im Fokus der Betrachtung. Hier erscheint es jedoch sinnvoll, insbesondere im Deutschlandtourismus, von dieser „*mittelpunktfliehenden*" zu einer „*mittelpunktsuchenden*" Perspektive zu wechseln, die auch den Reisenden selbst in seiner Betrachtung aufnimmt.

Fasst man zudem Nachhaltigkeit nicht als Zustand, sondern vielmehr als Prozess auf, der auch Ungleichzeitigkeiten in sich birgt, so kann diesen insofern begegnet werden, als je nach Ausprägungsgrad entsprechend Angebote vorgehalten und gemacht werden. Die Touristen wären demnach auf dem Weg zu einem Nachhaltigen Tourismus dort abzuholen, wo sie momentan stehen bzw. wo und dementsprechend wie sie momentan zu urlauben gewohnt sind.

Hier wächst auch der Bildung als kultureller Aufgabe eine besondere Bedeutung zu. Zum einen kennen wir die Forderung nach Bildung im Tourismus in der mittelpunktfliehenden Betrachtungsweise im Fernreisetou-

---

[217] Vgl. *Baumgartner, C./Röhrer, C.*, Nachhaltigkeit, 1998, S. 3.

[218] Vgl. hierzu ausführlich *Deutscher Sparkassen- und Giroverband*, Tourismusbarometer, 2010, S. 110 ff.; zur Bedeutung des persönlichen Benefits als Auslöser von Umwelthandeln vgl. auch *Schemel, H.-J.*, Kommunikation, 2001, S. 30.

[219] Vgl. beispielsweise auch zur strategischen Ausrichtung auf Qualitätsführerschaft durch das Konzept eines Sanften Tourismus *Kirstges, T.*, Sanfter Tourismus, 2003, S. 190 f.

rismus als übergreifende Aufgabe. Hier geht es primär um Bildung für ökonomisches Handeln bzw. auch darum die Qualität des Dienstleistungsangebotes sicherzustellen. Denn gerade in Fernreisezielen ist der Anteil der ungelernten Arbeitskräfte im Tourismus oftmals noch hoch.[220] In der mittelpunktsuchenden Betrachtung kann darüber hinaus aber die Bildung der Reisenden, zum Beispiel in den Handlungsfeldern der kulturellen Verantwortung, Sozialverträglichkeit und ökologischen Tragfähigkeit, auch als eine Aufgabe des Nachhaltigen Tourismus verstanden werden.

Im Dialog mit touristischen Leistungsträgern kann zur Umsetzung des Nachhaltigen Tourismus grundsätzlich mit gesetzlichen Vorgaben argumentiert werden. So sind Aspekte nachhaltigen Handelns inzwischen rechtlich-normativ verankert und zum Beispiel über die Umweltverträglichkeitsprüfung institutionalisiert worden. So wünschenswert gesetzliche Regelungen jedoch sind, so genügen sie häufig nur Minimalanforderungen. Zudem garantieren gesetzliche Vorschriften allein noch nicht deren Befolgung. So ist denkbar, dass zum Beispiel Unternehmen nach einer Abwägung von Kosten und Nutzen letztlich bewusst Strafzahlungen in Kauf nehmen und den gesetzlichen Vorgaben nicht folgen oder dass kaum mehr getan würde, als unbedingt notwendig.

Darüber hinaus steht zu vermuten, dass ein Teil der touristischen Leistungsträger auch für das Argument zusätzlicher ökonomischer Benefits durch nachhaltiges Handeln zugänglich sein wird, während wiederum weitere Leistungsträger als „tugendhafte Unternehmungen" auch für Argumente einer moralisch-ethischen Diskussion offen wären. Die wirtschaftlichen Vorteile nachhaltigen Handelns können zum Beispiel in Wettbewerbsvorteilen oder auch in Kostensenkungen durch Umweltschutzmaßnahmen und Energieeinsparungen liegen. Die aus Nachhalti-

---

[220] So beträgt beispielsweise der Anteil der ungebildeten Arbeitskräfte in Hotels und Gasthäusern in den thailändischen Provinzen mit touristisch genutzten UNESCO-Weltnaturerbestätten 56,86 Prozent. Vgl. *Boonrut, J.*, Chancen, 2010, S. 47.

gem Handeln resultierenden ökonomischen Benefits stellen somit einen konkreten monetären Anreiz dar.

Mit zugleich steigender intrinsischer Motivation wird das Maß des Handlungswillens, auch über ein zwingend notwendiges Maß hinaus, größer. So ergibt sich die dritte Ebene aus der Beobachtung moralisch-ethischen Handelns unternehmerischer Akteure. Indem Unternehmen sich ihrer gesellschaftlichen Verantwortung stellen und sich mit den Folgen ihres Handelns auch jenseits von Profitinteressen auseinandersetzen, kann sich eine Herangehensweise an den Markt entwickeln, die als „tugendhaft" beschrieben werden kann.[221]

Darüber hinaus bedarf es dann aber auch neben dem Handlungswillen der Kompetenz zum nachhaltigen Handeln, hier verstanden als Befähigung das Handlungswissen auch praktisch umsetzen zu können. Alle drei Argumentationsebenen bedürfen der *Einsicht* der Beteiligten. Bei den Reisenden ist ferner eine Differenz zwischen Umweltbewusstsein, Handlungswillen und Umwelthandeln sichtbar, wobei die Einsicht ebenfalls das verbindende Element darstellt. Dabei erscheint es wahrscheinlich, dass unterschiedliche Unternehmertypen sich von unterschiedlichen, einzelnen oder mehreren Argumentationsebenen angesprochen fühlen. Alle Argumentationsebenen greifen dabei letztlich ineinander, wie folgende Abbildung verdeutlichen soll:

---

[221] Vgl. zur Diskussion der Tugendethik ausführlich zum Beispiel *Wieland, J./Fürst, M.*, Naturkostbranche, 2005, S. 225 ff.; *Lautermann, C./Pfriem, R.*, Tugendethik, 2006.

Abbildung 14: Motive zur Umsetzung nachhaltigen Handelns im Tourismus

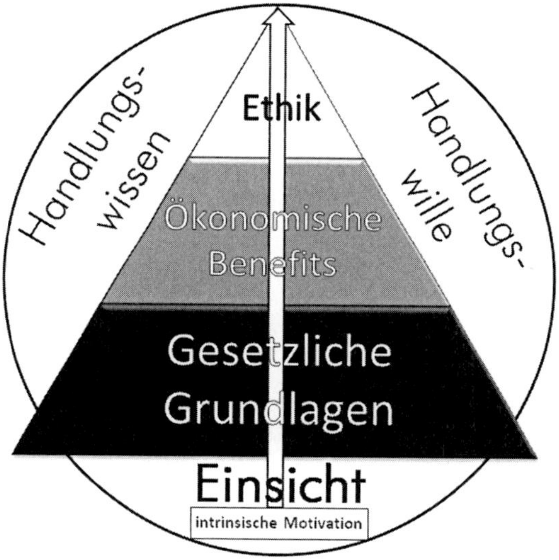

Quelle: eigene Darstellung

Eine Aufgabe des Nachhaltigen Tourismus könnte es daher auch sein, denjenigen Reisenden, der Nachhaltigkeit im Tourismus passiv konsumiert, über Einsicht(en) zu motivieren, nachhaltiges Handlungswissen zu erwerben oder, wenn er dieses bereits besitzt, den entsprechenden Handlungswillen zu entwickeln. Denn bislang besteht eine Inkonsistenz zwischen ökologischem Anspruch bzw. geäußertem Umweltbewusstsein und tatsächlichem Umwelthandeln.

4. Ausgewählte kulturelle Dimensionen des Tourismus

4.1 Grundlegende Aspekte einer Motivation zum Reisen

4.1.1 Allgemeine Perspektiven der Reisemotivation

Soweit letztlich Ausmaß, Sinnhaftigkeit und Legitimität von Konsumansprüchen ebenso eine kulturelle Frage sind,[1] können auch die Ausprägungen unseres Reiseverständnisses hinterfragt werden. Denkbar sind daher auch andere Idealvorstellungen des Reisens. RENSCHLER stellt beispielsweise hierzu fest: „Die Idealvorstellung, von der ich manchmal träume, wäre die, dass viele Menschen wenig reisen. Dass die große Reise in einen anderen Kontinent ein seltenes, aufregendes Erlebnis wird, während Erholung wieder im Alltag und in der näheren Umgebung stattfindet. Es ist mir bewusst, was das bedeutet: das wir nämlich unsere eigenen Lebens- und Arbeitsbedingungen verändern müssen."[2]

Bereits früh wurde daher das Motiv des Reisens im tourismuswissenschaftlichen Diskurs ausführlich betrachtet,[3] wenn auch die dazugehörigen Begrifflichkeiten uneinheitlich verwendet werden.[4] So kann die Frage nach der Reisemotivation sicherlich als eine Kernfrage des Tourismus verstanden werden. Diese könnte rasch beantwortet sein, folgt man der These einer „Mobilität als in der menschlichen Evolution angelegte[n] Konstante."[5] Allerdings ist diese historische Herleitung in sich selbst bereits unschlüssig, denn dem steht entgegen, „dass eine über 10.000 Jahre währende Kultur der Sesshaftigkeit nicht gerade Ausdruck einer genetisch determinierten Reiselust ist."[6]

---

1 Vgl. *Paech, N./Pfriem, R.*, Konzepte, 2004, S. 48.
2 *Renschler, R.*, Dimension, 1982, S. 88.
3 Vgl. beispielsweise auch *Geiger, H.*, Interessen, 1969; *Hartmann, K. D.*, Psychologie, 1979.
4 Vgl. *Lobin, D.*, Kundenanforderungen, 2007, S. 131.
5 *Romeiß-Stracke, F.*, Nomaden, 1997, S. 66; vgl. hierzu auch *Prahl, H.-W./Steinecke, A./Prahl-Steinecke*, Millionen-Urlaub, 1979, S. 135.
6 *Borghardt, J.*, Tourismus, 2002, S. 352.

In einer umfassenderen Betrachtung der Reisemotive gibt es den einerseits überwiegend tourismuskritischen Diskurs, inwiefern es sich bei den Tourismusräumen um „Fluchtburgen“[7] handele. Darüber hinaus hat HARTMANN bereits 1979 drei grundlegend auslösende Momente in den Reisemotiven festgestellt: das Erholungs- und Ruhebedürfnis, das Bedürfnis nach Abwechslung und Ausgleich, heutzutage auch mit dem Begriff „Erlebnis“ assoziiert, und das Bedürfnis nach Befreiung von Bindungen.[8] Für die Untersuchung von Künstlichen Ferienwelten sind die Reisemotive insbesondere in zweifacher Hinsicht von Bedeutung: Kann das Entstehen von Künstlichen Ferienwelten einerseits aus Ihnen erklärt werden? Können Sie andererseits überhaupt die Reisemotive der Urlauber erfüllen?

4.1.2 Die Motivation zur Reise zwischen „hin“ oder „weg“

Unter einem Reisemotiv wird nach SCHADE/HAHN die „innere Begründung des Reiseverhaltens“ verstanden. Sie unterscheiden bereits, wie heute durchaus noch gebräuchlich, in zentrifugale („Weg-von“) und zentripetale („Hin-zu“) Reisemotive.[9] Dabei kann zwischen dem „Motiv“, als latenter und derzeit nicht verhaltenswirksame Handlungsdisposition, und der „Motivation“, als verhaltenswirksamer Disposition, die in einen tatsächlichen Handlungsvorgang mündet, unterschieden werden.[10] Allerdings vermag die Summe der Urlaubsmotive nicht die Urlaubsmotivation im Ganzen zu erklären, da diese zu komplex, mehrdimensional und bisweilen auch widersprüchlich ist.[11]

---

[7] *Kubina, E. M.*, Irrwege, 1990.

[8] Vgl. *Hartmann, K. D.*, Psychologie, 1979, S. 17 f.

[9] Vgl. *Schade, B./Hahn, H.*, Psychologie, 1969, S. 36 ff.

[10] Vgl. *Kroeber-Riel, W./Weinberg, P./Gröppel-Klein, A.*, Konsumentenverhalten, 2009, S. 167 ff.

[11] Vgl. hierzu sehr früh bereits *Schmitz-Scherzer, R./Rudinger, G.*, Motive, 1969, S. 10ff.; *Hartmann, K. D.*, Psychologie, 1979.

Besonders häufig wird in der Tourismusforschung das „Weg-von-Motiv“ als reiseauslösend angeführt, wobei dieser Erklärungsansatz regelmäßig auch als Kritik an den herrschenden gesellschaftlichen Arbeits- und Lebensverhältnissen verstanden werden kann.[12] Denn eine raum-fliehende Bewegung des Touristen wirft zugleich die Frage auf, warum er denn diesem Raum in einem „regelmäßigen Massenexodus“[13] überhaupt entflieht.

Eine mögliche Antwort darauf bietet die sogenannte Defizit-Theorie, die das Bedürfnis nach Urlaub dadurch erklärt, dass durch diesen insbesondere Mängel im Alltag ausgeglichen werden müssen.[14] In diesem Gedanken liegt eine gewisse Negation des Alltagsraums und führt man ihn konsequent weiter, so wird Tourismus als „Negationsgewinnler“[15] nicht nur als Gegenwelt zur Arbeits-, sondern insbesondere auch als Gegenentwurf zur alltäglichen Lebenswelt begriffen.[16] HENNING weist in diesem Zusammenhang jedoch darauf hin, dass „vom Vergnügen des Reisens (...) in der Fluchttheorie nichts mehr zu spüren [ist; Anm. d. Verf.].“[17]

Im Umkehrschluss wäre dann allerdings auch zu fragen, was getan werden müsste, um den Alltag bzw. die Lebenswelt der Menschen so zu verändern, dass Reisen nicht als Flucht-Ventil dienen müsste. GRAF erklärt die raumfliehende Motivation des Reisens indes auch damit, dass das Alltagsumfeld zu stark mit Alltagsroutinen assoziiert sei und ein Erholungsprozess hier nur schwer in Gang kommen könne, dies vor allem dann, wenn der Alltag als strapaziös oder überfordernd erfahren würde.[18] Insofern können Urlaubsträume auch eine „Antithese zum europäischen Zivi-

---

12 Vgl. *Romeiß-Stracke, F.*, Nomaden, 1997, S. 66.
13 Interview mit Robert Jungk in *o. V.*, Ökoviren, 1991, S. 226.
14 Vgl. *Kolland, F.*, Motivation, 2004, S. 379.
15 *Wöhler, K.*, Negation, 2001, S. 36.
16 Vgl. hierzu *Armanski, G.*, Tage, 1986, S. 34 ff.
17 *Hennig, C.*, Alltags, 1997, S. 36.
18 Vgl. *Graf, B.*, Reisen, 2002, S. 255; ähnlich *Friedl, H./Friedl, H. A.*, Tourismusethik, 2002, S. 25.

lisationswahnsinn und seinen Zwängen"[19] darstellen, in welcher der Urlauber eine vorübergehende Kontrast-Erfahrung sucht.[20]

Doch in dem Maß, wie der Alltag touristifiziert wird und in ihm touristisches Verhalten normal wird,[21] was sich zum Beispiel in der Freizeitkleidung, typisch touristischen Aktivitäten und Hedonismus ausdrückt,[22] droht diese Differenzerfahrung verloren zu gehen.[23] KÜBLBÖCK vermutet aus diesem Grunde, dass der postmoderne Tourist die emotional aufgeladene Differenzerfahrung des Urlaubs überhaupt nicht mehr brauche.[24] Das Urlaubsverhalten durchdringt hiernach mehr und mehr das Alltagsverhalten.

Spiegelbildlich deutet allerdings KAPELLER das Urlaubsverhalten dahingehend, dass der Tourist im Urlaub nicht mehr mache, als sein gewohntes Feierabendverhalten räumlich und zeitlich in den Urlaub zu verlegen, wenn auch in unterschiedlicher Qualität und Quantität.[25] Nach RIEGER hingegen versucht der „Komplement-Urlauber" gerade diejenigen Aktivitäten und Aspekte in seinem Urlaub einzubauen, die in seinem sonstigen Leben zu kurz kommen.[26] Auch für THIEM stellt der Urlaub eine Ergänzungs- und keine Gegenwelt dar. Reisen ist demnach kein Kontrapunkt zum gesellschaftlichen Leben, sondern eine Ergänzung zum übrigen gesellschaftlichen Leben mit Supplementärfunktion.[27]

---

19 *Luger, K.*, Horizontverschiebungen, 2004, S. 48.

20 Vgl. *Petermann, T.*, Folgen, 1998, S. 131.

21 Vgl. *Friedl, H./Friedl, H. A.*, Tourismusethik, 2002, S. 42.

22 Vgl. *Wöhler, K.*, Topographie, 2005, S. 25.

23 So hat sich der Zustimmungswert zur Aussage, dass Urlaub eine Gegenwelt zum Alltag darstelle von 38% in 1995 auf 30% in 2003 verringert (vgl. *Lohmann,M./ Aderhold, P.*, Urlaubsreisetrends, 2009, S. 40).

24 Vgl. *Küblböck, S.*, Urlaub, 2005, S. 71.

25 Vgl. *Kapeller, K.*, Folklorismus, 1991, S. 286; so auch bereits *Rieger, P.*, Dimension, 1982, S. 12.

26 Vgl. *Rieger, P.*, Dimension, 1982, S. 12; *Köstlin, K.*, Touristen, 1995, S. 4.

27 Vgl. *Thiem, M.*, Identität, 1994, S. 178.

Derlei Push-Faktoren können gleichwohl nicht befriedigend erklären, warum ein bestimmtes Reiseziel von den Touristen bevorzugt aufgesucht bzw. bevorzugt wird.[28] Hier sind es Pull-Faktoren, welche erklären können, warum eine Destination von Reisenden gewählt wird. Als zentrales Motiv könnte hierbei die Metapher des „Urlauberparadieses“ dienen, denn unser Wunsch nach einem real erfahrbaren Urlaubsparadies „ist möglicherweise das Ersatzparadies und tritt an die Stelle des Paradieses der Bibel in einer säkularisierten Welt.“[29] Dieses bereits in den Entdeckungsreisen des 15. Jahrhunderts angelegte Motiv lebt in dem Südseemythos fort, in dem die Südseeinsel ein Synonym für ein sorgenfreies Leben an einem paradiesischen Ort geworden ist.[30] Auch das gezielte Aufsuchen von Räumen, die uns „heil“ und „intakt“ erscheinen und denen wir gern verklärt begegnen, mag einer unbestimmten Sehnsucht entspringen, in eine Vergangenheit zurückzukehren, welche die Verluste unseres zivilisatorischen Milieus noch nicht kannte.[31]

THIEM geht dieser These weiter nach und zeigt Analogien zu einer Suche nach dem „Goldenen Zeitalter“ auf. Demnach sei Urlaub zugleich auch eine Suche nach

- ewiger Jugend, symbolisiert durch Sonne, gebräunte Haut und Erholung im Allgemeinen, Kraft und Aktivität,
- ewigem Frieden, symbolisiert durch harmonisches Miteinander, aber auch einem Einklang mit der Natur und sich selbst,
- mühelosem Dasein, symbolisiert durch Luxus, dem Um- und Versorgtsein sowie dem Nichtstun und im weiteren Sinne Freiheit.[32]

---

[28] Vgl. *Hirtenlehner, H./Mörth, I./Steckenbauer, C.*, Reisemotivmessung, 2002, S. 95.
[29] *Romeiß-Stracke, F.*, Theorie, 1998, S. 49.
[30] Vgl. *Eliade, M.*, Bilder, 1998, S. 12.
[31] Vgl. *Richter, D.*, Tourismus, 1998, S. 144 f.
[32] Vgl. *Thiem, M.*, Identität, 1994, S. 182 ff. So auch *Opaschowski, H. W.*, Ferienwelten, 1995, S. 33. als „Heimweh nach dem verlorenen Paradies“.

Die Annahme von THIEM kann damit durchaus als These vom Vorhandensein eines Meta-Reisemotivs interpretiert werden. Urlaubsreisen wären damit aus einem im kollektiven Gedächtnis der Menschen existierenden Urbild zu erklären, aus der vagen Reminiszenz eines paradiesischen Zustandes, welches verloren gegangen, immer wieder aufs Neue gesucht wird. Der jährliche Urlaub wäre so ein temporäres, illusionäres Eintauchen in einen utopischen Raum. So wie in Goethes Faust der Mephisto das eigentliche Begehren des Doktor Faustus nicht erfüllen kann, da er die zugrundeliegende Motivation nicht versteht, so könnte demnach auch die Tourismusindustrie niemals die tiefer liegenden Sehnsüchte des Urlaubers anhaltend und vollständig befriedigen. Diese Betrachtungsweise ermöglicht jenseits von Symbolökonomik und sozialen Normen zugleich eine Erklärung für den sehr hohen Stellenwert, den der Urlaub in unserer Gesellschaft inne hat. Die wiederkehrend jährliche Urlaubsreise wäre demnach die moderne Form einer Wallfahrt, gleich einem letztlich immer wieder unvollendeten Exodus aus einem gefühlten Exil. Flankiert wird diese These, indem THIEM die Urlaubsreise auch als ritualisierte Handlung beschreibt.[33]

Der Urlaubsort ist demnach im Idealfall ein "locus amoenus" als erträumter Ort. Die Tourismusindustrie bedient sich nun dieser Paradies-Metaphern zum Teil im Marketing, aber „die Tourismuswirtschaft lebt davon, dass die Kunden wissen, dass es nicht erreichbar ist und so immer wieder Reisen zu verkaufen sind.“[34] Allerdings setzen sie voraus, dass derlei Metaphern und Symbole[35] Teil des kulturellen Wissens unserer Gesellschaft geworden sind.

---

33 Vgl. *Thiem, M.*, Identität, 1994, S. 194 ff.

34 *Lange, H.-J.*, Erfahren, 1999, S. 103.

35 Das weitaus bekannteste Symbol für das Paradies dürfte neben dem Garten auch die Palme als „Sehnsuchts- und Transzendenzmetapher“ sein (vgl. *Mayer-Tasch, P. C.*, Zeichen, 1998, S. 10; *Brittner, A.*, Natürlichkeit, 2002, S. 69).

4.1.3 Erholung als Grundtypus der Reisemotive

Würde man einen beliebigen Urlauber fragen, was sein primäres Urlaubsmotiv sei, so würde man vermutlich fast stereotyp zur Antwort bekommen, sein Urlaub diene vornehmlich der Erholung. Für HENNIG bleibt die Erholungsthese allerdings zu simpel, da sie beispielsweise nicht befriedigend erklären kann, weshalb hierzu die Distanz des Urlaubs notwendig sei.[36] Doch auch wenn das Motiv „Erholung“ bei näherer Betrachtung nur schwer fassbar ist und sich einer allgemeingültigen Definition offenbar entzieht,[37] so ist es letztlich Ausdruck des Bedürfnisses nach physischer und psychischer Rekreation.[38] Während GEBAUER zu der Ansicht kommt, dass sich Erholung und Urlaubs- bzw. Reisezufriedenheit[39] nicht zwingend bedingen müssen,[40] weist eine medizinische Studie aus dem Jahre 2000 das Ausmaß des Erholungseffektes in Abhängigkeit von der Reisezufriedenheit nach.[41]

Erholungseffekte ergeben sich dabei aus dem entstandenen psychischen Freiraum und einer veränderten Beziehung zur sozialen und physischen Umwelt. Sie wirken über psychische Entlastungen und ein gesunkenes Erregungsniveau auch auf die Physis.[42] MUNDT/LOHMANN kamen 1988 noch zu dem Ergebnis, dass die Verknüpfung von Erholung und Urlaub nichts weiter als ein sozialer Stereotyp sei.[43] In ihrer medizinischen Studie hat SCHMIDT 2009 jedoch zeigen können, dass Strandurlaub regelmäßig sowohl zu einer physischen als auch zu einer psychischen Erholung

---

36 Vgl. *Hennig, C.*, Alltags, 1997, S. 40.

37 Vgl. *Mundt, J. W./Lohmann, M.*, Erholung, 1988, S. 115.

38 Vgl. *Gebauer, O.-J.*, Urlaub, 1981, S. 20 ff.

39 Unter Urlaubs- bzw. Reisezufriedenheit wird die Bewertung des Urlaubs am Ende verstanden.

40 Vgl. *Gebauer, O.-J.*, Urlaub, 1981, S. 132; vgl. auch *Keul, A. G.*, Reise, 2001, S. 51, wobei sich KEUL auf Untersuchungen von LOHMANN und seinen Mitarbeitern aus den Jahren 1992 und 1994 bezieht.

41 Vgl. *Strauss-Blasche, G./Ekmekcioglu, C./Marktl, W.*, Vacation, 50, S. 172.

42 Vgl. *Graf, B.*, Reisen, 2002, S. 250 f.

43 Vgl. *Mundt, J. W./Lohmann, M.*, Erholung, 1988, S. 137.

führen kann.[44] Die Wahrscheinlichkeit eines Erholungseffektes steht dabei in Abhängigkeit vom Alter des Reisenden und der Dauer des Urlaubs. Ältere Urlauber scheinen sich beispielsweise eher zu erholen, wenn sie auch länger urlauben.[45] Auch bei Familien ist bei längerem Urlaub bzw. einer Urlaubslänge von drei Wochen der Erholungseffekt am stärksten. Den deutlichsten Erholungseffekt zeigten jedoch Alleinreisende. Andererseits weist die Studie von STRAUSS-BLASCHE et al. darauf hin, dass eine Rekonvaleszenz aus medizinischer Sicht auch genauso effektiv zuhause erfolgen kann, sofern man den regenerativen Aktivitäten genügend Zeit einräumt.[46] Am längsten hielten allerdings die durch Kuren, als Spezialfall des Urlaubs, bewirkten Erholungseffekte an.[47] Im Allgemeinen hat die Urlaubsgestaltung vermutlich maßgeblichen Einfluss auf die Dauer des Urlaubseffektes,[48] wobei die physische Erholung länger wirkt als die psychische.[49]

Die psychische Erholung ergibt sich nach GRAF dabei durch den psychischen Ausgleich einer vom Touristen bewusst gesuchten Kontrasterfahrung entweder als spannungsreiches oder entspanntes Erleben als „kompensatorische Verschiebung“, welche dann im Ergebnis zum subjektiven Gefühl der Erholung führt.[50] Ähnlich sieht ALLMER in der Erholung ein Korrektiv zum beruflichen Leben, in dem auf eine berufliche Überforderung im Urlaub dann Relaxation oder Regeneration folgen. Berufliche Unterforderung führe hingegen im Urlaub zur Suche nach Herausforderung und Stimulation.[51] GEBAUER zeigte zudem in einer Untersuchung von Schiffsreisenden, dass Probanden, die hier auf Weltreise bereits 63 Tage unterwegs waren, gehäuft das subjektive Empfinden äußerten, sie

---

[44] Vgl. *Schmidt, A.*, Objektivierung, 2009.
[45] Vgl. und im Folgenden *Schmidt, A.*, Objektivierung, 2009, S. 72 ff.
[46] Vgl. *Strauss-Blasche, G./Ekmekcioglu, C./Marktl, W.*, Vacation, 50, S. 171.
[47] Vgl. *Strauss-Blasche, G.*, Urlaubswirkung, 2004, S. 5.
[48] Vgl. *Strauss-Blasche, G.*, Urlaubswirkung, 2004, S. 4 f.
[49] Vgl. *Strauss-Blasche, G./Ekmekcioglu, C./Marktl, W.*, Vacation, 50, S. 172.
[50] Vgl. *Graf, B.*, Reisen, 2002, S. 255.
[51] Vgl. *Allmer, H.*, Urlaub, 2001, S. 55 ff.

hätten sich nicht erholt. Er führt dies darauf zurück, dass mit der langen Reisedauer vermutlich das Gefühl, erholt zu sein, nichts Außergewöhnliches mehr sei.[52] Dies mag damit dann auch eine Art psychische Übersättigung darstellen.

Wenn für den Erholungseffekt im Urlaub vor allem die Urlaubstätigkeiten maßgeblich sind, so müsste eine Erholung in einer künstlichen Ferienwelt ebenso möglich sein wie an jedem anderen (Urlaubs-)Ort. Allerdings fehlt es an differenzierten Untersuchungen zum Erholungseffekt in Abhängigkeit vom gewählten Verkehrsmittel, dem Urlaubsort bzw. der Entfernung zum Urlaubsort und der Urlaubsform, wie zum Beispiel Städtereise, Badeurlaub. So ist es denkbar, dass die mit der Raumüberwindung verbundenen Strapazen einen Teil des Erholungseffektes grundsätzlich sowohl physisch als auch psychisch wieder zunichte machen können. Eine verringerte Anreisedistanz spräche auch in diesem Falle grundsätzlich für eine künstliche Ferienwelt.

Es gibt bereits Hinweise darauf, dass im postmodernen Tourismus der Urlaub auch krank machen könne. Auslöser hierfür können dabei ein Übertragen des Leistungsdenkens in den Urlaub, sonstige Stress auslösende Momente des Reisens, aber auch die Fremdbestimmtheit während einer organisierten Reise sein.[53] Hinzu kommen die eigenen Urlaubserwartungen oder ein Erlebnisdruck, bestimmte Attraktionen aufgesucht oder bestimmte Aktivitäten durchgeführt zu haben. So sieht ALLMER Urlaub heutzutage auch weniger als „Oase der Erholung (...), sondern [er; Anm. d. Verf.] wird zu einem strapaziösen Ereignis." Als typische Stressoren nennt ALLMER die Urlaubsvorbereitungen[54] inklusive der Anreise sowie Probleme zwischen Eltern und Kindern und Partnerschaftskonflik-

---

52 Vgl. *Gebauer, O.-J.*, Urlaub, 1981, S. 132.

53 Vgl. *Schmitt, C.*, Ferien, 2008.

54 Gebauer vermutete hingegen, dass die positive psychische Wirklichkeit des Urlaubs bereits Wochen oder Monate vor Urlaubsbeginn einsetze (vgl. *Gebauer, O.-J.*, Urlaub, 1981, S. 140).

te.[55] So zeigten auch STRAUSS-BLASCHE et al., dass vor allem der Anfang eines Urlaubs durch eine erhöhte Stressbelastung gekennzeichnet sei, wobei diese Urlaubseinstiegsreaktion etwa drei Tage dauere.[56] Hieraus könnte abgeleitet werden, dass Kurzurlaube strukturell weniger geeignet sind, um sich zu erholen. Allerdings sind bei Kurzreisen die Vorbereitungen in der Regel geringer und die Anfahrt ist in der Regel kürzer. Es kann jedoch vermutet werden, dass insbesondere die Wahl des Verkehrsmittels Einfluss auf den Erholungsfaktor der Kurzreise haben könnte.

Doch geht es nach WINTER heutzutage im Urlaub weniger um reine Erholung und Regeneration, als vielmehr um Reanimation verschütteter kreativer Fähigkeiten, Reorganisation dialogischer und selbstreflexiver Kommunikationsmuster und die Re-Aktualisierung emotionaler Potenzen, einer Wiederbelebung von Erlebnisfähigkeit.[57] Eine ähnliche Synthese findet sich auch bei GRAF, die den Urlaub als Strategie beschreibt, um das Spannungsverhältnis zwischen „Ruhe und Entspannung" und „Aufregung und Abenteuer" auszubalancieren.[58]

4.1.4 Urlaub als Suche nach Erlebnis

Tourismus ohne Erleben oder Erlebnis scheint kaum denkbar, denn „dass mit Urlauben bzw. Verreisen Erlebnisse verknüpft werden, liegt indes in der Logik des Tourismus: Das Erlebnis emotionalisiert uns nicht nur und spricht die Sinne an, es hebt sich darüber hinaus vom Alltag ab und es bleibt uns als Nicht-Alltägliches in Erinnerung."[59] Der Definition von SCHEURER folgend werden dabei Erlebnisse im Folgenden verstanden als „ein persönliches, subjektives Gefühl als Reaktion auf innere Reize (zum

---

[55] Vgl. *Allmer, H.*, Urlaub, 2001, S. 58 f.
[56] Vgl. *Strauss-Blasche, G.*, Urlaubswirkung, 2004, S. 6.
[57] Vgl. *Winter, G.*, Reisehandlungen, 1988, S. 212.
[58] Vgl. *Graf, B.*, Reisen, 2002, S. 239 ff.
[59] *Wöhler, K.*, Topographie, 2005, S. 22.

Beispiel Körperempfindungen), äußere Reize (zum Beispiel Sinnesempfindungen) und/oder kognitive Prozesse (zum Beispiel Bewertungen). Die Reize werden als angenehm oder unangenehm empfunden."[60]

Die „Grundlage der hedonistischen Ego-Gesellschaft ist die wirtschaftliche Prosperität der 80er Jahre in Deutschland“[61], die in Folge des Übergangs von der Knappheits- zur Überflussgesellschaft nach SCHULZE[62] eine zunehmende Erlebnisorientierung in der Gesellschaft hervorgebracht habe. In dieser Gesellschaft reicht es nicht mehr aus, sich anerkannte materielle Wünsche zu erfüllen und diese nach außen hin demonstrativ zu repräsentieren. Gerade dies unterscheidet unsere Zeit von der durch Arbeit und Normenerfüllung bestimmten Welt der Nachkriegsjahrzehnte. Damit gewinnen die Innenorientierung im Denken sowie der Lebensstil zunehmend an Bedeutung. Der Konsum fokussiert sich auf seine Wirkung im Innenleben und damit auf die Gefühle und Erlebnisse des einzelnen Menschen. So wählt der postmoderne Konsument „erlebnisrational“ aus dem weiten Spektrum konsumtiver Möglichkeiten vor allem jene aus, die darauf zielen, ein möglichst selbsterfülltes, ein sich lohnendes Leben zu führen.[63] Tourismus scheint dabei diese geänderten Konsumbedürfnisse befriedigen zu können, was sich auch daran zeigen mag, dass „mit steigendem Einkommen (...) die Tourismusnachfrage überproportional stimuliert [wird; Anm. d. Verf.].“[64]

Dabei bleibt fraglich, ob der Zwang, aus dem Urlaub ein Erlebnis mit nach Hause zu bringen oder gar in einer nur begrenzten Zeitspanne eine möglichst hohe Erlebnisdichte zu konsumieren, nicht genau ein Erleben im engeren Sinne verhindert, wodurch die Gesellschaft zunehmend einen Verlust an Erlebnisfähigkeit erfahren würde.[65] Darüber hinaus unterliegt

---

[60] *Scheurer, R.*, Erlebnis-Setting, 2003, S. 104.
[61] *Romeiß-Stracke, F.*, Abschied, 2003, S. 26.
[62] Vgl. im Folgenden *Schulze, G.*, Erlebnis-Gesellschaft, 1993.
[63] Vgl. hierzu auch *Kagelmann, H. J.*, Spaßbad, 2006, S. 9.
[64] *Smeral, E.*, Wachstumsmaschine, 2003, S. 48.
[65] Vgl. *Günther, A.*, Reisen, 1996, S. 124.

die unverbindliche und entgrenzte[66] Erlebnisbefriedigung[67] einer Abnutzung, welche im Zeitverlauf immer intensivere Reize verlangt, da „in der Konsumgesellschaft die Schere zwischen dem Notwendigen und dem Befriedigenden immer weiter aufgerissen wird - woraus folgt, dass die Befriedigung zurückweicht, wie die Mittel zu ihrer Erlangung sich popularisieren.“[68]

Die Erlebnisse in künstlichen Ferienwelten folgen dabei vorgegebenen Abläufen und Ritualen, wobei auch hier vermutet werden darf, dass sich die Erlebnisse der Besucher im Verlauf der Zeit abnutzen. Auf der anderen Seite vermag gerade eine Ritualisierung besonders starke Erlebnisse zu schaffen, was zum Beispiel anhand von religiösen Festen deutlich wird.[69] Der Unterschied in diesen Ritualen mag dabei in der Bedeutungszuweisung liegen. Wohl kaum jemand erwartet, dass der Weihnachtsbaum zuhause von Jahr zu Jahr höher wird. Für die touristischen Attraktionen scheint hingegen gerade das Gegenteil zu gelten. Indem die Tourismusindustrie selbst mit Superlativen wirbt, schafft sie eine Erwartungshaltung und einen Überraschungsanspruch, der notwendigerweise zu einem Innovationsdruck in der Ausstattung und bei den Attraktionen führt.[70]

Der Urlauber trägt seine Erlebnisse zugleich als „Erinnerungs-Souvenir“ nach Hause und präsentiert demonstrativ seine persönliche „Erlebnistrophäe“ den Daheimgebliebenen in Form von Geschichten und Bildern. Der „Trophäencharakter“ kann dabei insbesondere auch für negative Erlebnisse vermutet werden. Dass dabei für die Daheimgebliebenen vor al-

---

[66] Die Entgrenztheit von Konsum und der gesellschaftlichen Verhältnisse spiegelt sich auch in der Entgrenztheit des Reisens wieder: Jeder Raum scheint als Reiseziel denkbar, wie zum Beispiel ein Achttausender im Himalaya; selbst Weltraumreisen sind heutzutage bereits im Angebot (vgl. hierzu auch *Luger, K.*, Sehnsucht, 1995, S. 33).

[67] Vgl. *Kramer, D.*, Theorie, 1998, S. 158.

[68] *Sloterdijk, P.*, Tractatus, 2008, S. 6.

[69] Vgl. *Vester, H.-G.*, Erlebnisgesellschaft, 1999, S. 16.

[70] Vgl. hierzu ähnlich *Kiefl, W.*, Utopia, 2005, S. 205.

lem die negativen Erlebnisse interessanter erscheinen mögen und diese vermutet eine höhere Aufmerksamkeit genießen, mag auch darin begründet liegen, dass sie eher Zuneigung oder Mitleid hervorrufen anstelle von Neid. Der Zuhörer ist froh, Gleiches nicht erlebt zu haben.

So stellt auch OPASCHOWSKI fest, dass die negativen Urlaubserfahrungen, die den Urlauber ausschließlich extern als „Naturkatastrophen“ heimsuchen, nur scheinbar der Tiefpunkt des Urlaubs sind. Psychologisch gesehen sind sie tatsächlich einer seiner Höhepunkte, denn der Urlaub wird doch trotz aller Widerstände gemeistert und Probleme werden überwunden.[71] Und seine Geschichte der Überwindung kann der Urlauber mit nach Hause bringen, wobei WITTICH hierzu die Typen der Warngeschichte, Empörungsgeschichte, Faszinationsgeschichte oder Erheiterungsgeschichte unterscheidet.[72] Erlebnisse haben dabei regelmäßig zugleich auch bei dem Betroffenen eine Steigerung des Selbstwertes zur Folge, „denn wer viel erlebt, lebt kein banales Leben.“[73] Dabei bleibt aber offen, *was* er erlebt und *wie* er lebt.

Dabei sind „emotionale Prozesse (…) für viele der Kern menschlichen Erlebens und Verhaltens, eine Verbindung zu unserem wahren Gesicht, zu dem, was uns antreibt.“[74] In der Erlebnisgesellschaft geht es somit vermehrt um subjektiven Nutzen und emotionale Erfahrung und in der Konsumentscheidung wurden der Funktions- durch den Erlebniswert sowie Gebrauchsgüter durch Erlebnisse ersetzt,[75] wie auch folgende Abbildung verdeutlicht:

---

[71] Vgl. *Opaschowski, H. W.*, Psychologie, 1981, S. 43.

[72] Vgl. *Wittich, T.*, Reisegefahren, 2004, S. 230 ff. Nach WITTICH haben derlei Geschichten vier verschiedene Funktionen: kompensatorische Funktionen, distinktive Funktionen, diskriminierende Funktionen sowie anti-touristische Funktionen.

[73] *Müller, H./Scheurer, R.*, Tourismus-Destination, 2007, S. 4.

[74] *Keil, A./Grau, O.*, Emotionsforschung, 2005, S. 7.

[75] Ähnlich ansatzweise auch bereits bei *Kramer, D.*, Kulturanthropologie, 1993, S. 9.

Abbildung 15: Die Entwicklung zur Erlebnisgesellschaft

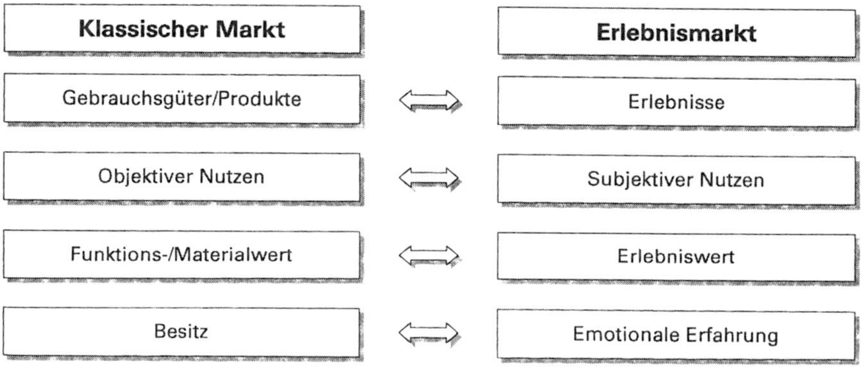

Quelle: *Rudolphi, P.*, Studienreisen, 2007, S. 13

VESTER sieht allerdings kritisch, dass für die Masse „Instant-Erlebnisse" bereitgehalten werden, die in ihrer Qualität „nicht selten denen einer permanenten Kindergeburtstagsparty für Erwachsene"[76] gleichen. Dies mag nach BACHLEITNER aber auch seine Ursache in den Zwängen der Moderne finden, in der sich das Individuum gesellschaftlich akzeptierte Felder sucht, um seine Gefühle körper-bezogen zu erleben und auszuleben.[77] Das Erlebnis selbst besitzt dabei eine inter-individuelle Variabilität und ist vor allem subjektiv.[78] So können auch ganz banale Dinge, wie beispielsweise ein „Bedient werden" oder „Zeit zu haben" für den Einzelnen zum Erlebnis werden. Neu an der Erlebnisorientierung im Tourismus ist hingegen, „dass das Erlebnis designed, bewusst produziert und inszeniert ist und zusätzlich zum Angebot dafür gezahlt werden muss."[79] Aber auch hier drohen das Erlebnis wie das Kontrasterleben im Urlaub

---

[76] *Vester, H.-G.*, Erlebnisgesellschaft, 1999, S. 14.
[77] Vgl. *Bachleitner, R.*, Erlebniswelten, 1998, S. 44.
[78] Vgl. *Kiefl, W.*, Strandurlaub, 2000, S. 44 f.
[79] *Brunner-Sperdin, A.*, Qualität, 2004, S. 159. Vgl. hierzu zum Beispiel auch *Scheurer, R.*, Erlebnis-Setting, 2003. und als Leitfaden zur Angebots-Inszenierung von Destinationen *Müller, H./Scheurer, R.*, Tourismus-Destination, 2007.

omnilokal zu werden[80] und damit das Besondere zu verlieren. Erlebnisse lassen sich allerdings nur schwer messen und quantifizieren. Zwar sind die mit einem Erlebnis verbundenen Emotionen physisch nachweisbar, „was aber letztlich Emotionen sind, entzieht sich weitgehend der Messung und bleibt als psychisches Phänomen auf Deutung angewiesen"[81], wobei zu berücksichtigen ist, „dass jegliche Form der Messung oder Erhebung der Manifestation von Gefühlen immer in einem kulturellen Kontext steht."[82]

Zu den verdichteten Erlebnisräumen sind im Tourismus insbesondere auch Freizeitparks zu zählen.[83] Deren Besucher möchten vor allem eines: bewusst Erlebnisse auslösen.[84] Hier aber „(…) drängen sich auch Parallelen zur Fest- und Spielkultur auf: Das kollektive Durchbrechen von sozialen Regeln, das Verlassen des Gewohnten, die zumindest kurzzeitige Auflösung herrschender Normen wird angestrebt und über den Konsum der Erlebniswelten möglich."[85] Hierbei gilt es, möglichst alle Sinne des Urlaubers anzusprechen,[86] wobei es dem Urlauber im Erleben weniger um Erkenntnis als vielmehr um gefühlsmäßige Selbstverwirklichung gehe.[87]

KAGELMANN nennt hingegen als weitere psychologische Erklärungsansätze für die Erlebnismotivation:

a) Erleben ist **Bewältigung** (Erholung) von Stress.

b) Erleben ist **Flow**[88].

---

[80] Vgl. *Köck, C.*, Konstruktion, 2005, S. 3.

[81] *Grau, O.*, Immersion, 2005, S. 71.

[82] *Keil, A./Grau, O.*, Emotionsforschung, 2005, S. 12.

[83] Zum emotionalen Potenzial von Erlebniswelten vgl. ausführlich *Bachleitner, R.*, Erlebniswelten, 1998.

[84] Vgl. *Lobin, D.*, Kundenanforderungen, 2007, S. 487.

[85] *Bachleitner, R.*, Erlebniswelten, 1998, S. 55.

[86] Vgl. *Pine, B. J./Gilmore, J. H.*, economy, 1999, S. 45 ff.

[87] Vgl. *Gleiter, J. H.*, Exotisierung, 1999, S. 63.

[88] Das Konzept des Flow-Erlebens geht auf Mihaly Csikszentmihalyi zurück. Eine Definition an dieser Stelle würde aus Sicht des Autors zu kurz greifen, da ein Flow-

c) Erlebnissuche ist **Reizsuche**.
d) Erlebnissuche ist Suche nach „**Angstlust**“.
e) Erlebnissuche ist (fehlgeleitete) Suche nach **Sinn**.[89]

Während KAGELMANN die Sinnsuche über Erlebnisse in Frage stellt, sieht ROMEIß-STRACKE hierin die Bewegung einer Gesellschaft hin „zum eher leisen, sinnorientierten Erleben. Deshalb könnte man in der Tat von der ‚Sinngesellschaft‘ sprechen, die im Entstehen ist.“[90] Ebenfalls sieht WACHTER in dem Drang des Urlaubers, ein Erlebnis im Urlaub zu erfahren und eine perfekte Situation zu realisieren, eine transzendente Sinnsuche einer nach Selbstverwirklichung strebenden Gesellschaft.[91] Dies hat zur Konsequenz, dass auch in einer Erlebnisgesellschaft die Bedürfnisse nach Ruhe, einem Zu-sich-Kommen und Selbstaufmerksamkeit, nicht ausgeblendet werden können.[92] Denn in der Diskussion wird übersehen, dass letztlich auch stille Kontemplation ein Erlebnis darstellen kann.[93] Und so fordert KIRSTGES auch: „Definieren wir ‚Erlebnis‘ neu: Ein Leseurlaub inmitten unberührter Natur und ländlicher Stille kann ‚erlebnisreicher‘ sein, als eine Trecking-Safari im Himalaya.“[94] Eben eine solche Wiederentdeckung von Ruhe wie auch „die Herausbildung einer Kultur der Langsamkeit und Entschleunigung“[95] können dabei als eine Gegenbewegung zu den bisherigen Erlebnis- und Reizspiralen verstanden werden, so dass „die ‚erlebnisfreie‘ Zone (wieder) eine vermarktbare Nische in der Zukunft des Tourismus darstellen [könnte; Anm. d. Verf.]."[96]

Zustand vielerlei Facetten besitzen kann. Er wird hier daher näherungsweise als ein völliges Aufgehen in ein bewusstes Erleben verstanden. Vgl. jedoch ausführlich Csikszentmihalyi, M., Flow, 2010.

89 Vgl. *Kagelmann, H. J.*, Erlebnisse, 2001, S. 93 ff.

90 *Romeiß-Stracke, F.*, Erlebniswelten, 2004, S. 178. Ähnlich bereits *Luger, K.*, Sehnsucht, 1995, S. 54.

91 Vgl. *Wachter, M.*, Freizeitwelten, 2001, S. 114.

92 Vgl. *Franck, G.*, Medienästhetik, 2001, S. 230.

93 Vgl. *Vester, H.-G.*, Erlebnisgesellschaft, 1999, S. 15.

94 *Kirstges, T.*, Sanfter Tourismus, 1995, S. 116.

95 *Bachleitner, R.*, Erlebniswelten, 1998, S. 55.

96 *Bachleitner, R.*, Erlebniswelten, 1998, S. 55.

Dennoch ist mit KÖCK zu konstatieren: „Die Lust an der Inszenierung des eigenen Lebens als immerwährendes Erlebnis fußt - nicht nur, aber auch - auf kulturwissenschaftlichen Vorgaben."[97] Nicht nur der Drang zur Inszenierung, sondern die Art und Ausgestaltung ihrer Umsetzung werden medialen Bildern entnommen. So gilt es hier zwischen Selbstinszenierung und Selbstverwirklichung genau zu unterscheiden.[98] Die beidem zugrunde liegende treibende Kraft könnte von Unternehmen allerdings auch aktiv zugunsten solcher Erlebnisangebote genutzt werden, welche das Potenzial haben, zu *Erfahrungen* zu werden.[99] Doch dazu ist es notwendig, dass die Erlebnisse in irgendeiner Form reflektiert werden.[100]

Dabei bietet, als besondere Form der Erlebnissuche, vor allem auch die Lust am Unbekannten das Potenzial, Erfahrungen zu machen. Etwas weiter gefasst kann hier auch von einem „Entdeckungsmotiv"[101] gesprochen werden. Schon in der „Grand Tour"[102] galten die Auseinandersetzung mit der Fremde und die Reise dorthin als Medium der Persönlichkeitsbildung.[103] Denn im ethnologischen Blick auf das Fremde und Eigene liegt die Möglichkeit der selbstkritischen Reflexivität eigener Werte und Vorstellungen.[104] Bei der Suche nach dem Fremden im Tourismus bleibt allerdings fraglich, ob der Tourist nicht eigentlich nur die Bestätigung seiner Bilder sucht, ganz im Sinne eines sich entwickelnden Metatourismus: „Die Bilder im Kopf müssen dabei nicht unbedingt bestätigt werden, ja im Gegenteil, der Wert liegt im Besonderen, im Ungewöhnlichen und doch ist begreifbar nur das, was greifbar ist, also das, wozu eine Verbin-

---

[97] *Köck, C.*, Konstruktion, 2005, S. 13.
[98] Vgl. *Pfriem, R.*, Unternehmenspolitik, 1995, S. 273.
[99] Vgl. *Pfriem, R.*, Ökonomischen, 2004, S. 263 f.
[100] Vgl. *Scheurer, R.*, Erlebnis-Setting, 2003, S. 104.
[101] *Hirtenlehner, H./Mörth, I./Steckenbauer, C.*, Reisemotivmessung, 2002, S. 109. Hiernach sind das „Entdeckungsmotiv", das „Erholungs-" und das „Unterhaltungsmotiv" die drei grundlegenden Motivdimensionen, die sich in der Reisemotivmessung empirisch feststellen lassen.
[102] Vgl. Kapitel 4.2.1.
[103] Vgl. *Wöhler, K.*, Raumbindungen, 2000, S. 104.
[104] Vgl. *Gleiter, J. H.*, Exotisierung, 1999, S. 65.

dung hergestellt werden kann mit dem, was man kennt, worüber man weiß.“[105] Doch während die Reiseindustrie zur Exploration des fremden Raums einlädt, kann der Tourist dabei doch letztlich nur „entdecken“, was andere vor ihm und für ihn längst bereits entdeckt haben und er „erforscht“ was doch längst erforscht ist, in dem er „die prätouristischen Informationen touristisch nachvollzieht und posttouristisch“[106] weitergibt.

Doch in der Suche nach dem Fremden durch den Touristen mag vielleicht auch eine Suche nach der eigenen Fremde und der eigenen Veränderbarkeit liegen,[107] in dem die Fremdheit als „Resonanzboden des Eigenen“ erfahren wird, das aus einem „‚Abfall‘ aus der ursprünglichen, undifferenzierten Ganzheit“[108] hervorging. So kommt dem Tourismus nach KRÜGER „eine fast therapeutische Wirkung zu. Denn im Verstehen fremder Lebensformen und Handlungsweisen lassen sich strukturelle Bedingungen und Verformungen des eigenen Alltags entdecken und begreifen.“[109] Künstliche Ferienwelten können hier ansetzen, indem sie dem Touristen in seiner Angst vor dem Fremden, die ihn möglicherweise ins eigene Milieu, wie zum Beispiel auch heimische Speisen, flüchten lässt,[110] Angebote machen, das Fremde durch Selbsterleben zu erfahren. Hier könnte in der künstlichen Welt das Potenzial liegen, sich selbst und das Fremde wieder zu entdecken.[111] Der Reisende erfährt somit ein „Fremderleben durch Selbsterleben“.[112]

---

105 *Schlatter, G.*, Mythos, 1989, S. 17.
106 *Greverus, I. M.*, Kommunikation, 1978, S. 103.
107 Vgl. *Bausinger, H.*, Grenzenlos, 1999, S. 350.
108 *Schäffter, O.*, Fremderleben, 1991, S. 18.
109 *Krüger, R./Loda, M.*, Zwickmühle, 2004, S. 29.
110 Vgl. *Rieger, P.*, Urlaub, 1982, S. 22.
111 Vgl. *Wöhler, K.*, Topographie, 2005, S. 25 f.
112 *Wöhler, K.*, Topographie, 2005, S. 27.

4.1.5 Urlaub als temporäre Befreiung von Zwängen

Ein weiteres grundlegendes Reisemotiv ist die Befreiung von jedweder Art von Zwängen und Druck[113] und damit auch die zumindest „temporäre Abschaffung der raumgebenden Wirklichkeit"[114]. Doch zeigt sich hier zugleich das diesem Motiv innewohnende Paradoxon: Während der Reisende in der Regel jeglichem zivilisatorischen Ballast entfliehen will, möchte er auf die Annehmlichkeiten der Zivilisation keinesfalls verzichten. Dabei entflieht der Tourist der Masse in die Masse hinein, wodurch fraglich wird, ob er seine Freiheit auf diesem Wege überhaupt finden kann.[115]

Das Motiv, im Urlaub von allen Zwängen frei zu sein, entspricht im Kern dem Wunsch nach temporärer Entgrenzung, wie wir ihn auch in dem Fest der vor-modernen Gesellschaft wiederfinden.[116] Dass die Möglichkeit des entgrenzten Lebens auf Räume in der Ferne projiziert wird, mag nach KIEFL auch darin begründet sein, dass in der Vergangenheit die Erfahrung gemacht wurde, „dass die gewohnten beengenden Normen und Konventionen in fernen Gegenden nicht galten bzw. die dort herrschenden Restriktionen nicht gleich erkannt und/oder deren Übertretungen nicht sanktioniert wurden."[117] Besonders deutlich wird dies nach KIEFL an dem Beispiel der Südsee-Idylle, aus der am Ende des 18. Jahrhunderts „die Reisenden nur ihre eigenen Utopien und Paradiesvorstellungen mitgebracht und das Vorgefundene in dieses Prokrustesbett gezwängt [haben; Anm. d. Verf.]. (...) Solche Bilder wirken auch heute noch nach." [118]

---

[113] Vgl. *Fischer, H.*, Samos, 1984, S. 88.
[114] *Wöhler, K.*, Negation, 2001, S. 29.
[115] Vgl. hierzu *Bertram, J.*, Arm, 1995. Vgl. ebenfalls bereits *Kirstges, T.*, Sanfter Tourismus, 1992.
[116] Vgl. *Henning, C.*, Entwurf, 1998, S. 65.
[117] *Kiefl, W.*, Utopia, 2005, S. 206.
[118] *Kiefl, W.*, Utopia, 2005, S. 206.

So determiniert SLOTERDIJK den Tourismus auch als entlastetes Verhalten, in dem die Bedingungen und Realitäten der ersten Welt nicht gelten.[119] Die gesellschaftliche Entgrenzung im Tourismus zeigt sich auch darin, dass der Urlaub andererseits eine Ich-Betonung zulässt, die weder Zuhause noch am Arbeitsplatz geduldet, sondern sanktioniert würde.[120] So fehlt „aufgrund der unverbindlichen Urlaubsbeziehungen (…) jede soziale Kontrolle. Auch wenn man sich danebenbenimmt, bleibt das Risiko einer Sanktion gering, weil man zum Beispiel nach der kurzen Besichtigung bereits wieder weiterreist.“[121]

Auch das Phänomen der Großzügigkeit im Urlaub, in dem sich die Reisenden weniger preissensibel verhalten als im Alltag, lässt sich als Kontrapunkt zum finanziell wohlkalkulierten Alltag deuten.[122] HLAVIN-SCHULZE sieht hier auch eine Erklärung für die Stabilität des Tourismus in wirtschaftlichen Krisen, denn „gerade in Momenten krisenhafter Verunsicherungen kann offenbar auf einen zeitweiligen Ausstieg aus den Systemzwängen nicht verzichtet werden.“[123] Auf der anderen Seite setzt der individuelle monetäre Verfügungsrahmen des Reisenden ihm in seiner ersehnten Freiheit klare Grenzen.

Die Sehnsucht nach Freiheit ist ein weiterer Hinweis auf die Sehnsucht nach einer zumindest temporären Berichtigung des Alltags,[124] der durch eine empfundene Zeitarmut geprägt zu sein scheint. Vor allem die Zeit verliert im Urlaub regelmäßig ihren Rhythmus und anstelle externer Zeitvorgaben „treten im Urlaub interne Zeitgeber in den Vordergrund“[125]. Das Zeiterleben ordnet sich gewissermaßen dem individuellen Lebens-

---

[119] Vgl. *Sloterdijk, P.*, Tractatus, 2008, S. 3.
[120] Vgl. *Rieger, P.*, Dimension, 1982, S. 12; ähnlich auch *Romeiß-Stracke, F.*, Abschied, 2003, S. 121.
[121] *Friedl, H./Friedl, H. A.*, Tourismusethik, 2002, S. 75.
[122] Vgl. *Hartmann, K. D.*, Glücksvorstellungen, 1981, S. 73.
[123] *Hlavin-Schulze, K.*, Postmoderne, 1998, S. 278.
[124] Vgl. *Bausinger, H.*, Grenzenlos, 1999, S. 351.
[125] *Graf, B.*, Reisen, 2002, S. 226.

rhythmus unter und nicht mehr umgekehrt und zu beobachten ist eine „Entzeitlichung touristifizierter Räume (...), die sich von den jeweils raumzeitlichen Gegebenheiten unterscheiden."[126] Die Objektivierung der Zeit, „das lineare Zeitbewusstsein der Moderne und die industrielle Zeitökonomie"[127], werden paradoxerweise innerhalb des vorgegebenen Rahmens und in der standardisierten Form des Tourismus außer Kraft gesetzt.[128] Der touristische Lebensrhythmus kehrt somit für einen begrenzten Zeitraum in einen vormodernen Zustand zurück. Wobei dies indes nicht für alle Reiseformen und Zeitabschnitte einer Reise gilt: Literarische Reiseführer sind mitunter darauf ausgelegt, über eine Kanalisierung des Blickes und Routenvorgaben die vorhandene Zeit des Reisenden möglichst effektiv zu nutzen, so dass strukturierte Vorgaben gemacht werden, damit möglichst viele als sehenswert gemarkerte Attraktionen aufgesucht werden können.[129]

Zugleich kann sich das Zeitempfinden im Urlaub intensivieren, da ein Erfahren neuer Dinge oftmals zu einem zeitintensiveren Erleben führt.[130] Allerdings sind wir heutzutage sowohl in unserer Freizeit als auch im Urlaub „rigiden Zeitzwängen unterworfen. Und diese Zeitzwänge dienen im Prinzip dazu, ein maximales Potenzial an Erlebnissen zu realisieren."[131] Die Entstehung von Zeitzwängen im Urlaub mag dabei auch dem Umstand geschuldet sein, dass die Urlaubsreisedauer seit Jahren stetig abnimmt. So hat beispielsweise die Dauer der Haupturlaubsreise von 1988 bis 2009 um 31 Prozent, 5,5 Tage, abgenommen.[132] Berücksichtigt man weiterhin die zeitliche Fremdbestimmung im Urlaub, zum Beispiel bei organisierten Reisen, so bleibt fraglich, wie weit überhaupt noch von

---

[126] *Wöhler, K.*, Aufhebung, 1999, S. 3.
[127] *Borghardt, J.*, Entgrenzung, 1997, S. 410.
[128] Vgl. ausführlich zur Funktion der Zeit im Tourismus *Lutz, R.*, Tourismus, 1993, S. 235 ff.
[129] Vgl. *Fendl, E./Löffler, K.*, Wahrnehmungskultur, 1993, S. 65 ff.
[130] Vgl. *Kolland, F.*, Motivation, 2004, S. 381.
[131] *Köck, C.*, Konstruktion, 2005, S. 5.
[132] Eigene Berechnung nach *Aderhold, P.*, Urlaubsreisen, 2010, S. 60., *Lohmann, M./Aderhold, P.*, Urlaubsreisetrends, 2009, S. 128.

Entzeitlichung gesprochen werden kann. Indem der Tourist in Erlebniswelten von zeitlichen befreit Fesseln eine „bessere Zeit" erlebt „erlangt er Zeitsouveränität, das heißt, ihm wird der Zeitdruck genommen und Wohlbefinden gegeben."[133] Hier ist vor allem zu prüfen, ob künstliche Ferienwelten überhaupt in der Lage sind, den temporären Zustand eines zeitlichen Enthobenseins zu vermitteln.

Neben der Zeitstruktur werden auch bisherige Rollen und Normen temporär aufgehoben, an deren Stelle vielmehr Gemeinschaftlichkeit und Solidarität bei den Reisenden treten.[134] Die Gemeinschaft mit anderen erscheint hier als „Grundlage für jede Möglichkeit des Urlaubsgenusses"[135] wesentlicher Bestandteil des Urlaubserlebens zu sein, kompensiert sie doch auch mitunter fehlende Mitmenschlichkeit im Alltag, wobei dieses Motiv Schwankungen unterliegt. Denn während 1969 in einer Untersuchung von GEIGER 41 Prozent der Befragten als Urlaubsinteresse „Mit anderen Menschen zusammen sein, neue Bekanntschaften schließen" angaben,[136] so war nach der F.U.R.-Reiseanalyse 2007 nur noch für 31 Prozent „gemeinsam etwas erleben, nette Leute" ein Reisemotiv und gar nur 23 Prozent der Befragten wünschten, neue Leute kennenzulernen.[137] In der aktuellen F.U.R.-Reiseanalyse 2010 zeigt sich wieder für das Motiv „gemeinsam etwas erleben, nette Leute" ein Zustimmungswert von 40 Prozent, und 36 Prozent wünschten, im Urlaub neue Leute kennenzulernen.[138] Dennoch ergeben sich im Zusammentreffen der Touristen bisweilen Allianzen zwischen den Reisenden, welche der Gesellschaftsstruktur des Alltags diametral entgegenstehen. Arrangierte Ferienwelten bieten „nicht zuletzt die Förderung eines (auf den Urlaub beschränkten)

---

[133] *Wöhler, K.*, Topographie, 2005, S. 24.
[134] Vgl. *Henning, C.*, Entwurf, 1998, S. 64.
[135] *Hartmann, K. D.*, Glücksvorstellungen, 1981, S. 73.
[136] Vgl. *Geiger, H.*, Interessen, 1969, S. 126.
[137] Vgl. *Aderhold, P.*, Urlaubsreisen, 2008, S. 86 f.
[138] Vgl. *Aderhold, P.*, Urlaubsreisen, 2010, S. 88.

identitätsstiftenden „Wir-Gefühls" als Kontrast zur sonst erlebten Anonymität."[139]

Doch ist Freiheit grundsätzlich auch mit Unsicherheit versehen, weshalb die vermeintliche Freiheit zugleich mit Ängsten behaftet ist.[140] Derlei Ängsten könnten künstliche Ferienwelten als geschützter Raum begegnen.[141] Es wird aber noch zu untersuchen sein, inwiefern künstliche Ferienwelten in der Lage sind, das Freiheitsversprechen des Tourismus einlösen zu können.

Paradox an der Suche nach selbstbestimmtem Leben im Urlaub mag allerdings auch erscheinen, dass der pauschalreisende Urlauber zwar seine Selbstbestimmung sucht, sich aber der Fremdbestimmung des Reiseveranstalters oder des Hotels unterwirft, in dem er sich zum Beispiel an den Zeitplan einer Reise oder sei es nur an den Zeitplan für das Essen im Hotel halten muss. So schafft er selbst neue Abhängigkeiten und gibt Verantwortung ab zu dem Preis der begrenzten Fremdbestimmung. Dies trägt zumindest im Ansatz damit auch infantile Züge.

Nahe an der im Tourismus zu beobachtenden Suche nach Freiheit ist die Suche nach Glück eine der spezifischen Sehnsüchte der Moderne.[142] Diese Sehnsucht nach einem Glück in der Fremde kann nun das Reisen offenbar bedienen,[143] wobei das hier gefundene Glück nach Krippendorf nur illusionär und temporär bleibe.[144] Denn „echtes Glück", als tiefer empfundenes und dauerhaftes Glücksgefühl, bedarf der vorherigen Anstrengung und ist daher regelmäßig der Lohn vorheriger Strapazen.[145] Der Urlaubsort gehört allerdings zu einer anderen Art von „Sphären der

---

[139] *Kiefl, W.*, Utopia, 2005, S. 208.
[140] Vgl. *Opaschowski, H. W.*, Psychologie, 1981, S. 41 ff.
[141] Vgl. Kapitel 4.4.1.
[142] Vgl. *Spode, H.*, Reif, 1995, S. 112.
[143] Vgl. *Orlovius, A.*, Reisen, 1990, S. 32.
[144] Vgl. *Krippendorf, J./Müller, H.*, Tourismus, 1989, S. 6.
[145] Vgl. *Orlovius, A.*, Reisen, 1990, S. 34.

Glückssuche. Sie bringen das ferne, bessere Andere scheinbare mühelos zum Eigenen."[146] So können nach ARMANSKI die gemachten Glücksversprechungen auch nicht gehalten werden und „der Wunschüberschuss wirkt weiter."[147] Darin mag auch eine Erklärung für die regelmäßige Wiederholung des Reisens liegen, wobei „sich der Tourismus als erstaunlich ‚enttäuschungsresistent' zeigt. Dies stärkt die Vermutung, dass wir es bei Urlaub und Tourismus mit manifesten säkularen Ritualen zu tun haben."[148]

4.1.6 Weitere Motive des Reisens im engeren Sinne

Die Reisemotive im engeren Sinne stellen ein komplexes Konglomerat dar, denen eine monokausale Begründung kaum gerecht werden kann. Auch ein Zusammenfassen und Gruppieren möglicher Reisemotive, wie dies in empirischen Studien notwendigerweise erfolgt, unterliegt dabei stets der Gefahr, diese zu stark zu simplifizieren oder gar falsch zu beurteilen. So ist es denkbar, dass die Reisemotive bereits bei derselben Person innerhalb eines Jahres variieren. Die Vielschichtigkeit der Reisemotive macht diese in ihren Wechselbeziehungen untereinander schwer fassbar, damit ist vermutlich „die einzige sichere Aussage über den Tourismus unserer Zeit, dass er in jeder Hinsicht widersprüchlich ist."[149] Ähnlich stellt auch VESTER fest: „Die Sammlung von Reiseerfahrungen, die Akkumulation touristischen Kapitals, verändert auch den Wert früherer Urlaubserfahrungen. Reisemotive und Urlaubserwartungen sind daher keine fixen Größen, als welche die konventionelle, theoretisch unbedarfte Reisemotivforschung sie zumeist handhabt; ihre Bedeutung und ihr Wert variieren, je nachdem, in welchem Stadium seiner touristischen ‚Karriere'

---

146 *Wöhler, K.*, Negation, 2001, S. 31.
147 *Armanski, G.*, Tage, 1986, S. 127.
148 *Schilson, A.*, Rituale, 2000, S. 79; so auch *Henning, C.*, Entwurf, 1998, S. 69.
149 *Kapeller, K.*, Folklorismus, 1991, S. 64.

sich der Tourist befindet."[150] Die Betrachtung von Reisemotiven kann daher stets nur eine Momentaufnahme darstellen. Zugleich sollte nach den gesellschaftlichen Triebkräften für den Bedarf gefragt werden,[151] denn die Reisemotive sind an den gesellschaftlichen Normen ausgerichtet und somit veränderbar.[152]

Als Übersicht der Reisemotive der Deutschen kann beispielsweise auf die F.U.R. Reiseanalyse zurückgegriffen werden. In dieser jährlich herausgegebenen Studie wird seit den 1970er Jahren ein ähnlicher Katalog an Reisemotiven abgefragt:[153]

In Abbildung 16 zeigt sich, dass selbstbezogenen Urlaubsmotiven ein hoher Stellenwert zukommt und „erst danach kommen Motive, die sich konkret auf das Urlaubsziel beziehen. Dies bedingt aus motivationaler Sicht eine weitgehende Austauschbarkeit der Urlaubsziele."[154] Die Übersicht zeigt aber auch, wie der postmoderne Tourismuskonsument in seiner Reiseentscheidung von einem Amalgam an Motiven beeinflusst wird.

---

[150] *Vester, H.-G.*, Tourismustheorie, 1999, S. 80.
[151] Vgl. *Armanski, G.*, Tage, 1986, S. 168.
[152] Vgl. *Prahl, H.-W./Steinecke, A./Prahl-Steinecke*, Millionen-Urlaub, 1979, S. 197 f.
[153] Vgl. *Aderhold, P.*, Urlaubsreisen, 2010, S. 87.
[154] *Lohmann, M./Aderhold, P.*, Urlaubsreisetrends, 2009, S. 37.

Abbildung 16: Allgemeine Urlaubsmotive 2009 mit besonderer Wichtigkeit

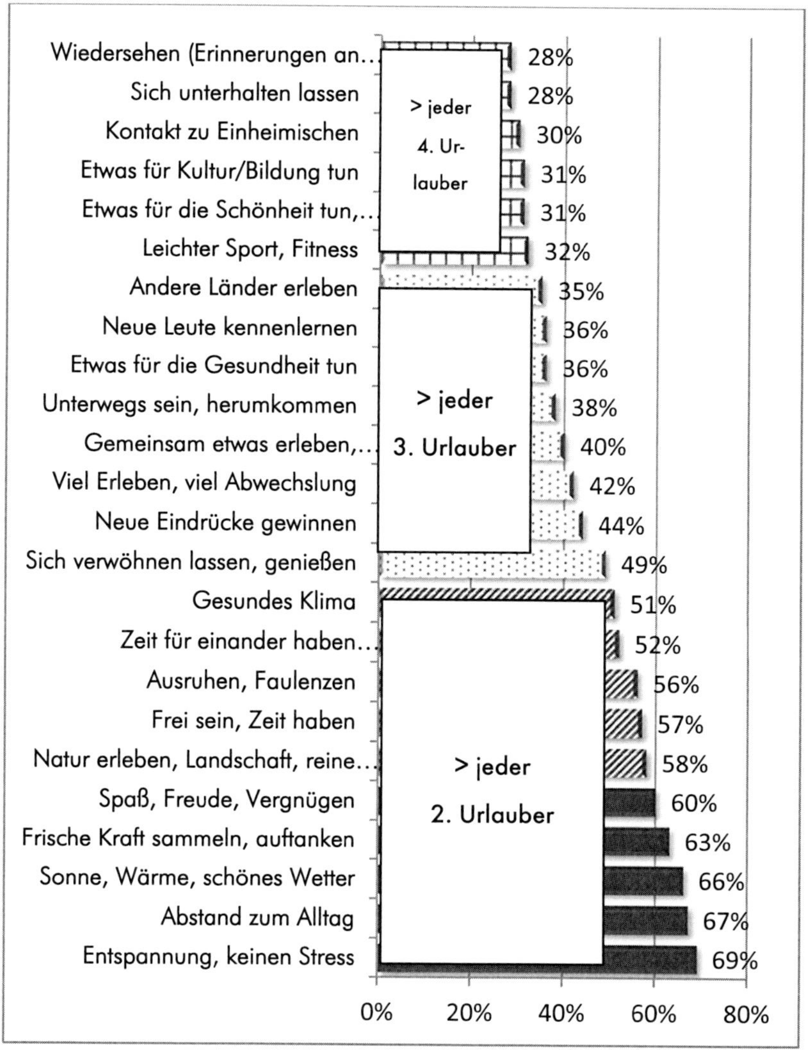

Quelle: eigene Darstellung nach *Aderhold, P.*, Urlaubsreisen, 2010, S. 88 f.

Fraglich ist allerdings, ob diese Reisemotive auch von künstlichen Ferienwelten befriedigt werden können. Für eine Näherung kann eine Auflistung von wichtigen Kriterien einer Entscheidung für künstliche Ferienwelten nach KIEFL[155] dienen:

Tabelle 4: Gegenüberstellung von Motiven für künstliche Ferienwelten zu allgemeinen Reisemotiven

Motive für künstliche Ferienwelten (KIEFL)	Entsprechen überwiegend folgenden allgemeinen Reisemotiven aus Abb. 16
Pflege des körperlichen und seelischen Wohlbefindens	• Entspannung, keinen Stress • Frische Kraft sammeln, auftanken • Sich verwöhnen lassen, genießen • Etwas für die Gesundheit tun • Etwas für die Schönheit tun (...)
Versorgung mit Erfolgserlebnissen (zum Beispiel bei Sport und Spiel)	• Spaß, Freude, Vergnügen • Leichter Sport, Fitness
Vielfältige Möglichkeiten zur Inszenierung der eigenen Person, (Rollenspiele, Annahme anderer Identitäten)	• Spaß, Freude, Vergnügen • Gemeinsam etwas erleben, nette Leute • Unterwegs sein, herumkommen • Neue Leute kennenlernen • Viel Erleben, viel Abwechslung
Kreative Ausdrucksmöglichkeiten	• Spaß, Freude, Vergnügen • Neue Leute kennenlernen • Leichter Sport, Fitness
Positiver Kontrast zum Alltagsleben innerhalb einer vertrauten und Si-	• Abstand zum Alltag • Frei sein, Zeit haben

[155] Vgl. *Kiefl, W.*, Utopia, 2005, S. 210.

cherheit gebenden Umgebung	• Ausruhen, Faulenzen
Entdifferenzierung, Beschränktheit und Überschaubarkeit, das heißt vereinfachtes soziales Leben	• Abstand zum Alltag • Frei sein, Zeit haben • Ausruhen, Faulenzen • Gemeinsam etwas erleben, nette Leute • Neue Leute kennenlernen
Erfüllung regressiver Bedürfnisse (umsorgt und angenommen werden, ständige Verfügbarkeit anderer, Bestätigung, Beachtung)	• Entspannung, keinen Stress • Abstand zum Alltag • Spaß, Freude, Vergnügen • Ausruhen, Faulenzen • Zeit für einander haben (...) • Sich verwöhnen lassen, genießen • Sich unterhalten lassen
Suspendierung von vielen Zwängen und Einschränkungen	• Entspannung, keinen Stress • Abstand zum Alltag • Frei sein, Zeit haben • Ausruhen, Faulenzen
Befriedigende Gemeinschaftserlebnisse, Erfüllung von Zugehörigkeitsbedürfnissen, Unterstützung bei Kontaktaufnahme	• Zeit für einander haben • Gemeinsam etwas erleben, nette Leute • Neue Leute kennenlernen • Kontakt zu Einheimischen

Quelle: eigene Darstellung nach *Kiefl, W.*, Utopia, 2005, S. 210
und *Aderhold, P.*, Urlaubsreisen, 2010, S. 88–89

Dabei lassen sich einige bedeutende Reisemotive nicht den Aspekten von Ferienanlagen zuordnen (in Klammern jeweils der Rang und Zustimmungsgrad aus Abbildung 16)[156].

- Sonne, Wärme, schönes Wetter (Rang 3 mit 66 Prozent)
- Natur erleben, Landschaft, reine Luft (Rang 6 mit 58 Prozent)

[156] Da Rang und Zustimmungsgrad von Jahr zu Jahr variieren, haben diese hier nur allgemein hinweisenden Charakter.

- Gesundes Klima (Rang 10 mit 51 Prozent)
- Neue Eindrücke gewinnen (Rang 12 mit 44 Prozent)
- Unterwegs sein, herumkommen (Rang 15 mit 38 Prozent)
- Andere Länder erleben (Rang 18 mit 35 Prozent)
- Etwas für Kultur/Bildung tun (Rang 21 mit 31 Prozent)
- Wiedersehen (Erinnerungen an Gegend)(Rang 24 mit 28 Prozent)

Von den 24 in Abb. 16 genannten Reisemotiven können immerhin zwei Drittel auch den Aspekten nach KIEFL zugeordnet werden. Die anderen Aspekte werden offenbar nicht mit künstlichen Ferienwelten in Verbindung gebracht.

Und doch greift diese Aufzählung von Motiven als Erklärung für die Reiseentscheidung noch zu kurz. So sind daneben sowohl die Befriedigung der sensorischen Bedürfnisse als auch die Neugier zentrale Motive der Reisenden.[157] Des Weiteren konnten beispielsweise beim Strandurlaub auch Voyeurismus und Exhibitionismus als weitere Motive nachgewiesen werden.[158]

Auch tauchen in den Motivclustern „kaum Aspekte wie Prestige, Geltungsdrang und Rekordsucht auf. Es fehlen zudem häufig die sozialen Erwartungen der Bezugsgruppe, die das Reiseverhalten beeinflussen und Reisemotive werden nicht ausreichend in ihrer relationalen Bestimmtheit beobachtet.“[159] Dabei hat, wie bereits kurz in Kapitel 2.2 festgestellt wurde, der Tourismus auch einen symbolischen Wert für seinen Konsumenten. So kann beispielsweise der Besuch einer Sehenswürdigkeit zum Statussymbol geraten.[160] Auch die Tatsache, dass heutzutage Urlaub weniger deshalb gemacht wird, um sich von der Arbeit zu erholen, als vielmehr

---

[157] Vgl. *Zucker-Stenger, W.*, Hyperwettbewerb, 1996, S. 39; *Kramer, D.*, Horizont, 2004, S. 35.
[158] Vgl. *Kiefl, W.*, Strandurlaub, 2000, S. 25 f.
[159] *Kolland, F.*, Motivation, 2004, S. 390 f.
[160] Vgl. *Prahl, H.-W./Steinecke, A./Prahl-Steinecke*, Millionen-Urlaub, 1979, S. 158.

gearbeitet wird, um sich Urlaub leisten zu können,[161] mag ein weiteres Indiz für den symbolischen Demonstrationswert des Tourismus sein. Die zu beobachtende Tendenz zum „faking good", der Schönfärberei in den Urlaubsberichten,[162] weist hierbei ebenfalls in diese Richtung. Zudem stellte HARTMANN bereits 1979 fest: „Und so ist im Grunde auch heute die Urlaubsreise eine soziale Norm."[163]

Die Reiseentscheidung selbst setzt sich daher aus einer Vielzahl von Teilentscheidungen zusammen, die sowohl durch vorhandene Einstellungen und Wertvorstellungen als auch durch das soziale Umfeld beeinflusst werden.[164] Insbesondere die Zielgebietswahl sowie die Art der Urlaubsaktivitäten stehen in Korrelation zu den soziodemographischen Merkmalen der Reisenden.[165] Dabei ist die Reiseentscheidung auch keinesfalls eine hauptsächlich rationale Entscheidung.[166] Aber auch an denjenigen Reisemotiven, welche eher durch Sehnsüchte, Träume, Selbstdarstellung und Symbolismus gekennzeichnet sind, wird die kulturalistische Ebene des Entscheidungsprozesses wie auch die Bedeutung der Reisekultur für den Entscheidungsprozess deutlich.

---

[161] Vgl. *Schulze, G.*, Suggestion, 2001, S. 31.
[162] Vgl. *Gebauer, O.-J.*, Urlaub, 1981.
[163] *Hartmann, K. D.*, Psychologie, 1979, S. 15; so auch *Ekardt, F.*, Zwischenruf, 2005, S. 160.
[164] Vgl. *Braun, O. L.*, Reiseentscheidung, 1989, S. 33 f.
[165] Vgl. *Petermann, T.*, Folgen, 1998, S. 123.
[166] Vgl. *Braun, O. L.*, Reiseentscheidung, 1989, S. 103 f.

Abbildung 17: Wirkungskette des Reisebedarfs und Involvement der Tourismusindustrie

Quelle: erweitert in Anlehnung an *Lutz, P.*, Reisezielentscheidungen, 2004, S. 39

Geht man davon aus, dass die dem Reisen zugrunde liegenden Bedürfnisse intrinsischer Natur sind, so kann dennoch bei den vom Touristen verspürten Reisemotiven, den Überlegungen zur Entscheidung für ein Reiseziel und auch bei den Erwartungen an die Reise ein Engagement der Tourismusindustrie angenommen werden. Die Intensität der Beeinflussung ist dabei variabel und wird durch weitere Faktoren, wie zum Beispiel bisherige eigene Erfahrungen, Empfehlungen anderer Personen oder Medienberichte und auch Preissignale beeinflusst. Die Reisebewertung ergibt sich durch den Vergleich zwischen den erwarteten Urlaubserfahrungen und den vom Gast wahrgenommenen Leistungen.[167]

---

[167] So auch im SERVQUAL-Ansatz (vgl. zu seiner Anwendung im Tourismus zum Beispiel *Müller, H.*, Tourismus-Management, 2004, S. 28).

Künstliche Ferienwelten scheinen hingegen durch ihre vermeintliche „Garantie der vom Verbraucher gewünschten Merkmalsausprägung einer oder mehrerer bestimmter tourismusrelevanter Variablen“[168] eine Vielzahl von Reisemotiven verlässlich zu befriedigen. Da sich die Urlaubszeit seit einigen Jahren zugleich immer weiter verkürzt, die Zeitknappheit in Alltag und Freizeit gleichermaßen zuzunehmen scheint, mag auch das verringerte Risiko eines Urlaubsmisslingens die Wahl für eine künstliche Ferienwelt begünstigen. Ähnlich wie im Cluburlaub kann hier der Besuch bzw. Urlaub von den Touristikern für die Touristen sehr konkret vorgeplant und vorgedacht werden. Die vorherige Konstruktion des Urlaubserlebens, so wie sie auch im Pauschalurlaub zum Teil erfolgt, kann hier weiter perfektioniert werden: Durch eine zusätzliche Manipulation äußerer Einflüsse, wie zum Beispiel von Klima und Witterung, scheint dem Urlaub auch die letzte Unsicherheit genommen. Dann wäre auch das Reisemotiv „Sonne, Wärme, schönes Wetter“ zumindest teilweise erfüllt.

Zudem erscheint auffällig, dass 51 Prozent der Deutschen nur dort Urlaub machen möchten, wo die Umwelt noch intakt ist. Dies schlägt sich aber offenbar nicht im eigenen Umwelthandeln wieder, wenn man bedenkt, dass nachhaltige Tourismusangebote nur einen kleinen Marktanteil haben.[169] Hier wird offenbar die Korrelation zwischen beidem nicht gesehen.

---

[168] *Job, H.*, Reisestile, 2003, S. 368.
[169] Vgl. Kapitel 3.6.

4.2 Betrachtungen zur Reisekultur eines postmodernen Tourismus

4.2.1 Zur Geschichte des Reisens

Um den Tourismus aus kulturalistischer Perspektive greifen zu können, ist ein kurzer Blick auf die Geschichte des Tourismus erforderlich.[170] Die Perspektive des „woher“ kann uns nicht nur vieles erklären, sondern möglicherweise auch einen Ausblick auf die Zukunft, das „wohin“, ermöglichen, denn „ohne die Einsicht in die Geschichte des Tourismus und die Geschichte der Kultur, in die er letztendlich eingebettet ist, bleibt Tourismus ein Rätsel.“[171]

In der ferneren Vergangenheit stand mit den Forschungs- und Entdeckungsreisen vor allem das explorative Reisen im Vordergrund. Es diente dem Zweck, das Wissen der Menschen zu erweitern und neue Erfahrungsmöglichkeiten zu finden. Im historischen Reisen galt „der Reisende als ein gefährdeter Mensch“[172] und Berichte von Gefahren und Schrecken einer Reise hielten viele Menschen vom eigenen Reisen ab.[173]

Das touristisch-initiierte Reisen war jeweils mit einem bestimmten Zweck verbunden, zum Beispiel als Gesundheitsreise. Demgegenüber spielte das Interesse am Reisen selbst eine eher sekundäre Rolle. Im 17. und 18. Jahrhundert änderte sich dies, indem die Reise mehr und mehr zum Selbstzweck wurde. Junge Adlige reisten im Rahmen der „Grand Tour“, um ihre Bildung zu vervollständigen und ihre gesellschaftlichen Umgangsformen zu verfeinern sowie Land und Leute kennenzulernen, obgleich für diese Gruppe das Reisen noch nicht völlig zum Selbstzweck

---

[170] Zur Geschichte des Reisens vergleiche beispielsweise auch ausführlich und mit Anekdoten bereichert *Prahl, H.-W./Steinecke, A./Prahl-Steinecke*, Millionen-Urlaub, 1979.

[171] *Spode, H.*, Reif, 1995, S. 108.

[172] Vgl. *Rieger, P.*, Dimension, 1982, S. 16.

[173] Vgl. *Rieger, P.*, Dimension, 1982, S. 18.

geworden war und eher einer Bildungsreise glich.[174] Aus der „Grand Tour“ lässt daher wohl auch das Verständnis des Reisens als Initiator und als eine Grundlage für Erfahrungsgewinn und persönliche Entwicklung ableiten.

Diese inhaltlich sorgfältig vorbereitete Reise führte in der Regel von Großbritannien aus über Frankreich (Paris) nach Italien (Genua, Mailand, Florenz, Venedig, Rom). In Italien folgte dann ein längerer, meist einjähriger Aufenthalt. Zurück führte die Reise über die Schweiz, Deutschland und die Niederlande. Die „Grand Tour“ war damit ein zeitaufwändiges Unternehmen, was nicht zuletzt auch durch die geringe Reisegeschwindigkeit der Kutschen bedingt war.[175] Obgleich die ursprüngliche Bildungsreise[176] viel zur Entstehung des Tourismus beigetragen hat, so ist sie durch ihre Zweckgerichtetheit „- idealtypisch betrachtet - keine eigene Reiseform.“[177] Trotzdem kann der heutige Kultur- und Bildungstourismus hier sozialgeschichtlich hergeleitet werden.[178]

Ob diese ursprünglichen Funktionen vom modernen Tourismus noch erfüllt werden können, darf hingegen bezweifelt werden.[179] So findet sich in dieser Zeit regelmäßig[180] auch noch nicht die „Weg-von-Motivation“, welche für die Urlaubsreisen des 20. Jahrhunderts häufig als charakteristisch angesehen wird.[181]

---

[174] Vgl. *Prahl, H.-W./Steinecke, A./Prahl-Steinecke*, Millionen-Urlaub, 1979, S. 136.

[175] Die Reisegeschwindigkeit lag damals bei 5-7 km/h, was ungefähr der Geschwindigkeit eines strammen Fußmarsches entspricht (vgl. *Prahl, H.-W./Steinecke, A./Prahl-Steinecke*, Millionen-Urlaub, 1979, S. 144).

[176] Als auslösendes Moment zur Entstehung der Bildungsreise sieht Lutz die Entdeckung Amerikas und in Folge daraus auch die Forschungsreisen von Alexander von Humboldt (vgl. *Lutz, R.*, Tourismus, 1993, S. 204 f.).

[177] *Spode, H.*, Tourismus, 1988, S. 48.

[178] Vgl. *Borghardt, J.*, Entgrenzung, 1997, S. 409.

[179] Vgl. *Kramer, D.*, Theorie, 1998, S. 164.

[180] Johann Wolfgang v. Goethes Italienreise bildet hier sicherlich eine Ausnahme, da hier bekanntermaßen das Fluchtmotiv durchaus eine bedeutende Rolle gespielt haben dürfte.

[181] Vgl. *Prahl, H.-W./Steinecke, A./Prahl-Steinecke*, Millionen-Urlaub, 1979, S. 133.

Vor allem gegen Ende des 18. Jahrhunderts rückte dann als zweites Moment des Reisens das Vergnügen in der „Grand Tour“ immer stärker in den Vordergrund, während zugleich Materielles die bisherigen Reiseberichte als Mitbringsel ablöste.[182] Vermehrt ging es von nun an weniger darum, Geschichten als vielmehr Kunstgegenstände und Antiquitäten mit nach Hause zu bringen, sozusagen als Vorläufer der „Erlebnistrophäe“[183]. Zugleich wurde das touristische Verhalten der Adligen vermehrt von Bürgerlichen kopiert, die dieselben Reiseziele aufsuchten, wobei dies allerdings vorerst minoritär den besser Situierten vorbehalten blieb. Das Interesse der Reisenden richtete sich in dieser Zeit vor allem noch auf die durch Architektur und Kunst geformte Landschaft und weniger auf die natürliche unberührte Landschaft selbst.[184]

Mit dem Einfluss der kulturgeschichtlichen Epoche der Romantik verlor die Natur ihren bis dahin noch zugerechneten Schrecken. So haben die Romantiker mit ihrer Verherrlichung und Verklärung der Natur in all ihren Formen eine Naturbegeisterung hervorgebracht, welche das Reisen fundamental veränderte: Die Menschen reisten von nun auch, um die Schönheit der Natur zu erfahren.[185] Darüber hinaus wurden durch die Romantik Mobilität und Reisen neu definiert, denn „Romantiker nutzten räumliche Mobilität auf ihre Weise, um die rationale Verortung des eigenen Selbst und die rationale Sicht der Welt zu überwinden.“[186] Diesen von der Romantik in den Tourismus eingebrachten Aspekten begegnen wir auch noch im modernen Tourismus.[187] Die Sehnsucht nach unberührten Landschaften und eine Verklärung der natürlichen, einfachen Lebens-

---

[182] Vgl. *Lutz, R.*, Tourismus, 1993, S. 208.
[183] Vgl. Kapitel 4.1.4.
[184] Vgl. *Prahl, H.-W./Steinecke, A./Prahl-Steinecke*, Millionen-Urlaub, 1979, S. 140 ff.
[185] Vgl. *Knebel, H.-J.*, Strukturwandlungen, 1960, S. 20; ähnlich *Hennig, C.*, Alltags, 1997, S. 36.
[186] *Borghardt, J.*, Raumbilder, 2002, S. 54.
[187] Der Bezug des Tourismus zur Romantik wurde erstmalig von Enzensberger in seiner Abhandlung „Eine Theorie des Tourismus“ dargelegt und wird seither von vielen Autoren angeführt. Die Abhandlung findet sich in *Enzensberger, H. M.*, Einzelheiten, 1962 (1958), S. 147 ff.

formen gleicht einem in die Gegenwart projizierten Wunschtraum der Romantiker nach Versöhnung mit der Natur und der Neuverortung in imaginären Räumen.[188]

Doch im 18. und zu Beginn des 19. Jahrhunderts war das Reisen noch mit Angst besetzt. Der Reisende hatte Angst, überfallen zu werden, Angst vor dem Fremden, ja Angst, von der Reise nicht wiederzukehren. Ebenso hatten aber auch die Bereisten Angst vor den reisenden Fremden.[189] Diese Angsterlebnisse mögen in dem Sicherheitsbedürfnis der heutigen Reisenden fortleben. Die im Urlaub temporär erfahrene Unsicherheit wird von den Reiseveranstaltern begrenzt oder beseitigt, indem sie auch die Verantwortung für ihre Reisenden übernehmen.

Die Verbesserung der politischen und ökonomischen Bedingungen führte zu einem Anstieg der Reisen auch in der breiten Bevölkerung. Eine weitere bedeutende Neuerung für den Tourismus war, dass nun auch Familien gemeinsam in die Ferien fuhren, womit der Tourismus bereits vor dem Ersten Weltkrieg zu einer Massenerscheinung wurde.[190] Gefördert wurde die Ausbreitung des Tourismus zudem durch die Verbesserung der Infrastruktur und die technische Verbesserung der Verkehrsträger. Zugleich veränderte sich damit aber auch die Art des Reisens. Der Reiseraum wurde zum Hindernis, den es durch das Opfer der Zeit zu überwinden galt. In Anlehnung an Heinrich Heines Ausspruch[191] ist zu beobachten, dass die modernen Verkehrsmittel den Reise-Raum vom Touristen getrennt haben: „War die touristische Reise seit je eine Zeit-Reise in die Vergangenheit, so war mit der Eisenbahn nun die passende Zeit-Maschine gefunden. Mit der Transformation des durchmessenen Raums

---

[188] Vgl. *Luger, K.*, Sehnsucht, 1995, S. 23.
[189] Vgl. *Richter, D.*, Angst, 1999.
[190] Vgl. *Spode, H.*, Tourismus, 1988, S. 60 ff.
[191] „Durch die Eisenbahnen wird der Raum getötet, und es bleibt uns nur noch die Zeit übrig. Hätten wir nur Geld genug, um auch letztere anständig zu töten!“ Heinrich Heine: *Lutetia* II, SW, Bd. XII, S. 65.

in ein flüchtiges Panorama musste sich das Verhältnis von Ziel und Weg verändern.“[192]

Während die Reiseziele zu Beginn des modernen Tourismus zuerst vor allem durch den Adel gemarkert wurden, so änderte sich dies mit der Entwicklung von Reiseführern. Diese wurden erstmals 1836 mit dem „Red Book“ von Murray verbreitet. Mit ihm „wurde das Erreichen bestimmter Attraktionen zur Norm, die abzuleisten war, die dem touristischen Verhalten abverlangt wurde.“[193] Die Bedeutung des Reiseführers als Marker von Sehenswürdigkeiten sowie Attraktionspunkten und -orten ist dabei bis in die heutige Zeit geblieben. 1845 begann dann mit einer von Thomas Cook organisierten eintägigen Pfingstfahrt von Manchester an die See, an der gut 150.000 Industriearbeiter teilnahmen, dem Grunde nach das pauschal-organisierte Reisen der Massen.[194]

Seinen eigentlichen Stellenwert als „Tourismus der kleinen Leute“[195] erhielt der Massentourismus erst nach dem Zweiten Weltkrieg. Zwar wurden bereits durch die „Kraft durch Freude“-Organisation, als Instrument der nationalsozialistischen Ideologie und des diktatorischen Regimes, die Grundlagen für massenhafte Urlaubsreisen gelegt. Doch erst mit dem ökonomischen Wohlstand und einem größeren Freizeitbudget begann die Reiseintensität anzusteigen. Insofern steht der Tourismus auch symbolisch für den erreichten wirtschaftlichen Fortschritt und gesellschaftliche Veränderungen.[196]

Mit zunehmender Freizeit in der Gesellschaft und einem Wertewandel, in dem hedonistische Werte durchsetzungsfähig wurden,[197] diente Reisen stets weniger einem praktischen Zweck, als vielmehr insbesondere dem

---

[192] *Spode, H.*, Tourismus, 1988, S. 57.
[193] *Prahl, H.-W./Steinecke, A./Prahl-Steinecke*, Millionen-Urlaub, 1979, S. 233.
[194] Vgl. *Prahl, H.-W.*, Massen, 1994, S. 9.
[195] *Mundt, J. W./Lohmann, M.*, Erholung, 1988, S. 21.
[196] Vgl. *Mundt, J. W./Lohmann, M.*, Erholung, 1988, S. 23 f.
[197] Vgl. *Fürst, A.*, Tourismus, 2000, S. 160 f.

Erleben und dazu, als bewusst gewähltes Distinktionsmerkmal den eigenen Erfahrungskonsum demonstrativ zu präsentieren.[198] Nach BAUSINGER ist dem modernen Reisen seine Grenzenlosigkeit dabei immanent, sowohl im Sinne einer räumlichen Entgrenzung als auch im Hinblick auf die Massenhaftigkeit des Reisens, welche letztlich die gesamte Gesellschaft erfasst hat. Dies ist eine der Besonderheiten des Tourismus: Jeder hat eine Vorstellung davon und kann etwas dazu beitragen. Urlaub und Reisen sind ein selbstverständlicher Teil unseres modernen Lebens geworden, der nicht mehr weggedacht werden kann. Selbst alle Kritiker des Tourismus haben auf die eine oder andere Weise an ihm teil.[199] Zugleich haben sich in der Vergangenheit mehr und mehr die organisierten Reisen durchgesetzt. Auch wenn die selbst arrangierte Reiseform noch leicht überwiegt, ist der Trend zur organisierten Reise nach wie vor ungebrochen.[200] Mit den wachsenden Tourismusströmen und einer breiten Beteiligung der Bevölkerung auch an den Fernreisen differenzierten sich auch die Reiseformen und Reisemotive immer weiter aus.

Mit der Verlängerung der Urlaubszeit in fast allen Industriestaaten, einhergehend mit höheren Einkommen und sinkenden Mobilitätskosten, setzte in den 1980er Jahren dann der Trend zu Fernreisen ein.[201] Heutzutage ist die „Fernreise als gesunkenes Kulturgut“[202] der breiten Bevölkerung zugänglich und fast schon selbstverständlich geworden, womit sich durch die „Serienproduktion“ der Reise eine Demokratisierung des Reisens, verstanden als grundsätzliche Möglichkeit der Massen am Reisen teilzuhaben, weiter fortsetzte.[203] Doch obwohl die Raumdistanz zwischen Heimatort und Urlaubsort zunehmend schneller überwunden werden

---

[198] Vgl. *Hlavin-Schulze, K.*, Postmoderne, 1998, S. 277.
[199] Vgl. *Bausinger, H.*, Grenzenlos, 1999, S. 347.
[200] Vgl. *Aderhold, P.*, Urlaubsreisen, 2008, S. E und 66.
[201] Vgl. *Kreisel, W./Hoppe, M./Reeh, T.*, Mega-Trends, 2000, S. 51.
[202] *Kiefl, W.*, Ferntourismus, 2004, S. 297 ff.
[203] Vgl. *Prahl, H.-W./Steinecke, A./Prahl-Steinecke*, Millionen-Urlaub, 1979, S. 235. Vgl. auch zu einer differenzierteren Betrachtung Kapitel 3.4.

konnte, verlor die „gefühlte Raumdistanz“ nichts an ihrer Bedeutung.[204] In dem Maß, wie die Raumhorizonte, auch durch die Medien, schrumpfen, begreift sich der Mensch vielleicht als Teil eines Ganzen. Wäre dem so, dann könnte das Übernehmen und Spielen mit originär unvertrauten kulturellen Symbolen und Werten auch Ausdruck eines Suchprozesses hin zu einem globaleren Identitätsverständnis sein.

Ab dem Zeitpunkt, als das Reisen scheinbar zweckfrei wurde und das Vergnügen Einzug in die Reise hielt, zeigten sich dann die ersten modern-touristischen Tendenzen,[205] wobei der Tourismus ab diesem Moment auch zugleich auf seine „reizbefriedigende Situation reduziert“[206] war. In dem Maß, wie das Erholungsmotiv in den Vordergrund rückte, veränderte sich auch das Verhältnis zwischen dem Reisenden und dem von ihm bereisten Raum. Während in der ursprünglichen explorativen Reise der Reisende sich dem Raum unterordnete, so ordnet sich in der modern-touristischen Reise der Raum immer stärker dem Touristen unter oder wird gar durch ihn transformiert: „Der Raum wird zum Konsumartikel, der individuellen Bedürfnissen auf die Sprünge helfen soll. Das aber stellt, in fataler Konsequenz des Faktischen, das Ende der Eroberung dar; es ist die Zerstückelung des eroberten Raumes nach Erlebnisqualitäten.“[207]

4.2.2 Tourismus als Phänomen der Masse

Ein weiteres Merkmal unserer Reisekultur ist die Massenhaftigkeit des Reisens, die sich in dem augenscheinlichen Widerspruch zwischen einer Gleichschaltung der Angebote und den Individualisierungsansprüchen

---

[204] Vgl. *Wöhler, K.*, Negation, 2001, S. 30.
[205] Vgl. *Spode, H.*, Tourismus, 1988, S. 48.
[206] *Brenner, P. J.*, Erfahrung, 1989, S. 38.
[207] *Lutz, R.*, Tourismus, 1993, S. 210.

des Reisenden bewegt.[208] Zugleich scheint die Geselligkeit, das temporäre gesellschaftliche Bündnis, im Tourismus eine zentrale Rolle zu spielen[209] und ist damit mehr als nur eine Begleiterscheinung. In einigen auf Gruppen ausgerichteten Reiseformen scheint die Geselligkeit gar das Sujet der Reise zu sein, wie zum Beispiel auf Kreuzfahrten oder Busreisen. Diesen Aspekt finden wir auch in künstlichen Ferienwelten wieder, in dem sich hier eine große Anzahl Menschen auf einem genau definierten Raum wiederfindet und sich arrangieren muss. Das Gemeinschaftserlebnis ist dabei nicht unbedingt an eine direkte Kommunikation oder den Austausch mit anderen gebunden. Das Gemeinschaftliche liegt hauptsächlich in dem gemeinsamen Teilen von Raum, Zeit und Aktivität, wenn auch das tatsächliche Urlaubsverhalten im engeren Sinne unterschiedlich ausfällt. Für einen bestimmten Zeitabschnitt sind die Interessen der Urlauber gleich- oder zumindest ähnlich gerichtet, was eine gewisse Form der gemeinsamen Identifikation erleichtert: Wir sind hier, um gemeinsam mit anderen Erholung zu suchen oder Spaß zu haben. Der Grund, warum einige Urlauber Orte aufsuchen im Bewusstsein dessen, was sie dort an „Masse“ erwartet, beispielsweise eng beieinander stehende Liegen an Stränden, mag auch in dem hohen Grad der Individualisierung unserer Gesellschaft liegen. Der Mensch sucht hier vielleicht auch insofern Teilhabe an einer verloren gegangenen Gemeinschaft, dass er hier als Teil in einer größeren Gruppe Gleichgesinnter aufgeht, auch wenn er doch wieder seinen eigenen Stil lebt, sich zum Beispiel über Kleidung oder Accessoires differenziert.[210] Und es bleibt fraglich, ob der Reisende in der Interessensgemeinschaft der Urlauber eine solche Gemeinschaft überhaupt finden kann, da diese weder emotional stark besetzt ist noch soziale Unterstützung bietet.[211] Auf der anderen Seite bildet die Gemeinschaft des touristischen Mikroraums eine Abgrenzung gegenüber Nicht-Mitgliedern auch insofern, als sie beispielsweise widerspiegelt, die

---

[208] Vgl. *Steinecke, A.*, Urlaubserwartungen, 1992, S. 325.
[209] Vgl. *Bausinger, H.*, Grenzenlos, 1999, S. 349.
[210] Vgl. *Helbig, D.*, Pulk, 2010.
[211] Vgl. hierzu auch *Szczesny-Friedmann, C.*, Gesellschaft, 1991, S. 10 ff.

richtige Entscheidung getroffen und den richtigen Ort bzw. das richtige Hotel etc. gewählt zu haben. Die Komplexität der Beziehungen und Normen dieser temporären Urlaubergemeinschaft dürfte allerdings vermutlich eher gering sein.

Wie bereits festgestellt wurde, ist der moderne Tourismus genauso ein Phänomen der Masse, wie er auch ein Abbild von Entgrenzungen ist.[212] Dabei ist die Kritik an der reisenden Masse nicht neu: Bereits am Ende des 18. Jahrhunderts beschwerten sich die Adeligen über die massenhaft reisende bürgerliche Schicht.[213] Gerade in der massentouristischen Reifephase der 1970er und 1980er Jahre veränderten sich die Urlauberinteressen, indem sie einerseits vielseitiger und andererseits anspruchsvoller wurden.[214] Durch häufigere Reisen und eine stärkere Verbreitung an Reisemedien gewann der Tourist zugleich deutlich an touristischer Konsumerfahrung.

Als Gründe für die Entwicklung des heutigen Massentourismus[215] führt STORBECK insbesondere an:

- Betriebswirtschaftliche und Versorgungswirtschaftliche Gründe (steigende Skalenerträge durch breit streuende Pauschalangebote)
- (auch dadurch) Verbilligung der Reiseangebote
- erhöhte Zugänglichkeit ausländischer Reiseziele
- Organisation von Ausflügen und Rundfahren
- das Bild der „Urlaubsparadiese“ in der Touristikwerbung
- Akzeptanz des Massentourismus durch die Gesellschaft.[216]

---

[212] Vgl. im Allgemeinen *Borghardt, J.*, Entgrenzung, 1997; vgl. auch im Speziellen *Kramer, D.*, Theorie, 1998, S. 158.

[213] Vgl. *Prahl, H.-W.*, Massen, 1994, S. 9.

[214] Vgl. *Job, H.*, Reisestile, 2003, S. 366 f.

[215] Der Begriff des „Massentourismus“ ist nach STORBECK Ausdruck der Kulturkritik am modernen Tourismus (vgl. *Storbeck, D.*, Massentourismus, 1988, S. 399).

[216] Vgl. *Storbeck, D.*, Massentourismus, 1988, S. 403 ff.

Doch die mit der Massenhaftigkeit verbundene Standardisierung und „Serienproduktion“[217] im Reisen veränderte das Reisen auch in sich: So begab sich der in der Masse Reisende, ganz im Gegensatz zur „Grand Tour“, weniger in ein fremdes Land als Ganzes, sondern er suchte ab jetzt nur noch einzelne touristische Attraktionen auf.[218] An diesen aus- bzw. vorgewählten Orten erfuhr er jedoch häufig im eigentlichen Sinne nichts wirklich Fremdes oder Neues mehr, da er im Grunde nur sah oder aufsuchte, was er bereits aus Reiseführern oder Prospekten kannte. Auf der Seite der Bereisten führte der massenhafte Tourismus vermehrt zu einem „Aufstand der Bereisten“,[219] was sich wiederum in tourismuskritischen Diskursen niederschlug.

Zugleich hatte die Technisierung des Reisens neben der „Demokratisierung des Luxus“[220], durch die ein großer Teil der Bevölkerung am Tourismus Anteil erhalten hatte, auch zu einem „internen Rückzug aus der Fremde“[221] geführt, gerade indem sie uns die Ferne näher gebracht hat. Vielleicht benötigen auch wir erst einmal die Erfahrung in der Ferne, um die Bedeutung der eigenen Heimat zu verorten. So war beispielsweise auch für die Romantiker im 19. Jahrhundert Italien eine Projektion verschiedenster Sehnsüchte. Hatten sie jedoch das „langweilige Italien“ erst einmal vertiefend erfahren, kehrten sie wieder in ihre Heimat zurück.[222] Dies setzt auch Eichendorff literarisch um, indem er seinen „Taugenichts“ in der gleichnamigen Novelle genau jene Erfahrung machen lässt. Möglicherweise „ist auch der Massentourismus, so sehr er ästhetisch und moralisch oft missfällt, als eine Praxis der bedingten Xenophilie zu bezeichnen. Er gibt dem Fremden und dem Andersartigen eine Chance, ein Teil des eigenen Lebens zu werden, indem er es auf eine empirische Pro-

---

[217] *Prahl, H.-W./Steinecke, A./Prahl-Steinecke*, Millionen-Urlaub, 1979, S. 235.
[218] Vgl. *Eder, W.*, Hause, 1991, S. 164.
[219] Vgl. zum Beispiel *Kirstges, T.*, Sanfter Tourismus, 2003, S. 4.
[220] *Sloterdijk, P.*, Tractatus, 2008, S. 5.
[221] *Eder, W.*, Hause, 1991, S. 168.
[222] Vgl. hierzu zum Beispiel ausführlich *Pikulik, L.*, Reisen, 1979.

be ankommen lässt, sei es auch nur für Tage oder Wochen (anders als die prinzipielle Xenophilie).“[223]

Bis heute hat sich der Tourismus nicht grundlegend verändert, sondern er wurde vielmehr durch neue Motive und Reiseformen ergänzt beziehungsweise durch äquivalente Reiseformen der Zeit angepasst.[224] So steht der moderne Tourismus auch im Widerspruch zwischen der Massenhaftigkeit des Reisens einerseits und den Individualisierungsansprüchen andererseits.[225] Doch „der Massentourismus ist eine relativ junge Erscheinung in der modernen Welt. Wir müssen daher davon ausgehen, dass er noch gar nicht die definitive Form gefunden hat, die der Moderne angemessen ist.“[226] Dieser Aspekt eröffnet aber auch dem Konzept eines Nachhaltigen Tourismus Möglichkeiten, an einem solchen Findungsprozess mitzuwirken. Inwiefern hier künstliche Ferienwelten eine Lösung im Massentourismus darstellen können, wird noch zu diskutieren sein. Denn der Wandel zur touristischen Massenkultur „vollzog sich in historisch kurzer Frist, und wir sind noch dabei, ihn zu bewältigen. (...) Es wäre mehr als ein Wunder, wenn wir den souveränen Umgang damit bereits nach wenigen Generationen beherrschten.“[227] Mit dem Infragestellen des heutigen Tourismusbedarfs, der Tragbarkeit der modernen Reiseformen und ihrer Effizienz zur Erfüllung der vorhandenen Reisemotive steht der Tourismus letztlich in seiner jetzigen Form zur Disposition.

---

[223] *Sloterdijk, P.*, Tractatus, 2008, S. 8. GREENBLATT sieht hingegen das Reisen als eine gewollte und kontrollierte Entfremdung (vgl. *Greenblatt, S.*, Warum, 1997, S. 15).
[224] Vgl. *Hlavin-Schulze, K.*, Postmoderne, 1998, S. 281.
[225] Vgl. *Steinecke, A.*, Urlaubserwartungen, 1988, S. 325.
[226] *Held, G.*, Urbanisierung, 2002, S. 42.
[227] *Maase, K.*, Massenkultur, 1997, S. 272.

4.2.3 Metamorphosen des touristischen Raumes

Im seiner Aneignung durch den Touristen wird „der Raum (...) zum Konsumartikel, der individuellen Bedürfnissen auf die Sprünge helfen soll."[228] Dabei kann der touristische Raum nach GRAF in folgende Ebenen unterteilt werden:

1. Makroebene (zum Beispiel die Destination)
2. Mikroebene (zum Beispiel die Freizeiteinrichtung)
3. Ebene der Settings (zum Beispiel Whirlpool).[229]

Eine künstliche Ferienwelt würde nach diesem Schema regelmäßig auf der Mikroebene verortet werden, enthält jedoch zugleich auch Elemente der Makroebene, wenn man berücksichtigt, dass durch die Schaffung einer in sich geschlossenen künstlichen Ferienwelt letztlich auch eine neue Destination geschaffen wird. Insofern muss zunächst die Makroebene erfasst werden, was jedoch darüber hinaus auch Voraussetzung für ein Verständnis der Mikroebene ist, insbesondere auch deshalb, weil sich die Makroebene in der Mikroebene widerspiegelt. Daher wird die Diskussion um den touristischen Raum im Folgenden zunächst vor allem, aber nicht ausschließlich, im Hinblick auf die Makroebene geführt.

In dem Moment, in dem die touristischen Destinationen ihre räumliche Verankerung verlieren, entstehen im globalisierten Wettbewerb um die Touristen unbeschränkte Kopiermöglichkeiten.[230] Dieser Verlust der Einzigartigkeit eines touristischen Ortes und die damit verbundene Gefahr globaler Austauschbarkeit wurde bereits recht früh in den Tourismuswissenschaften festgestellt,[231] wenngleich auch diese Diskussion in den letzten Jahren neuen Auftrieb bekommen hat. Indem zugleich das touristische Erleben immer weniger an den geografischen Ort gebunden ist, von

---

[228] *Lutz, R.*, Tourismus, 1993, S. 210.
[229] Vgl. *Graf, B.*, Reisen, 2002, S. 268.
[230] Vgl. *Job, H.*, Reisestile, 2003, S. 368.
[231] Vgl. *Wagner, F. A.*, Urlaubswelt, 1970, S. 151.

ihm losgelöst durch inszenierte Ereignisse ersetzt wird und sich diese „translozieren lassen, also irgendwo stattfinden können, erfährt der Ort bzw. der Raum einen Bedeutungsverlust. (...) Das Andere/Fremde lässt sich in der Gestalt von Erlebniswelten von einem Ort zum anderen bewegen."[232]

Die komprimierte und translozierte Destination kommt dem Reisenden damit entgegen.[233] Da den touristifizierten Räumen zudem häufig ihr anthropologischer Charakter verloren gegangen ist und sie aus ihrem historischen Kontext herausgerissen wurden, bezeichnet AUGÉ derlei Orte als „Nicht-Orte": „Unsere Hypothese lautet nun, dass die ‚Übermoderne' Nicht-Orte hervorbringt, also Räume, die selbst keine anthropologischen Orte sind und, anders als die Baudelairesche Moderne, die alten Orte nicht integrieren; registriert, klassifiziert und zu ‚Orten der Erinnerung' erhoben, nehmen die alten Orte darin einen speziellen, festumschriebenen Platz ein."[234]

Nach WÖHLER fällt in derartigen atopischen Nicht-Orten zugleich die Suche „nach dem Authentischen vermeintlich in das Reich der Illusion"[235]. Präziser definieren LEGNARO/BIRENHEIDE diese „als Orte, an denen der anthropogene Charakter überwölbt wird von einer künstlich, kunstvoll und intentional konstruierten Sozialität, die allerdings keineswegs etwas definitiv neues zu konstruieren sucht, sondern vom Rekurs auf Althergebrachtes, von der Simulation des alltäglich Vertrauten und von der imitierenden Beschwörung der anthropogenen Orte lebt – weswegen Nicht-Orte mit der Zeit auch ‚anthropogenisiert` werden können, also ihre Künstlichkeit einbüßen und als das ‚natürlich Soziale`empfunden werden."[236]

---

[232] *Wöhler, K.*, Topographie, 2005, S. 18.
[233] Vgl. *Job, H.*, Reisestile, 2003, S. 368.
[234] *Augé, M.*, Orte, 1994, S. 92 f.
[235] *Wöhler, K.*, Konvergenz, 2001, S. 103.
[236] *Legnaro, A./Birenheide, A.*, Stätten, 2005, S. 18.

Die Diskussion um die soziale Bedeutung des dekontextualisierten Raumes spiegelt nach BORMANN allerdings vor allem eine Kultur- und Gesellschaftskritik wider. Der Raum wird über die mit ihm verbundenen „Ohnmachts- oder Entbettungsszenarien" damit zum Vehikel einer Art neuer kritischer Theorie.[237] Dagegen gilt es vielmehr, eine subjekt- und akteursbezogene Betrachtungsweise einzunehmen, wonach Raum definiert wird als ein „Ort, der für die Menschen bestimmte Bedeutungen aufweist, demgegenüber sie bestimmte Einstellungen und emotionale Haltungen einnehmen und mit dem sie soziale Beziehungen verbinden".[238] Hierbei wird jedoch ausgeklammert, dass der Rahmen, in dem eine Definierung oder Neudefinierung eines Raumes stattfinden kann, durch die fremdbestimmte Konstruktion des Raumes bereits vorgegeben wird.

In der Fortschreibung dieser Entwicklung reproduzieren sich die ursprünglichen Urlaubsenklaven direkt im Quellgebiet der Reisenden selbst. Ihrem ursprünglichen Raum enthoben implantieren sie sich dort, wo eine Mehrung des eingesetzten Kapitals wahrscheinlich ist als auch eine Investition in einem risikoarmeren politischen Umfeld erfolgen kann. Damit wird dann aber auch deutlich, dass die Wettbewerbsfähigkeit von Tourismusräumen „nun vor allem von finanziellen Ressourcen und nicht mehr von dem Spezifikum „Land und Leute" ab[hängt; Anm. d. Verf.]."[239] Im Ergebnis schaffen sie dabei eine Welt, die KRÜGER als „hyperreal" bezeichnet, da in ihrem Spiel aus Zeichen „die Effekte der Simulation realer als die repräsentierte Realität wirken".[240] Folgt man zugleich KAGELMANN darin, dass für die tatsächliche Reiseentscheidung weniger die physische Beschaffenheit eines Ortes entscheidend sei, als vielmehr die Erwartung seines Besonderen und dort zu Erlebenden,[241] so

---

[237] Vgl. *Bormann, R.*, Nicht-Orten, 2000, S. 229.
[238] *Bormann, R.*, Nicht-Orten, 2000, S. 229.
[239] *Wöhler, K.*, Raumbindungen, 2000, S. 114 f.
[240] *Krüger, R.*, Strandurlaub, 2001, S. 368.
[241] Vgl. *Kagelmann, H. J.*, Erlebnisse, 2001, S. 93.

scheint eine künstliche Ferienwelt geradezu der ideale Urlaubsort zu sein. Dabei ist für KAGELMANN eine künstliche Erlebniswelt in ihrer Tabulosigkeit und der Koexistenz verschiedenster Ebenen postmodern und in dem Aufgreifen und Erfüllen tiefer liegender Bedürfnisse der Menschen zugleich geradezu archetypisch.[242] Damit wären künstliche Ferienwelten aber auch ein kultur-evolutorischer Erfolg, indem sie sich, bisherige Begrenzungen überwindend, zum Benchmark des Urlaubserlebens erhoben hätten. Denn letztlich lässt sich jeder touristische Raum in irgendeiner Form kulturell aufladen.[243]

Damit ist auch die Glückssuche des Reisenden raumlos geworden und nicht mehr an einen konkreten Raum gebunden.[244] Auf diese Weise spiegelt der Tourismus jene gesellschaftlichen Prozesse wider, die sich als Auflösung monolokaler Lebensformen hin zu plurilokalen Wohn- und Arbeitsformen zeigen, in dem sich Heimatorte zu Standorten wandeln.[245] Der touristische Raum existiert nach WÖHLER nicht aus sich heraus, sondern erst aus dem Wechselspiel zwischen Tourismusanbieter und -nachfrager. In einem gegenseitigen Reproduktionsprozess wird Bedeutung in den touristischen Raum hineingeschrieben und damit eine eigene Wirklichkeit geschaffen.[246]

Dabei erfolgt durchaus auch eine semantische Bedeutungseinschreibung in einen Ort durch den Tourismus selbst. Ein Ort wird über einen bestimmten historischen Kontext definiert und mitunter auch auf ihn reduziert. Er wird zur Maya-Kultstätte oder zum Geburtshaus einer bekannten Persönlichkeit. Der Raum wäre dies zweifelsohne auch ohne den Tourismus. Allerdings würde er ohne ihn möglicherweise gar nicht als solcher wahrgenommen. Hierin liegt allerdings auch die Gefahr, dass dieser

---

[242] Vgl. *Kagelmann, H. J.*, Erlebnisse, 2001, S. 98.
[243] Vgl. *Wöhler, K.*, Raumbindungen, 2000, S. 107.
[244] Vgl. *Kiefl, W.*, Ferntourismus, 2004, S. 305.
[245] Vgl. *Sloterdijk, P.*, Tractatus, 2008, S. 11 ff. Vgl. auch ähnlich bereits *Wöhler, K.*, Naturerlebnisgebiete, 1997, S. 7.
[246] Vgl. *Wöhler, K.*, Virtualisierung, 2003, S. 242.

Raum ohne den Tourismus seine Akzentuierung wieder verliert und entsprechende Privilegien oder Ressourcen-Zuweisungen wieder verloren gehen, wie dies bei temporären Bedeutungseinschreibungen, wie zum Beispiel einer Kulturhauptstadt, der Fall sein könnte.[247] Vor diesem Hintergrund gilt es zu untersuchen, ob und wie auch künstlichen Ferienwelten historische Kontexte zugewiesen werden.

Trendsetter für neue touristische Räume sind, wie früher die Adligen, heute die modernen Opinion-Leader[248] der Gesellschaft. In dem Bestreben der gesellschaftlichen Oberschicht, sich immer neue Destinationen touristisch anzueignen, sorgt sie zugleich für eine räumliche Ausbreitung des Tourismus: „Ist ein Ort oder ein Gebiet erst einmal verkehrlich erschlossen, so folgen weitere gesellschaftliche Gruppierungen nach. Wird ein Ort auf diese Weise zum Standort des Massentourismus, dann haben die reiseerfahrenen und wohlhabenderen Gesellschaftsgruppen längst neue, meist eben weiter entfernt liegende Orte aufgesucht und sich segregiert."[249] Darüber hinaus ist jedoch zu berücksichtigen, dass infolge fehlender finanzieller Mittel nicht alle Destinationen für jede gesellschaftliche Gruppierung erschlossen werden können. Daher stellt sich die Frage, inwiefern künstliche Ferienwelten hierfür ein Substitut darstellen.

In der Moderne gesellte sich dazu „Wertschätzung von Freizeit, eingebettet in einen allgemeinen Wertewandel, bei dem hedonistische Werte durchsetzungsfähig sind."[250] Jedoch entwickelten sich die identitätsstiftenden Aspekte des Tourismus in seiner postmodernen Fortschreibung, „dessen Maxime die Freiheit von allen Bindungen und Verpflichtungen"[251] zu sein scheint. Dies mag zugleich seine oftmals nur oberflächliche Begegnung mit Reiseland und Bereisten erklären, da der Tou-

---

[247] Vgl. *Wöhler, K.*, Entfernung, 2005, S. 125.

[248] KNEBEL hatte bereits 1960 auf den Nachahmungseffekt zum Urlaubsverhalten von Prominenten hingewiesen (vgl. *Knebel, H.-J.*, Strukturwandlungen, 1960, S. 136).

[249] *Kreisel, W./Hoppe, M./Reeh, T.*, Mega-Trends, 2000, S. 56.

[250] *Fürst, A.*, Tourismus, 2000, S. 160 f.

[251] *Hlavin-Schulze, K.*, Postmoderne, 1998, S. 280.

rist in seiner Exploration des neuen Raumes einer realen Bindung ausweicht und vielmehr seine mitgebrachten Raumbilder zu bestätigen sucht.

Dass die Reisenden hingegen vor Ort Unterbringungen bevorzugen, die dem eigenen Kulturkreis angenähert sind, mag auch der Eliminierung der Reise im eigentlichen Sinne geschuldet sein: Indem die Raumüberwindung ad-hoc geschieht, findet keine langsame Kultur-Annäherung mehr statt, der Reisende wird in kürzester Zeit in eine für ihn fremde Welt portiert. Dadurch wird der Raum zerstückelt, der Reisende erlebt „Raum, Natur und Landschaft nicht mehr in ihren Zusammenhängen und in ihren Bezügen zu Körper und Bewegung, sondern als isolierte und speziell präparierte Teile.“[252]

Künstliche Ferienwelten stellen nun eine logische Fortschreibung der dargelegten Prozesse dar. Als typisches postmodernes Phänomen vereinen sie in einer Art „Pastichebildung“[253] verschiedenste Stil-, Zeit- und Symbolelemente. Dieser im Grunde surreal-materialisierte Raum erscheint dabei als Manifestation der bisherigen Urlaubsträume und Reisebilder des Tourismus. JOB sieht hierin eine mögliche Gefahr für bisherige Urlaubsdestinationen, insbesondere entfernteren Destinationen, die oftmals ökonomisch stark auf den Tourismus ausgerichtet sind: „Denkt man diese Entwicklung zu Ende, könnte der Tourismus aus Sicht der Zielgebiete, besonders derjenigen in Entwicklungsländern, den Rang als einträgliches Exportgeschäft zusehends verlieren. Existierende komparative Wettbewerbsvorteile, etwa in Form tropischer Korallenstrände, exotischer Tierwelten oder venezianischer Palazzo-Architektur, werden durch schönere, sauberere, bequemere und sicherere Kopien vor Ort, das heißt in der Nähe der touristischen Quellgebiete, aufgewogen.“[254]

---

[252] *Lutz, R.*, Tourismus, 1993, S. 233.
[253] *Hlavin-Schulze, K.*, Postmoderne, 1998, S. 279.
[254] *Job, H.*, Reisestile, 2003, S. 372.

Bereits EDER hatte gemutmaßt, dass die durch Normierung und Standardisierung im globalen Tourismus verursachte Phase „der Gestaltung des eigenen Raumes Priorität vor dem Bedürfnis nach Exploration des bereisten Raumes“[255] gewönne. Daraus erscheint es dann durchaus folgerichtig, dass der zu bereisende Raum mit dem eigenen Raum weitgehend synthetisiert wird, in Form einer künstlichen Ferienwelt in der eigenen Heimat.

KRÜGER grenzt den natürlich-kulturlandschaftlichen Reiseraum von der künstlichen Erlebniswelt darüber hinaus auch über seine soziale Bedeutung ab: Während der natürliche Raum sozialräumlich-kommunikativ zum Beispiel durch die Zuordnung Bereiste- Reisende gegliedert ist, wird die künstliche Ferienwelt hingegen zum Ort der flüchtigen Kommunikation.[256] Da der konkrete Raum die Erfüllung verschiedener Urlaubsbedürfnisse, wie zum Beispiel Wetter, Sicherheit, als auch das Erlebnis selbst nicht garantieren kann, weicht der Tourist auf disneyfizierte und standardisierte Räume aus.

Künstliche Erlebnis- und Ferienorte, wie zum Beispiel Disneyland, sind gleichfalls das Ergebnis einer Verdichtung des touristisch-konstruierten Raums, in dem die „vorgeträumte Welt einer konkreten zivilisatorischen und damit rationalen Utopie“[257] ihren physischen Ausdruck findet. Zugleich sind disneyfizierte und standardisierte Räume ein globaltouristisches Phänomen, versprechen sie dem Touristen doch die gewünschte Erlebnisgarantie, welche der konkrete Raum nicht bieten kann.[258] VESTER nennt als Gründe für die McDonaldisierung der touristischen Erlebnisse aus Sicht der Gäste hier vor allem folgende Aspekte:

- Vorhersehbarkeit und Sicherheit,
- Effiziente Organisation (Zeit + Geld betreffend),

---

[255] *Eder, W.*, Hause, 1991, S. 162.
[256] Vgl. *Krüger, R.*, Strandurlaub, 2001, S. 366.
[257] *Gleiter, J. H.*, Exotisierung, 1999, S. 52.
[258] Vgl. *Wöhler, K.*, Raumbindungen, 2000, S. 112.

- Kalkulierbarkeit (Geld+ Erfüllung der Erwartungen),
- Kontrollierbarkeit.[259]

Künstliche Ferienwelten gelten damit grundsätzlich als Ausdruck einer touristischen Entwicklung hin zu einer umfassenden Ortlosigkeit. Doch diese wird bislang nur absolut festgestellt, wobei tatsächlich auch verschiedene Grade der Ortlosigkeit denkbar sind. Die Ortlosigkeit steigt in dem Maß, in dem eine Entbettung aus dem historischen, regionalen und kulturellen Kontext eine Enthistorisierung und Enttraditionalisierung des Raumes fortschreibt. Sie ist dabei nicht allein absolut feststellbar oder nicht feststellbar. Doch der Prozess der Ortlosigkeit scheint damit zumindest insoweit ein isomorpher Prozess zu sein, dass sich die Ortlosigkeit auf der Mikroebene des Raumes in seine Makroebene fortzusetzen scheint.

4.2.4 Zur Raum-Wahrnehmung des Touristen

Die Wirklichkeitswahrnehmung der Reisenden erscheint im Urlaub verschoben, indem zum Beispiel Probleme und der Alltag im bereisten Land vom Touristen ausgeblendet oder romantisch verklärt werden. Diese Ästhetisierung fremder Lebensumstände, zum Beispiel indem der hart arbeitende Reisbauer auf Bali zur Sehenswürdigkeit auf einer Busrundfahrt wird, mag erklärbar sein durch den Wunsch nach „Konstruktion des Ursprünglichen (...) [als; Anm. d. Verf.] Folge von dessen Verlust“[260], in der Sehnsucht nach einer Welt, in der es augenscheinlich besser zugeht.[261] So zeigt sich in dieser Begegnung mit der harten Arbeitswelt der Bereitsten eine „romantisierend-verklärende Haltung“, denn „je härter eine Arbeit

---

[259] Vgl. *Vester, H.-G.*, Theorien, 1998, S. 26.
[260] *Schäffter, O.*, Fremderleben, 1991, S. 16.
[261] Vgl. *Hartmann, K. D.*, Auslandsreisen, 1978, S. 52.

ist, umso idyllischer das Bild von ihr, je weniger man ihr nachgehen möchte, umso intensiver fotografiert man sie."[262]

Hieran offenbart sich zugleich auch die selektiv realitäts-ausschließende Wahrnehmung des Reisenden. Denn es sind doch gerade oftmals jene Aspekte, welche im eigenen Lebensumfeld als bedrohlich empfunden werden, welche nun im touristischen Gegenbild als positiv erscheinen.[263] Selbst nach dem Erleben von Wildnis und „ungebändigter" Natur auf einer Safari kehrt der Tourist in der Regel am Abend wieder in sein Luxushotel mit allen zivilisatorischen Annehmlichkeiten zurück. Durch diese ambivalente Wahrnehmung „bleibt die Kultur eines fremden Volkes im Prinzip unerreichbar."[264]

Die eigentliche Wahrnehmung der Fremde ist zugleich von einer Vielzahl verschiedenster Faktoren abhängig. Sie wird zum Beispiel bestimmt durch den sozialen Status der Reisenden, durch ihre Einbindung in die Mentalität gesellschaftlicher Gruppen, den Bildungsstand, die Vorkenntnisse wie auch durch bereits vorhandene Interessen und die Wahrnehmungsfähigkeit der Reisenden.[265] Doch auch die Wahrnehmung des verständigen Reisenden kann durch den situationsabhängigen Filter „Urlaubssituation" getrübt sein und negative oder kritische Eindrücke gänzlich verdrängen.[266] FRIEDL bemerkt ähnlich, „dass selektive Wahrnehmung oder der Besuch einer Inszenierung durchaus als gängige Verhaltensmuster von Menschen verstanden werden. Niemand würde Theaterbesuchern vorwerfen, sie würden hier gar keine authentische Wirklichkeit erleben. Warum sollte das bei Touristen anders sein?"[267] Damit würde

---

[262] *Thurner, I.*, Foto, 1992, S. 25.
[263] Vgl. *Thurner, I.*, Rezeption, 1995, S. 61.
[264] *Luger, K.*, Horizontverschiebungen, 2004, S. 43.
[265] Vgl. *Brenner, P. J.*, Erfahrung, 1989, S. 27.
[266] Vgl. *Kliem, T.*, Reisemotive, 2003, S. 50.
[267] *Friedl, H./Friedl, H. A.*, Tourismusethik, 2002, S. 25.

aber zugleich die durch den Tourismus erhoffte Völkerverständigung von vornherein sehr unwahrscheinlich werden.

Letztlich trägt aber auch die Tourismusindustrie zu einer verschobenen Realitätswahrnehmung bei, indem sie die touristischen Räume geradezu irreal arrangiert und deren Besuch innerhalb eines ritualisierten sozialen Codes stattfinden lässt.[268] Zivilisatorische Folgen, wie zum Beispiel Verkehrslärm oder -verschmutzung, wie zum Beispiel in Bangkok, werden auch von der Tourismusindustrie ex ante ebenso ausgeblendet wie alles sonstige Negative. So scheint zum Beispiel Massentourismus in den Katalogen der Urlaubsregionen nicht zu existieren.

Die Wahrnehmung des touristischen Raumes durch den Touristen erfolgt jedoch allenfalls selektiv und ist dabei oftmals ohne Realitätsbezug, da er beispielsweise Hässliches ausgrenzt, denn seine „Phantasien und Kopfgeburten bauen auf jenen Bildern auf, die von den Hochglanzprodukten der Tourismus- wie der Unterhaltungsindustrie in Umlauf gebracht worden sind.“[269] Damit nimmt der Urlaub über seine Raumbilder zugleich auch eine „Mittelstellung zwischen der alltäglichen Lebenswelt und den Fantasiewelten“[270] ein. Der Traum des Touristen wird mit dem Urlaub in gewisser Weise in den realen Raum projiziert.[271] Dieser wird damit zu einer Art „potemkinscher Tourismuswelt“, womit sich der Tourist zugleich in der entfremdeten Welt wiederfindet, der er zu entfliehen versucht.[272] Wobei auch diese Art „Wirklichkeitskonstruktionen natürlich nicht im luftleeren Raum stattfinden, sondern eingebunden sind in kulturelle Kontexte, die aus den gesellschaftlichen Umwelten auf die Individuen einwirken.“[273]

---

[268] Vgl. *Armanski, G.*, Tage, 1986, S. 114.
[269] *Luger, K.*, Horizontverschiebungen, 2004, S. 48.
[270] *Henning, C.*, Entwurf, 1998, S. 57.
[271] Vgl. *Hennig, C.*, Reiselust, 1999, S. 182.
[272] Vgl. *Kapeller, K.*, Folklorismus, 1991, S. 284.
[273] *Pfriem, R.*, Ökonomischen, 2004, S. 249.

Die Tourismusindustrie gestaltet als „Traumfabrik“[274] die Bilder und Vorstellungen der Reisenden aktiv mit. So stellten PRAHL/STEINECKE 1979 bereits die Frage, ob es sich beim Tourismus nicht eigentlich um einen „Massenbetrug“ handele.[275] Einigkeit scheint in der Literatur auch darüber zu bestehen, dass die verzerrte Wahrnehmung der Realität durch den Reisenden sich bis auf die Wertung und Einschätzung seines Urlaubs ex post auswirkt. Denn, so wird argumentiert, eine ehrliche Beurteilung des erlebten Urlaubs könne nicht erfolgen, da der Reisende im Falle einer negativen Bewertung offenbaren würde, dass er sich entweder habe täuschen lassen oder er nicht in der Lage sei, die Urlaubswelt so wie beschrieben wahrzunehmen:[276] „'Urlaubs-Klischees` sind deshalb so schwer aufzubrechen, weil die Abwehrmechanismen so stark sind. Man braucht den Gütestempel „Urlaub gelungen“, die Illusion vom schönen Urlaub. Die Entlarvung ist ein sehr schmerzhafter Prozess. Hier zerplatzen nicht nur schillernde Seifenblasen, sondern auch Vorstellungen von eigener Stärke und Autarkie.“[277] Aus diesem Grunde enthalten auch Urlaubspostkarten[278] in der Regel positive Bestätigungen, die rituellen Erfolgsbeschwörungen gleichen.[279]

Für GREENBLATT ist hingegen die Kraft der Phantasie für eine unrealistische Bewertung des Reisenden ursächlich, womit der Reisende tatsächlich zu sehen glaubt, was er sehen zu müssen meint.[280] Ebenso sind es

---

[274] *Romeiß-Stracke, F.*, Theorie, 1998, S. 48.

[275] Vgl. *Prahl, H.-W./Steinecke, A./Prahl-Steinecke*, Millionen-Urlaub, 1979, S. 239.

[276] Vgl. zum Beispiel *Rieger, P.*, Urlaub, 1982, S. 21 f.; *Armanski, G.*, Tage, 1986, S. 135; *Romeiß-Stracke, F.*, Traumfabrik, 1996, S. 45.

[277] *Opaschowski, H. W.*, Psychologie, 1981, S. 43.

[278] Vgl. zur Geschichte, Funktion und Typologisierung der Urlaubspostkarte an die Arbeitskollegen auch ausführlich *Cantauw-Groschek, C.*, Urlaubspostkarten, 1993.

[279] Vgl. *Schulze, G.*, Suggestion, 2001, S. 32.

[280] Vgl. *Greenblatt, S.*, Warum, 1997, S. 16. GREENBLATT zieht als Beleg unter anderem Christoph Columbus heran, der auf seiner Entdeckerreise fest davon überzeugt war, dass er Meerjungfrauen anstatt der Seekühe sähe, da er zuvor in mittelalterlichen Reiseberichten über den Fernen Osten von den Meerjungfrauen gelesen hatte. Gleichwohl notierte Columbus in seinem Logbuch: „Sie waren nicht so schön, wie sie beschrieben werden, denn sie hatten eher männliche Gesichtszüge.“

Stereotypen, die nach HANSEN die touristische Wahrnehmung im Sinne einer self-fulfilling prophecy kollektiv verzerren.[281] Von daher ist einer positiven Bewertung des Urlaubs durchaus nicht uneingeschränkt zu glauben. Das Aufrechterhalten der illusionären Sicht auf den Urlaub scheint damit aber auch für die Tourismusindustrie zugleich eine Frage des eigenen Überlebens zu sein, denn „würde der Tourismus auf das reduziert, was er einlösen kann – Tauschwerte gegen Bezahlung, Unterkunft, Verpflegung, organisiertes Vergnügen oder sonstige touristische Attraktionen – würde er seine Kraft verlieren, da er gerade aus der Spannung von Anspruch und Wirklichkeit, von ständiger Neuschöpfung und Selbstzerstörung lebt.“[282]

Somit ist die Schaffung von Bedürfnissen, Sehnsüchten und Bildern in den Reisekatalogen dem Tourismus immanent; eine Beschränkung auf reine Informationswiedergabe würde den Reisenden vermutlich enttäuschen.[283] So mag auch die Trennung zwischen Preis- und dem eigentlichen Katalogteil nicht nur praktischen Erwägungen geschuldet sein.

Die Tourismusindustrie erschafft gewollt den „Mythos Urlaub“[284], der Urlauber wiederum liest und interpretiert diesen Mythos[285] entsprechend seiner eigenen Vorstellungswelt. Zugleich sind Mythen Teil unserer Gesellschaft, die ihnen unbedingt oder bedingt glaubt.[286] Und doch scheint dabei auch die Bedeutung des Mythos in der heutigen Gesellschaft fortgeschrieben worden zu sein, denn „der Unterschied zwischen dem antiken Konsum von Mythen und den Mythen des modernen Menschen scheint dabei insbesondere darin zu liegen, dass den alten Mythen ge-

---

[281] Vgl. *Hansen, K. P.*, Kultur, 2000, S. 321.
[282] *Prahl, H.-W./Steinecke, A./Prahl-Steinecke*, Millionen-Urlaub, 1979, S. 248.
[283] Vgl. *Gierl, H.*, Werbewirkung, 1999, S. 186.
[284] Vgl. *Opaschowski, H. W.*, Mythos, 1991.
[285] Als Mythos wird hier ein tradiertes narratives Gedankenbild verstanden, das polyvalent interpretierbar ist. Vgl. hierzu beispielsweise ausführlich *Barthes, R.*, Mythen, 1964.
[286] Vgl. *Eliade, M.*, Bilder, 1998, S. 11 f.

glaubt wurde, die neuen Mythen jedoch vielmehr ersehnt werden."[287] Insbesondere in diesem Sinne trägt die Tourismusindustrie aber auch eine Verantwortung, wenn sie sich gesellschaftlicher Mythen bedient oder Traumbilder erschafft. Doch wird ihr nach ROMEIß-STRACKE weder diese Verantwortung zugerechnet, noch ist sie sich dieser selbst bewusst.[288] Dabei führt die „Normierungskraft der heutigen Tourismuswerbung" nicht nur zu einer „Pseudovertrautheit" mit dem Reiseland, sondern sie schafft ebenso eine uniforme Erwartungshaltung.[289] Doch darüber hinaus wird die touristische Mobilisierung durch Raum-Mythen in den täglichen Konsum flankiert: „Ortsmythen zirkulieren nicht nur in Medien und Werbung, sondern zum Beispiel auch in der greifbaren Erscheinung von Waren aus fernen Ländern. Die motivationale Struktur, die Touristen in Bewegung setzt, weist dieses Prinzip komparativer Differenz auf: Reisen wird durch das Versprechen motiviert, den Inhalt der Ortsmythen fühlbar am eigenen Körper zu erleben, sobald die Touristen am Ziel ankommen."[290] Nach THIEM spielt auch die nachgelassene Bedeutung der Religion eine Rolle, die zu einem Mythos-Vakuum in der Gesellschaft geführt hat, in welches der moderne Tourismus nun drängt.[291] Der Vorwurf, die Moderne hätte den Tourismus erst begründet, indem sie Projektionsflächen für die Sehnsüchte der Menschen geschaffen hat, übersieht jedoch, dass ähnliche Reiseträume auch bereits in der Vergangenheit existierten und bereits früher Sehnsüchte in ferne Länder projiziert wurden.

Solche Urlaubsmythen bestehen dabei nicht nur hinsichtlich exotischer Fernreiseländer. Sie lassen sich ebenso auf europäische Urlaubsländer übertragen. PRAHL/STEINECKE wiesen dies 1979 am Beispiel Irlands nach und zeigten zugleich, wie einsetzende Komplementär-Werbung Klischees und Stereotypen übernahm (zum Beispiel Seife, Spirituosen,

---

[287] *Schlatter, G.*, Mythos, 1989, S. 220.
[288] Vgl. *Romeiß-Stracke, F.*, Traumfabrik, 1996, S. 44.
[289] Vgl. *Eder, W.*, Hause, 1991, S. 164.
[290] *Shields, R.*, Raumkonstruktion, 1998, S. 68.
[291] Vgl. *Thiem, M.*, Identität, 1994, S. 174; 177.

Kosmetika) und dadurch in der Bevölkerung verstärkte. „Das systematisch aufgebaute Irland-Bild (...) weckt die Illusion einer zumindest im Urlaub realisierbaren (Rollen-)Freiheit, zeitlichen Ungebundenheit und möglichen Selbstverwirklichung (...) und zeigt nicht die widersprüchliche Realität Irlands mit wirtschaftlicher Unterentwicklung, hoher Arbeitslosigkeit, konfessionellem Druck und gravierenden Einkommens- und Vermögensdifferenzen.“[292]

Dabei kann das Ausmaß, in welchem der moderne Tourismus unsere gesamte Lebenswelt beeinflusst und nicht nur unsere Reisekultur geprägt hat, nur vermutet werden. Es ist durchaus denkbar, dass dabei dieser Einfluss größer ist, als bisher angenommen: „Man könnte hier sogar über die Hypothese nachdenken, ob nicht die moderne Massenkultur insgesamt einen Nebeneffekt von Tourismus darstellt, sofern zu ihren prägenden Merkmalen ein gewisser oberflächlicher Interkulturalismus, eine gewisse Lust an der Hybridisierung und ein gewisser Souvenircharakter gehört (...).“[293]

4.2.5 Zusammenfassende Betrachtung zur Reisekultur aus kulturalistischer Perspektive

Tourismus ist eine „Prosperitätserscheinung“[294], dessen Paradoxon darin liegt, dass die Menschen gerade dann ihren „angestammten Raum [verlassen; Anm. d. Verf.], wenn er einigermaßen bestens ausgestattet ist.“[295] Zugleich kann Reisen als ein Lebensmodus verstanden werden, in dem sich der persönliche Lebensstil des Individuums im besonderen Maße widerzuspiegeln vermag.[296] Während man anerkennt, dass es Bedürfnisse

---

[292] *Prahl, H.-W./Steinecke, A./Prahl-Steinecke*, Millionen-Urlaub, 1979, S. 112 ff.
[293] *Sloterdijk, P.*, Tractatus, 2008, S. 9.
[294] *Kramer, D.*, Horizont, 2004, S. 26 f.
[295] *Wöhler, K.*, Editoral, 1997, S. 9.
[296] Vgl. *Franck, J.*, Freizeittrends, 1996, S. 32; *Lange, H.-J.*, Erfahren, 1999, S. 102.

wie zum Beispiel Rekonvaleszenz oder auch ein Bedürfnis nach Kontrasterfahrung gibt, steht hingegen der Modus der Bedürfnisbefriedigung zur Disposition. Denn der Bedarf „folgt keinen Urgesetzen, sondern ist integraler Bestandteil der kulturellen Dimension“[297], von der Tourismusindustrie gelenkt[298] und gesellschaftlich vermittelt[299]. Damit aber ist er zugleich auch modifizierbar und korrigierbar.[300] Dies darf ebenso für den touristischen Bedarf angenommen werden. So mag der vage Wunsch nach Erholung primär zu einer Urlaubsentscheidung führen, doch erklärt dieser nicht die eher sekundäre Reisezielentscheidung. In diesem Zusammenhang Fernreisen über altruistische Motive der Touristen, wie zum Beispiel Völkerverständigung, erklären und auch legitimieren zu wollen, ginge hier zu weit. So ist das Reisemotiv „fremde Länder kennenlernen“ auch in unterschiedlicher Ausprägung rückläufig.[301]

Die Motivation des Touristen ist zu hinterfragen, denn „der Tourist will nicht verreisen, um ‚die Welt zu verbessern‘, sondern höchstens bei der Befriedigung seiner Bedürfnisse zumindest das Gefühl haben, etwas für die Natur oder die lokale Bevölkerung zu tun. Letzteres hat also ebenfalls den Charakter einer Bedürfnisbefriedigung.“[302] Hierbei wird zugleich deutlich, dass der vor allem auf Ferntourismus ausgerichtete Reisebedarf[303] nicht allein der Tourismusindustrie zugerechnet werden, sondern dass eine zumindest partielle Übereinstimmung zwischen den Interessen der Tourismusindustrie und denen der Reisenden unterstellt werden

---

[297] *Paech, N./Pfriem, R.*, Konzepte, 2004, S. 45.

[298] Vgl. *Prahl, H.-W./Steinecke, A./Prahl-Steinecke*, Millionen-Urlaub, 1979, S. 217 und 244; *Becker, C.*, Tourismus, 1995, S. 87.

[299] Vgl. *Hennig, C.*, Alltags, 1997, S. 39; *Keul, A. G.*, Reise, 2001, S. 48; *Borghardt, J.*, Tourismus, 2002, S. 358 f.

[300] Vgl. *Pfriem, R.*, Moral, 2007, S. 71 f.

[301] Dies bejahten 1969 noch 43% der Befragten, 2007 dagegen nur noch 25%, in 2009 waren es allerdings wiederum 35% (vgl. *Geiger, H.*, Interessen, 1969, S. 126., *Aderhold, P.*, Urlaubsreisen, 2008, S. 86 f., *Aderhold, P.*, Urlaubsreisen, 2010, S. 88 f.).

[302] *Otto, E.*, Ökotourismusmarketing, 2002, S. 117.

[303] Der Auslandsreiseanteil der Deutschen liegt seit ungefähr 15 Jahren um die 70 Prozent (vgl. *Aderhold, P.*, Urlaubsreisen, 2008, S. D).

darf.[304] Dies gilt auch deshalb, weil sich Tourismusindustrie und Touristen, ähnlich wie die Werbung im Verhältnis zum Konsumenten, in einem „rückgekoppelten Beziehungsfeld“[305] begegnen.[306] Darüber hinaus ist die endgültige Herstellung des Produktes „Reise“ von der Mitwirkung des Touristen als Prosumer[307] abhängig. Damit aber ist er „stets (Mit-)Produzent seines Tourismusproduktes, das er ja nicht vor der Inanspruchnahme kaufen und testen kann, sondern erst kennen lernt und beurteilt, wenn er sich handelnd in den Raum einbringt.“[308] Vielmehr darf dem im Umgang mit Medien und Werbung erfahrenen Touristen durchaus die Fähigkeit zur kritischen Entscheidung unterstellt werden,[309] schließlich nutzt der Reisende heutzutage bereits vermehrt Bewertungen und Erfahrungsberichte anderer Urlauber im Internet zur eigenen Reiseauswahl. So kann die Frage nach dem Anteil der Suggestion bei der Reiseentscheidung nicht beantwortet werden.[310] Dennoch bleibt der „mündige“ bzw. aufgeklärte Tourist, der seinen Reiseveranstalter mit kritischen Fragen bedrängt, Wunschdenken und Forderung zugleich.[311]

Allenfalls, so haben bereits 1969 SCHADE/HAHN festgestellt, werden bestimmte Formen des Urlauberverhaltens durch Ideologien und Leitbilder determiniert.[312] So bejahten in einer ISOE-Studie von denjenigen, die das Flugzeug zur Urlaubsanreise gewählt hatten, immerhin 30,2 Prozent die Aussage, dass „Fliegen zu einem richtigen Urlaub einfach dazugehöre“.[313] Dies kann aber zugleich ein Hinweis darauf sein, dass „Urlauben“

[304] Vgl. *Bertram, J.*, Arm, 1995, S. 18.
[305] *Schmidt, S. J.*, Medien, 1996, S. 149.
[306] Vgl. *Pagenstecher, C.*, Tourismusessay, 1998, S. 544 ff.
[307] Der Begriff des „Prosumers“ besteht aus der Verknüpfung der Begriffe „Producer“ und „Consumer“ (vgl. ausführlich zur Thematik des Prosumers im Tourismus *Geser, G./Markus, M.*, Prosumer, 2008). So auch bereits in *Kirstges, T.*, Expansionsstrategien, 2010 (1992), S. 99 ff.
[308] *Wöhler, K.*, Aufhebung, 1999, S. 5.
[309] Vgl. *Nickel, V.*, Mär, 2002, S. 284.
[310] Vgl. *Schulze, G.*, Suggestion, 2001, S. 39.
[311] Vgl. *Mäder, U.*, Kolonialismus, 1987, S. 168.
[312] Vgl. *Schade, B./Hahn, H.*, Psychologie, 1969, S. 38 f.
[313] Vgl. *Götz, K./Seltmann, G.*, Reisestile, 2005, S. 44.

ein erlerntes Verhalten ist. Dann aber wäre es nicht nur möglich, Reisekompetenz gezielt zu entwickeln, sondern auch Reiseverhalten durch (Um-)Lernprozesse zu verändern.

Die historisch gewachsenen Vorstellungen des „Edlen Wilden" und des Südsee-Mythos waren für die Entwicklung des Tourismus in den entsprechenden Destinationen grundlegend,[314] und haben, wie bereits gezeigt wurde, eine hohe Affinität zum Paradies-Reisemotiv. Die in diesen kulturspezifischen Paradiesvorstellungen[315] enthaltenen (Raum-)Bilder sind dabei nicht wertneutral, sondern im Gegenteil wertend oder gar ausgrenzend. Denn „in der Bewunderung eines ‚Naturvolkes' ist die Verachtung ob seiner Machtlosigkeit schon mitgedacht."[316] Die Tourismusindustrie nutzt diese Bilder, indem sie fremde Kulturen bewusst als „Gegenwelt exotisiert, damit sie als Reiseziel und als ästhetische Faszination verwertbar bleiben."[317] Indem der Tourist sich dieser Raumbilder vor und während der Reise bedient, determiniert er sich, so dass ihm die fremde Kultur nicht in ihrer Normalität enthüllt werden kann. Schon die Bilder im Reiseprospekt lösen den Einheimischen häufig aus seinem sozialen Kontext heraus und versetzen ihn in eine zeitlose Gegenwart. Dabei wird zugleich der Eindruck geweckt, dass jenseits derartiger stereotyper Darstellungen eine noch reine, in sich homogene, authentische, indigene Kultur existiert.[318] Eine plakative, stereotype Darstellung ist dann auch Mitgrund dafür, dass die soziale Realität des Bereisten für den Touristen unerreichbar bleibt, er diese gar nicht verstehen kann. Dies gilt selbst dann, wenn er sich der verfälschten Darstellung bewusst ist.[319]

Die technologisch bedingte Ausweitung des Aktionsraumes des Tourismus ist eine Entwicklung, die analog zur Geschichte der Industrialisie-

---

[314] Vgl. *Reeh, T./Kreisel, W.*, Motive, 2005, S. 15; *Kohl, K.-H.*, Blick, 1986, S. 21 ff.
[315] Vgl. *Orlovius, A.*, Reisen, 1990, S. 36.
[316] *Flitner, M./Langlo, P./Liebsch, K.*, Kultur, 1997, S. 87.
[317] *Luger, K.*, Sehnsucht, 1995, S. 41.
[318] Vgl. *Olsen, J.*, Bilderwelten, 2002, S. 124 f.
[319] Vgl. *Olsen, J.*, Bilderwelten, 2002, S. 130.

rung steht, in dem auch hier der regionale Kontext mehr und mehr in den Hintergrund tritt.[320]

Die Urlaubsreise ist dabei längst zu einer sozialen Norm geworden,[321] denn „rechtfertigen muss sich nicht derjenige, der reist, sondern derjenige, der nicht reist.“[322]. Reisen ist auch deshalb Symbolökonomik in zweifacher Hinsicht: Zum einen setzt die Tourismusindustrie bewusst auf eine „postmoderne Vielfalt ästhetischer Symbolwelten“[323], zum anderen ist Reisen auch demonstrativer Konsum gegenüber der Gesellschaft.[324] Die demonstrative Wirkung zeigt sich dabei in allen Phasen des Reisens. Denn bereits ex ante wird das Reiseziel gegenüber Dritten kommuniziert, womit auch Werthaltungen, zum Beispiel als Studienreise, oder gesellschaftliche Positionen und anderes mehr demonstriert werden können. Während der Reise kann der Tourist verschiedene soziale Rollen einnehmen, indem er zum Beispiel im Rahmen einer Rundreise auch vom Kulturtouristen zum Badetouristen wechselt.[325] So kann der Tourist sich mittels Selbstdarstellung und bewusstem Rollenverhalten bereits während des Urlaubs soziale Anerkennung verschaffen. Doch die Demonstration wirkt über den Konsum selbst hinaus. Ex post lebt das Reiseerlebnis in Erzählungen oder zum Beispiel auch simpel in der Zurschaustellung der Urlaubsbräune weiter. Darüber hinaus kennzeichnen die mitgebrachten Souvenirs den Heimkehrer als reiseerfahren und urlaubsgenießend.[326] Auch die Aneignung des touristischen Raumes über Foto und Film kann

---

[320] Vgl. *Aronsson, L./Sandell, K.*, Nachhaltigkeit, 1999, S. 366.

[321] Vgl. *Rieger, P.*, Dimension, 1982, S. 17.

[322] *Thiem, M.*, Identität, 1994, S. 178.

[323] *Borghardt, J.*, Raumbilder, 2002, S. 58.

[324] Vgl. *Kramer, D.*, Theorie, 1998, S. 159. Bereits 1989 hatte auch BRAUN in einer Untersuchung nachweisen können, dass insbesondere bei jenen Reisenden, die in einer disharmonischen Beziehung zu ihrer Umwelt stehen, die Urlaubszufriedenheit steigt, je mehr Eindruck sie bei anderen Leuten hinterlassen (vgl. *Braun, O. L.*, Urlaubszufriedenheit, 1989; ebenso *Wöhler, K.*, Imagekonstruktionen, 1998, S. 96 ff.; *Keul, A. G.*, Reise, 2001, S. 48; *Graf, B.*, Reisen, 2002, S. 35; *Sloterdijk, P.*, Tractatus, 2008, S. 1).

[325] Vgl. *Kolland, F.*, Motivation, 2004, S. 380.

[326] Vgl. *Kapeller, K.*, Folklorismus, 1991, S. 206.

ebenfalls als ritualisierter Symbolkonsum verstanden werden,[327] da er zugleich einen demonstrativen Charakter besitzt. Das Bild eignet sich besonders gut, um der idealisierten Realität des Touristen einen Anschein von Objektivität zu verleihen und diese auch zu kommunizieren: „Die Fotografie, die die vergängliche Ungewissheit subjektiver Eindrücke durch die endgültige Gewissheit eines objektiven Bildes ersetzt, ist wie dazu geschaffen, als Trophäe zu fungieren."[328]

Die Idealisierungsfunktion des Fotos zeigt sich dabei auch in seiner ästhetischen Gestaltung, welche zum Beispiel oftmals nicht nur andere Urlauber, sondern ganze Wirklichkeitsbereiche ausblendet, wie zum Beispiel Müll am Straßenrand. Die Foto-Trophäe besitzt zugleich auch eine Dokumentationsfunktion, denn indem der Tourist sich selbst im Bild inszeniert, wird zugleich der Nachweis gegenüber den Daheimgebliebenen geführt, tatsächlich an diesem Ort gewesen zu sein. Über die Erinnerungsfunktion des Fotos wird dann ex post die Idealisierung fortgetragen und kann sich im Folgenden beim Touristen als real verfestigen. Nach VESTER kann das touristische Kapital des Reisenden, das aus seinen Reiseerfahrungen und Reiseerlebnissen besteht, von ihm in soziales Prestige verwandelt werden.[329] Damit ist der moderne Tourismus durchaus geeignet, als Spiegel unseres kulturellen Status zu dienen: „Im Konsumschauspiel als der kulturellen Inszenierung der Gegenwart werden die wichtigsten Werte der Kultur sichtbar und zugänglich."[330]

Zudem wird der Tourismus bewusst über Symbole und Simulakren kulturell aufgeladen, wobei sich Gesellschaft und Tourismusindustrie dabei auch gern marginalisierter Kulturformen und der Symbolik von Rand-

---

[327] Vgl. *Schurian-Bremecker*, Fotografie, 2002, S. 178; *Mandel, B.*, Urlaubsfotografie, 1997, S. 428.
[328] *Bourdieu, P.*, Kult, 1983, S. 47.
[329] Vgl. *Vester, H.-G.*, Erbsenzählerei, 1998, S. 71, in Anlehnung an die Thesen Bourdieus.
[330] *Wöhler, K.*, Imagekonstruktionen, 1998, S. 97.

gruppen bedienen sowie auf Stereotypen zurückgreifen.[331] Insofern wirkt die Tourismusindustrie auch über die „kulturelle Tätowierung“[332] ihrer Produkte kulturstiftend. Die Tourismusindustrie wirkt damit an der Entwicklung und Veränderung unserer Reisekultur mit, wenngleich auch der Reisende durch seine interpretative Konsumtion der Produkte ebenfalls seinen eigenen Teil dazu beiträgt.[333] BAUSINGER stellt ähnlich fest: „So betrachtet trägt der organisierte Tourismus bei all seinem Pochen auf Echtheit und Ursprünglichkeit und kulturelle Vielfalt dazu bei, dass diese Vielfalt nur noch in sehr gezähmter und flacher Form vorhanden ist: *Airport Art*, die windige Scheinwelt des Souvenirs, die standardisierten Vorführungen von Marionetten der Fremdenverkehrsindustrie.“[334]

Künstliche Ferienwelten und eine allgegenwärtige Südsee-Symbolik in vielen Urlaubswerbungen sind dabei letztlich nur eine Fortschreibung einer zunehmenden „Exotisierung des Alltäglichen“[335]. In ihr spiegelt sich zugleich das geradezu stereotype Bild eines Traumurlaubs mit weißem Strand unter Palmen und südlicher Sonne wider, das 2001 in einer Studie immerhin von gut einem Drittel der Befragten als Urlaubs-Wunschbild beschrieben wurde.[336] Aber dort, „wo das Fest zur Dauereinrichtung geworden ist, kann das Gegenweltprinzip nicht mehr funktionieren, so dass sich touristische Raumbilder zeigen, die durch Festivalisierung, Hyperrealitäten, Simulationen und Simulakra geprägt sind.“[337]

Dabei kann die Urlaubsreise selbst auch als jährlich wiederkehrendes Ritual verstanden werden, vergleichbar mit den Festen und Ritualen der

---

[331] Vgl. *Backes, M.*, Anderssein, 2002, S. 156 f.
[332] *Luger, K.*, Horizontverschiebungen, 2004, S. 52.
[333] Vgl. hierzu ähnlich *Pfriem, R.*, Unternehmenspolitik, 1995, S. 273; *Beschorner, T.* u. a., Perspektiven, 2004, S. 47.
[334] *Bausinger, H.*, Grenzenlos, 1999, S. 345.
[335] *Luger, K.*, Sehnsucht, 1995, S. 53.
[336] Vgl. *Schemel, H.-J.*, Kommunikation, 2001, S. 57.
[337] *Borghardt, J.*, Raumbilder, 2002, S. 59; vgl. auch bereits *Borghardt, J.*, Entgrenzung, 1997, S. 413 f.

Vergangenheit,[338] das inzwischen tradiert fester Bestandteil des Alltags und damit auch eine kulturelle Errungenschaft geworden ist,[339] an der in den letzten 15 Jahren konstant dreiviertel der Bevölkerung jährlich Anteil hatte.[340] Doch ist die Reise zugleich längst zu einem Konsumgut geworden, vor dem auch die „Discount-Mentalität" nicht halt macht.[341]

Unsere Freizeitkultur hat hingegen vielmehr einen unverbindlichen und flüchtigen Charakter, sie ist heutzutage „ein ephemeres, also eintägiges, kurzlebiges und unverbindliches Ereignis."[342] Sie ist vielmehr als Alltagskultur zugleich gegenwartsbezogen wie auch personen- und sozialorientiert.[343] Zugleich scheint sich das Verhältnis von Arbeit und Freizeit umzukehren und der Alltag sich in seinen Sehnsüchten und entgrenzenden Tendenzen den Grundstrukturen des Tourismus anzunähern.[344]

So werden zugleich Gruppenkategorien der modernen Industriegesellschaft kulturell aufgehoben bzw. temporär transformiert. Der Gast am Strand ist dabei zugleich geschichtslos, er erfindet gewissermaßen seine Geschichte, sofern er dies möchte, auch neu, analog zu den Möglichkeiten im Internet. Dabei kann er seinem Urlaubsumfeld vorleben, wer er sein möchte und seine soziale Rolle temporär neu definieren. Spätestens in der vom Reiseveranstalter organisierten Pauschalreise wird der Urlaub damit teilweise auch zur organisierten Gleichheit, einer touristischen Peergroup. Im Strandurlaub vermag der Urlauber eine Individualisierung und Differenzierung allenfalls über die (wenige) Kleidung, Accessoires (zum Beispiel Buch, mp3Player) und den Bräunungsgrad herstellen.

---

[338] Vgl. *Graf, B.*, Reisen, 2002, S. 185; *Henning, C.*, Entwurf, 1998, S. 69.
[339] Vgl. *Köstlin, K.*, Touristen, 1995, S. 5.
[340] Vgl. *Aderhold, P.*, Urlaubsreisen, 2008, S. 14.
[341] Vgl. *Bosshart, D.*, Kulten, 1996, S. 13 f.
[342] *Opaschowski, H. W.*, Ferienwelten, 1995, S. 21f.
[343] Vgl. *Opaschowski, H. W.*, Ferienwelten, 1995, S. 19.
[344] Vgl. *Hennig, C.*, Reiselust, 1999, S. 181.

4.3 Reisen im Spannungsfeld zwischen Künstlichkeit, Natürlichkeit und Authentizität

4.3.1 Zur Authentizität und Künstlichkeit im Reisen

Betrachtet man das Konzept der Nachhaltigkeit in seiner originären Intention, so dient es auch dazu, Ursprüngliches zu erhalten und zu bewahren. Aus dieser Sicht wäre jedoch alles Unechte und Künstliche primär nur sehr bedingt mit einem Verständnis von Nachhaltigkeit vereinbar. Künstlich geschaffene Ferienwelten könnten demnach a priori überhaupt nicht nachhaltig sein, sind sie ihrer Entstehung nach doch fast gänzlich „synthetisch"[345], wenngleich ihre „Bausteine", wie beispielsweise der Sand oder die Pflanzen, auch echt sein mögen. Auf der anderen Seite sieht BORMANN in der sozialkonstruktivistischen Kategorie von Kultur, in der „Kultur" als der Prozess der symbolischen Konstitution von sozialer Welt verstanden wird, „keinen Platz für Authentizitätsdebatten".[346] Tatsächlich verliert eine solch streng dualistische Sichtweise bei genauerer Betrachtung rasch ihre klaren Konturen. REEH/KREISEL bewerten den Diskurs hierzu als vor allem akademischer Natur, da durch den großen Erfolg künstlicher Ferienwelten in der Praxis die Kritik letztlich ins Leere laufe.[347] WACHTER stellt denn hierzu auch fest, „Authentizität im Sinn von unverfälschten Szenerien gibt es in der Realität nicht."[348] Sie sei, so KOLLAND und andere, vielmehr eine Erfindung und Konstruktion, das Ergebnis eines sozialen Konstruktionsprozesses.[349] Die Wirklichkeit der Tourismusräume lässt sich mit einer Kategorie von „Authentizität" danach nicht messen, denn letztlich ist es allein das Erlebnis selbst, das authen-

---

[345] Vgl. *Hennig, C.*, Reiselust, 1999, S. 104; *Hoffmann, H.*, Hochsicherheitstrakt, 2001, S. 57.

[346] Vgl. *Bormann, R.*, Nicht-Orten, 2000, S. 222.

[347] Vgl. *Reeh, T./Kreisel, W.*, Motive, 2005, S. 21.

[348] *Wachter, M.*, Freizeitwelten, 2001, S. 127.

[349] Vgl. *Kolland, F.*, Motivation, 2004, S. 385; ebenso *Borghardt, J.*, Entgrenzung, 1997, S. 412; ähnlich *Spode, H.*, Reif, 1995, S. 121.

tisch ist.[350] KIEFL geht in seiner Argumentation darüber hinaus, denn für ihn ist „die Kategorie der ‚Authentizität' zur Klassifikation und Bewertung touristischen Erlebens (...) auch aus wissenschaftlicher Sicht fragwürdig (...), denn sämtliche touristische Szenarien können sowohl als ‚künstlich' als auch als „authentisch" betrachtet und beschrieben werden. Authentisch ist, was subjektiv als authentisch wahrgenommen wird, das heißt Authentizität ist nichts Vorgegebenes, sondern wird konstruiert."[351] So sei die Kritik an der Künstlichkeit von Themenwelten nach STEINECKE auch von daher ein Trugschluss, als dass sie überwiegend auf einer elitären Haltung gegenüber Massenvergnügungen einerseits und einem unreflektierten Mythos des Authentischen andererseits beruhe.[352]

Doch erscheint es für die weitere Diskussion weder Ziel führend, alles künstlich Geschaffene von vornherein im weitesten Sinne als „authentisch" zu erklären, weil es letztlich das Unberührte gar nicht mehr gäbe. Noch erscheint es sinnvoll, den Erfolg der *künstlichen* Ferienwelten pauschal zu deren Legitimation heranzuziehen, da diese Betrachtungsweise zu kurz greift. Will man darlegen, welche Folgen eine Zunahme von künstlichen Elementen auf die Reisekultur im Allgemeinen haben können, erscheint hingegen eine differenziertere Betrachtung von Authentizität notwendig.

HÄUßLER macht in dem Diskurs von Authentizität dann auch drei verschiedene Auffassungen von Authentizität aus:

1. absolut-objektive Authentizität nach BOORSTIN: Hiernach gibt es echte Erfahrungen (elitäre Kultur) und Pseudo-Ereignisse (ordinäre Kultur).
2. relativ-objektive Authentizität nach MAC CANNELL: Die Unterscheidung zwischen ‚pseudo' und ‚echt' bleibt hier bestehen, al-

---

[350] Vgl. *Wöhler, K.*, Virtualisierung, 2003, S. 248.
[351] *Kiefl, W.*, Utopia, 2005, S. 207.
[352] Vgl. *Steinecke, A.*, Themenwelten, 2009, S. 50 ff.

lerdings ist es laut MAC CANNELL schwer zu identifizieren, was tatsächlich echt und was dagegen inszeniert sei.

3. relativ-subjektive Authentizität nach COHEN: In dieser recht weiten Auffassung wird Authentizität als eine soziale Konstruktion definiert, die Bestandteil einer objektiv gegebenen Realität sei. Diese wiederum bedeutet, dass das Vorhandensein von Authentizität „verhandelbar“ sei.[353]

Unstrittig ist, dass der Reisende in seinem Urlaub grundsätzlich vor allem authentische Erfahrungen und Orte sucht,[354] auch wenn RUDOLPHI der authentischen Echtheitserfahrung im herkömmlichen Massentourismus nur eine geringe Bedeutung zumisst und diese vielmehr im Segment der kultur- und bildungsorientierten Reisen verortet.[355] Die Suche nach der authentischen Erfahrung umfasst dabei als Klammer vor allem zwei Ebenen: Zum einen ist hier die Suche nach der echten Kultur zu nennen, die sich auch materiell in historischen Sehenswürdigkeiten manifestieren kann. Zum anderen steht dort der Wunsch nach dem Erleben von Natur und Naturlandschaft. Dabei mag eben diese Suche des Urlaubers nach der „reinen“ Natur auch aus einer Gegenbewegung zum rationellen Stadterlebnis zu erklären sein und die Natur selbst dabei zur Projektionsfläche für allerlei Fantasien und Bedürfnisse werden.[356] Dies zeigt sich auch in den zwei touristischen Hauptarten des Reisens: dem Badeurlaub an der Küste und dem Wanderurlaub in den Bergen, welche einen „antiurbanen“ Kontrapunkt setzen,[357] wenngleich der Städtetourismus auch die beliebteste Kurzurlaubsreiseart der Deutschen ist.[358]

---

[353] Vgl. *Häußler, O.*, Reisen, 1997, S. 100 ff.
[354] Vgl. *Häußler, O.*, Reisen, 1997, S. 107; *Wöhler, K.*, Raumbindungen, 2000, S. 104.
[355] Vgl. *Rudolphi, P.*, Studienreisen, 2007, S. 24.
[356] Vgl. *Hartmann, K. D.*, Psychologie, 1982, S. 7.
[357] Vgl. *Held, G.*, Urbanisierung, 2002, S. 42.
[358] In der Befragung der Reiseanalyse nach Kurzurlaubsarten lag der Anteil der Städtereisen 2009 bei 30 %, gefolgt von Verwandten- und Bekanntenbesuchen mit 29 % sowie dem Ausruhurlaub mit nur 18 % (vgl. *Aderhold, P.*, Urlaubsreisen, 2010, S. 114).

Der Authentisches suchende Urlauber möchte das Gefundene immerhin als „wahr“ begreifen können. Dabei vermeidet er gegebenenfalls, sich die Simulation bewusst zu machen und ist bereit, eine „authentische“ Reproduktion zu akzeptieren, solange der Schwindel nicht allzu offensichtlich ist.[359] Der von ihm erwartete Perfektionierungsgrad des Dargebotenen ist, so vermutet LOBIN, allerdings abhängig vom Aufwand, der erforderlich wäre, um das Original aufzusuchen.[360]

VESTER spricht in den Fällen, in denen mit Authentizitätserwartungen und -angeboten leichter und geradezu spielerisch umgegangen wird, von einem postauthentischen Tourismus.[361] BRITTNER hingegen sieht „das Ende des Zeitalters der ‚Authentizität‘, weil Authentisches zunehmend kritisch hinterfragt wird und nicht, weil Natürliches durch Künstliches verdrängt wird.“[362] Dabei verschweigen die Simulationen keineswegs, „dass sie kopieren, ebenso wenig wie sie verschweigen, dass sie Auratisches zu importieren und nachzustellen suchen.“[363] So wird von LOBIN Authentizität „daher nicht als die historisch gewachsene Realität definiert, sondern als die gemeinsame Vorstellung der Menschen von einem Objekt.“[364]

4.3.2 Authentizität und Natur

Die Erfahrung der Natur gehört zu den bedeutenden allgemeinen Reisemotiven. So sind die „Natur erleben, Landschaft, reine Luft“ für 58 Prozent der Reisenden im Urlaub besonders wichtig, womit die Natur auf

---

[359] Vgl. *Kirchberg, V.*, McDonaldisierung, 2000, S. 122 ff.
[360] Vgl. *Lobin, D.*, Kundenanforderungen, 2007, S. 473.
[361] Vgl. *Vester, H.-G.*, Tourismustheorie, 1999, S. 114 ff.
[362] *Brittner, A.*, Natürlichkeit, 2002, S. 239.
[363] *Legnaro, A./Birenheide, A.*, Stätten, 2005, S. 36.
[364] *Lobin, D.*, Kundenanforderungen, 2007, S. 70.

Platz sechs der allgemeinen Reisemotive liegt.[365] Doch stellt sich die Frage, was das für eine Natur ist, die der Urlauber in seinem Urlaub erwartet.

Aber mit der erweiterten Frage „was für eine Natur das sein soll, in der wir in Zukunft leben und uns erholen wollen"[366], verweist MÜLLER zugleich auch auf das Bemühen um Umweltschutz im Tourismus. Für den Tourismus ist der Umweltschutz-Aspekt auch deshalb von zentraler Bedeutung, weil nur eine intakte Natur als schöne Natur gilt.[367] Doch ist die vom Touristen aufgesuchte Naturlandschaft „immer schon Kulturlandschaft, vom Menschen bewusst oder unbeabsichtigt mitgestaltet."[368] Letztlich ist die gesellschaftliche Herrschaft über die Natur die notwendige Bedingung zur romantischen Verklärung der Natur überhaupt und ohne sie nicht denkbar.[369]

Dabei ist die Versöhnung mit der Natur das utopische Wunschbild einer modernen westlichen Industriegesellschaft, welche sich gemäß ihrem christlichen Auftrag nicht nur die äußerlich sichtbare, sondern auch die innere Natur des Menschen zum Untertan gemacht hat.[370] In einem neuen Naturverständnis ginge es damit nicht nur darum, sich als Mensch in der Natur zu verorten, sondern sich als Teil der Natur zu begreifen. So wie der Mensch sich als Teil der gesamten Menschheit begreifen kann, kann sich die Menschheit nicht ohne ihre Umwelt definieren. Denn „ohne die natürliche Mitwelt sind wir gar nicht die Menschheit. Wir sind es nur in der Gemeinschaft der Natur."[371]

---

[365] Vgl. *Aderhold, P.*, Urlaubsreisen, 2010, S. 88 und Kapitel 4.1.6.
[366] *Müller, S.*, Konflikte, 1998, S. 107.
[367] Vgl. *Opaschowski, H. W.*, Tourismusforschung, 1989, S. 152.
[368] *Hartmann, K. D.*, Psychologie, 1982, S. 7.
[369] Vgl. *Borghardt, J.*, Entgrenzung, 1997, S. 408.
[370] Vgl. *Hasse, J.*, Heimat, 1993, S. 17.
[371] *Meyer-Abich, K. M.*, Kultur, 1999, S. 8.

Damit ist aber „der Natur-Raum (…) mehr denn je zu einem Produktionsfaktor für das Dienstleistungsunternehmen ‚Erholungsort' geworden."[372] Weiter stellt WÖHLER fest: „Der postmoderne Mensch besitzt eine egoistische Naturauffassung und ergreift den Natur-Raum zu seinen Zwecken - hier: Erholungszwecken. Dies zeichnet einen instrumentellen Anthropozentrismus im Gegensatz zum ‚reflektierenden praktischen Anthropozentrismus' aus."[373] Wobei eben auch unser Verhältnis zur Natur kulturell geprägt ist,[374] denn „diese Gesellschaft ist auf eine Kultur gegründet, die einen *produktivistischen* Umgang mit der Natur prämiert."[375]

So gerät die Natur im Tourismus zur Kulisse, von der Tourismusindustrie alljährlich neu hergerichtet und emotional aufgeladen als Bühne eines vermeintlichen Glücks.[376] Insbesondere für den Tourismus benötigt die ursprüngliche Naturlandschaft nach BRITTNER allerdings den menschlichen Eingriff, um als attraktiv empfunden zu werden.[377]

Insbesondere das Erleben der geschönten und bereinigten Natur indes mag die Distanz zu ihr noch vergrößern, denn „es ist ein Zeichen einer Entfremdung von Natur, sie nie mehr als fremd, als widrig und verderblich wahrnehmen zu können."[378] OPASCHOWSKI befürchtet daher die Entwertung der unmittelbaren Naturerfahrung, da die reale Natur mit der inszenierten und simulierten Natur nicht mehr mithalten könne,[379] womit uns letztlich tatsächlich eine „Anästhesie der Naturwahrnehmung"[380] drohen könnte. Dabei werden auch typische Outdoor-Aktivitäten ihrem eigentlichen Kontext enthoben, indem sie in künstlich geschaffenen

---

[372] *Wöhler, K.*, Naturerlebnisgebiete, 1997, S. 9.
[373] *Wöhler, K.*, Naturerlebnisgebiete, 1997, S. 13.
[374] Vgl. *Wöhler, K.*, Naturerlebnisgebiete, 1997, S. 17.
[375] *Eder, K.*, Vergesellschaftung, 1988, S. 43.
[376] Vgl. *Krippendorf, J.*, Ferienmenschen, 1986, S. 64; *Luger, K.*, Sehnsucht, 1995, S. 37; *Müller, S.*, Konflikte, 1998, S. 101; *Fleischmann, K.*, Bilderwelten, 2004, S. 421.
[377] Vgl. *Brittner, A.*, Natürlichkeit, 2002, S. 236.
[378] *Ullrich, W.*, Naturpazifismus, 1999, S. 11.
[379] Vgl. *Opaschowski, H. W.*, Kathedralen, 2000, S. 44.
[380] *Hasse, J.*, Paradies, 1995, S. 167.

Räumen stattfinden, wie zum Beispiel in Kletterhallen, Indoor-Skihallen oder streng genommen auch bereits in Wellenbädern. Durch diese „Industrialisierung der Landschaft“ besteht die Gefahr, dass die emotionale Ortsbindung und damit auch die Verpflichtung, die eigene Existenzgrundlage der Naturressource nicht zu zerstören, verloren gehen könnten.[381] Dabei ist es gerade die Naturerfahrung, welche die Möglichkeit bietet, den Menschen für Umweltbewusstsein zu sensibilisieren. Daher „ist ein Ausschluss von der Natur nicht kompatibel zur Umweltverträglichkeit. Es ist im Gegenteil der Naturraum derart zu öffnen, dass ihn der Mensch verantwortungsbewusst erleben und somit auch instrumentalisieren kann. Dies könnte eine Legitimation für ‚Naturerlebnisgebiete‘ sein.“[382] Eben diese „echten“ Naturerlebnisse lassen sich auch bei Ausschöpfung aller technischen Möglichkeiten nur sehr begrenzt kopieren.[383] Trotzdem begegnet uns eine Simulation von Natur heute bereits auf vielen Ebenen: Indem beispielsweise temporär in den Skigebieten der fehlende Winter durch Beschneiungsanlagen räumlich begrenzt nachgeahmt wird, versuchen wir, ihren Grenzen aus ökonomischen Erwägungen heraus zu entkommen.

In dem Erleben künstlicher Ferienwelten potenziert sich die Naturmanipulation über Naturfiktion hin zur Natursubstitution.[384] Hier findet sich der Mensch jedoch von der eigentlichen Natur getrennt, indem die Trennung von Subjekt und Objekt real versinnbildlicht wird,[385] womit die künstlichen Ferienwelten letztlich auch „ihren Erfolg der Beschleunigung und Anästhetisierung der Bedingungen des eigenen Lebens verdanken“[386] mögen. Dabei sind sie „nicht künstlich im Sinne der Opposition zu natürlich oder unecht im Sinne der Opposition zu echt, sondern [sie; Anm. d. Verf.] können als technologische Arrangements betrachtet werden, die

---

[381] Vgl. *Aronsson, L./Sandell, K.*, Nachhaltigkeit, 1999, S. 372.
[382] *Wöhler, K.*, Naturerlebnisgebiete, 1997, S. 1 f.
[383] Vgl. *Reeh, T./Kreisel, W.*, Motive, 2005, S. 23.
[384] Vgl. *Müller, S.*, Parks, 1998, S. 179; *Müller, S.*, Konflikte, 1998, S. 107.
[385] Vgl. *Hasse, J.*, Paradies, 1995, S. 166.
[386] *Hasse, J.*, Paradies, 1995, S. 167.

›Echtes‹ und ›Unechtes‹, ›Natürliches‹ und ›Künstliches‹ in Steigerungsverhältnisse setzen."[387] In der künstlichen Ferienwelt erfährt aber die Kommodifizierung der Natur insofern ihren Höhepunkt, indem sie an diesem Ort zu einem „begehbaren Bild"[388] wird. Damit wird hier die „Natur zum Erlebnismedium. Sie wird tendenziell beliebig und austauschbar."[389] So verfälscht „die perfekte Inszenierung der Realität (...) gerade bei Kindern auch die Naturwahrnehmung, die als Schlüssel zur Umweltbildung gilt."[390]

Dies trifft auf Ferienparks im besonderen Maße zu, denn hier „ist die spezielle Angebotsform des Ferienparks für die Reiseentscheidung ausschlaggebend."[391] Umso mehr die touristische Infrastruktur für die Reiseentscheidung an Bedeutung gewinnt, umso eher scheint Erholung ohne Naturraum möglich zu sein.[392] Diese Entwicklung mag aber auch eine Folge davon sein, dass der heutige Erholungssuchende nur noch einen verknappten Naturraum erfährt.[393]

Zugleich stärken künstliche Ferienwelten somit den Mythos der Naturbeherrschung, indem sowohl Klima, Tageszeiten und selbst Vulkanausbrüche mit Hilfe aufwändiger Technik reproduziert werden.[394] Dabei kopieren sie nicht einfach vorhandene Naturbilder, sondern schaffen „eine Phantasmagorie (...), die in Bildern denkt und Landschaftsbilder zusammensetzt, um aus ihr die funktionelle und ästhetische Einheit von Schwimmparadies und Plaza der Center Parcs zu formen."[395] Insofern stellen künstliche Ferienwelten auch „die Symbolik der Hegemonie über die Natur dar: Dem Naturraum kann nahezu alles an weltweiter ‚Natur'

---

387 *Berger, W.*, Technologisierung, 1999, S. 37.
388 *Hasse, J.*, Heimat, 1993, S. 44.
389 *Brittner, A.*, Natürlichkeit, 2002, S. 99.
390 *Küblböck, S.*, Urlaub, 2005, S. 96.
391 *Brittner, A.*, Natürlichkeit, 2002, S. 239.
392 Vgl. *Wöhler, K.*, Naturerlebnisgebiete, 1997, S. 10.
393 Vgl. *Wöhler, K.*, Naturerlebnisgebiete, 1997, S. 1.
394 Vgl. *Steinecke, A.*, Themenwelten, 2009, S. 33.
395 *Müller, S.*, Konflikte, 1998, S. 108 f.

infrastrukturell oktroyiert werden (vom Kletterberg über das Surfgewässer bis hin zu tropischen Tieren in angemessener Landschaft).“[396] LEGNARO/BIRENHEIDE stellen weiter kritisch fest: „In ihrer Vielfalt dienen diese Wirklichkeits-Landschaften der Ästhetisierung des Kommodifizierten, der Kulturalisierung des Alltags, der Wiederverzauberung einer entzauberten Welt (...) – letztlich also den Bedürfnissen eines ökonomisch, sozial und in seiner Lebenshaltung zutiefst verunsicherten Publikums.“[397]

Allerdings ist es nicht die künstlerische Gestaltung der Naturlandschaft an sich, die hier in der Kritik steht. Denn „Künstlerische Arrangements können dazu dienen, Natur in besonderer Weise zur Entfaltung zu bringen und sinnfällig zu machen und sie können heute den Menschen die Möglichkeit zur Blickveränderung und zur Wiedergewinnung elementarer Erfahrungen geben.“[398] So gibt es offenbar verschiedene Stufen der Aneignung der Natur, die bislang in dem Diskurs zu wenig differenziert wurden. BRITTNER stellte daher auch entsprechend polarisierend fest: „Wenn es zudem (...) in den sogenannten zivilisierten Ländern keine ‚unberührte‘ Natur mehr gibt und der Mensch ohnehin nicht an der Natur in ihrem Urzustand interessiert ist (...), wird die Diskussion um Vor- und Nachteile künstlicher Ferienwelten regelrecht zur Farce.“[399]

Indem allerdings jede vom Menschen bearbeitete Natur pauschal als künstlich eingeordnet wird, wird eine Diskussion um unseren Umgang mit der Natur von vornherein obsolet. Von daher wird vorgeschlagen, die Grade der technischen Aneignung der Natur in folgender Abstufung auszudifferenzieren:[400]

---

[396] *Wöhler, K.*, Naturerlebnisgebiete, 1997, S. 8.
[397] *Legnaro, A./Birenheide, A.*, Stätten, 2005, S. 289.
[398] *Böhme, G.*, Natur, 2002, S. 206.
[399] *Brittner, A.*, Natürlichkeit, 2002, S. 103.
[400] Darüber hinaus gibt es auch menschlich verursachten Wandel in der Natur, der hiermit nicht erfasst wird, wie zum Beispiel ein Einschleppen von „alien species“ in Gewässer

1. **Formung** von Natur: Der vorgefundene Naturraum bleibt strukturell erhalten und es werden nur einzelne Elemente verändert, das Gesamtbild bleibt jedoch erhalten, zum Beispiel Naturlandschaften.
2. **Umgestaltung** von Natur: Der vorgefundene Naturraum wird neu arrangiert, wobei keine wesentlichen Elemente weggelassen oder neu hinzugefügt werden, zum Beispiel viele Kulturlandschaften.
3. **Neugestaltung** von Natur: Der bisherige Naturraum wird neu strukturiert, es werden wesentliche neue Elemente hinzugefügt oder weggelassen, zum Beispiel einige Parklandschaften.
4. **Imitation** von Natur: Der vorhandene Naturraum wird durch analoge Elemente ersetzt bzw. nachempfunden, wobei auch natürliche Elemente zum Einsatz kommen können, zum Beispiel künstliche Skihallen.

Die Aneignung der Natur in künstlichen Ferienwelten geschieht hiernach im Wesentlichen dem dritten oder vierten Grade nach. So wie die Deanthropologisierung des Raumes zu Nicht-Orten führt, produziert die idealisiert-konstruierte Natur der künstlichen Ferienwelten im vierten Aneignungs-Grad dem Grunde nach Nicht-Natur. Indem die Natur zusätzlich wesentlicher Aspekte, wie zum Beispiel ihrer steten Veränderung oder des Wetters, beraubt wird, erfährt sie eine Reduzierung und Simplifizierung auf ein eben nicht-natürliches Maß.

4.3.3 Authentizität und Kultur

In dem stetigen Prozess des touristischen Raums hin zur Ortlosigkeit ist ihm auch das kulturelle Kapital verloren gegangen.[401] Das, was den Tou-

---

über den globalen Schiffsverkehr. Dieser Wandel wird an dieser Stelle bewusst außer Acht gelassen, da er für die Diskussion nicht zielführend erscheint.

[401] Vgl. *Wöhler, K.*, Kulturangebote, 1999, S. 9.

risten als indigene Kultur präsentiert und für sie mitunter gar inszeniert wird, sind oftmals nicht mehr als auf „Stereotype reduzierte Mythen bzw. Inszenierungen mit Echtheitszertifikat“[402]. In gleichgerichtetem Handeln von Bereisten und Reisenden gerät damit deren Begegnung allzu leicht zu einem Bühnenstück, welches einem ungeschriebenen Plot zu folgen scheint, in den sich die Beteiligten einfügen.[403] Somit stellen denn auch manche kulturelle ‚Realitäten‘ des Reiselandes nicht mehr als nachträgliche Konstruktionen dar, welche dem Wunschbild ganzer Touristengenerationen entsprechen sollen oder ihnen gar entsprungen sind.[404]

KAPELLER mahnt jedoch an, dass es bei der Wiederverwendung von kulturellen Bräuchen und Folklore nicht darauf ankäme, ob diese in historischem Sinne „echt“ oder „falsch“ verwendet werden, sondern welche Funktion ihnen jetzt zukommt.[405] Tatsächlich geht es also bei kultureller Authentizität sowohl um das Zulassen traditioneller als auch moderner Ausdrucksformen, ohne dabei beliebig zu erscheinen. Letztlich ist der stetige Wandel von Kultur zu berücksichtigen, denn insbesondere „Tourismus funktioniert in der Dialektik von Enttraditionalisierung und Retraditionalisierung. (…) Die Diffamierung solcher ‚neuen Traditionen‘ als puren ‚Folklorismus‘ verkennt, dass auch die Volkskultur einem beständigen Wandel unterliegt, ‚ursprünglich‘ im Sinne des Ewig-Gleichen nie gewesen ist und immer wieder auf äußere Einflüsse reagiert hat.“[406]

Dabei sind beispielsweise die Marketingbilder der verschiedenen tropischen Destinationen häufig austauschbar, landestypische Motive werden hingegen inszeniert. In der Werbung werden mitunter auch traditionelle Berufe der Urlaubsregion herausgestellt und zum Teil romantisch ver-

---

402 *Luger, K.*, Horizontverschiebungen, 2004, S. 43.
403 Vgl. ebd.; siehe ähnlich auch *Opaschowski, H. W.*, Psychologie, 1981, S. 42; *Lorenz, P.*, Freizeitarchitektur, 1998, S. 52.
404 Vgl. *Prahl, H.-W./Steinecke, A./Prahl-Steinecke*, Millionen-Urlaub, 1979, S. 199; *Richter, D.*, Tourismus, 1998, S. 143.
405 Vgl. *Kapeller, K.*, Folklorismus, 1991, S. 38.
406 *Richter, D.*, Tourismus, 1998, S. 146.

klärt, moderne Berufe werden in der Regel hingegen ausgeklammert. Dieser Prozess gleicht einer sozialen Sterilisierung und wird noch verstärkt, indem die Urlaubsräume der Reisenden von den Alltagsräumen der Bereisten durch die Tourismusindustrie am Urlaubsort getrennt werden. In künstlichen Ferienwelten erfährt diese Entwicklung dann weiter eine Potenzierung und Perfektionierung, indem diese, ähnlich der Themenparks, als „Traumwelten und Raumarchitekturen der völligen Verfügbarkeit von sozialer Wirklichkeit und städtischen Strukturen ab[schotten; Anm. d. Verf.]“[407]. Fand bislang die Aneignung und Realisierung eines imaginierten touristischen Raumes vor allem noch im Kopfe des Touristen statt,[408] so werden durch eine künstliche Ferienwelt nun wesentliche Bildelemente materialisiert und erzeugen realiter eine begehbare Entsprechung zu den Urlaubsträumen der Besucher.

Der Tourist konstruiert sich so seine eigene Urlaubswelt auch in kultureller Hinsicht selbst. Verstärkt wird dieser Konstruktionsprozess in der „technologischen Verdichtung“[409] der Moderne durch jene Massenmedien, die entsprechend stereotype Urlaubsbilder schaffen und zugleich normieren, welche Sehenswürdigkeiten zu besuchen sind.[410] Sofern der Bereiste sich dabei tatsächlich in seine vermeintliche Rolle fügt und sich ebenso verhält, wie es der Tourist von ihm erwartet, besteht die Gefahr, dass er seinen eigenen Lebensstil verliert.[411]

Das Verhalten des Touristen, welches er in seiner Rolle als Tourist an seinem Urlaubsort zeigt, wird dabei vor allem von der Reiseart sowie von dem Reiseort bestimmt.[412] Vermutlich ist darüber hinaus das touristische Verhalten vorgeprägt, denn „das touristische Feld bringt auch einen spezifischen touristischen Habitus hervor, eine bestimmte körperlich erkenn-

---

[407] *Breuer, T.*, Fremdenverkehrsgebiete, 1998, S. 233.
[408] Vgl. *Wöhler, K.*, Virtualisierung, 2003, S. 238.
[409] *Luger, K.*, Horizontverschiebungen, 2004, S. 50.
[410] Vgl. *Brenner, P. J.*, Erfahrung, 1989, S. 39.
[411] Vgl. *Mäder, U.*, Kolonialismus, 1987, S. 153.
[412] Vgl. *Rieger, P.*, Dimension, 1982, S. 14.

bare Verhaltensdisposition des Touristen, die ihn eben als Touristen identifizierbar macht."[413] Wobei, wie FISCHER in Interviews mit Samoa-Touristen nachweisen konnte, ein Unwille des Urlaubers existiert, sich selbst als Tourist einzuordnen bzw. wahrzunehmen. Und wenn man schon eingestehen muss, dass man tatsächlich ein „Tourist" sei, dann, so hofft man, sei man zumindest nicht so, wie die anderen Touristen.[414] Zugleich hat man aber doch konkrete Vorstellungen über das korrekte Rollenverhalten der Mitkonsumenten.[415] Diese führen zu einer Art „*Metatourismus*, ein erlebnisbesetzter Vorgang, bei dem Touristen beobachten, ob Tourismus drehbuchgerecht inszeniert wird."[416] WACHTER vergleicht diese temporär erlebte und inszenierte Realität denn auch mit einem Kinderspiel, bei dem die Spielenden sich ihrer zugewiesenen Rolle nicht nur bewusst sind, sondern sich für die Dauer des Spiels mit ihr identifizieren und diese im Sinne eines „Brain-Scripts" auch ausfüllen. Die dabei gemachten Erfahrungen wiederum sind für das Subjekt authentisch.[417]

Aber auch der Gastgeber befindet sich in einer sozialen und ökonomischen Rolle. Und in der Begegnung von Reisendem und Bereistem sind es nach ARMANSKI diese Rollen, welche ein wirkliches Kennenlernen verhindern, denn sowohl Reisender als auch Bereister „neigen dazu, (…) den ihnen zugänglichen Realitätsausschnitt für repräsentativ zu halten."[418]

---

[413] *Vester, H.-G.*, Erbsenzählerei, 1998, S. 71. Schon KNEBEL hatte 1960 eine „Mechanik des Stereotyps (…) in der Rolle des Touristen" festgestellt (vgl. *Knebel, H.-J.*, Strukturwandlungen, 1960, S. 135).
[414] Vgl. *Fischer, H.*, Samos, 1984, S. 43 ff.
[415] Vgl. *Lobin, D.*, Kundenanforderungen, 2007, S. 489.
[416] *Köck, C.*, Konstruktion, 2005, S. 14. KÖCK beobachtete bei einer volkskundlichen Studienexkursion auf Mallorca, dass sich die Touristen immer dann wie „typische Mallorca-Touristen" verhielten, wenn eine Filmkamera auf sie gerichtet wurde.
[417] Vgl. *Wachter, M.*, Freizeitwelten, 2001, S. 124 ff.
[418] *Armanski, G.*, Tage, 1986, S. 122.

4.3.4 Authentizität und Architektur

Tatsächlich muss in touristischen Regionen zum Teil auch die Architektur den Vorgaben durch den Tourismus folgen. KAPELLER spricht in diesem Zusammenhang von einem „architektonischen Ausverkauf", in dem eine historisch gewachsene Lebenswelt letztlich den Erwartungen und Nutzungsansprüchen der Touristen untergeordnet wird,[419] indem zum Beispiel in Österreich mit einer Art „Jodelarchitektur"[420] an mehrstöckigen Hotelbauten der Stil von Bauernhäusern nachgeahmt wird. Dies erinnert an die Unterhaltungsarchitektur, welche sich an den durch die Massenmedien geprägten Bildern und Sehgewohnheiten orientiert und durch bewusste Effekte und starke Reize mit den Sinnen des Betrachters spielt.[421]

Dagegen kann allerdings eingewandt werden, dass die grundsätzliche Inszenierung von Räumen keine Erfindung der Moderne ist, wie sich zum Beispiel anhand der ägyptischen Pyramiden oder der Bauten des Barock rasch erschließen lässt.[422] Jedoch ist die Intention im postmodernen Tourismus offenbar zum Teil eine andere: Den Gedankenbildern des Touristen soll entsprochen und seine visuelle Erwartung, die er in den Urlaubsraum hineinträgt, erfüllt werden.[423] Sofern seine Vorstellungen von einem Ort ursprünglich diesem entstammen, erst über die Medien zu ihm transportiert und von ihm dann in simplifizierter und vermutlich verzerrter Form wieder in den Urlaubsort zurückspiegelt wurden, mag dies ein re-

---

[419] Vgl. *Kapeller, K.*, Folklorismus, 1991, S. 178 ff.
[420] *Kapeller, K.*, Folklorismus, 1991, S. 176.
[421] Vgl. *Franck, G.*, Medienästhetik, 2001.
[422] SPODE bringt als Beispiel, dass bereits zur Zeit der Weimarer Republik am Wannsee echter Ostseesand aufgeschüttet wurde und Strandkörbe vermietet wurden (vgl. *Spode, H.*, Tourismus, 1988).
[423] WÖHLER führt an, dass die Bauvorschriften Griechenlands sich weniger an den Wünschen der Einheimischen als an den Vorstellungsbildern der Touristen orientierten (vgl. *Wöhler, K.*, Raumbindungen, 2000, S. 107).

kursiver Prozess sein. Dieser trägt dann jedoch in einer potenzierten Form durchaus kolonialistische Züge.

Auch hier erscheint eine künstlich geschaffene Ferienwelt die logische Fortschreibung einer solchen Entwicklung zu sein. Denn nach HENNIG geht es dem Reisenden selten darum, tatsächlich Neues als vielmehr „die Wahrheit der kollektiven Phantasien zu erleben“[424], wobei der touristische Blick schon immer unrealistisch gewesen sei.[425] Dies aber führt geradezu zum Paradoxon des Erlebens schlechthin: „der sinnlichen Wahrnehmung imaginärer Welten“[426] und dies scheinbar grenzen- und folgenlos.[427] Künstliche Ferienwelten, so WACHTER, könnten aber gerade deshalb eine Alternative zum herkömmlichen Tourismus darstellen, da die Befriedigung des Bedürfnisses nach Authentischem in der realen Welt mitunter mehr Schaden anrichtet.[428] Denkt man diesen Prozess konsequent weiter, müssten die Raumkonstrukte der künstlichen Ferienwelten die natürlichen Realräume allmählich völlig substituieren.

ENZENSBERGER kritisierte zudem die geradezu synthetische Produktion von Sehenswürdigkeiten.[429] KOLLAND erklärt die Simplifizierung und Reduktion auf Klischees aus dem Bedürfnis der Urlauber, die „die moderne Diskontinuität durch einfache Symbole zu erfahren“[430] hoffen. Dabei verschweigen diese Simulationen keineswegs ihren imitierenden Charakter und den Versuch, eine auratische Welt zu erschaffen.[431] Doch indem sie Tradition und lokale Codes auf geradezu beliebig formbare Inhalte reduzieren, entfernen sie zugleich ihren historischen Charakter, und

---

[424] *Hennig, C.*, Reiselust, 1999, S. 95.
[425] Vgl. *Hennig, C.*, Alltags, 1997, S. 48.
[426] *Hennig, C.*, Reiselust, 1999, S. 96.
[427] Vgl. *Hennig, C.*, Reiselust, 1999, S. 100.
[428] Vgl. *Wachter, M.*, Freizeitwelten, 2001, S. 126.
[429] Vgl. *Enzensberger, H. M.*, Einzelheiten, 1962 (1958), S. 196 ff.
[430] *Kolland, F.*, Motivation, 2004, S. 383.
[431] Vgl. *Legnaro, A./Birenheide, A.*, Stätten, 2005, S. 36.

damit „werden sie ihrer Sprachfähigkeit beraubt und als Kulisse inszeniert.“[432]

Im Kontext dieser Prozesse ist auch die verstärkte Nutzung von Symbolen und Zeichen im Tourismus zu sehen. Durch sie werden die touristischen Räume zur Projektionsfläche vielerlei Träume und medialer Bilderwelten. Indem sie in einer künstlichen Ferienwelt zur bloßen Kulisse mutieren, werden sie zugleich ihrer ursprünglichen Funktion beraubt, in der sie häufig eine Verstofflichung bzw. Verdinglichung von Erinnerungen und Historie darstellen. Zugleich fällt es jedoch schwer, diese Art Simulakren als solche zu demaskieren. Denn die medialen Bilderwelten bestätigen sich in dem touristischen Raum selbst, wodurch letztlich die Fortschreibung einer wachsenden Illusion weiter dynamisiert wird.

Künstliche Ferienwelten bedienen sich nun einer ganzen Reihe von Bildern und Simulakren, die durchaus auch dann nebeneinander gesetzt werden, wenn sie ursprünglich überhaupt keine Verbindung miteinander aufwiesen. Diese Pluralisierung der in den Raum hineingeschriebenen Bilder lässt sie jedoch geradezu beliebig werden. Der oberflächliche Konsum von Kulturartefakten als Kulisse simplifiziert und inszeniert dabei die Lebenswelten des Ursprungslandes. Indem die fremde Kultur in Konnotation zum flüchtigen Erleben gesetzt wird, wird sie dem Begreifen des Besuchers entzogen. Nach WÖHLER führt diese Art „semiotischer Kolonialisierung“ letztlich zur Entleerung des fremden Raumes.[433]

Tatsächlich setzt sich der Prozess in den Orten auch in Form einer Disneyfizierung, verstanden als Orientierung der Raumplanung an den Konzepten von Disney-Themenparks, in touristischen Orten und Städten vielfach fort.[434] So zeigt sich in der Fortschreibung dieses Entwicklungsprozesses eine Form von globaler Akkulturation auf der Metaebene.

---

[432] *Blech, T./Herrmann, F.*, Raum, 1999, S. 206.
[433] Vgl. *Wöhler, K.*, Imagekonstruktionen, 1998, S. 104.
[434] Vgl. dazu zum Beispiel den Aufsatz von *Roost, F.*, Stadtplaner, 2001.

ROMEIß-STRACKE sieht dann auch im Freizeitbereich keinen Gegensatz mehr zwischen „authentisch" und „künstlich", sondern hierin vielmehr „ein Kontinuum zwischen Realität und Hyperrealität", das „einzig und allein dem Zweck des schönen Erlebnisses an einem eigens dafür hergerichteten Ort dient"[435]. Letztlich bleibt der touristische Erfahrungsraum damit nicht mehr als eine kulturelle Konstruktion.[436]

Neben einer zunehmenden Gleichförmigkeit seiner Räume zeichnet sich der postmoderne Tourismus auch durch seine Berechenbarkeit, ganz im Sinne einer McDonaldisierung[437] der Gesellschaft, aus. Dieser Prozess einer zunehmenden Rationalisierung wird, in Fortführung der Rationalisierungsthesen WEBERs, durch folgende Merkmale geprägt:

- das *Effizienz-Streben* in der Bedürfnisbefriedigung und Schaffung neuer Bedarfe,
- die *Berechenbarkeit* in Arbeitsabläufen, Außendarstellung und Erfolgsmessung,
- die *Vorhersehbarkeit* der nachgefragten und zu erbringenden Leistung,
- die *Kontrolle* auf Einhaltung der gemachten Vorgaben.[438]

Auch hieran zeigt sich wiederum, dass die Schaffung künstlicher Ferienwelten gewissermaßen die Metaebene der bisherigen Entwicklung unserer Reisekultur darstellt. Doch als Potenzierung einer Kultur des inszenierten Tourismus unterliegt eine künstliche Ferienwelt, selbst bereits aus einem Konglomerat an Inszenierungen bestehend, wiederum der Notwendigkeit einer Inszenierung, ähnlich den Freizeitparks.[439] Das mögliche Erleben von virtueller Realität wird hier nicht nur garantiert, sondern in seiner Intensität offenbar gesteigert. Doch wird dies mit einem Verlust

---

435 *Romeiß-Stracke, F.*, Abschied, 2003, S. 175.
436 Vgl. *Wöhler, K.*, Konvergenz, 2001, S. 104.
437 Vgl. hierzu ausführlich *Ritzer, G.*, McDonaldisierung, 1997.
438 Vgl. *Ritzer, G.*, McDonaldisierung, 1997, S. 28 ff.
439 Vgl. *Wöhler, K.*, Konvergenz, 2001, S. 102.

an Authentizität erkauft, was aber – von Ausnahmen abgesehen – nicht beklagt wird.[440]

Auf diese Weise beschneidet der Mensch sich im arrangiert-inszenierten sinnlich begrenzten Erleben von Natur und Kultur einen Teil seines Menschseins. In diesem Prozess einer „politisch-ökologische[n] Desensibilisierung entfernt sich der Mensch anthropologisch von seinen eigenen Lebensvoraussetzungen"[441] und damit letztlich von sich selbst. Dabei ist sich der postmoderne Themenparkbesucher der Kommerzialisierung und zugleich des Warencharakters seines eigenen Verhaltens in jener künstlichen Welt durchaus bewusst.[442] Begreift man aber die hier zugrunde liegenden Entwicklungen als einen Prozess, in dem die bisherige Sinnes- und Realitätswahrnehmung nach und nach beschränkt und simplifiziert wird, könnte man durchaus auch von einem *in*volutorischen kulturellen Prozess sprechen.

4.3.5 Resümee

Eine Zentralisation der Touristenströme in entsprechend ausgewiesenen geografischen Räumen hat aus ökologischer Sicht zwar den Vorteil, nicht nur die Besucherströme und damit zugleich ihre Auswirkungen besser steuern und kontrollieren zu können, sie verbessert unter Umständen auch die Effizienz der Ressourcenverwendung. Auf der kulturellen Ebene allerdings begünstigt eine derartige Verdichtung des touristischen Raumes das Entstehen eines Ortes, der nicht nur einen Nicht-Ort im Sinne von AUGÉ, sondern geradezu einen Fremd-Ort darstellt, indem er sich von dem historischen und kulturellen Kontext des Reiselandes zumindest partiell löst und in dieser Hinsicht seine Anschlussfähigkeit zu verlieren droht. Eine Fläche, auf der beispielsweise ausschließlich große Hotelan-

---

[440] Vgl. *Kirchberg, V.*, McDonaldisierung, 2000, S. 123.
[441] *Hasse, J.*, Paradies, 1995, S. 169.
[442] Vgl. *Kirchberg, V.*, McDonaldisierung, 2000, S. 123.

lagen stehen, begünstigt im angrenzenden Raum die Ausbreitung typischer touristisch-orientierter Infrastruktur mit Fast-Food-Restaurants, Souvenirshops und ähnlichen auf Touristen abzielenden Unternehmen. Für die Bereisten vor Ort wird damit ein solcher Raum der Bedeutung nach fremd, unter Umständen aus kultureller Sicht für sie gar zu einem *locus terribilis*.

In seiner geografischen Verortung wird der Raum mit seiner Bedeutungszuschreibung in einem solchen Falle inkongruent. Er ist zwar geografisch dem Raum der Bereisten zugehörig, inhaltlich wird und bleibt er ihnen aber entzogen. Dies mag dadurch relativiert werden, dass natürlich auch Einheimische derartige Räume aufsuchen, diese nutzen und damit partizipieren können. Es bleibt jedoch fraglich, ob sie dies tatsächlich auch tun bzw. ob sie sich dies finanziell überhaupt leisten können. Zugleich wird allein durch das Aufsuchen die Inkongruenz des Raumes nicht aufgehoben. So entsteht gewissermaßen ein Parallelraum, von dem auch Inkulturationseffekte auf den umliegenden Raum ausstrahlen können. Letzteres könnte verhindert werden, indem der touristische Raum systematisch von den Bereisten abgeschottet wird, wie dies zum Beispiel auf den Malediven der Fall ist. Doch damit würden die Bereisten quasi zu Zaungästen in ihrem eigenen Land werden, was wiederum mit den Zielen der Sozialverträglichkeit und Partizipation konfligiert.

Ökologische und kulturelle Effekte liegen daher in dieser Art Ghetto-Tourismus unter Umständen im Widerspruch. Eine Lösung dieses Zentralisations-Dilemmas könnte in einer planvollen dezentralisierten Zentralisation gefunden werden, die zugleich einer Ghetto-Bildung vorbeugt. Statt einer Ausgrenzung des touristischen Raumes, bei der im Extremfall die Bereisten zu Zaungästen in ihrem eigenen Land werden, geht es vielmehr um eine *Inklusion* des touristischen Raumes, die zugleich eine partielle Zentralisierung von Unterbringungsmöglichkeiten nicht ausschließt. Damit die touristischen Bauten optisch den Raum nicht dominieren, können beispielsweise Größe beziehungsweise Höhe von Hotelbauten beziehungsweise eine Anpassung an das Landschafts- oder Aufrissbild eines Ortes von staatlicher Seite vorgeschrieben werden. Solche Bauvorschriften sind heutzutage bereits in einigen touristischen Destinationen zu finden, wie zum Beispiel in Yucatan/Mexico. Darüber hinaus könnte durch einen angepassten Flächennutzungsplan die Bildung von räumlichen Monokulturen verhindert werden.

Zudem ergaben sich Hinweise darauf, dass Tourismus vermutlich auch erlerntes Verhalten und damit das Reiseverhalten veränderbar ist. Und wenn die physische wie auch psychische Erholung an verschiedenen Tourismusorten gleich ist, die Erholung ebenso in der Nähe gefunden werden kann, geht es vielleicht vielmehr um kulturelle Bedeutungszuweisung der Reise als primär um Erholung. Insofern, als eine nachhaltige Entwicklung als langfristiger Anpassungsprozess begriffen werden muss,[443] gilt dies analog auch zur Entwicklung einer neuen nachhaltigen Reisekultur. Die zunehmende Modularisierung von Lebens- und damit auch Reisestilen bieten hierbei zwar mehr Anknüpfungspunkte, erschweren jedoch auch eine mögliche Steuerung des Prozesses. Es gilt, dem modernen Reisenden Angebote zu unterbreiten, die seinem jetzigen Reiseverhalten entsprechen.

4.4 Mögliche Handlungs-Konsequenzen

4.4.1 Künstliche Ferienwelten als Urlaubs-Kokon

Wie gezeigt wurde, können künstliche Ferienwelten als logische Fortschreibung unserer Reisekultur verstanden werden. Doch besteht diesen Raumkonzepten gegenüber Skepsis, was sich bereits in dem Begriff „Ghettotourismus" deutlich widerspiegelt. Künstliche Ferienwelten jedoch im Tourismus von vornherein abzulehnen, hieße zugleich, eine reale Entwicklung und Tendenz innerhalb unserer Reisekultur zu ignorieren.

---

[443] Vgl. *Paech, N./Pfriem, R.*, Konzepte, 2004, S. 36.

Tatsächlich bietet das Konzept des Nachhaltigen Tourismus die Möglichkeit, den Reisenden passiv an Nachhaltigkeit teilhaben zu lassen. Wie gezeigt wurde, bietet das Raumkonstrukt der künstlichen Ferienwelt einerseits für die Masse der Touristen aus ökologischer Sicht das Potenzial, Ressourcen effektiv zu nutzen und ökologische wie kulturelle Schäden zu vermindern bzw. zu kontrollieren. Allerdings liegt insbesondere in der kulturellen Zuschreibung wesentliche Kritik. Hier nun kann eine künstliche Ferienwelt offenbar beides sein: Kultur (zer-)störend und – zumindest theoretisch – zugleich Kultur erhaltend.

Doch bieten künstliche Ferienwelten zugleich die Möglichkeit, die Reisenden aus erwachsenen-pädagogischer Sicht dort abzuholen, wo sie sich heute in der Entwicklung ihrer Reise- und Nachhaltigkeitskultur gewissermaßen befinden. Wenn der von SLOTERDIJK vermutete Klima-Tourist tatsächlich existiert,[444] dürfte er mit bodengestützten nahen Reisezielen in den weitaus meisten Fällen nicht erreichbar sein. Nachhaltige Angebote zu schaffen, die dann nicht oder nur gering nachgefragt werden und eher Nischenprodukte bleiben, würden hingegen vermutlich keine Veränderungsprozesse auslösen. Es geht also vielmehr darum, an die Urlaubswelt der Reisenden anzuknüpfen.
Gerade durch ihre Abgeschlossenheit wird in künstlichen Ferienwelten zugleich „der Reiz des Außergewöhnlichen erhöht, das ‚Ereignis' konstituiert."[445] In dieser Geschlossenheit entsprechen sie dem Bild eines Kokons und gerade „die Kokonisierung wird zum treibenden Prinzip der Gesellschaft. Wir bewegen uns nur noch in Kokons (Heim, Auto, Sportstätte usw.)."[446] Mit dem Begriff des Cocooning beschrieb POPCORN bereits 1981 den Trend innerhalb der Gesellschaft zum sich „Einspinnen", eines sich Abschottens gegenüber der Außenwelt, eines Einigelns.[447] POPCORN identifizierte dazu drei verschiedene Arten des Cocooning:

---

[444] Vgl. *Sloterdijk, P.*, Tractatus, 2008, S. 10.
[445] *Rieder, M.*, Erlebniswelten, 1998, S. 28.
[446] *Altenhöner, N.*, Einstimmung, 2004, S. 135.
[447] Vgl. *Popcorn, F.*, Clicking, 1999, S. 77.

1. Der **bewehrte Kokon**, der vor allem den eigenen Schutz zum Ziel hat (sichere Wohnungen etc.).
2. Der **mobile Kokon**, denn auch die Mobilität will nur in einem geschützten, sicheren Raum erfahren werden. Hierin mag vielleicht auch der Grund liegen, warum viele Menschen lieber Auto fahren, statt beispielsweise den Bus zu nutzen.
3. Der **gesellige Kokon**, denn um der Einsamkeit zu entgehen, lädt man sich Gleichgesinnte, ein paar Engvertraute ein. Dieser gesellige Kokon ist noch im Entstehen begriffen und kann sich auch auf größere Gruppen ausdehnen.[448]

Eine künstliche Ferienwelt könnte insofern davon lernen, als dass sie es demnach schaffen müsste, den Urlauber ebenfalls „vor der harten, unvorhersehbaren Realität [zu; Anm. d. Verf.] schützen“[449] und ihm das Gefühl zu vermitteln, sich in einem „sicheren, gemütlichen Kokon“ zu befinden. Da es für den Menschen schwierig oder sogar mit Angst besetzt ist, von einem Kokon zum nächsten zu gelangen, müsste dieser Kokon sich im weitesten Sinne auch bereits auf die Anreise erstrecken. Denn es geht gar nicht primär darum, ob echte Gefahren bestehen. „Die Kokon-Generation handelt nach dem Motto ‚Vorsorge ist besser als Leichtsinn.‘“[450] Dabei könnte der Begriff eines Urlaubs-Kokons mehr sein als eine euphemistische Umschreibung eines „Ghettotourismus“, indem er zugleich eine neue Qualität des Systems der künstlichen Ferienwelt beschreibt.

So wie ein Kokon nicht nur vor der Außenwelt schützt, sondern zugleich ein Raum der Veränderung und Entwicklung ist, so könnte er auch als Sinnbild für eine Veränderung im Tourismus-Verhalten stehen. Es ginge also darum, den Touristen, der sich in diesen Urlaubs-Kokon begibt, zu ermuntern, sein Reiseverhalten zugleich zu überdenken. Ähnlich dem

---

[448] Vgl. *Popcorn, F.*, Popcorn-Report, 1993, S. 39 ff.
[449] *Popcorn, F.*, Clicking, 1999, S. 68.
[450] *Popcorn, F.*, Clicking, 1999, S. 72.

„*Mausefallen-Konzept*"[451] bei Dürrenmatt könnte der Besucher der künstlichen Ferienwelt ermuntert werden, sich weiterzubilden und sein Verhalten zu verändern. Ein Instrument dazu könnte auch im Tourismus das Edutainment-Konzept darstellen.

4.4.2 Edutainment-Angebote im Tourismus

Der moderne massenhaft reisende Tourist scheint an Bildungsinhalten wenig interessiert zu sein und schon PRAHL/STEINECKE mahnten 1979 an, dass der Massentourist „die gebotenen sozialen Erfahrungs- und Lernchancen ungenutzt lässt."[452] Und doch hieße es „vom Massentourismus zu viel [zu; Anm. d. Verf.] verlangen, wollte man ihn und seine Rückwirkungen auf die Persönlichkeit der Reisenden noch immer an den Bildungsvorstellungen des Bürgertums im 19. und frühen 20. Jahrhunderts messen. Dennoch ist es nicht ganz abwegig, wenn man auch heute noch den Reisen ‚der Vielen' einen gewissen Bildungssinn zubilligt (…)."[453] Dass der Durchschnitts-Urlauber normalerweise wenig oder keine Bildungsinhalte nachfragt, „dafür sollten wir nicht den Urlauber verantwortlich machen, sondern die Einrichtungen seiner täglichen Welt, die ihn zu solchem Verhalten bringen."[454] Dass sich die Tourismusindustrie, abgesehen von der Studienreise oder ähnlichen Produkten, wenig um die Bildung ihrer Gäste kümmert, mag auch darin begründet sein, dass der Tourismus als Lernmedium vielen als wenig geeignet erscheint. Auch HENNING konstatiert: „Wer die Menschen etwas lehren will, sollte das

[451] Friedrich Dürrenmatt nutzte seine Komödien bekanntermaßen als „Mausefalle", die das Publikum anlockt und überlistet, die im Stück transportierte Gesellschaftskritik anzuhören und sich auch ernsten Themen auszusetzen.

[452] *Prahl, H.-W./Steinecke, A./Prahl-Steinecke*, Millionen-Urlaub, 1979, S. 241.

[453] *Sloterdijk, P.*, Tractatus, 2008, S. 7.

[454] *Prahl, H.-W./Steinecke, A./Prahl-Steinecke*, Millionen-Urlaub, 1979, S. 108; vgl. auch *Wagner, F. A.*, Urlaubswelt, 1970, S. 194.

nicht unbedingt über den Tourismus versuchen; er ist dazu nicht das optimal geeignete Medium."[455]

Auch wenn Tourismus nicht *primär* ein Medium des Lernens, der Bildung oder der Erkenntnis sein mag oder als solches wahrgenommen wird, so bewerten doch immerhin 31 Prozent der Urlauber das Reisemotiv „etwas für Kultur/Bildung tun" für sich als besonders wichtig.[456] Dies kann auch als Indiz gewertet werden, dass auch im Tourismus durchaus ein Bildungsbedarf besteht. Wie in Kapitel 3.7 gezeigt wurde, kann insbesondere im Nachhaltigen Tourismus eine Art Bildungsauftrag durchaus als Querschnittsaufgabe der Handlungsfelder verortet werden. So hatte beispielsweise BURGHOFF bereits 1986 darauf hingewiesen, dass die Forderung nach Sanftem Tourismus letztlich auch ein Bildungsproblem sei, da dem mündigen Bürger die Einsicht in sein Tun fehle.[457] Auf der anderen Seite zeigen sich insbesondere im Freizeitbereich „aus dem großen Fächer unternehmerischer Angebote ganz unterschiedliche Folgen für Kompetenzgewinne und -verluste der Menschen, für Bewegung und Trägheit etc."[458]

Für den Tourismus als mögliches Bildungsfeld spricht zum einen das Herausgelöstsein des Urlaubers aus vielerlei Zwängen und seine neue Rollenbestimmung. Damit ergibt sich insbesondere auch die Chance, alte Denkmuster zu überwinden und sich gedanklich auf Neues einzulassen. Zum anderen wird zumindest von älteren Menschen der sozialen und geselligen Komponente von Bildung Bedeutung beigemessen.[459] Dies kann für andere Altersschichten ebenso vermutet werden. Zudem vermag Edutainment im Tourismus das Spielerische zurück in die Bildung zu bringen, denn „der Mensch kann nur dort Mensch sein, wo er spielt. (…) Wer

---

[455] *Henning, C.*, Entwurf, 1998, S. 67 f.; so auch *Lutz, R.*, Tourismus, 1993, S. 217.
[456] Vgl. Kapitel 4.1.6.
[457] Vgl. *Burghoff, C.*, Hoffnungsformel, 1986, S. 10.
[458] *Pfriem, R.*, Unternehmensethik, 2008, S. 78.
[459] Vgl. *Schröder, H./Gilberg, R.*, Weiterbildung, 2005, S. 151.

noch gezwungen ist, seine Reise ernst zu nehmen, kann kein Tourist sein.“ [460] REINHARDT kommt in diesem Sinne zu dem Schluss, dass der Unterhaltung innerhalb der Bildung eine wesentliche Aufgabe zukommt, „da

- Unterhaltung die Reaktion auf nachfolgende oder gleichzeitige Reize intensiviert,
- Unterhaltung nachweislich die Aufnahme von Informationen und Wissen verbessert und
- Unterhaltung teilweise sogar als Voraussetzung zur Aufnahme von Informationen und Bildung angesehen werden kann.“[461]

Somit wären Edutainment-Konzepte dem Grunde nach zugleich eine Rückbesinnung auf die Ursprünge des Tourismus in Europa und würden im weitesten Sinne an den Grundgedanken der „Grand Tour“ anknüpfen.[462] Indem nun Elemente von Entertainment[463] und Education zu einem neuen Konzept verschmelzen, kann von „Edutainment“ gesprochen werden.[464] Edutainment kann dabei „zunächst als die Kurzform für das Wechselspiel zwischen bildender Unterhaltung und unterhaltender Bildung verstanden“[465] werden. Die Verschmelzung zeigt sich dabei als

- „sachliche Verschmelzung
- zeitliche Verschmelzung
- räumliche Verschmelzung“[466]

---

[460] *Sloterdijk, P.*, Tractatus, 2008, S. 3.
[461] *Reinhardt, U.*, Edutainment, 2005, S. 352.
[462] Vgl. Kapitel 4.2.1.
[463] Kritisch listet GRÖTSCH neben dem Entertainment zwölf weitere „tainment-formulas“ auf und kommt zu dem Schluss: „Man darf sich als unbefangener Betrachter wundern, was dabei alles als ‚Erlebnis‘ firmiert – letztlich scheint jede alltägliche Verrichtung, mit diesem Attribut versehen, zu etwas Neuem und Einzigartigem zu werden.“ (*Grötsch, K.*, Erlebniswelten, 2001, S. 72 f.).
[464] Vgl. *Pine, B. J./Gilmore, J. H.*, economy, 1999, S. 32.
[465] *Kull, S.*, Edutainment-Welten, 2007, S. 3.
[466] *Hauschild, R. J./Hilligweg, G./Kull, S.*, Edutainmentwelten, 2008, S. 65 ff.

Wie diese Elemente miteinander verwoben sind, zeigt dabei folgende Abbildung:

Abbildung 18: Konzeption des Edutainment nach KULL

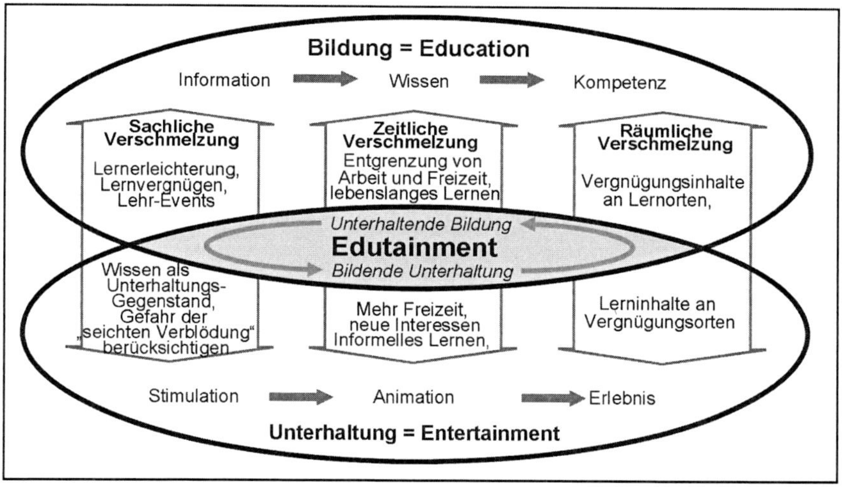

Quelle: *Hauschild, R. J./Hilligweg, G./Kull, S.*, Edutainmentwelten, 2008, S. 70

Die Abgrenzung zur klassischen Bildungsreise kann dabei über den Reisezweck erfolgen. Während auf der Bildungsreise ein wesentlicher, wenn nicht sogar der hauptsächliche, primäre Zweck in der Konsumption von Bildungsangeboten besteht, ist Edutainment ein spielerisches Angebot an den Touristen, für den Bildung erst ein sekundäres Reisemotiv darstellt.

Indem Edutainment auch auf der emotionalen Ebene arbeitet, kann der Teilnehmer stärker involviert werden, ähnlich wie BÖHME zur Naturästhetik forderte: „Ihr Thema wird also gerade das sein, was in der bürgerlichen ‚Ästhetik' verpönt war, nämlich, was ‚zu Herzen geht'. Sie muss die sinnliche und emotionale Erfahrung von Natur rehabilitieren, und zwar nicht nur gegen die Urteilskraft, sondern auch für die Urteilskraft.“[467] Dabei können Kompetenzen herausgebildet werden, die ähnlich den Kompetenzkategorien der Bildung auf den Tourismus wie folgt angewandt werden können:[468]

- **Sozialkompetenz**, als Fähigkeit, sich im Umgang mit den Bereisten und Reisenden sozial angemessen zu verhalten.
- **Methodenkompetenz**, hier zum Beispiel auch verstanden als Fähigkeit, Reiseangebote analysieren und bewerten zu können.
- **Entscheidungskompetenz**, als Fähigkeit des Reisenden, sich rational, kompetent und verantwortlich entscheiden zu können, zum Beispiel auch für oder gegen eine Urlaubsart oder ein Verkehrsmittel.
- **Sachkompetenz**, als kognitives Wissen und die Fähigkeit zum Transfer desselben auf analoge Situationen.
- **Handlungskompetenz**, als Fähigkeit, das Wissen und Verständnis von Zusammenhängen auch tatsächlich in Handlungen überführen zu können.
- **Persönlichkeitskompetenz**, hier verstanden als Fähigkeit der Selbstwahrnehmung und Selbstreflexion des eigenen Handelns wie auch als Fähigkeit zum offenen und verantwortungsbewussten Umgang mit anderen Menschen.
- **Kulturelle Kompetenz,** sowohl als Kenntnis und Verständnis des eigenen Kultursystems zur eigenkulturellen wie auch als Fähigkeit, mit Reisenden oder Bereisten aus anderen Kulturkreisen erfolgreich agieren zu können.

In der Umsetzung eines Edutainment-Konzeptes im Tourismus kommt es allerdings stärker darauf an, die positiven Seiten von Verhaltens-

---

[467] *Böhme, G.*, Naturästhetik, 1989, S. 93.
[468] Vgl. im Folgenden *Reinhardt, U.*, Edutainment, 2005, S. 351.

änderungen zu thematisieren.[469] Das Rational-Choice-Modell greift nach WÖHLER hier zu kurz, denn der Mensch entscheidet nicht allein nach Maßgaben rationaler Steuerung und eigener Nutzenbefriedigung. Außer dem Streben nach dem eigenen Glück wohnt ihm eine Veranlagung inne, Gemeinschaft und Sympathie für seine Mitmenschen und Umwelt zu finden: „Es handelt sich allerdings um keine Art von Instinkt, sondern um eine menschliche Veranlagung, deren Einstellung im Rahmen kulturspezifischer Traditionen geweckt und gefördert werden muss."[470]

WACHTER sieht hingegen eine Chance zur kulturellen bzw. historischen Bildung in Form von lebendigen Museen. Diese definiert er als „Einrichtungen, in denen historische, kulturelle, wissenschaftliche oder ökologische Themen mit modernen Methoden der strategischen Inszenierung dargestellt werden. Die Besucher sind dabei nicht nur passive Konsumenten, sondern aktiv handelnde Akteure."[471] Allerdings besteht die Gefahr, dass hiermit eine Musealisierung ganzer Regionen legitimiert werden könnte, wie sie zum Beispiel bereits in der Innenstadt Wiens zu finden ist. Zudem ist denkbar, dass die Wissensvermittlung in den lebendigen Museen hinter die Inszenierung zurücktritt, im denkbar ungünstigsten Falle sogar auf eine Alibi-Funktion für eine bestimmte gewünschte Inszenierung reduziert wird. Dieser Effekt würde durch die notwendige didaktische Reduzierung des zu vermittelnden Wissens auf kurze prägnante und wesentliche Aussagen noch verstärkt und birgt die Gefahr einer Simplifizierung. Dann würde sie jene kulturellen Strömungen stärken, „die erst recht Dumpfheit und Stupidität befördern, einschließlich der medialen Ausgeliefertheit gegenüber einer Eventokratie, die ihre Reputation bei näherem Hinsehen aus via Entertainment demonstrierter Bildungslosigkeit bezieht."[472]

---

[469] Vgl. *Kreisel, W./Hoppe, M./Reeh, T.*, Mega-Trends, 2000, S. 87.
[470] *Wöhler, K./Saretzki, A.*, Nachhaltigkeitsdenken, 2004, S. 336.
[471] *Wachter, M.*, Freizeitwelten, 2001, S. 138.
[472] *Pfriem, R.*, Bildung, 2007, S. 274.

Anders als das Konzept eines Ecotainment, das nach LICHTL bewusst primär auf emotionale Elemente und Wirkungen setzt und bei den Theorien der Konditionierung anknüpft,[473] berücksichtigt das Edutainment-Konzept neben der emotionalen auch die kognitive und die handelnde Ebene, wie folgende Abbildung verdeutlicht:

Abbildung 19: Ebenen des individuellen Lernens

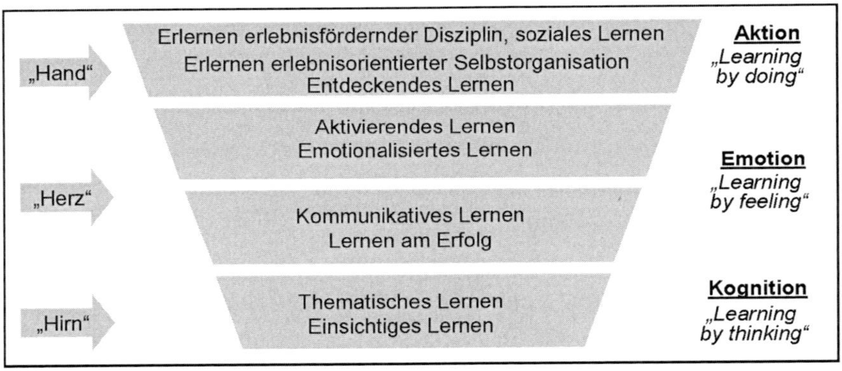

Quelle: *Kull, S.*, Edutainment-Welten, 2007, S. 22

Dabei lassen „mit einer virtuellen, einer realen und kombinatorischen Plattform (…) sich drei Varianten unterscheiden"[474], in denen das Lernen stattfinden kann. Denkbar wäre hier durchaus, ähnlich der Anlagen in Zoos oder Tropenhäusern, dass in solchen Fällen auch die neu geschaffene oder imitierte Natur für Konzepte des Edutainment in künstlichen Ferienwelten herangezogen wird. In diesem Fall „vermittelt am Ende noch das Erleben technisch reproduzierter Natur die Rückkehr der Ästhetik der Natur (…)."[475]

---

[473] Vgl. *Lichtl, M.*, Ecotainment, 2000, S. 127.
[474] *Kull, S.*, Edutainment-Welten, 2007, S. 33.
[475] *Hasse, J.*, Heimat, 1993, S. 47 f.

4.4.3 Zur gezielten Inwertsetzung des touristischen Raumes

Wie in Kapitel 4.2.3 festgestellt wurde, verliert der touristische Raum im globalen Wettbewerb an Bedeutung. Dies umso mehr, je stärker er sich in seinen semantischen Einschreibungen an anderen touristischen Orten orientiert oder diese gar kopiert. Um daher im Wettbewerb bestehen zu bzw. wie dies unter der Prämisse der Nachhaltigkeit geschehen kann, soll im Folgenden dargestellt werden.

In Kapitel 4.3.3 wurde bereits dargelegt, dass „das kulturelle Kapital (…) dem konkreten Raum verlustig gegangen“[476] sei. Gerade das kulturelle Kapital, das auch die mit einem Ort verbundene Historie umfasst, bietet jedoch eine Möglichkeit, den besuchten Raum für den Gast mit Bedeutung aufzuladen, denn der Gast „erwartet, dass man ihm Themen und Geschichten verkauft, er fragt nach komponierten Gesamterlebnissen, er ist willig und bereit, sich in mythische Welten entführen zu lassen (...)“.[477] Zugleich kann über das Nacherzählen von vergangenen und aktuellen Geschichten eines Raumes auch kulturelles Wissen reaktiviert werden. Moderne und aktuelle Geschichten fördern hingegen ein Verstehen der Bereisten. Dabei sind es die natürlichen Geschichten, die unabhängig vom Tourismus im Raum überliefert sind, die es zu erzählen gilt. Dadurch kann der Tourismus helfen, Überlieferungen zu bewahren bzw. sich dieser bewusst zu werden. In diesem Instrument der *Raumnarrativierung*[478] geht es also darum, die historische Entladung des Raumes zu verhindern und nicht, diese mit Historie künstlich aufzuladen.

---

[476] *Wöhler, K.*, Raumbindungen, 2000, S. 113.

[477] *Popp, R.*, Einleitung, 2003, S. 1; ähnlich und ausführlicher *Ebert, W.*, Strategien, 2004, S. 35 ff.

[478] STEINECKE spricht von „narrativen Räumen“, hier allerdings als „perfekt konstruierte Phantasie- und Traumwelten, die ungewöhnliche Geschichten erzählen und in denen die Konsumenten Gefühle wie Staunen, Spannung, Faszination, Angst empfinden können." (*Steinecke, A.*, Erlebniswelten, 2001, S. 72).

Wie in Kapitel 4.1.4 bereits diskutiert wurde, erwartet der moderne Tourist einen touristischen Raum vorzufinden, der ihm die Möglichkeit bietet, Erlebnisse zu haben.[479] Auch wenn ihm Erlebnisse[480] nicht garantiert werden können, so kann ihm doch ein Handlungsrahmen oder Erlebnisreiz geliefert werden, innerhalb dessen er die Möglichkeit findet, zu erleben. Dabei dürften es vor allem die kreativen und ungewöhnlichen, überraschenden Erlebnisse sein, die sich ihm einprägen. So bedarf es für ein Erlebnis nicht immer spektakulärer und aufwändiger Installationen. Vielmehr sind hier solche Erlebnismöglichkeiten gemeint, welche an den Tourismusraum mit seiner tatsächlichen Lebensrealität bzw. Kultur anschließen. Dabei kann Kontemplation auch ein Erlebnis sein. Es gilt, den Rahmen für bewusstes *Erlebnissetting* zu setzen.

Die bewusste Aufbereitung des touristischen Raumes für den Touristen kann auch als Inszenierung oder Perfektionierung des Angebotes verstanden werden.[481] Hierbei können sowohl bewusst Themen gesetzt als auch analog zur Theaterbühne[482] Räume gestalterisch arrangiert und dramaturgisch geplant werden. Dies kann beispielsweise durch gezielte Lichtsetzung oder auch eine geplante Besucherlenkung erreicht werden. Aber hier gilt, dass die Inszenierung dem Raum dient und nicht umgekehrt. Die bewusste *Angebotsinszenierung* hat primär zum Ziel, die Aufmerksamkeit des Besuchers zu erlangen. STEINECKE nennt als Bausteine für eine regionale Inszenierung unter anderem:

- das Spektakuläre als Leitidee
- ein klares Thema bzw. Profil
- durchgängige Regie und damit der Tourismusraum als Gesamtkunstwerk

---

[479] Vgl. *Kagelmann, H. J.*, Erlebnisse, 2001, S. 93.

[480] Eine tabellarische Übersicht verschiedener Erlebnisbegriffe findet sich bei *Müller, W.*, Eventmarketing, 2003, S. 35 f.

[481] Vgl. *Scheiner, J./Steinberg, G.*, Flugzeug, 2002, S. 111; *Steinecke, A.*, Erlebniswelten, 2001, S. 70; ausführlich dazu *Müller, H./Scheurer, R.*, Tourismus-Destination, 2007.

[482] Vgl. hierzu den Vergleich bei *Weiermair, K.*, Erlebnisökonomie, 2001, S. 41 f.

- ein hierarchisierter bzw. begrenzter Zugang
- die Verwendung neuer Medien
- Erlebnisorientierung durch Animation und Events
- Ästhetisierung durch Design.[483]

Damit die genannten drei Instrumente auch im Rahmen eines Nachhaltigen Tourismus angewendet werden können, gilt es, die vier Handlungsfelder des Nachhaltigen Tourismus zu berücksichtigen. Dazu kann beispielhaft zu jedem Handlungsfeld eine für die touristische Inwertsetzung wesentliche Bedingung abgeleitet werden.

So sollte die touristische Inwertsetzung, um einer wesentlichen Forderung der sozialen Verträglichkeit zu entsprechen, barrierefrei gestaltet sein. *Barrierefreiheit* muss dabei den gesamten Raum umfassen und darf nicht nur partiell erfolgen, wenn sie wirklich ernst gemeint ist. Entsprechend dem Handlungsfeld der ökologischen Verträglichkeit sollte die Inszenierung des Raumes des Weiteren den Kriterien der *Umweltverträglichkeit* entsprechen. Eine weitere Bedingung stellt die Forderung nach *Authentizität* des Dargebotenen dar. Wie die Diskussion in Kapitel 4.3.1gezeigt hat, ist diese Bedingung allerdings kaum exakt zu definieren. Näherungsweise wird unter authentisch in diesem Fall all das verstanden, was kulturell und/oder historisch zur Region anschlussfähig ist; dies selbst dann, wenn es nachgeahmt oder revitalisiert wird. Über die Forderung nach ökonomisch sinnvollem Nutzen kann auch abgeleitet werden, dass das Angebot im Raum regionalbezogen sein sollte. Diese *Regionalität* kann sich beispielsweise in der Bevorzugung regionaler Speisen oder Getränke ausdrücken, wodurch regionale Wirtschaftskreisläufe unterstützt würden.

Alle drei aufgeführten Instrumente greifen ineinander und bilden letztlich erst im gemeinsamen Schnittpunkt so etwas wie einen „Optimalzustand“. Zusammenfassend lassen sich die aufgeführten Instrumente und Bedin-

---

[483] Vgl. *Steinecke, A.*, Erlebniswelten, 2001, S. 71.

gungen der gezielten Inwertsetzung des touristischen Raumes in folgendem Modell darstellen:

Abbildung 20: Touristisches-Inwertsetzungs-Modell (T-I-M)

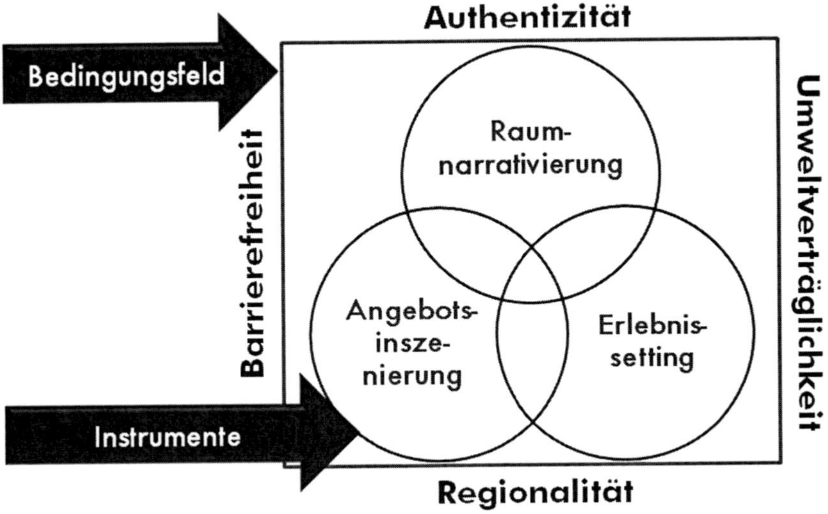

Quelle: eigene Darstellung

So wie die künstliche Ferienwelt eine Widerspiegelung des modernen Tourismus im Ganzen ist und Elemente von ihm übernommen hat, so können Destinationen jene Aspekte der künstlichen Ferienwelt in ihr Management integrieren, die auch in ihrem Raumkonstrukt funktionieren. Insofern ist das Touristische-Inwertsetzungs-Modell sowohl auf der Destinations-Ebene und auf künstliche Ferienwelten als auch auf der Mikroebene einer touristischen Sehenswürdigkeit anwendbar.

5. Grundsätzliche Betrachtungen zum Tropical Islands als Forschungsgegenstand

5.1 Methodisches Vorgehen der Arbeit

Um die in den vorherigen Kapiteln entwickelten Fragestellungen und Thesen zu beantworten bzw. zu validieren, wurde als Untersuchungsgegenstand das „Tropical Islands" in Brandenburg gewählt. Dabei fiel die Wahl hauptsächlich aus zweierlei Gründen auf das Tropical Islands: Zum einen gibt es zu den vermutlich bekanntesten Ferienparks der zweiten Generation, den CenterParcs, bereits einige Studien und Diskussionen, wobei diesbezüglich vor allem auf zwei Dissertationen zu verweisen ist: BRITTNER[1] diskutierte 2002 die Natürlichkeit künstlicher Ferienwelten vor allem anhand der CenterParcs und DRAHEIM[2] untersuchte im gleichen Jahr Ferienzentren hinsichtlich ihrer Umwelt- und Sozialverträglichkeit. Die Erkenntnisse beider Arbeiten sind in die ersten Kapitel dieser Arbeit eingeflossen. Das „Tropical Islands" war hingegen bislang kaum Gegenstand wissenschaftlicher Betrachtungen[3] und hebt sich von den anderen Ferienwelten in mehrfacher Hinsicht ab, was in Kapitel 5.3 noch näher zu analysieren sein wird.

Das Tropical Islands wurde vom Verfasser der Arbeit zweimal persönlich aufgesucht, einmal im August 2008 und dann erneut im März 2009. Die dort gemachten Beobachtungen fließen in die nachfolgende Analyse ein. Im August 2008 wurde zudem eine quantitative Befragung von Übernachtungsgästen vorgenommen. An vier Tagen führte der Verfasser der Arbeit 249 Interviews als reine face-to-face-Interviews durch. Im Rahmen dieser Befragung wurden dabei allein jene Gäste befragt, die im Tropical Islands während ihres Aufenthalts mindestens einmal innerhalb

---

1 Vgl. *Brittner, A.*, Natürlichkeit, 2002.
2 Vgl. *Draheim, A.*, Ferienzentren, 2002.
3 Vgl. zum Beispiel *Reeh, T./Kreisel, W.*, Motive, 2005, S. 20; *Steinecke, A.*, Themenwelten, 2009, S. 39.

der Anlage übernachtet hatten, entweder in einem der anzumietenden Zelte oder direkt innerhalb des Domes auf einer der Liegen an einem der künstlichen Strände. Der Sinn dieser Vorgabe bestand darin, sicherzustellen, dass die Anlage durch die Befragten auch bereits genügend erfahren und erlebt wurde. Dabei boten die Zeltplätze zum Befragungszeitpunkt maximal 308 Schlafplätze,[4] wobei nicht alle Zelte belegt bzw. angemietete Zelte nicht vollständig belegt waren. Die Befragungen begannen jeweils morgens um ca. 07:00 Uhr und endeten abends um ca. 21:00 Uhr. Die Auswahl der Befragten erfolgte zufällig, wobei es sich in den Mittags- und Nachmittagsstunden als schwierig herausstellte, innerhalb der großen Anzahl der Besucher die deutliche Minderheit an Übernachtungsgästen ausfindig zu machen. An den jeweiligen Tagen war die Anlage gut besucht, die Zelte waren allerdings nicht alle belegt. Auffällig war, dass die Anzahl der Interview-Verweigerer mit fünf Personen und damit zwei Prozent sehr niedrig war. Insgesamt bestand seitens der interviewten Personen eine große Auskunftsbereitschaft. Die vorgenommene Befragung erhebt als explorative Erhebung dabei keinen Anspruch auf Repräsentativität.

Die Zusammensetzung der Befragten zeigte bis zum Alter von 50 Jahren eine durchaus breite Streuung, ähnliches gilt für den Bildungsgrad, wie in Abbildung 22 dargestellt. Die Geschlechterverteilung war mit 50,41 Prozent Frauen und 49,59 Prozent Männer nahezu ausgeglichen, wie auch die Abbildung 23 verdeutlicht.

---

[4] Vgl. *Tropical Island Management GmbH*, Sauna-Landschaft, 2007.

Abbildung 21: Zusammensetzung der Stichprobe nach Alter

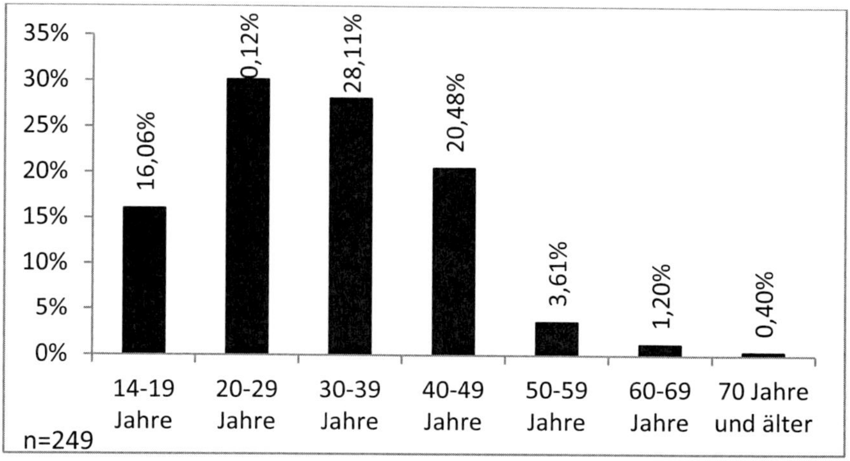

Quelle: eigene Erhebung

Abbildung 22: Zusammensetzung der Stichprobe nach Bildung

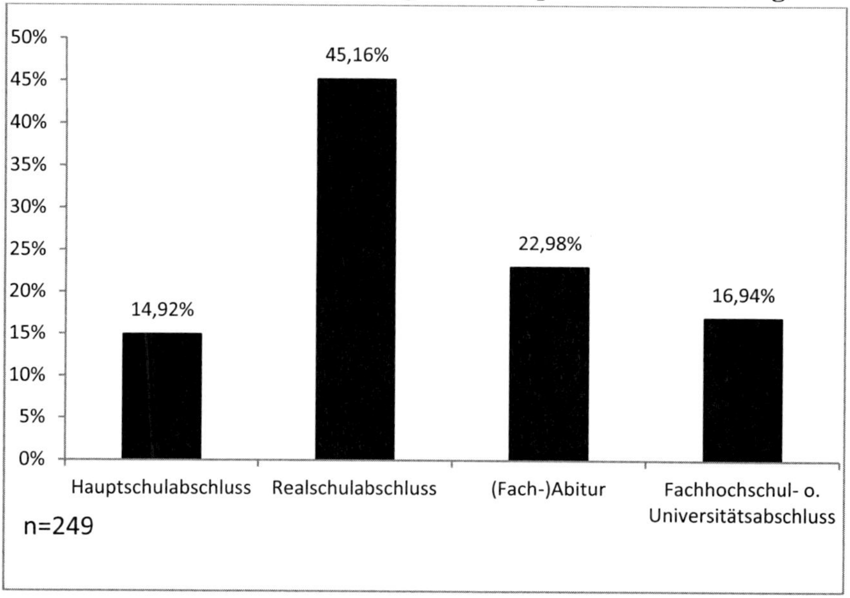

Quelle: eigene Erhebung

Wie in der Abbildung 23 ersichtlich, überwog in der Gruppe der befragten Übernachtungsbesucher die Zahl der Erstbesucher bzw. Neukunden mit einem Anteil von 72,47 Prozent deutlich. Von denjenigen, die bereits vorher im Tropical Islands gewesen waren, hatte mit 64,18 Prozent die Mehrheit auch bereits in der Halle übernachtet. Innerhalb dieser Gruppe hatte wiederum ein Anteil von 73,81 Prozent, somit die überwiegende Mehrheit, das Tropical Islands mindestens bereits zweimal besucht und dort übernachtet.

Abbildung 23: Erstbesucher und Wiederholungsbesucher

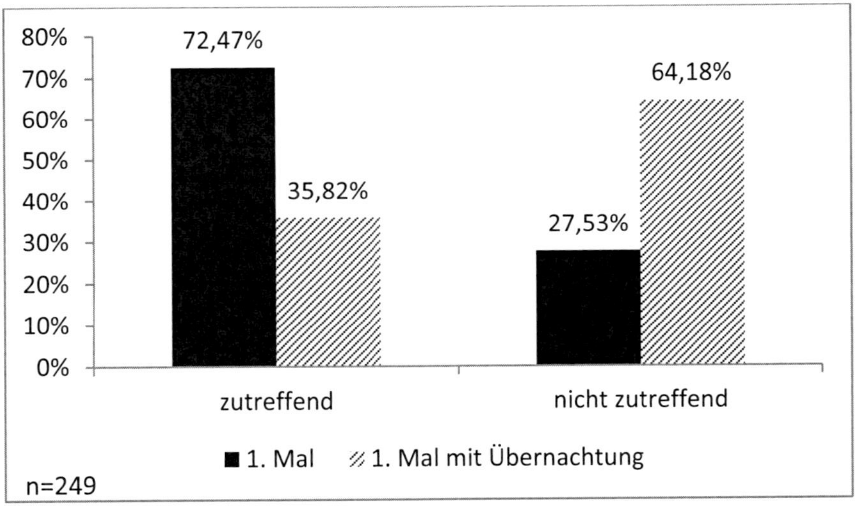

Quelle: eigene Erhebung

Abbildung 24: Häufigkeit des Tropical Islands-Besuchs mit Übernachtung

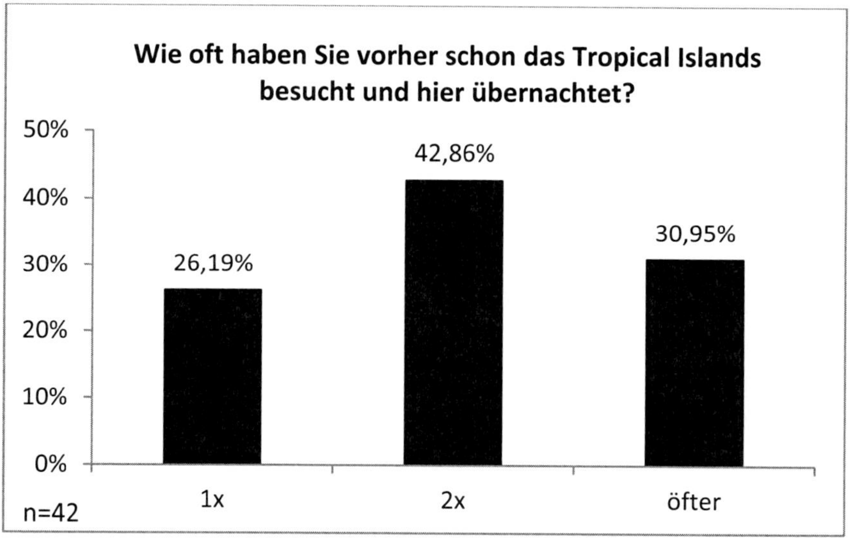

Quelle: eigene Erhebung

Die Aufenthaltsdauer der Befragten bewegte sich zwischen einer und sieben Übernachtungen, bei einem Mittelwert von 1,6 Übernachtungen. Immerhin 3,2 Prozent der Übernachtungsbesucher verbrachten mindestens vier Nächte innerhalb der Anlage, was nach der Definition der F.U.R. nicht mehr als Kurzreise, sondern bereits als normale Urlaubsreise gewertet wird.[5]

Inzwischen sind dem Tropical Islands Ferienhäuser angegliedert und die Zahl der Übernachtungsmöglichkeiten innerhalb der Halle ist erweitert worden. Hierdurch sind Übernachtungskapazitäten geschaffen worden, die zum Zeitpunkt der Befragung noch nicht vorhanden waren. Wären diese bereits angeboten worden, hätten allerdings die Aussagen der Feri-

---

[5] Vgl. *Aderhold, P.*, Urlaubsreisen, 2010, S. 5.

enhausgäste zum Teil extra ausgewiesen werden müssen. Denn durch das regelmäßige Verlassen der Urlaubs-Sphäre bzw. des „Tropical-Islands-Kokons“ wird zugleich das in sich geschlossene Raumnarrativ verlassen und somit das immersive Moment dieses Raumes durchbrochen.

5.2 Darstellung des Untersuchungsgegenstandes

5.2.1 Zur Historie der Anlage

Das Tropical Islands ist das Resultat der Realisierung eines Konzeptes zur Nachnutzung einer Werfthalle für Luftschiffe, die wiederum auf einem alten Militärflugplatz errichtet worden war. Der seit 1938 und somit auch bereits im Zweiten Weltkrieg genutzte Militärflugplatz wurde im Zeitraum von 1945 bis 1992 vom russischen Militär als Flughafen für Jagdflugzeuge und Bomber verwendet und dabei vor allem bei Staatsbesuchen aus der UdSSR angeflogen.[6]

Die Anlage liegt ca. 60 Kilometer von Berlin entfernt im Bundesland Brandenburg. Im Herbst 1992 wurde das Gelände von der UdSSR an das Bundesland Brandenburg zurückgegeben. Von den verschiedenen Überlegungen zur Nachnutzung des Geländes erwies sich keine als tragfähig. 1998 ging das Gelände dann an die 1996 gegründete Cargolifter AG in Wiesbaden, die sich zum Ziel gesetzt hatte, das größte Cargo-Luftschiff der Welt zu bauen, um damit künftig Schwerlasttransporten eine Alternative jenseits der Straßen zu bieten. Der Bau der Werfthalle als freitragende Stahlkonstruktion begann 1998 und wurde im November 2000 mit der offiziellen Einweihung fertiggestellt. Im Mai und Juni 2002 meldete die Unternehmensgruppe jedoch Insolvenz an und die Werfthalle wurde zur Industriebrache. Im Frühjahr 2003 wurden die Halle und das ca. 500 Hek-

6 Vgl. und im Folgenden *Wahren, R.*, Tropisch-Brandenburg, 2007, S. 13 ff.

tar umfassende Grundstück für 17,5 Millionen Euro an eine malaysische Investorengruppe verkauft.

Abbildung 25: Der Tropical Islands-Dome von außen

Quelle: http://www.tropical-islands.de/de/presse/bildmaterial/tropical-islands.html

Die in Abbildung 25 abgebildete Werfthalle, in der später das Tropical Islands errichtet worden ist, befindet sich seitdem im Eigentum des malaysischen Konsortiums aus der Tanjong public limited company, eine in Kuala Lumpur und London börsennotierte Aktiengesellschaft mit Sitz in Malaysia, und der Au Leisure Investments Pte Ltd. mit Sitz in Singapur.[7] Zum Betrieb der Anlage gründete das Konsortium die Tropical Islands

---

[7] Vgl. *Tropical Islands*, Unternehmensporträt, S. 1.

Management GmbH. Die Halle wurde von dem Konsortium von Beginn an mit der Absicht gekauft, hier ein Tropenparadies zu errichten und damit die Tropen zu den Urlaubern zu bringen und somit die Urlauber nicht mehr in die Tropen fliegen müssten.[8]

Abbildung 26: Unternehmens-Gruppe „Tropical Island"

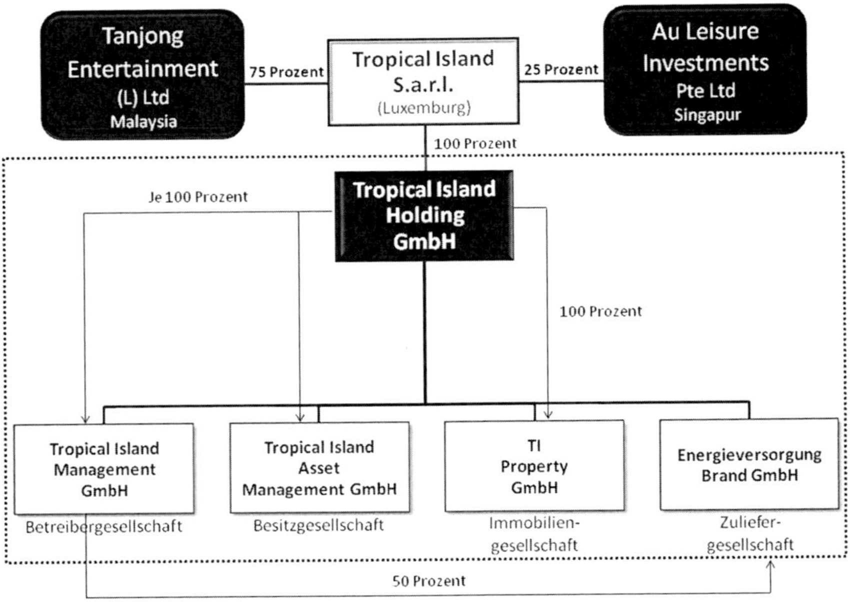

Quelle: eigene Darstellung
anhand der Bilanzen nebst Lageberichte und Anhänge der deutschen Unternehmen zum 31.01.2010, Handelsregisterauszug der Tropical Island Holding GmbH vom 07.01.2011 und dem Amtsblatt des Großherzogtums Luxemburg, C-N° 2872 vom 01. Dezember 2008, Eintragung Nr. 137826

Der Blick auf Abbildung 26 zeigt, dass das Unternehmen primär in eine Betreiber- und eine Besitzgesellschaft gegliedert ist, wobei Letztere die

---

[8] Vgl. *Tropical Islands*, Menschen, 2006, S. 2.

Anlage an die Betreibergesellschaft vermietet. Eine neu gegründete bzw. umgewandelte Finanzierungsgesellschaft und eine Gesellschaft als Energiezulieferer[9] flankieren die Unternehmensgruppe. Dabei werden die Gewinne an die Holding abgeführt, die bislang auch für die erwirtschafteten Verluste einsteht. Der Mutterkonzern Tanjong haftet derzeit mittels befristeter Patronatserklärung.

In die vorhandene Dome-Konstruktion wurden nach und nach eine Bade- und Pflanzenlandschaft sowie ein „Tropendorf" integriert, welche in der Ausgestaltung beständig erweitert wurden. Die von Cargolifter bereits eingebaute Beleuchtung und Fußbodenheizung wurden weitestgehend übernommen. Nachdem jedoch der erste Versuch zur Anpflanzung von Tropenpflanzen mangels ausreichenden UV-Lichts scheiterte,[10] wurde an der Südseite der Anlage 2005 eine UV-Licht-durchlässige Membran in die Hallenseite eingelassen. Diese Neuerung hat darüber hinaus zur Folge, dass sich die Besucher innerhalb der Anlage vom Sonnenlicht natürlich bräunen lassen können. Als Energielieferant für die gesamte Anlage dienen primär drei Blockheizkraftwerke, die von der Energieversorgungs-GmbH betrieben werden.

Die Anlage wurde am 19.12.2004 eröffnet mit dem selbst gesteckten „Ziel, sich zum führenden europäischen Ferienresort zu entwickeln."[11] Dabei zielt die Anlage vor allem auf das Marktsegment der Kurzurlauber. Zugleich hat sich das Tropical Islands zum Ziel gesetzt, sich gemeinsam mit der geographisch fast direkt anschließenden Destination Spreewald als europaweites Reiseziel im Urlaubsmarkt zu positionieren.[12] Gegenüber seinen Gästen versteht sich das Tropical Islands hingegen als „ein kulturübergreifendes Erlebnis, das unseren Gästen die Geschichte eines

---

9 Die Gesellschaft wurde bereits zu Zeiten der Cargolifter AG gegründet und ist ein Gemeinschaftsunternehmen der Tropical Island Managment GmbH und der EWE (vgl. *o. V.*, Energie, 2005, S. 28; *Energieversorgung Brand GmbH*, Jahresabschluss, 2011).

10 Vgl. *Lausitzer Rundschau Online*, Wasserrutsche.

11 *Tropical Islands*, Unternehmensportrait, 2010, S. 1.

12 Vgl. ebd.

friedvollen Miteinanders auf dieser Welt erzählt und Begegnungen schafft."[13]

5.2.2 Beschreibung der Anlage

Der Dome ist 360 m lang, 210 m breit sowie 107 m hoch und umfasst ein Gesamtvolumen von 5,2 Millionen Kubikmetern.[14] Mit ca. 600 Pflanzenarten, ca. 50.000 Pflanzen und einem den Tropen nachempfundenen Klima mit einer Lufttemperatur von 26° C, einer Luftfeuchtigkeit von 40-60 Prozent sowie Wassertemperaturen von 28° C in der „Südsee" und 32° C in der „Bali-Lagune" ist eine tropische Erlebnis-Landschaft geschaffen worden, die gleichzeitig bis zu 6.000 Personen besuchen können.[15]

Die Anlage unterteilt sich in verschiedene Themenbereiche, die teilweise ineinander übergehen. Dabei sind natürliche bzw. echte Elemente mit Nachbauten oder Substituten verwoben. Dies zeigen auch die Abbildungen 27 und 28:

---

[13] *Tropical Islands*, Philosophie.
[14] Vgl. *Wahren, R.*, Tropisch-Brandenburg, 2007, S. 24 f.
[15] Vgl. *Tropical Islands*, Unternehmensporträt, S. 2.

Abbildung 27: Übersichtskarte des Tropical Islands

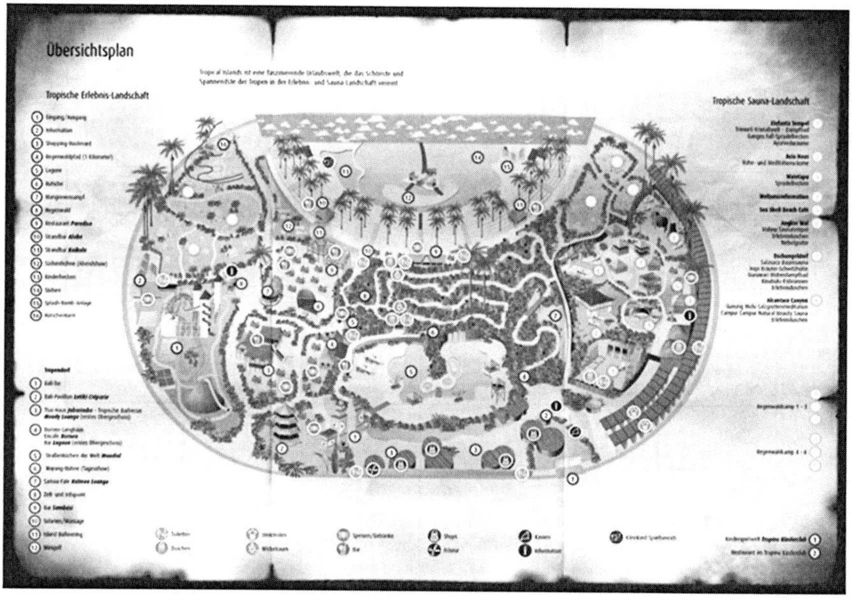

Quelle: *Tropical Islands*, MICE, 2009, S. 6

Abbildung 28: Vogelperspektive auf einen Teil des Tropical Islands

Quelle: http://www.tropical-islands.de/de/presse/bildmaterial/tropical-islands.html

Die Anlage lässt sich in folgende Raumsegmente gliedern, die jedoch teilweise miteinander verwoben und nicht strikt räumlich getrennt sind:[16]

1. **Baden**: „Südsee“ und „Bali-Lagune“
2. **Gastronomie**: mit differenzierten gastronomischen Angeboten sowie Bars
3. **Naturlandschaft**: Indoor-Regenwald
4. **Übernachtung**: Zwei Campingplätze mit 27 fest installierten Zelten verschiedener Größe und sieben Holz-Tipis sowie seit Herbst 2010 insgesamt 52 Lodges in verschiedenen Kategorien,

---

[16] Vgl. die Angaben nach *Tropical Islands*, Unternehmensporträt.

so dass inzwischen 450 Übernachtungsplätze zur Verfügung stehen.[17]

5. **Erlebnis & Spaß**: African Jungle Lift; Wasserrutschen-Turm; Island-Ballooning; Wayang-Plaza (Bühne mit Tagesshows)
6. **Wellness & Saunalandschaft**: Saunalandschaft mit zwei klassischen Saunen und drei Dampfbädern sowie einer Schwitzhütte, einem Heilerde-Bad und einer Salzgrotte; Sonnenliegendeck; Fitness-Club; Massage- & Solarien-Zone
7. **Kinder**: Tropino Kinderclub mit 4.000 m² Kinderspiele-Welt
8. **Shopping**: „Shopping-Boulevard“ und Friseur
9. **MICE**: drei Konferenzräume und zwei Gruppenräume
10. **Funktionsbereich**: Eingang; Kasse; Umkleide

Zentral in der Anlage befindet sich der Regenwald, der sich aus einem Konglomerat verschiedener tropischer Pflanzen zusammensetzt, die in dieser Zusammensetzung nicht gleichzeitig in der Natur vorzufinden sind. Dieser Regenwald kann auf einem Rundweg erkundet werden. Der Rundweg hat eine Länge von einem Kilometer und wird als „Expedition“ gemarkert, wobei sich verschiedene Ausruhplätze und Aussichtspunkte abwechseln und auch Brücken, ein Wasserfall sowie ein Mangrovensumpf in die Anlage implementiert wurden. Zu einzelnen Pflanzen geben Hinweisschilder Auskunft über Herkunftsländer und besondere Merkmale der Pflanzen. Als Beispiele dienen die Abbildungen 29 und 30:

---

[17] Vgl. *Tropical Islands*, Indoor-Logdes, 2010; zudem werden außerhalb des Domes durch den Investor Planet Group bis einschließlich 2011 vorerst 109 Ferienhäuser errichtet (vgl. dazu den Lagebericht 2009/2010 der Tropical Island Management GmbH im eBundesanzeiger, zuletzt aufgerufen am 07.01.2010). Insgesamt ist die Errichtung von 439 Häusern bis Ende 2012 geplant (vgl. *Tanjong public limited com pany*, Annual, 2010, S. 24).

Abbildung 29: „Expeditions“-Marker

Quelle: eigene Aufnahme (2008)

Abbildung 30: Beispiel einer Pflanzenbeschreibung

Quelle: eigene Aufnahme (2008)

Auffällig ist auch, dass sich zudem Vögel innerhalb der Anlage befinden. Dies ist zum Teil zwecks Pflege der Anlagen beabsichtigt. Teilweise sind diese aber auch ungewollt über die Lüftungsluken der Halle in den Innenbereich gelangt. In der Bali-Lagune wird zudem ein künstliches Grillen-Zirpen über mehrere Lautsprecher in der Grünanlage verbreitet, während aufgrund des künstlichen Wasserfalls ein echtes Wasserrauschen zu hören ist.

Das Segment „Baden" umfasst zwei Badelandschaften unterschiedlicher Thematik und Ausgestaltung. Die „Südsee"-Zone mit 4.000 m² Wasserfläche ist halbseitig von einem 200 m langen Sandstrand umgeben, wobei die andere Seite, welche an die Dome-Wand angrenzt, mit einer 2.000 m² großen Leinwand bespannt ist, die einen tropischen Himmel darstellt. Darüber befindet sich eine Licht- und UV-durchlässige Folie, welche ein Bräunen am „Südsee-Strand" ermöglicht. Auf der Strandseite befinden sich oberhalb zudem Platz für mehrere Hundert Liegestühle, dazu ein Restaurant und zwei Strandbars sowie echte Palmen. Die Badetemperatur beträgt im Regelfall 28° C. Damit zeigt sich hier die Imitation eines typischen Raumbildes eines Karibik- oder Südsee-Urlaubsortes. Verstärkt wird dieses Raumbild durch Abendshows, die am Abend auf der Wasserfläche stattfinden und die von den Strandbars bzw. dem Restaurant aus betrachtet werden können. Abbildung 31 vermittelt einen Eindruck der „Südsee-Lagune":

Abbildung 31: Blick auf die Südsee-Lagune

Quelle: eigene Aufnahme (2008)

Die zweite Badelandschaft, die sogenannte „Bali-Lagune“, zu sehen in der Abbildung 32, befindet sich eher mittig innerhalb des Domes und schließt direkt an den Regenwald an. Neben typischen Elementen einer Badelandschaft, wie beispielsweise Wasserrutschen und Whirlpools, gehören auch ein Wasserfall und eine Art Grotte zur Installation. Die Wasserfläche selbst ist lagunenartig gestaltet, auf der Südseite vom Regenwald begrenzt und ansonsten von Sandfläche umgeben. Mit einer Fläche von 1.200 m² ist dieser Teil kleiner als der Südseebereich, aber mit 32° C Wassertemperatur wärmer. An der Südseite der Anlage sind Fresken in die Wand eingelassen, die mythologische Bilder Balis wiedergeben sollen. An die Bali-Lagune grenzt das Borneo-Langhaus mit einem Eiscafé und einer Bar an. WAHREN, Autor des Reiseführers „Tropisch-

Brandenburg", vergleicht diese Lagune mit dem Raumbild der „blauen Lagune" aus dem gleichnamigen Film.[18]

Abbildung 32: Blick auf die Bali-Lagune

Quelle: eigene Aufnahme (2008)

Die Gastronomie befindet sich überwiegend im „Tropendorf" und an der Südsee-Zone. Sie teilt sich zum einen in einen Fast-Food-Bereich als Selbstbedienungsrestaurant mit deutscher, asiatischer, amerikanischer und italienischer Küche, und zum anderen in einen Bereich klassischer Gastronomie, zum Teil mit Erlebnischarakter. Die klassische Gastronomie umfasst einen Barbecue-Bereich, ein à la Carte-Restaurant, ein Strandrestaurant, ein Kinderclub-Restaurant, ein Tandoori-Restaurant,

[18] Vgl. *Wahren, R.*, Tropisch-Brandenburg, 2007, S. 57.

eine Crêperie sowie zwei Cocktail-Lounges, ein Eiscafé und drei Bars. Damit spiegelt sich die Raumvielfalt des Domes auch in der Gastronomie wider, die pasticheartig verschiedene regionale Esskulturen zusammenführt. Die klassische Gastronomie befindet sich dabei überwiegend in den verschiedenen Bauten des „Tropendorfes". Im Tropendorf sind als Bauten besonders hervorgehoben:[19]

Der **Bali-Pavillon** ist als sechseckiges Gebäude den Proportionen balinesischer Tempel nachempfunden. Die religiöse Anspielung in der Architektur findet sich ebenfalls in Sandsteinreliefs im Erdgeschoss wieder, die Szenen aus der klassischen hinduistischen Dichtung Ramayana darstellen.

Das 13,80 m hohe originale **Balinesische Tempeltor** wurde in Bali hergestellt, dort demontiert und in dem Dome von balinesischen Handwerkern wieder zusammengesetzt. In seiner ehemals ursprünglichen Umgebung bildete es als „gespaltenes Tor" den Eingang zu einem Tempelbezirk und symbolisierte einen in der Mitte auseinandergerissenen Götterberg.

Das **Borneo-Langhaus**, zu sehen in der Abbildung 33, ist einer typischen Wohnhütte nach Art des Indianerstammes der Orang Ulu der Insel Borneo nachempfunden und mit Hilfe der Sarawak-Tourismuszentrale als Kopie eines Langhauses im historischen Kulturdorf in Kuching erbaut worden.

---

[19] Vgl. im Folgenden *Tropical Islands*, Tropendorf, 2010; *Wahren, R.*, Tropisch-Brandenburg, 2007, S. 49 ff.

Abbildung 33: Blick ins Tropendorf (Borneo-Langhaus)

Quelle: eigene Aufnahme (2008)

Als typische polynesische Wohnhütte stellt das **Samoa-Fale** eine Art Gemeindehaus dar. Dieses Gebäude wurde mit Unterstützung der Tourismusbehörde von Samoa gebaut.

Das von einer thailändischen Architektin entworfene **Thai-Haus** wurde der traditionellen Baukultur Thailands nachempfunden. Es ist das größte Gebäude innerhalb der Halle. In einer traditionellen Zeremonie wurde es von thailändischen buddhistischen Mönchen geweiht.

Des Weiteren befinden sich im „Regenwald" drei **kenianische Rundhütten** und eine **Amazonas-Hütte**, welche den traditionellen Unterkünften der Indianer im Amazonas Gebiet nachempfunden wurde. Damit vereint das Tropical Islands verschiedenste Tropenregionen und Kulturen und fügt echte und nachempfundene Bauten zum Konglomerat eines Tropenbildes zusammen.

Auch die 10.000 m^2 große Sauna-Landschaft bildet in einem Konglomerat verschiedene Tourismusräume nach: Zu finden sind hier beispielsweise der „Elefanta Tempel", der im Maßstab 1:1,5 einem indischen Höhlentempel aus dem 8. Jahrhundert nachempfunden ist,[20] ein Ausschnitt aus der Tempelanlage Angkor Wat aus Kambodscha, der im Maßstab 1:1 nachgebaut wurde,[21] eine Anlehnung an die Waiotapu-Geysire in Neuseeland[22] sowie eine Anlehnung an den Alcantara Canyon auf Sizilien, wobei das dazugehörige Schwitzbad den Namen des „Gunung Mulu" trägt, in Anlehnung an den gleichnamigen Nationalpark mit Höhlensystem in Malaysia.[23]

In seiner Außenkommunikation betont das Tropical Islands, dass die Anlage von verschiedenen Architekten und Planern aus der ganzen Welt gestaltet wurde. So werden beispielsweise für die Landschaft der brasilianische Landschaftsarchitekt Haruyoshi Ono, der in Ecuador lebende Global-System-Ökologe Ranil Senanayake, Ajantha Palihadwadana, ebenfalls Ökologe aus Sri Lanka, und Robin Lock, der früher das Projekt Eden[24] in England beraten hat,[25] benannt.

In der Animation der Gäste trägt das Tropical Islands mit einer täglichen Abendshow dem typischen Urlauberverhalten in Club-Anlagen Rech-

---

[20] Vgl. *Tropical Islands*, Elefanta, 2007.
[21] Vgl. *Tropical Islands*, Angkor, 2007.
[22] Vgl. *Tropical Islands*, Thermalgebiet, 2007.
[23] Vgl. ebd.
[24] Das Projekt Eden bezeichnet sich selbst als „an experiment in communication and public education."(*The Eden Project*, eden, 2008, S. 8). Weiter heißt es im Eden-Führer: „Eden is about spectacle, education, the application of science and social change; its plants represents the world's greatest collection of species useful to man ever gathered in one location." (*The Eden Project*, eden, 2008, S. 1).
[25] Vgl. *Tropical Islands*, Regenwald, 2010. Auf die jeweilige Unterstützung bei den Bauten des „Tropen-Dorfes" wurde bereits weiter oben hingewiesen.

nung. In vielen touristischen Anlagen ist es üblich, dass den Gästen regelmäßig abendliche Unterhaltung mit Show-Veranstaltungen geboten wird. Während jedoch in den Club-Anlagen die Shows häufig von den Animateuren selbst durchgeführt und auch Zuschauer mit eingebunden werden, hat das Tropical Islands die Abendshows mit Berufskünstlern professionalisiert. Des Weiteren bringt das Tropical Islands mit der Gästezeitung „Tropische Momente" eine periodisch erscheinende Zeitung heraus.[26]

Wie gezeigt wurde, kann das Tropical Islands als eine in sich geschlossene Urlaubswelt betrachtet werden, die sowohl Tages- als auch Übernachtungästen multioptional Angebote unterbreitet. Mit der dargebotenen Raumvielfalt und dem Verweben von echten Elementen und Imitationen ist allerdings zu prüfen, inwiefern sich das Tropical Islands unter die bisherigen Definitionen von Ferienparks der ersten bzw. zweiten Generation subsumieren lässt.

5.3 Einordnung in die Typologisierung einer künstlichen Ferienwelt

Die Einordnung des Tropical Islands erfolgt anhand des Kapitels 2.3.3 und zuerst gemäß der abgeleiteten Definition für künstliche Ferienwelten: Unzweifelhaft handelt es sich beim Tropical Islands um eine touristische Anlage, welche primär dem Urlaubserleben dient. Als künstliche Ferienwelt müsste sie darüber hinaus aber ihrem natürlichen Raumbezug entbettet sein. Zwar stellt das Tropical Islands die Revitalisierung einer bereits vorhandenen, aber nie wirklich in Betrieb gegangenen Industriebrache

---

[26] Die Gästezeitung erscheint vierteljährlich mit einer Auflage von 80.000 Stück (vgl. *Tropical Island Management GmbH*, Mediadaten, 2009, S. 4). Im Jahre 2008 wurde stattdessen die Zeitung „Tropical Islands Heute" mit einer Auflage von 100.000 Stück zweimonatlich herausgegeben (vgl. *Tropical Island Management GmbH*, Mediadaten, 2007, S. 22). Diese ähnelte in der Aufmachung stark einer Tageszeitung.

dar, wodurch in gewisser Weise ein Raumbezug vermutet werden könnte. Allerdings verliert diese mit den exotischen und real-fremden sowie symbolischen Einschreibungen, zum Beispiel durch fremde Flora und Archibektur, den Anschluss zu dem sie umgebenden Raum. So ist auch ein Bezug zur früheren Militärbasis überhaupt nicht mehr vorhanden. Eine räumliche Entbettung ist beim Tropical Islands daher gegeben.

Zudem müsste die Anlage als ein in sich weitgehend geschlossenes Ganzes deutlich abgrenzbar sein. Durch die Hallenkonstruktion ist das Tropical Islands sowohl räumlich als auch architektonisch eindeutig definiert. Die Zusammenfügung eines in sich vollständigen touristischen Angebotes sowie die Montage verschiedener in sich selbständiger Raumeinheiten zu einem verwobenen Komplex fügt die Anlage zudem zu einem in sich Ganzen und Abgeschlossenen zusammen. Ein Urlauber könnte beispielsweise mehrere Wochen komplett in der Anlage verbringen. Insofern sind die Kriterien einer künstlichen Ferienwelt aus Kapitel 2.3.3 erfüllt. Das Tropical Islands stellt eine künstliche Ferienwelt in diesem Sinne dar.

5.4 Zur Diskussion des Tropical Islands als Nicht-Ort

Durch die sowohl historische als auch anthropologische Entbettung könnte ferner von einem Nicht-Ort im Sinne von AUGÉ gesprochen werden. Allerdings ist fraglich, ob das Tropical Islands tatsächlich einen Nicht-Ort im engeren Sinne darstellt. Denn einerseits sind mit realen bzw. historisch nachempfundenen Gebäuden auch damit verknüpfte Narrative in den Raum eingebracht worden, wodurch der Raum als Ganzes historisch aufgeladen wird. Andererseits besitzt der Ort bereits eine eigene Geschichte als Cargolifter-Halle. Bei einem Nicht-Ort im engeren Sinne würde diese Historie weitgehend verloren gehen. Das Tropical Islands weist allerdings an einer Wand des Umkleidebereiches auf die Historie der Halle hin. Wichtig für eine Beurteilung einer Enthistorisierung ist jedoch, ob den Besuchern der Anlage diese Information auch noch bekannt ist. In der Befragung zeigte sich, dass die überwiegende Zahl der Befragten, wie Abbildung 34 zu entnehmen ist, den früheren Zweck der Halle kannte und richtig benennen konnte:

Abbildung 34: Bekanntheitsgrad der Dome-Historie

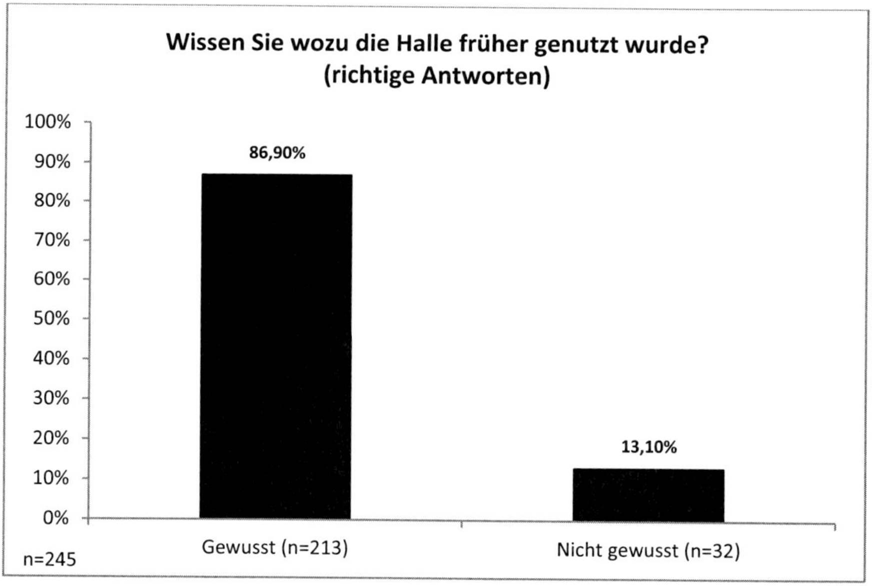

Quelle: eigene Erhebung

Damit kann das Tropical Islands nur bedingt als Nicht-Ort eingeordnet werden. Dies umso mehr, da seine Geschichte stets mit der Geschichte des zu diesem Zeitpunkt gescheiterten Cargolifter-Projektes verbunden bleiben wird und die Vorgeschichte auch aktiv vom Tropical Island Management kommuniziert wird.[27] Doch darüber hinaus zeigt sich, dass mit dem Zusammenfügen verschiedener realer als auch kopierter Raumein-

---

[27] So zum Beispiel auch auf der Homepage und in Prospekten.

heiten und dem Einbringen von Simulakren eine Art eigene Raum-Realität bzw. ein Konglomerat an Raum-Historie geschaffen wird.

5.5 Zur Frage der Qualifikation des Tropical Islands als Ferienpark

Weiter ist zu klären, ob das Tropical Islands unter den Begriff eines Ferienparks der zweiten oder einer späteren Generation gefasst werden kann. Auch hier wird auf die Ausführungen aus Kapitel 2.3.3 Bezug genommen. So zeigt sich, dass es sich beim Tropical Islands zwar um eine Ferienanlage mit Beherbergungsangebot handelt, jedoch die Bettenzahl bei weitem nicht der eines Ferienparks der zweiten Generation entspricht. Ansonsten sind wesentliche Merkmale eines Ferienparks der zweiten Generation erfüllt: Das Tropical Islands beherbergt eine überdachte Einkaufszone und Restaurants, ein (sub-)tropisches Badeparadies sowie eine Vielzahl an Freizeit- und Unterhaltungseinrichtungen. Ferner handelt es sich beim Tropical Islands um eine primär innen-orientierte Anlage. Allerdings ist es Gästen durch die 2009 neu geschaffenen Beherbergungsmöglichkeiten, den angeschlossenen Campingplatz und die direkt angeschlossenen Ferienhäuser bei einmaligem Eintritt erlaubt, die Halle beliebig zu verlassen und wieder zu betreten. Insofern ergibt sich hier inzwischen eine hybride Form, bestehend aus einem innen-orientierten Besucherkreis, der innerhalb der Anlage übernachtet und die Anlage nicht verlässt, und einem außen-orientierten Besucherkreis, der außerhalb übernachtet und vermutlich auch Ausflüge in die Umgebung unternimmt. Für die Übernachtungsbesucher innerhalb der Anlage waren ursprünglich primär zwei Zeltcamps vorgesehen, die immer noch in der Anlage vorhanden sind und genutzt werden. Abbildung 35 zeigt eines der beiden Zeltcamps:

Abbildung 35: Blick auf eines der beiden Zeltcamps

Quelle: eigene Aufnahme (2008)

Wie die Beschreibung der Anlage im vorangegangenen Kapitel zeigt, lässt sich das Tropical Islands letztlich jedoch nicht mit der Definition eines Ferienparks der zweiten oder einer späteren Generation ausreichend erfassen bzw. definieren. Die Anlage unterscheidet sich in ihrer Art deutlich von den Ferienparks der zweiten Generation. So führen die Verwebung realer und kopierter Elemente sowie die große reale Naturlandschaft mit dem tropischen Klima, welches dem „Klima-Touristen"[28] buchstäblich „entgegenkommt", geradezu zu einem spielerisch-surrealen Pastiche-Bild eines idealen Tourismus-Raumes. Auch die Definitionen von Ferienparks der dritten und vierten Generation vermögen damit diesen Typus von Urlaubswelt nicht hinreichend zu erfassen. Es ist daher zu prüfen, inwiefern eine eigene Typendefinition sinnvoll und möglich ist.

---

[28] *Sloterdijk, P.*, Tractatus, 2008, S. 10.

5.6 Ableitung einer eigenen Typendefinition

Sofern es sich beim Tropical Islands um eine einmalige Raumkonstruktion handelte, wäre eine eigene Definition gegebenenfalls mit dem Hinweis obsolet, dass hier ein Sonderfall vorläge. Aus zweierlei Gründen ist dem jedoch nicht so. Zum einen wurde bereits bei Erstellung des Tropical Islands von der Investorengruppe angeregt, weitere vergleichbare Anlagen auf der Welt zu bauen.[29] Zum anderen gab es mit dem Seagaia Ocean Dome in Japan eine vergleichbare Anlage, die jedoch in einigen Aspekten noch über die Anlage des Tropical Islands hinausging. Zwischenzeitlich war zudem in Berlin mit dem Projekt „Polaris“ eine kombinierte Ski- und Wasserwelt mit einem Investitionsvolumen von 152 Millionen Euro geplant,[30] die allerdings im Herbst 2009 scheiterte.

Das Seagaia Ocean Dome in Miyazaki in Japan, zu sehen in Abbildung 36, wurde 1993 als weltweit größter Wasserpark eröffnet. Ähnlich dem Tropical Islands imitierte die Anlage eine tropische Urlaubswelt, konnte jedoch das Dach teilweise öffnen. Zudem befand sich innerhalb der Anlage ein künstlicher Vulkan, der regelmäßig simuliert ausbrach. Die Anlage wurde jedoch im Oktober 2007 wieder geschlossen, ohne dass dazu nähere Angaben gemacht wurden.

---

[29] So äußerte der Geschäftsführer Ole Hensing 2005 im Interview: „Im Übrigen: Tropical Islands ist ein Pilotprojekt, es sind weltweit viele Standorte geplant.“ (*Schwenkenbecher, J.*, Interview, 2005).

[30] Vgl. *Jürgens, I.*, Mega-Freizeitcenter, 2007.

Abbildung 36: Seagaia Ocean Dome

Quelle: http://www.seagaia.co.jp

Das Tropical Islands und der Seagaia Ocean Dome haben gemein, dass sie als geschlossene Raumeinheit einen Urlaubsraum konstruieren, der in sich vollständig wirkt und mit komplexeren Raumkopien und Simulationen arbeitet. Im Folgenden sollen drei bestimmende Elemente dieser Urlaubswelten beschrieben werden.

Auffällig an den beschriebenen Urlaubsräumen ist, dass sie in sich als abgeschlossenes Ganzes in ihrer Bauweise und Ästhetik wie ein *Kokon*[31] wirken und dabei weitestgehend losgelöst von der originären geografischen Verortung existieren. Der Raum knüpft damit an die Suche des

---

[31] Vgl. hierzu Kapitel 4.4.1.

Urlaubers nach „Harmonieräumen“[32] an. Das Tropical Islands wirkt in sich autark und ermöglicht eine Abschottung bzw. ein „Einspinnen“ gegenüber der Außenwelt. So dürfte sich der einzige Blick nach außen meist durch die UV-Membran in den Himmel über der Anlage richten, wobei der Himmel jedoch insofern undefiniert ist, als dass in ihn vieles hineingedeutet werden kann. Der Himmel könnte vom Besucher genauso gut an fast jedem anderen Ort beobachtet werden. Innerhalb des Kokons kann der Besucher somit den Bezug zu dem den Kokon umgebenden Realraum leicht verlieren.

Der Kokon materialisiert sich zugleich durch die Konstruktion der Halle, die sich halbzylindrisch „schützend“ über die gesamte Anlage erstreckt. Er ist ferner ein „geselliger“ Kokon, indem sich hier die Besucher als Gleichgesinnte mit weitestgehend gleichen oder ähnlichen Zielen treffen. Des Weiteren bietet die Anlage dem Besucher die Möglichkeit, scheinbar Fremdes innerhalb eines beispielsweise in der Sprache bekannten und geschützten Raumes zu erleben.

Darüber hinaus sind beide Anlagen in ihrer Erscheinungsweise hyperreale Abbilder[33] von Urlaubswelten. Indem sie künstliche und echte Elemente in ihrem Raumkonstrukt nicht nur simulieren, sondern neu zu einem Ganzen zusammenfügen und dabei Echtes, Kopiertes und Erdachtes vermengen, schaffen sie ein geradezu surreal-touristisches Raumbild. Dieses ist, im Sinne von LEGNARO und BIRENHEIDE[34], jedoch mehr als die Summe der einzelnen Raumeinheiten, sondern schafft in seiner Gesamtheit etwas für sich Auratisches. In einem offenen Spiel mit Authentizität und Imitation verzerrt die Anlage zugleich die Realität und überhöht den touristischen Raum zu einem Ideal. So materialisiert sich ein fiktiver touristischer Wunschort in einem verdichteten und durch verschiedene Ein-

---

32 *Borghardt, J.*, Entgrenzung, 1997, S. 410.

33 Vgl. hierzu Kapitel 4.2.3.

34 Vgl. *Legnaro, A./Birenheide, A.*, Stätten, 2005; vgl. auch *Vester, H.-G.*, Tourismustheorie, 1999, S. 112 f.

schreibungen kulturell und historisch aufgeladenen Raumkonstrukt. Dieses wirkt auf den Besucher insofern immersiv, als dass er sich ganz in die Anlage emotional involvieren und die Außenwelt vergessen kann.

Wie gezeigt, handelt es sich bei dem Raumkonstrukt des Tropical Islands um einen temporär scheinbar in sich geschlossenen Lebensraum, der in weitere Raumeinheiten untergliedert werden kann. Er ist in sich, trotz aller Simplifizierungen, komplex und bildet in dieser Komplexität als ganzes System eine Einheit. Zudem besitzt er eine klare Raumumgrenzung, die sich hüllenartig um den Raum fügt. Dieser Raum besitzt ein eigenes Volumen und ist in vielerlei Hinsicht klar definierbar. Insofern könnte hier auch von einer eigenen *Sphäre* gesprochen werden.

Damit sind drei wesentliche Elemente dieses Typus bestimmt worden, nämlich

1. das Kokonartige im Raumkonstrukt,
2. raumbestimmende hyperreale Elemente mit immersivem Charakter und
3. die Steigerung des Urlaubs-Raumes zu einer Urlaubs-Sphäre.

Sofern ein touristischer Raum als kokonartig beschrieben werden kann, in den hyperreale Elemente eingebracht sowie zu einem Ganzen zusammengefügt worden sind und der eine Immersion des Besuchers herbeizuführen geeignet ist, kann von einer „Urlaubs-Sphäre" gesprochen werden. Dieser Begriff grenzt sich damit von dem eines Ferienparks oder eines Feriengroßprojekts ab. Vor diesem Hintergrund ist festzuhalten, dass auch das Tropical Islands eine „Urlaubs-Sphäre" im vorbeschriebenen Sinne darstellt.

6. Das Tropical Islands im Fokus der Nachhaltigkeit

6.1 Betrachtung aus der Perspektive ökologischer Tragfähigkeit

6.1.1 Ökologische Aspekte der Raumüberwindung

Wie bereits gezeigt wurde, stellt die Raumüberwindung ein ökologisch kritisches Moment des Tourismus dar. Daher ist es von großer Bedeutung, mit welchem Verkehrsmittel die Besucher anreisen. So zeigt die Abbildung 37, dass, dem Grunde nach erwartet, die weitaus überwiegende Zahl der Übernachtungsbesucher mit dem Pkw anreiste:

Abbildung 37: Verkehrsmittel der Anreise

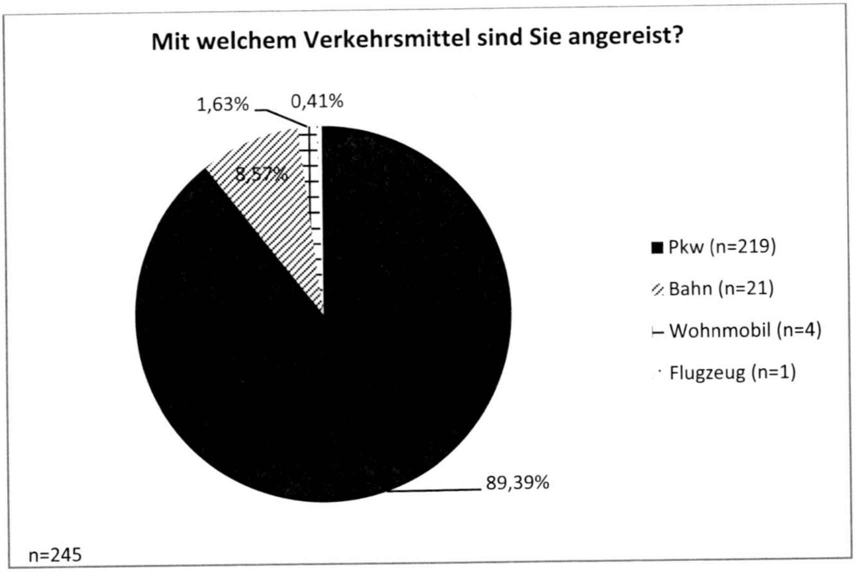

Quelle: eigene Erhebung

Damit bestätigte sich annähernd der von MIELKE genannte Wert von 90 Prozent der Anreise mit dem Pkw,[1] der hier ermittelte Wert lag aber unter dem von DRAHEIM ermittelten Wert von 96 Prozent.[2] Diese 89,39 Prozent überraschen allerdings doch insofern, als das Tropical Islands eine relativ gute Bahnanbindung an der Bahnstrecke zu Berlin besitzt und zudem ein regelmäßiger kostenloser Shuttle-Bus zwischen Bahnhof und Dome pendelt, womit eine bequeme Anreise per Bahn möglich wäre. Hierdurch wird die These DRAHEIMs widerlegt, dass die überwiegende Nutzung des Pkw bei der Anreise zu künstlichen Ferienwelten auf eine schlechte sonstige Verkehrsanbindung bzw. mangelnde Alternativen zurückzuführen sei.[3] Auch die vermutete leichtere Mitnahme von Gepäck im Pkw dürfte kaum eine Rolle spielen, da für einen Kurzaufenthalt im Tropical Islands nicht viel Gepäck erforderlich ist. Vielmehr könnte dieser Wert ein Indiz für die Stichhaltigkeit der These LANZENDORFs sein, dass in dem Entscheidungsprozess für den Pkw Routinen und Frames ausschlaggebend seien.[4] Um diese aufzubrechen, müssten entweder restriktive Elemente in die Verkehrspolitik eingebaut,[5] oder aber zusätzliche Anreize für eine Bahnreise geschaffen werden. Letzteres könnte auch seitens des Tropical Islands, zum Beispiel durch Modifizierungen in der Preispolitik, geschehen.

Zudem konnte in der Untersuchung keine Abhängigkeit zwischen der Wahl des Verkehrsmittels und der Anreise-Entfernung festgestellt werden.[6] Die Abbildung 38 zeigt, dass die Verteilung bei Anreisenden mit einer Anreisestrecke von über 500 Kilometern genauso ausfiel wie bei

---

[1] Vgl. *Mielke, B.*, Freizeiteinrichtungen, 1993, S. 43. Der Wert von HOCHFELD lag bei 70 % (vgl. *Hochfeld, C./Strubel, V./Havers, K.*, Umweltauswirkungen, 2002, S. 62) und der Wert in der Untersuchung von BRITTNER bei bis zu 95 Prozent (vgl. *Brittner, A.*, Natürlichkeit, 2002, S. 139).

[2] Vgl. *Draheim, A.*, Ferienzentren, 2002, S. 48 ff.

[3] Vgl. ebd.

[4] Vgl. *Lanzendorf, M.*, Freizeitmobilität, 2001.

[5] Vgl. *Briegel, R.*, Freizeitmobilität, 2006, S. 195.

[6] Auf eine Darstellung in einer Kreuztabelle wurde aufgrund der geringen Fallzahl der Bahnreisenden verzichtet.

der gesamten Stichprobe. Der Anreiseweg erstreckte sich dabei zwischen ca. 41 und 769 Kilometern, ermittelt jeweils anhand der Postleitzahlen des Anreiseortes.[7] Dabei lag bei 41 Prozent der Übernachtungs-Besucher der Anreiseweg zwischen 200 und 399 Kilometern, 68,28 Prozent der Übernachtungs-Besucher reisten bis zu 399 Kilometer an. Jedoch fast ein Drittel der Besucher reiste mit über 400 Kilometer Reisestrecke an, bei einem Mittelwert von 558,4 Kilometern. Insgesamt lag der mittlere Anreisewert bei 331,9 Kilometern.

Abbildung 38: Anreise-Entfernung der Übernachtungsbesucher

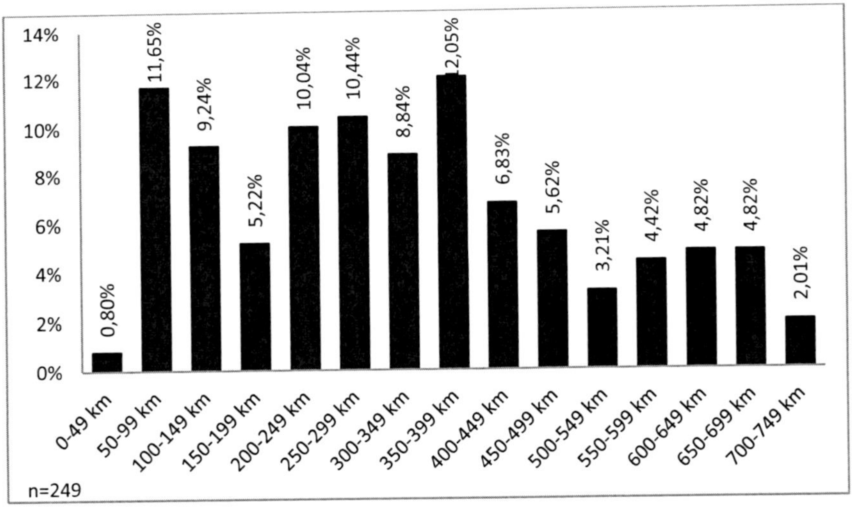

Quelle: eigene Erhebung

Es stellt sich jedoch die Frage, was die Minderheit der Bahnanreisenden von den Pkw-Nutzern unterscheidet. Während im Bildungsgrad zwischen

7 Die sich hieraus ergebenen Ungenauigkeiten wurden im Vorhinein als geringer eingeschätzt als die Fehlerquote durch falsche, fehlerhafte oder fehlende Angaben der Befragten.

beiden Gruppen kein signifikanter Unterschied zu finden war, fiel hingegen auf, dass in der Gruppe der Bahn-Nutzer der Anteil der weiblichen Befragten mit 65,0 Prozent höher als der Durchschnitt der Befragten mit 50,41 Prozent war. Ein weiterer deutlicher Unterschied ist auch in der Altersstruktur zu finden, wie Abbildung 39 verdeutlicht:

Abbildung 39: Altersverteilung der bahnanreisenden Übernachtungsbesucher versus Stichprobe

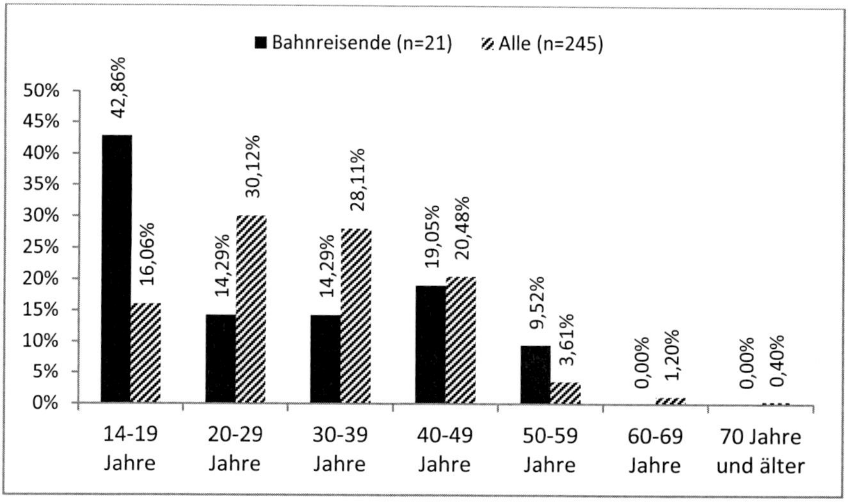

Quelle: eigene Erhebung

Die Ursache des großen Anteils der unteren Altersklasse bei den Bahnanreisenden kann jedoch vor allem in einer noch fehlenden Fahrerlaubnis oder in mangelnder Verfügbarkeit eines Pkw vermutet werden. Allerdings war auch die Gruppe der 50 bis 59-jährigen deutlich stärker bei den Bahnanreisenden vertreten, wobei hier mehr als die Hälfte mit Kindern gereist ist.

Ein weiterer Hinweis auf den Entscheidungsgrund für die Bahn als Verkehrsmittel kann in der Korrelation mit den Entscheidungsgründen für das Tropical Islands als Urlaubsort gefunden werden. So sind, wie aus Abbildung 40 hervorgeht, eine gute Erreichbarkeit und ein subjektiv empfundener Zeitvorteil für Bahnanreisende von höherer Bedeutung als für die Gesamtheit der Besucher. Hier kann vermutet werden, dass die Anreise mit der Bahn von den Bahnanreisenden zeitlich qualitativ hochwertiger bewertet wurde. Es ist denkbar, dass der soziale Aspekt des Bahnreisens, die Anreisezeit schon aktiver miteinander verbringen zu können, bei der Entscheidung eine Rolle gespielt hat. Dies aber wäre auch ein Hinweis auf ein anderes Reiseverständnis dieser Gruppe. Die Raumüberwindung wird vermutlich nicht mehr nur als Hindernis, sondern bereits als Teil des Urlaubs selbst gesehen.

Abbildung 40: Gründe für die Wahl des Tropical Islands

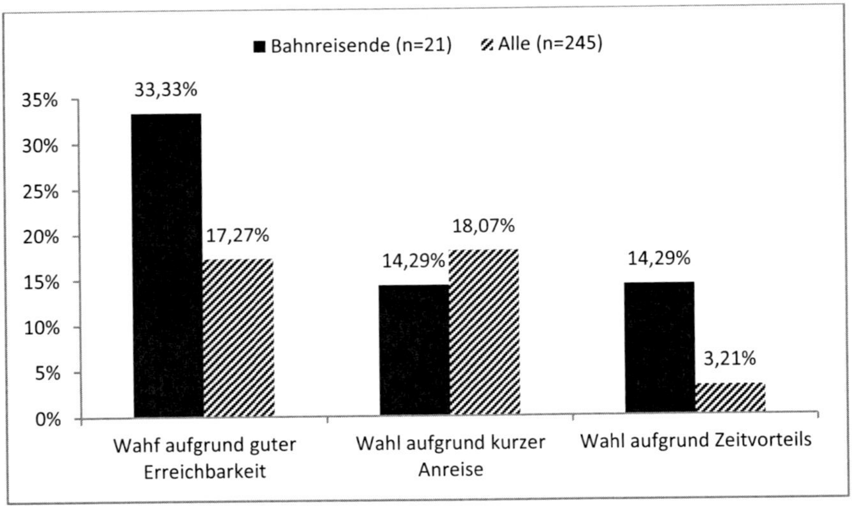

Quelle: eigene Erhebung

Ein weiterer Aspekt ergibt sich aus dem geschlossenen innen-orientierten Konzept der Anlage. So zeigt sich, dass gut 3/4 der Übernachtungsbesucher allein wegen der Urlaubs-Sphäre anreisen und die Umgebung nicht besuchen.[8] Damit wird der Sekundärverkehr in der bereisten Urlaubsregion deutlich verringert.

6.1.2 Ökologische Aspekte der Raumnutzung

In der Analyse zur Raumnutzung sind regelmäßig neben dem eigentlichen Flächenverbrauch vor allem der Ressourcenverbrauch, die Erzeugung von Abfällen, Abwässern und Abluft sowie auch der Einfluss auf die Flora und Fauna zu berücksichtigen. Da es sich beim Tropical Islands um die Revitalisierung einer vorhandenen Industriebrache handelt, ist der Flächenverbrauch dem Grunde nach von geringerer Bedeutung, weil die vorhandene Fläche bereits vor Aufnahme des Betriebes versiegelt war und ein ansonsten ungenutzter Raum einer neuen Verwendung zugeführt wurde. Zudem zeigt sich, dass mit der Halle der Kernraum, vor Erweiterung um den Campingplatz und die Ferienhäuser, mit nur 6,6 Hektar im Vergleich zu anderen Anlagen klein und sehr stark in der Nutzung verdichtet ist. Tatsächlich wären hier noch die Parkplatzfläche sowie das außerhalb liegende Verwaltungsgelände hinzuzurechnen; doch dürften damit die in Kapitel 2.3.3 beschriebenen 26ha (bis 88ha) anderer Ferienanlagen noch nicht erreicht werden.

Dabei umfasst das Gesamtareal des Tropical Islands ca. 500 Hektar, jedoch wird davon der weitaus größte Teil nicht genutzt. Der Versiegelungsgrad dürfte somit deutlich unter den 19 bis 64 Prozent anderer Ferienparks liegen.[9]

---

[8] Der Ausflugsverkehr wird in Kapitel 6.2.2 noch ausführlicher behandelt.

[9] Vgl. Kapitel 2.3.3.

Durch die Umwidmung der Anlage musste sich das Tropical Islands keiner Umweltverträglichkeitsprüfung unterziehen. Für die Baugenehmigung waren lediglich energetische Gutachten notwendig. In der Kritik an diesen Gutachten wird jedoch darauf verwiesen, dass zur Berechnung allein auf die erforderlichen 19 °C Raumtemperatur, nicht aber auf die tatsächliche Raumtemperatur innerhalb des Domes abgestellt worden sei. Tatsächlich zeigt eine Thermographie-Untersuchung einen Wärmeverlust überwiegend über die Folienhülle, wie in Abbildung 41 dargestellt ist:[10]

Abbildung 41: Wärmebild des Tropical Islands-Domes vom 13.03.2006

Quelle: *Mobiles Umwelttechnik Zentrum*, Thermographie, 2006, S. 47

---

[10] Zudem wird seitens der Grünen beanstandet, dass die Wärmedämmung weder dem Stand der Technik noch den gesetzlichen Vorgaben gerecht würde (vgl. *Bündnis 90 - Die Grünen*, Thermografieuntersuchung, 2011).

Das Tropical Islands hat bislang keinen Nachhaltigkeitsbericht veröffentlicht, so dass eine Überprüfung der Energiebilanz der Anlage nicht möglich ist. Auch macht das Management auf der Website keine Angaben zur Höhe des Verbrauchs der verwendeten Ressourcen.

Die für den Betrieb der Anlage verwendete Energiemenge und dabei entstehende Emissionen könnten allerdings insofern gerechtfertigt sein, wenn sie andere Urlaubsreisen substituieren würden, die mehr Energie verbrauchen bzw. mehr Emissionen verursachen würden. In diesem Vergleich wäre vor allem auf Flugreisen abzustellen.[11] Diese Aspekte wurden in der Befragung ebenfalls berücksichtigt. Dabei zeigte sich, dass 26,53 Prozent der Befragten ansonsten einen anderen Urlaubsort aufgesucht hätten, wobei diese Gruppe in den demographischen Merkmalen denen der Gesamtheit der Befragten weitestgehend entspricht, wie folgende Abbildung zeigt:

[11] Vgl. hierzu und im Folgenden Kapitel 3.2.2.

Abbildung 42: Substitutionspotential des Tropical Islands

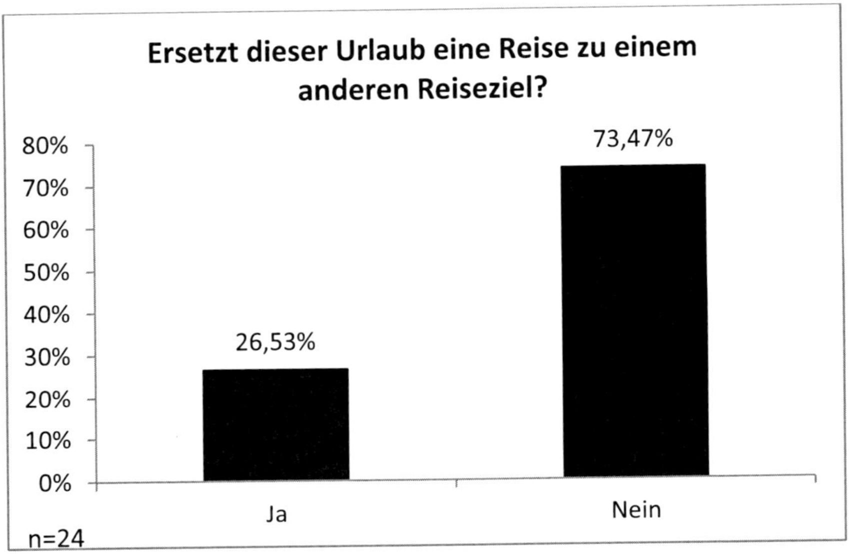

Quelle: eigene Erhebung

Die Gruppe derjenigen, die angegeben haben, dass sie ansonsten woanders hingereist wären, entspricht insbesondere auch in den soziodemographischen Merkmalen der Stichprobe. Insofern wäre zu vermuten gewesen, dass untere Einkommensgruppen das Tropical Islands eher als Substitut wählen würden. Dies war jedoch nicht der Fall.

Für 73,4 Prozent der Übernachtungsbesucher stellte der Aufenthalt im Tropical Islands allerdings kein Substitut dar, mit der Folge, dass hier offenbar zusätzlicher Bedarf geschaffen worden ist. Der durch zusätzlichen Bedarf entstehende Energieaufwand bzw. die entstehenden Emissionen wären somit mit den Einsparungen aufzurechnen. Allerdings hatte DRAHEIM bereits nachgewiesen, dass auch diejenigen, die zuhause geblieben wären und keine anderweitige Reise unternommen hätten, dort Ausflüge u. a. m. unternommen hätten. Diese wären nicht nur wiederum gegenzurechnen, sie wären nach DRAHEIM in den Nutzungsfolgen sogar gegebenenfalls stärker, weshalb er zu der Schlussfolgerung gelangt, dass Ferienzentren eine umweltfreundliche Auffanglösung darstellten.[12]

Auffällig ist, dass der Substitutionswert von 26,53 Prozent über den von BRITTNER und DRAHEIM ermittelten Werten von 14 und 23 Prozent liegt, obwohl die Unterkunftsmöglichkeiten innerhalb des Tropical Islands zum Befragungszeitpunkt eher bescheiden und vergleichsweise wenig komfortabel waren.[13] Wichtig für eine Beurteilung des Substitutionspotenzials ist allerdings auch das ursprünglich bzw. alternativ in Frage kommende Reiseziel. Wie in Abbildung 43 dargestellt, wurden überwiegend Reiseziele in Deutschland substituiert:

---

[12] Vgl. hierzu *Draheim, A.*, Ferienzentren, 2002, S. 114.

[13] Inzwischen gibt es in den „Premium"-Unterkünften innerhalb des Domes auch klimatisierte Räume mit TV-Empfang u. a. m.

Abbildung 43: Substituierte Urlaubsregionen

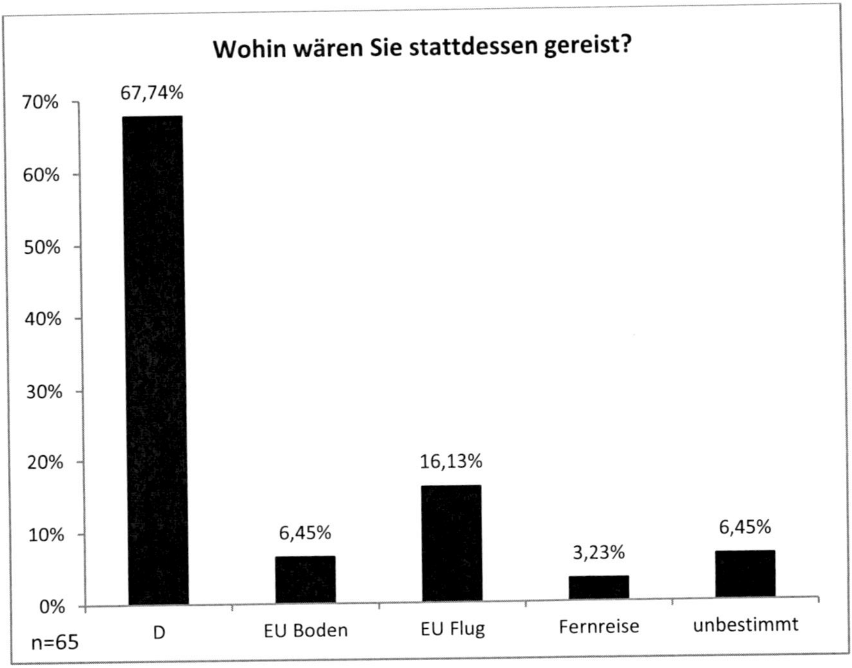

Quelle: eigene Erhebung (Nennungen zusammengefasst)

Aus der Gruppe der Befragten, für die der Aufenthalt im Tropical Islands eine Urlaubsreise ersetzte, substituierten wiederum immerhin 19,36 Prozent eine Flugreise, wobei das am häufigsten genannten Reiseziel die Türkei war. Rechnet man die Hälfte der „unbestimmten" Antworten[14] hinzu, so ergibt sich ein Wert von insgesamt 5,6 Prozent der Befragten, bei denen der Aufenthalt in der Anlage eine Flugreise ersetzte. Dieser Wert ist vor allem auch deshalb interessant, weil, wie bereits gezeigt wurde, durch sinkende Mobilitätskosten und steigende Mobilitätsbereitschaft, eine Tendenz zum Besuch von Urlaubszielen im Mittelstrecken-

---

[14] Die „unbestimmten" Ziele beziehen sich auf Antworten in der Befragung wie „Irgendwo in den Süden." Hier könnten ebenfalls Flugreisen enthalten sein.

Flugverkehr vermutet werden kann. Das Tropical Islands kann hier einen Bedarf für (Kurz-) Urlaub mit dem Flugzeug substituieren.

Außer den noch zu diskutierenden CO^2-Einsparungen sind darüber hinaus auch die Wasser- und Abfalleinsparungen zu berücksichtigen. In den Urlaubsorten erweist es sich mitunter als schwierig, den tatsächlichen tourismusbedingten Wasserverbrauch festzustellen, weshalb Vergleichswerte auch hier nur Näherungswerte sein können. So hat SCHMITT am Beispiel von Mallorca zeigen können, dass ein Mehrverbrauch an Wasser aus politischen Gründen der Landwirtschaft und nicht dem Tourismus als Verursacher zugerechnet wurde, um damit weitere touristische Vorhaben nicht zu gefährden.[15] In der Literatur finden sich dann auch sehr unterschiedliche Wasser-Verbrauchswerte. Im Folgenden werden dazu die Werte von SCHMIED zugrunde gelegt, die pro Gast bei zwischen 235 Liter (Mallorca 1999) und 560 Liter (Italien 2000) pro Tag und Übernachtung liegen.[16] Zudem kommt in vielen Feriendestinationen das Problem der Wasserverschmutzung durch den Tourismus hinzu. Zwar hat der Tourismus einerseits in einigen Tourismusorten den Bau von Kläranlagen forciert. Doch auch in europäischen Urlaubsräumen finden sich noch immer Gebiete, in denen eine Abwasserreinigung nicht stattfindet und diese Abwässer ungeklärt entsorgt werden.[17] Für Ferienparks rechnet HORNY nun mit einem Wasserverbrauch pro Gast und Tag von 250 bis 313 Litern. Der Wasserverbrauch des Tropical Islands ergibt hingegen folgende Berechnung:[18]

---

15 Vgl. *Schmitt, T.*, Landschaftsanalyse, 1999, S. 95.

16 Vgl. *Schmied, M.*, Umwelt, 2004, S. 36. Die Werte können allerdings auch deutlich höher ausfallen. SCHMIED bringt zudem auch 745 Liter pro Tag auf der Karibikinsel St. Lucia an. FRIEDL führt für die kleinen Antillen ebenfalls bis zu 1.500 Liter pro Hotelzimmer an (vgl. *Friedl, H. A.*, Paradies, 2007, S. 68).

17 Vgl. hierzu beispielsweise die Ausführungen von *Müller, H.*, Ökologie, 2007, S. 119.

18 Laut Wasserverbrauch und durchschnittliche Übernachtungsdauer laut Unternehmensangaben mit Mail vom 20. Januar 2011 und Telefonat am gleichen Tage.

Wasserverbrauch in 2009	
194.638.000 Liter	
Besucher in 2009:	883.000 Besucher
zzgl. 100.000 Übernachtende	
mit 1,3 Übernachtungen	113.000 Besuchertage
	996.000 Besuchertage

194.638.000 Liter umgerechnet auf 996.000 Besuchertage ergeben einen Verbrauch pro Gast und Tag von 195,4 Litern. Damit liegt das Tropical Islands deutlich unter dem Wasserverbrauch, der üblicherweise in Hotels als auch in Ferienparks anfällt wird. Das für die Bade- und Schwimmeinrichtungen benötigte Wasser wird aus eigenen Brunnen gewonnen und aufbereitet. Nach Verwendung für die Schwimmanlagen wird der Chloranteil wieder entfernt und das Wasser wird zur Bewässerung des Dome-Regenwaldes oder als Grauwasser verwendet bzw. verrieselt.[19]

Weiter können als grober Näherungswert auch eine CO^2-Einsparung und eine Energieeinsparung durch die Substitution von Reisen durch das Tropical Islands errechnet werden. Von den 100.000 innerhalb des Domes durchgeführten Übernachtungen im Jahr 2009 wären damit, legt man den bereits ermittelten Wert von 5,6 Prozent substituierten Flugreisen zugrunde, sind circa 5.600 Flugreisen nicht durchgeführt worden. Nimmt man modellhaft an, dass die eingesparte Flugstrecke im Schnitt der Strecke Frankfurt (FRA) - Antalya (AYT), via Istanbul, entspricht,[20] ergäbe sich folgende modellhafte Rechnung:

- 2.342 Flugkilometer pro Strecke ergeben 4.684 Flugkilometer gesamt.

---

[19] Vgl. *Tropical Island Management GmbH*, Jahresabschluss, 2010.

[20] Die Türkei war mit deutlichem Abstand das am häufigsten genannte substituierte Reiseziel.

- In der Energiebilanz ergäbe dies anhand der Tabelle 1[21]:
  a) 4.684 Flugkm x 1,49MJ + (343 x 2) = 7.663,16 MJ oder
  b) 4.684 Flugkm x 1,856MJ = 8.693,504 MJ
  c) als Mittelwert aus a) und b) ergäben sich **8.178,332 MJ**
- Anhand des Emissionsrechners von „atmosfair“ ergeben sich **1.240 kg** eingespartes CO^2.[22]

Bei 5.600 eingesparten Flügen ergäben sich grob geschätzt 45.798.659,20 MJ theoretisch eingesparte Energie und 6.944.000 kg eingespartes CO^2. Diese Werte könnten dem Energieaufwand des Tropical Islands theoretisch gegengerechnet werden, wobei dieser Wert jedoch allenfalls einen Näherungswert darstellt.[23] Mit dieser Rechnung kann modellhaft gezeigt werden, dass eine künstliche Ferienwelt auch aus energietechnischen Erwägungen heraus ökologisch durchaus gerechtfertigt sein kann, insofern eine genügende Anzahl von Flugreisen substituiert würde.

Da das Tropical Islands keine Energiebilanz veröffentlicht und auch keinerlei Angaben zu den Energiewerten macht, blieben an dieser Stelle weitere Berechnungen und eine abschließende Bewertung rein spekulativ. Bekannt ist allerdings, dass die Anlage mittels zweier Blockheizkraftwerke beheizt wird, die 2 x 3,5 MW an Gesamtleistung bereitstellen.[24]

---

21 Vgl. Tabelle der Transport-Energie-Bilanz wichtiger touristischer Verkehrsträger in MJ/Personen-Km in Kapitel 3.2.2.

22 Vgl. hierzu *Atmosfair*, Emissionsrechner; vgl. zum Berechnungsmodus *Atmosfair*, Erläuterungen, 2008.

23 Tatsächlich müsste auch die Anfahrt zum Tropical Islands gegengerechnet werden. Diese allerdings müsste wieder um die bei einer Flugreise ebenfalls erforderliche und hier vermiedene Fahrt zum Flughafen und vom Flughafen zur Unterkunft bereinigt werden. Bezüglich der Gruppe, für die der Aufenthalt im Tropical Islands kein Substitut darstellt, wäre auch die Energieeinsparung durch nicht genutzte bzw. nicht geheizte Wohnungen bzw. Häuser daheim gegenzurechnen.

24 Vgl. hierzu *o. V.*, Willkommen, 2008, S. 44; in einem Artikel von Leipzig online werden zudem eine thermische Leistung der Anlage von 1.500 KW thermischer Leistung und 808 KW elektrischer Leistung genannt, wobei zudem offenbar ein

Hilfsweise können zur Beurteilung der Anlage aus monetärer Sicht auch die Heizkosten herangezogen werden. Diese betrugen laut Erläuterungen zur Gewinn- und Verlustrechnung der Tropical Island Management GmbH per Bilanz zum 31.01.2010 2.597.400 Euro, was bei 996.000 Besuchertagen einem monetären Anteil von 2,61 Euro pro Besuchertag entspräche.[25]

Da die Unterbringungsmöglichkeiten zum Zeitpunkt der Befragung noch überwiegend aus Zeltunterkünften bestanden, wurde in einer weiteren Frage die Bereitschaft abgefragt, in dieser oder einer vergleichbaren Anlage den Hauptjahresurlaub zu verbringen. Dabei zeigt Abbildung 44, dass mit 49,6 Prozent eine recht hohe Bereitschaft besteht, in einer solchen Anlage einen ein- oder auch zweiwöchigen Urlaub zu verbringen:

Dieselaggregat zum Abdecken von Spitzenbedarfsmomenten genutzt wird (vgl. *Leipzig Online*, Tropical).

25 Als weitere Energiekosten ergaben sich 1.470.600 an Strom- sowie noch 50.800 Euro an Gaskosten.

Abbildung 44: Bereitschaft Urlaub in Urlaubs-Sphären zu verbringen

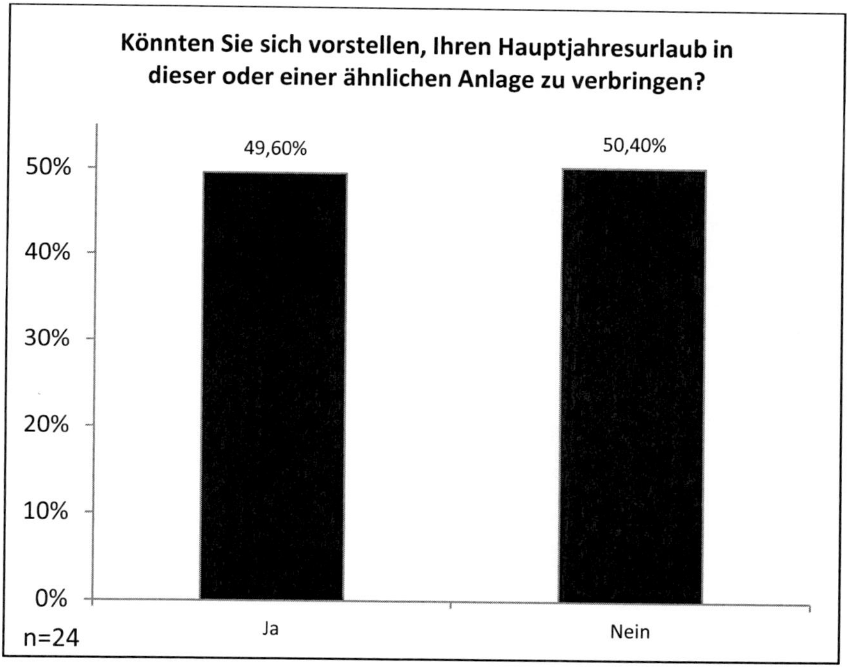

Quelle: eigene Erhebung

Tatsächlich kann vermutet werden, dass diese Bereitschaft mit den neuen und komfortablen Unterbringungsmöglichkeiten im Tropical Islands noch steigen dürfte. Von denjenigen, die sich vorstellen können, Ihren Haupturlaub in einer solchen Anlage zu verbringen, kann sich auch eine Minderheit von 20,17 Prozent vorstellen, bis zu zwei Wochen in der Anlage zu verbringen, wie Abbildung 45 verdeutlicht:[26]

---

[26] Die durchschnittliche Haupturlaubsreisedauer der Deutschen betrug 2009 bei Inlandsreisen 10,1 Tage (vgl. *Aderhold, P.*, Urlaubsreisen, 2010, S. 60).

Abbildung 45: Mögliche Verweildauer in dieser oder einer vergleichbaren Anlage[27]

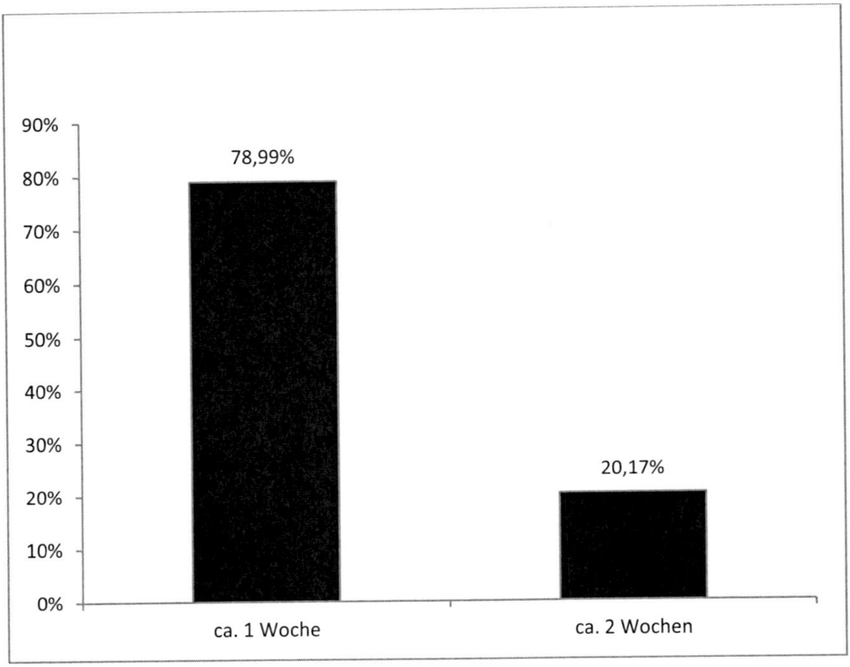

Quelle: eigene Erhebung

In der Analyse derjenigen, die ihren Urlaub in einer Urlaubs-Sphäre verbringen würden, zeigte sich eine schwache Abhängigkeit vom erreichten Bildungsgrad. Dabei würden Besucher mit Hauptschul- oder Realschulabschluss etwas eher ihren Haupturlaub in einer solchen Urlaubs-Sphäre verbringen, wie in Abbildung 46 zu erkennen ist:

---

[27] Die Nennungen mit drei Wochen betrugen 0,84 Prozent und sind in der Abbildung der Gruppe „ca. 2 Wochen" zugerechnet worden.

Abbildung 46: Haupturlaubsreise denkbar in Abhängigkeit vom Bildungsgrad

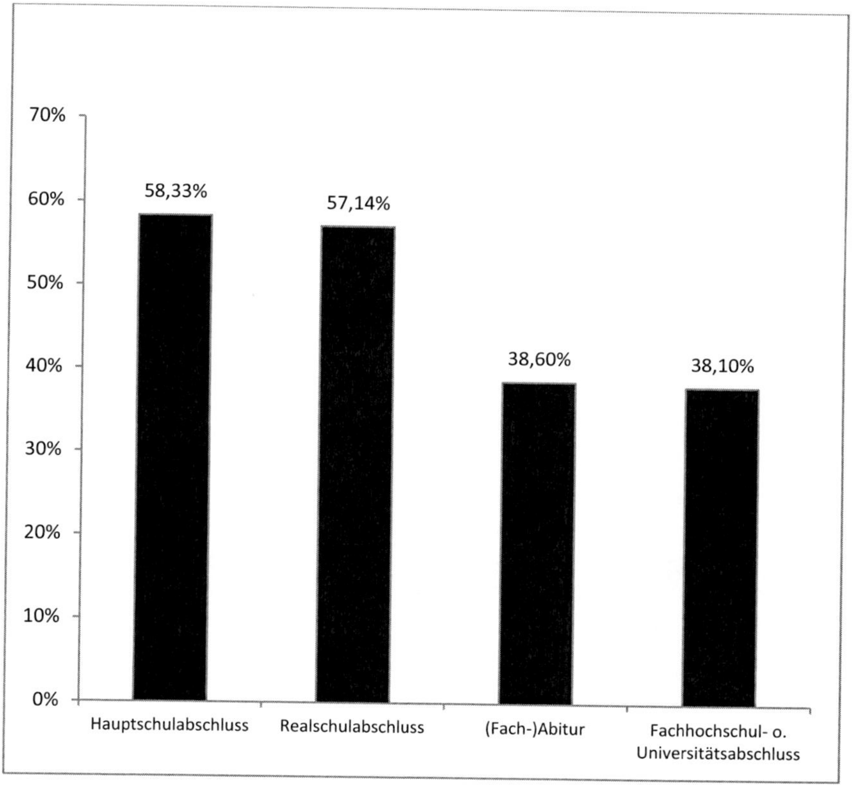

Quelle: eigene Erhebung

Allerdings könnte hier in gewissem Maß auch eine sozial erwünschte Antwort vermutet werden, da die Befragung innerhalb der Anlage selbst stattfand, wenn auch die Interviewer zu Beginn der Interviews auf ihre Unabhängigkeit hingewiesen haben.[28] Hilfsweise kann zur Überprüfung

---

[28] Zugleich wurden von den Interviewern handelsübliche T-Shirts mit Aufdruck „Universität Oldenburg" getragen, um die Unabhängigkeit auch symbolisch deutlich sichtbar zu demonstrieren.

der Validität dieser Aussage auf die Fragen nach der Zufriedenheit und dem Weiterempfehlungsgrad zurückgegriffen werden. So waren von der Gruppe derjenigen, die auch ihren Haupturlaub in der Anlage verbringen würden, nur 8,95 Prozent mit der Übernachtung unzufrieden und 99,19 Prozent würden die Anlage weiterempfehlen, wenn auch 43,09 Prozent nur mit Einschränkungen. Dies spricht gegen die Annahme einer sozial erwünschten Antwort.

Diejenigen, welche sich ihren Urlaub in einer derartigen Anlage nicht vorstellen konnten, nannten dabei vor allem die zu geringe Abwechslung und den Preis als Gründe, aber auch nicht vorhandene Ausflugsmöglichkeiten wurden neben dem Klima häufiger genannt. Insgesamt ergaben sich als Gründe für die Ablehnung folgende Nennungen:

Tabelle 5: Gründe für die Ablehnung des Tropicals Islands als Ziel einer längeren Haupturlaubsreise

Nr.	Genannter Grund (gekürzt)	Nennungen	in Prozent
1	zu wenig Abwechslung / langweilig / eintönig	33	26,8%
2	(Verpflegung) zu teuer	32	26,0%
3	Klima / zu warm	14	11,4%
4	man kann nicht nach draußen / keine Ausflugsmöglichkeit	15	12,2%
5	Anlage zu klein / reicht nicht	10	8,1%
6	zu eingeengt / eingesperrt	7	5,7%
7	zu künstlich / nicht real / bevorzugt "richtigen" Strand	7	5,7%
8	frische Luft fehlt	6	4,9%
9	zu viele Menschen / zu viel Trubel	6	4,9%
10	zu laut	6	4,9%
11	schlechter Service / überall anstehen	5	4,1%
12	zu wenig Angebote / nur Schwimmbad	3	2,4%

13	zu stressig	3	2,4%
14	zu sehr gebunden	2	1,6%
15	nicht die richtige Urlaubsart / Individual-urlauber	2	1,6%
16	Urlaubsflair fehlt	2	1,6%
17	zu kommerziell	1	0,8%
18	zu kalt	1	0,8%
19	kein All-Inclusive-Angebot	1	0,8%
20	möchte andere Kultur sehen	1	0,8%
21	fehlende Party	1	0,8%
22	zu wenig Natur	1	0,8%
23	kein Vergleich zu fernen Ländern	1	0,8%
24	weite Anreise	1	0,8%
25	sind keine reinen Badeurlauber	1	0,8%
26	Sonne fehlt	1	0,8%
27	man kann nicht Bummeln gehen	1	0,8%
28	Tropenmusik fehlt	1	0,8%

Quelle: eigene Erhebung; Mehrfachnennungen möglich; n=123

Da es sich bei der Anlage um eine innen-orientierte Anlage handelt, dürfte der weitere Einfluss auf die Ökosphäre des umliegenden Raumes relativ gering sein. Die Besucher des Tropical Islands hielten sich nach eigener Beobachtung kaum draußen auf, sondern bewegten sich innerhalb des Geländes. Innerhalb der Sphäre wird dabei auf ökologische Schädlingsbekämpfung gesetzt. So verweist die Website auf Folgendes: „Der Regenwald von Tropical Islands ist ein Biotop. Es wird ausschließlich auf natürlichem Wege ohne Chemie im Gleichgewicht gehalten. Schädlinge wie etwa der Bananentriebbohrer werden bekämpft durch die entsprechenden Nützlinge, die zudem für die Bodenauflockerung sorgen. Dazu gehört die Periplaneta australiasiae, eine Schabenart, die nichts mit der hierzulande bekannten Küchenschabe oder Kakerlake zu tun hat. Diese wären hygiene- beziehungsweise vorratsschädlich und kommen bei uns nicht vor. Wir können auf unsere Schaben und Käfer, die weder schädlich noch gefährlich sind, aus ökologischen Gründen nicht verzichten. Auch ihre Anzahl wird kontrolliert. Goldasane und chinesische Zwergwachteln, Pfaue und Geckos in unserem tropischen Regenwald sorgen für den natürlichen Ausgleich."[29]

6.1.3 Aspekte der Umweltbildung

Wie in Kapitel 3.7 abgeleitet und diskutiert, kann zu den Aufgaben des Handlungsfeldes ökologischer Verantwortung auch eine Vermittlung von Handlungskompetenz und Einsicht gerechnet werden. Gerade eine Anlage wie das Tropical Islands bietet, in Anlehnung an das Projekt Eden in England, besondere Möglichkeiten, die Besucher für Natur und ihre Belange zu begeistern bzw. für ökologisches Handeln zu sensibilisieren. Dies wird jedoch bislang im Tropical Islands nicht angestrebt. Lediglich Hinweisschilder informieren über die Pflanzen.

Inwiefern hier Potenzial für Möglichkeiten der Umweltbildung liegt bzw. inwiefern auch bereits subjektive Wissensvermittlung tatsächlich stattfindet, wurde ebenfalls innerhalb der Interviews abgefragt. So wurde einerseits gefragt, wie intensiv der Regenwald im Ganzen und die Beschreibung der Pflanzen betrachtet wurden. Das Ergebnis zeigt Abbildung 47:

---

[29] *Tropical Islands*, Hinweis, 2010.

Abbildung 47: Wahrnehmung der Natur des Tropical Islands

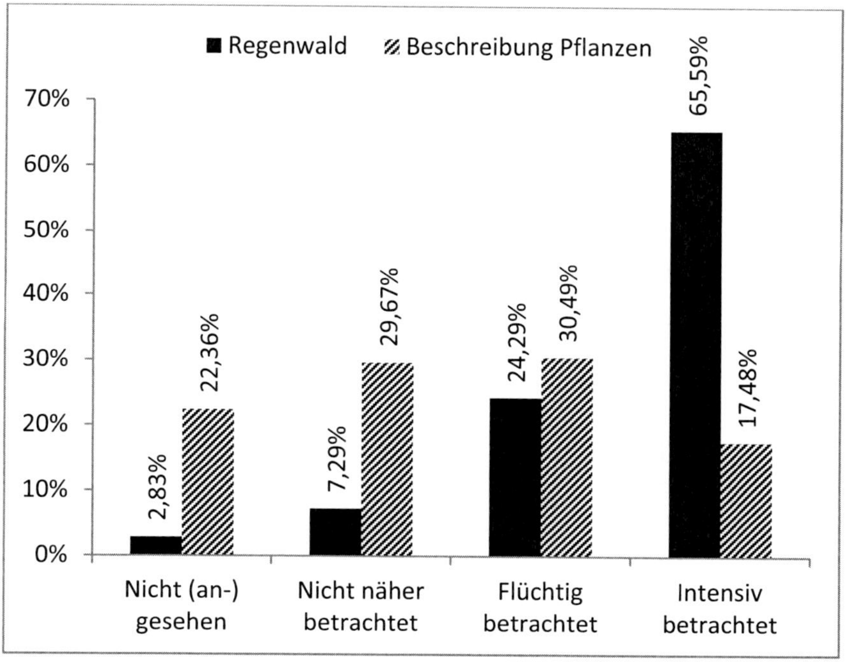

Quelle: eigene Erhebung

Hier zeigte sich, dass der Regenwald von der deutlichen Mehrheit der Befragten Übernachtungsbesucher intensiv betrachtet wurde. Die Beschreibungen der Pflanzen lasen immerhin mit noch 47,97 Prozent fast die Hälfte der Befragten, wenn auch 30,49 Prozent nur flüchtig. Der Grund dafür kann nur vermutet werden, mag aber möglicherweise auch darin liegen, dass ein Betrachten des Regenwaldes als sinnliches Erlebnis attraktiver ist, als ein kognitives Erfassen von Texten. Daher erscheint es voreilig, den Grund bei den Besuchern zu verorten. Aus pädagogischer Sicht heraus muss hinterfragt werden, ob einfache Hinweisschilder genügend Aufmerksamkeit und Interesse erwecken und ob moderne Edutainment-Elemente nicht besser zur Wissensvermittlung geeignet wären.

Des Weiteren wurde abgefragt, inwiefern das Tropical Islands das Interesse an der Natur und, in einer späteren Frage, die Kenntnis über die Natur fördere. Hier zeigte sich, dass das Interesse an dem Thema „Natur“ geweckt wurde. Allerdings wurde das Interesse offenbar stärker geweckt, als es befriedigt werden konnte. Denn die Einschätzung der vermittelten Kenntnis blieb jeweils deutlich hinter dem geweckten Interesse zurück:

Abbildung 48: Inwiefern … das Tropical Islands?

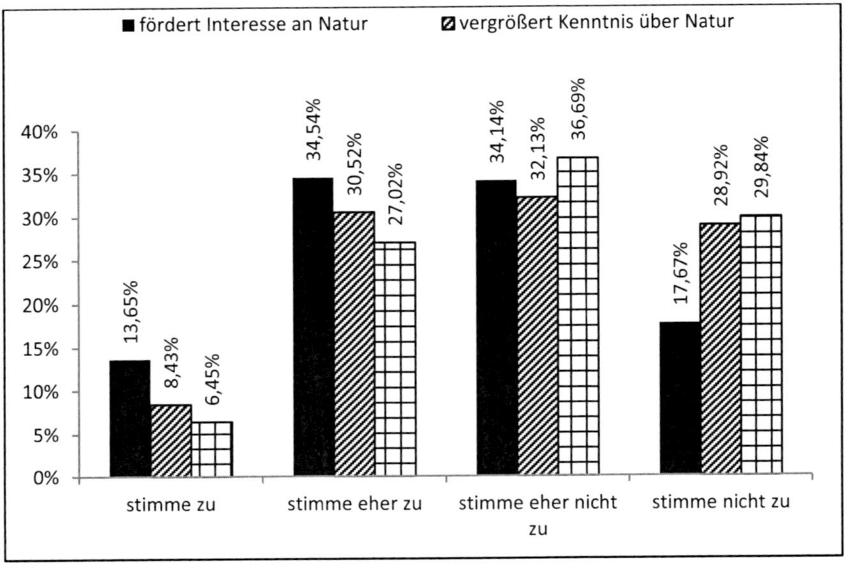

Quelle: eigene Erhebung

So war die Zustimmung zu der Aussage „das Tropical Islands fördere das Interesse an der Natur“ mit 48,19 Prozent deutlich höher als diejenige zu der Aussage, es würde auch die Kenntnis über die Natur vergrößern. Hier liegt der Wert bei nur 38,95 Prozent. Interessant ist dabei auch, dass sowohl das Interesse stärker geweckt und Wissen stärker vermittelt wurde, als dies anhand der Auswertung der Frage, ob man im Urlaub auch etwas für Kultur und Allgemeinbildung tun wolle, zu vermuten gewesen wäre. Es zeigte sich, dass durch die Anlage auch Besucher zur (Weiter-)Bildung im weiteren Sinne animiert werden konnten, die vorher kein diesbezügliches Interesse hatten.

Hier könnte allerdings entgegnet werden, dass diejenigen, welche wirklich Interesse an der Natur hatten, auch in ihrem Informationsbedürfnis, zum Beispiel über die Hinweistafeln, zufrieden gestellt würden, die Besucher also die vorhandenen Möglichkeiten nicht genügend genutzt hätten. Dass dies nicht so ist, lässt sich anhand folgenden Diagramms ableiten:

Abbildung 49: Dieser Urlaub/Aufenthalt vergrößerte mein Kenntnisse über die Natur.

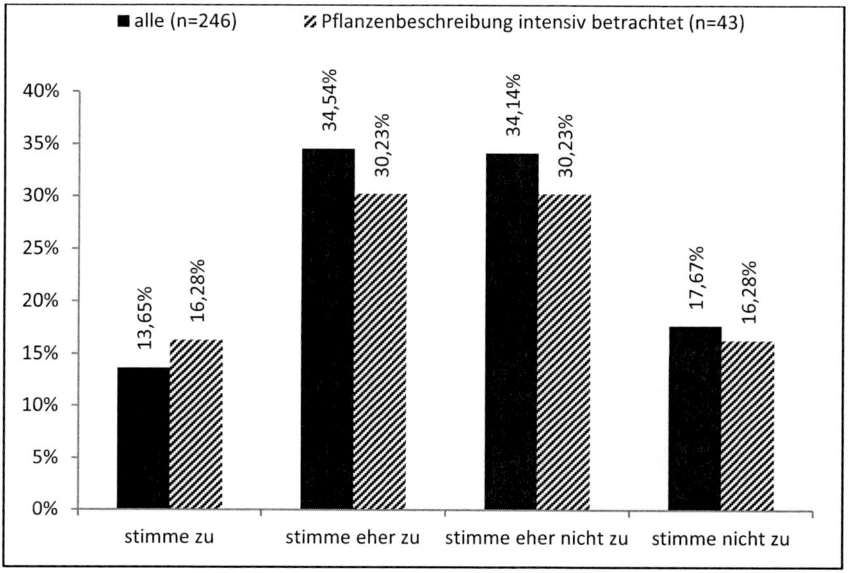

Quelle: eigene Erhebung

Fokussiert man sich bei der Frage nach der Förderung der Kenntnis über die Natur auf diejenigen, welche angaben, die Pflanzenbeschreibungen intensiv betrachtet zu haben, so zeigt sich, dass die uneingeschränkte Zustimmung zu der Aussage bezüglich der Kenntnisförderung mit 16,28 Prozent leicht höher als in der Stichprobe ist. Allerdings ist die gesamte Zustimmung mit 46,51 Prozent dagegen geringer als in der Stichprobe, die bei 48,19 Prozent liegt. Dementsprechend konnten offenbar auch diejenigen, welche sich intensiv mit den Hinweistafeln beschäftigten, ihr Informationsbedürfnis nicht hinreichend befriedigen. Somit ist hier offenbar in der Kenntnisvermittlung noch Verbesserungspotenzial vorhanden. Dies könnte im Sinne des ökologischen Handlungsfeldes auch dazu genutzt werden, über ökologische Auswirkungen menschlichen Handelns zu informieren.

6.2 Betrachtung aus der Perspektive ökonomischen Nutzens

6.2.1 Ökonomische Überlebensfähigkeit

Die ökonomische Überlebensfähigkeit des Unternehmens erfordert zumindest mittelfristig ein mindestens ausgeglichenes Geschäftsergebnis. Da künstliche Ferienwelten mit hohen Investitionen verbunden sind, ist das Betriebsrisiko vergleichsweise hoch.[30] So wurden bereits zu Beginn 70 Millionen Euro in das Tropical Islands investiert.[31] Die Lage des Tropical Islands ist in der Ausrichtung als Freizeitbad allerdings nicht optimal. Mit einer Anfahrt von über 60 Kilometern ist die ideale Anfahrtszeit von bis zu 30 Minuten für den Quellmarkt Berlin deutlich überschritten, zumal der Standort im Landkreis Dahme-Spreewald selbst nicht genügend Besucher generieren kann.[32]

---

[30] Vgl. hierzu auch Kapitel 2.3.4.

[31] Vgl. hierzu *Spiegel online*, Tropenwald, 2004.

[32] Der Landkreis Dahme-Spreewald hatte laut amtlicher Statistik per 31.12.2009 161.708 Einwohner (vgl. *Land Brandenburg*, Bevölkerung, 2009).

In der Planungsphase wurde beim Tropical Islands noch von einer Besucherzahl von 3 Millionen Besuchern pro Jahr gesprochen, die dann nach und nach reduziert wurde.[33] Der ursprüngliche Planer und Investor Colin Au hatte zu Beginn darauf gesetzt, dass Besucher allein wegen der Regenwaldlandschaft oder wegen der Abendshow kommen würden. Inzwischen rechnet das Tropical Island Management nach eigenen Angaben mit 1,2 Millionen Besuchern jährlich, um die Anlage kostendeckend betreiben zu können.[34] Bislang konnten diese Besucherzahlen allerdings nicht erreicht werden. So ergeben sich aus den Jahresberichten des Mutterkonzerns bisher folgende Daten:

Tabelle 6: Besucherzahlen im Tropical Islands

Jahr	Besucherzahl	Ø Einnahme/Besucher
2004	155.000	24,70 €
2005	897.000	24,40 €
2006*	512.000	30,00 €
2007	691.000	31,70 €
2008	834.000	34,20 €
2009	883.000	35,20 €

Quelle: (*Tanjong public limited company*, Annual, 2010, S. 11); (*Tanjong public limited company*, Annual, 2009, S. 13). *In 2006 war die Anlage wegen Renovierungsarbeiten im November und Dezember geschlossen.

Durch zusätzlich geschaffene und noch zu erstellende Beherbergungsmöglichkeiten sollen die Besucherzahlen weiter gesteigert werden. Dabei zielt das Tropical Islands vor allem auf das Marktsegment der Familien, was sich auch anhand der Fläche des „Tropino Kinderclubs“ von 4.000 m² ablesen lässt. So reiste mit einem Anteil von 48,99 Prozent fast die

[33] Vgl. hierzu *Spiegel online*, Tropenwald, 2004.
[34] Vgl. *Keith, J.*, Agenda, 2007 (Print 2007).

Hälfte der befragten Übernachtungsgäste mit Kindern an. In der Einnahmestruktur des Tropical Islands zeigt sich, wie Abbildung 50 veranschaulicht, dass die meisten Einnahmen über das Eintrittsgeld generiert werden, aber auch der Food-Bereich ein sehr wichtiger Bestandteil der Kalkulation ist. So wurde im Geschäftsjahr 2009-2010 knapp die Hälfte der Einnahmen mit 15,8 Mio. Euro über den Eintritt erzielt, ein weiteres Drittel, 10,6 Mio. Euro, über Speisen und Getränke:

Abbildung 50: Einnahmestruktur der Betreibergesellschaft des Tropical Islands 2009-2010

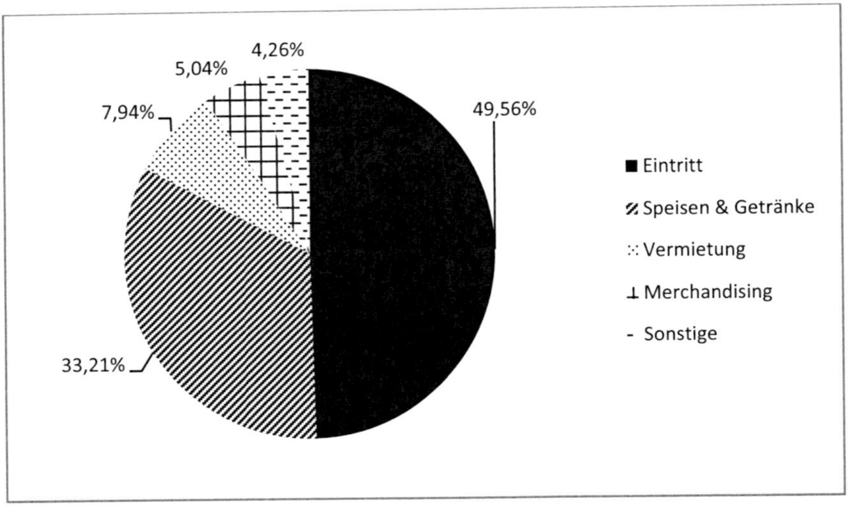

Quelle: eigene Darstellung nach Daten aus dem Lagebericht zum Jahresabschluss 31.01.2010 der Tropical Island Management GmbH[35]

[35] Die Unternehmen der Gruppe haben alle ein abweichendes Geschäftsjahr, das jeweils am 31. Januar eines Jahres endet.

Aus Abbildung 51 ist demgegenüber die Kostenstruktur ersichtlich, die eine für einen touristischen Dienstleistungsunternehmen durchaus zu erwartende Struktur aufweist. So ist mit weit mehr als einem Viertel die größte Kostenposition der Personalaufwand, in 2009-2010 mit 11,6 Mio. Euro, gefolgt vom Materialaufwand mit gut einem Viertel, in 2009-2010 mit 10,6 Mio. Euro. Abschreibungen und Miete füllen dann fast das dritte Viertel der Kosten. Auch dies ist in Anbetracht der kapitalintensiven Immobilie nicht überraschend.

Abbildung 51: Kostenstruktur der Betreibergesellschaft des Tropical Islands 2009-2010

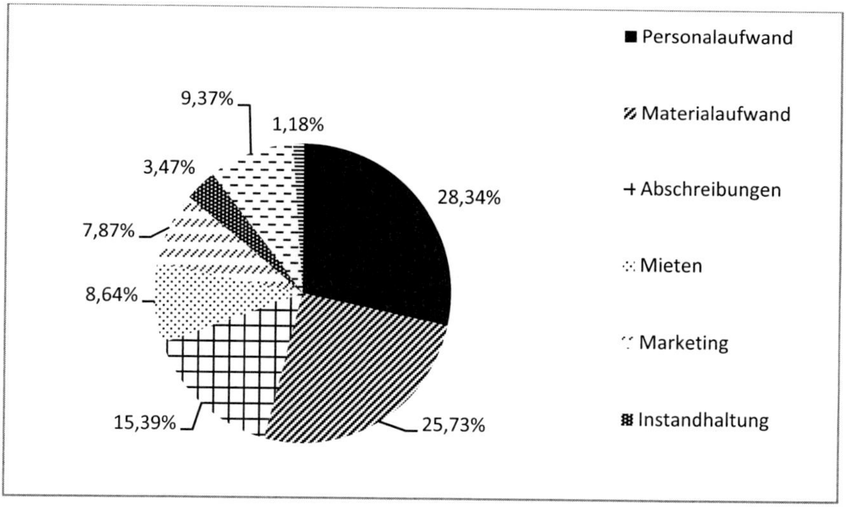

Quelle: eigene Darstellung nach Daten aus dem Lagebericht zum Jahresabschluss 31.01.2010 der Tropical Island Management GmbH[36]

---

[36] Die Unternehmen der Gruppe haben alle ein abweichendes Geschäftsjahr, das jeweils am 31. Januar eines Jahres endet.

In der weiteren Aufschlüsselung des Kostenpunktes „Materialaufwand" zeigt sich, dass neben den Waren zum Weiterverkauf vor allem die Kosten für die Heizung der Anlage und die Kosten für das Entertainment-Programm die größten Posten darstellen, siehe Abbildung 52:

Abbildung 52: Struktur Kosten des Materialaufwandes 2009-2010

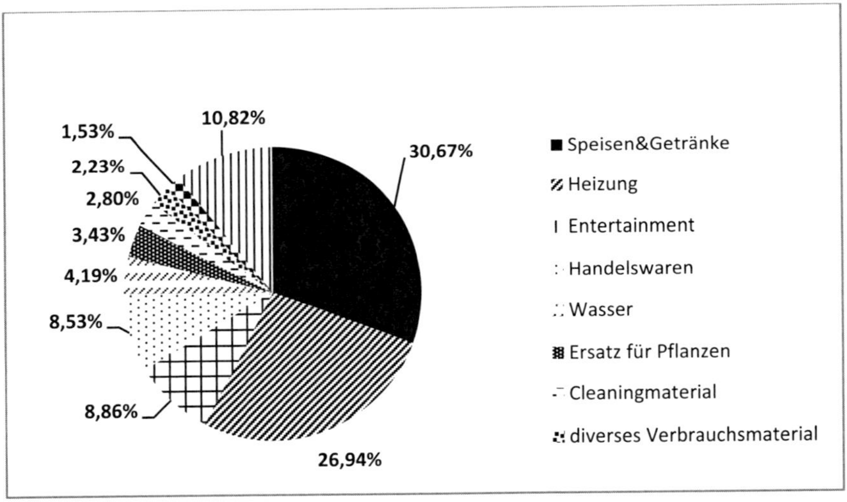

Quelle: eigene Darstellung
nach Daten des Jahresabschlusses und Lageberichtes 2009-2010
der Tropical Island Management GmbH

Bislang konnte die Tropical Island Management GmbH keinen Gewinn erzielen. Allerdings hat sich, wie in Tabelle sieben ersichtlich, das Betriebsergebnis tendenziell positiv entwickelt:

Tabelle 7: Übersicht zum Betriebsergebnis des Tropical Islands

Jahr	Tropical Island Management GmbH (Betreiber-gesellschaft)		lt. Geschäftsbericht des Mutterkonzerns Tanjong public limited company RM = Ringgit (malaysische Währung)			
(Umrechnungskurs lt. EZB)	Betriebs-ergebnis in Euro	Umsatz in Euro	EBITDA in RM	EBITDA in Euro *(umgerechnet)*	Operating Loss in RM	Operating Loss in Euro *(umgerechnet)*
2004-2005 ***ca. 4,5549***	k. A.	k. A.	-44.066.000	*-9.674.417*	-51.034.000	*-11.204.198*
2005-2006 (4,5549)	- 16.561.746	21.501.637	-44.568.000	*-9.784.628*	-68.651.000	*-15.071.901*
2006-2007 (4,5577)	- 18.231.272	14.910.942	-33.859.000	*-7.428.966*	-58.754.000	*-12.891.151*
2007-2008 (4,8112)	- 19.657.544	21.355.928	-22.642.000	*-4.706.102*	-59.114.000	*-12.286.748*
2008-2009 (4,7186)	- 8.981.369	27.925.553	1.701.000	*360.488*	-33.904.000	*-7.185.182*
2009-2010 (4,7638)	- 9.189.821	30.590.369	13.215.000	*2.774.046*	-22.667.000	*-4.758.176*

Quelle: eigene Darstellung anhand
der Jahresabschlüsse der Tropical Island Management GmbH
und der Geschäftsberichte der Tanjong public limited company

In der Betrachtung des Betriebsergebnisses zeigt sich, dass die Anlage seit Beginn verlustbringend ist und sich aus eigener Kraft bislang nicht tragen kann, wenn auch der operative Verlust im Geschäftsjahr 2009-2010 deutlich verringert werden konnte und die über EBITDA gerechnete Rentabilität seit 2008 positiv ausgewiesen wird. Allerdings ist die EBIT-

DA[37], als international übliche Kennzahl, nur ein recht grober Näherungswert in der Bilanzanalyse, da sie den Erwerb und die Abnutzung der Anlagen wie auch Zinsen nicht berücksichtigt. Damit erscheint dieser Wert gerade bei Unternehmen mit hohen Sachanlage-Werten nur bedingt aussagekräftig.

Der Fortbestand des Tropical Islands ist somit nach wie vor gefährdet und vom Wohlwollen des Mutterkonzerns abhängig. Dieser hat jedoch laut Jahresabschluss der Holding eine bis zum 15. April 2011 befristete Patronatserklärung abgegeben. Zugleich weist der Mutterkonzern in seinem Geschäftsbericht darauf hin, dass das weitere Engagement von der fristgerechten Fertigstellung der weiteren Unterkünfte abhängen wird.[38] Zu berücksichtigen ist zudem, dass die Unternehmensgruppe laut Geschäftsbericht im Jahr 2007 noch Fördergelder in Höhe von 17,3 Mio. Euro erhalten hat, die an einen fünfjährigen Weiterbetrieb der Anlage gebunden sind. Das Unternehmen erwartet laut dem letzten Geschäftsbericht eine deutliche Steigerung der Besucherzahlen ab dem Geschäftsjahr 2013. Sollte diese nicht erreicht oder die durchschnittliche Einnahme pro Gast nicht gesteigert werden können, ist fraglich, ob die Unternehmensgruppe länger bestehen bleibt.

6.2.2 Ökonomische Ausstrahlung in die Region

Ein ökonomischer Nutzen kann außer für das betreibende Unternehmen auch für die Region entstehen, in welche die Anlage eingebettet ist. So können sowohl neue Arbeitsplätze als auch Steuereinnahmen für die Re-

---

[37] „Earnings Before Interest, Tax, Depreciation and Amortization"; der Wert spiegelt damit quasi als Betriebsgewinn zuzüglich Abschreibungen, Zinsen und Steuern die theoretische monetäre Leistungsfähigkeit des Unternehmens wider.

[38] Vgl. *Tanjong public limited company*, Annual, 2010, S. 24. Die Holding weist per 31.01.2010 einen Bilanzverlust von 78.224.100,92 Euro aus, wobei bereits für das laufende Bilanzjahr € 8.271.000 an Verlustausgleich zurückgestellt wurden.

gion generiert werden. Zugleich ergeben sich Wertschöpfungen in der zweiten Ebene, zum Beispiel durch die Zulieferbetriebe, und auf der dritten Ebene, indem das beschäftigte Personal das erworbene Einkommen verwendet.

Tatsächlich waren bei der Tropical Island Management GmbH laut Geschäftsbericht 2009-2010 507 Arbeitnehmer beschäftigt, wobei noch sieben zusätzliche Arbeitsplätze geschaffen werden sollen. Steuereinnahmen für die Kommune dürften sich nur indirekt über die Umsatzsteuer, als Gemeinschaftssteuer von Bund, Ländern und Gemeinden, ergeben. Zudem wären betriebswirtschaftlich auch die Fördergelder des Bundeslandes Brandenburg gegenzurechnen. Allerdings sind über den Fokus der Anlage hinaus auch die in der zweiten Wertschöpfungsstufe generierten Umsätze zu betrachten. So verbleiben ein Teil des Materialaufwandes von 9,7 Mio. Euro und ein Teil der sonstigen betrieblichen Aufwendungen wiederum innerhalb der Kommune bzw. innerhalb des Bundeslandes Brandenburg und kommen den dort ansässigen Unternehmen zu gute. Zudem wäre der Umsatz zu berechnen, den die anreisenden Gäste auf dem Weg zum Tropical Islands generieren.

Darüber hinaus wird, wie in Kapitel 2.3.4 diskutiert, Feriengroßprojekten in der Regel eine Appetizer-Funktion für die umliegende oder angrenzende Destination zugesprochen. Diese könnte auch beim Tropical Islands vermutet werden. Aus diesem Grunde wurden die Übernachtungsbesucher gefragt, ob sie ihren Besuch im Tropical Islands mit einem Aufenthalt in der näheren Umgebung verbunden haben. Aus Abbildung 53 geht hervor, wie auch bereits in der Betrachtung des ökologischen Handlungsfeldes erwähnt, dass die meisten Besucher nicht die Umgebung aufgesucht haben:

Abbildung 53: Ausflugsneigung der Übernachtungsgäste

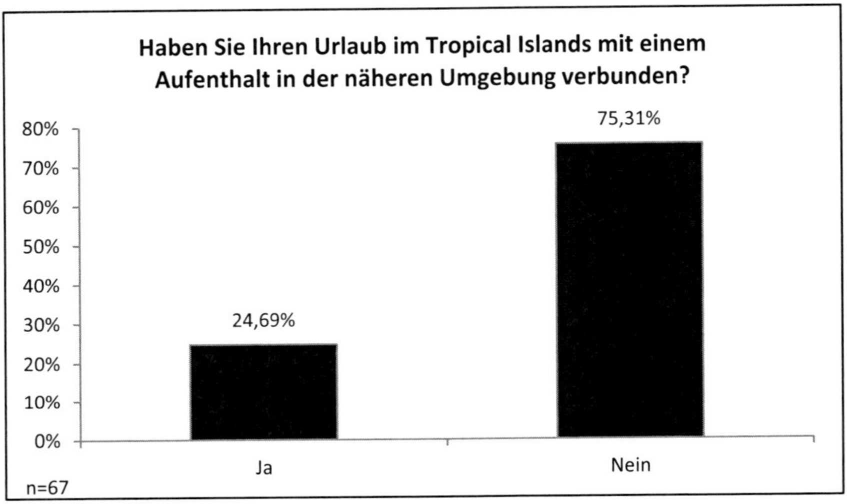

Quelle: eigene Erhebung

Dieses Ergebnis ist dabei stellvertretend für das Dilemma ökologischer und kultureller Betrachtung. Denn einerseits wird somit Sekundärverkehr vor Ort vermieden, was ökologisch wünschenswert ist. Andererseits wird damit bedauerlicherweise die Erfahrungsmöglichkeit eines realen Natur- und Kulturraumes ausgeblendet. Eine Alternativlösung könnte in umweltfreundlichen Erkundungsmöglichkeiten der Umgebung, die vom Tropical Islands angeboten werden könnten, liegen.

Bei dieser Betrachtung ist allerdings zu berücksichtigen, dass allein die Übernachtungsgäste befragt wurden. Es ist durchaus denkbar, dass für Tagesgäste des Tropical Islands, die ansonsten in der Region untergekommen sind, die Anlage eine derartige Appetizer-Funktion hat bzw. die

Anlage für sie einen mindestens sekundären Attraktionsfaktor darstellt.[39] In der Aufschlüsselung derjenigen Besucher, welche noch einen weiteren Ort aufgesucht haben, zeigte sich Berlin als besonders attraktiv:

Abbildung 54: Ausflugsziele der Übernachtungsbesucher

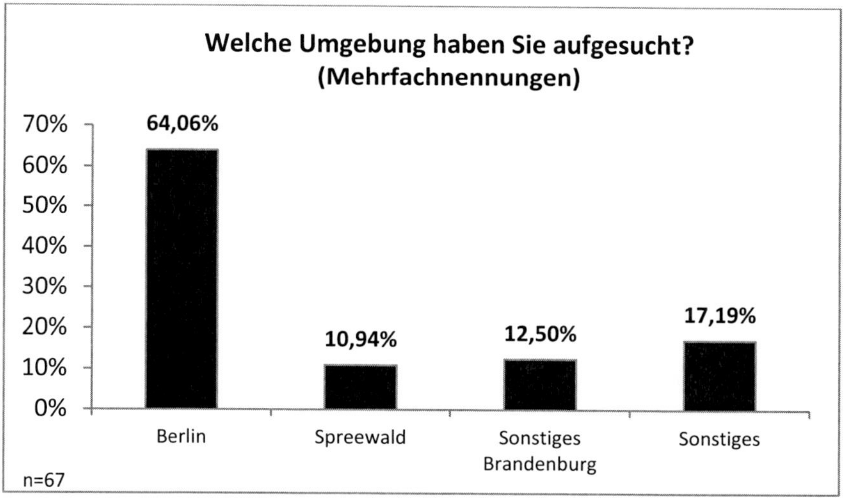

Quelle: eigene Erhebung

Dieser Wert überrascht insofern, als Berlin mit ca. 60 Kilometern deutlich weiter vom Tropical Islands entfernt liegt als der Spreewald mit ca. sieben Kilometern Entfernung. Dies mag einerseits in der Strahlkraft der Destination Berlin liegen als auch andererseits in der Besucherstruktur, die vielleicht nicht dem durchschnittlichen Gästesegment des Spreewaldes entsprechen mag. Allerdings zeigt sich in Abbildung 55 bei der Aufschlüsselung der Bedeutung des Tropical Islands als Appetizer, dass

---

[39] Über sekundäre Attraktionsfaktoren informiert sich der Gast bereits vor der Anreise, sie sind aber nicht primär reiseentscheidend, wie dies bei primären Attraktionsfaktoren der Fall ist.

das Tropical Islands gleichwertig ein hauptsächlicher Grund oder einer von mehreren Gründen war. Für die Übernachtungsbesucher des Tropical Islands, die auch den Spreewald besucht haben, war das Tropical Islands nicht nebensächlich in der Reiseentscheidung, anders als bei 8,3 Prozent der Berlinbesucher:[40]

Abbildung 55: Das Tropical Islands als Pullfaktor für diejenigen, welche auch die Umgebung besucht haben.

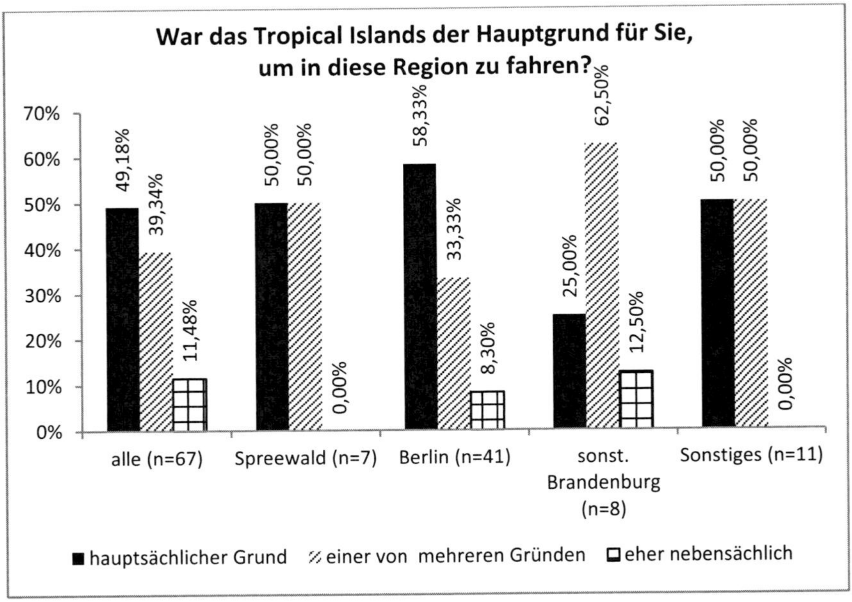

Quelle: eigene Erhebung

Im Mittelwert gaben die Übernachtungsbesucher pro Tag nach eigenen Angaben 85,60 Euro aus. Da dieser Wert von den Befragten geschätzt

[40] Aufgrund der geringen Fallzahl sind diese Werte nur als explorative Näherungswerte zu verstehen.

wurde, dürfte er aber nur bedingt valide und allenfalls ein Näherungswert sein. Denn in der weiteren Befragung wurde dann nach den Kosten für Übernachtung, Essen, Eintritte und Sonstiges gefragt. Die hier angegebenen Werte liegen zusammengerechnet mit 153,40 Euro über dem geschätzten Gesamtwert. Mittelt man beide Werte und multipliziert das Ergebnis mit der durchschnittlichen Übernachtungszahl außerhalb des Domes von 2,6 Übernachtungen, ergibt sich näherungsweise eine Wertschöpfung pro Gast von 119,50 Euro.[41]

6.3 Betrachtung aus der Perspektive kultureller Verantwortung

Bei der Analyse einer künstlichen Ferienwelt, die im Heimatland der Reisenden angesiedelt ist, ergibt sich aus sich heraus bereits, dass Demonstrations- bzw. Akkulturationseffekte auf die Bereisten nicht entstehen. Dieser positive Aspekt reicht allein aber noch nicht aus, um künstliche Ferienwelten von ihrer kulturellen Verantwortung freizusprechen. Gleichfalls müssen sie sich dahingehend prüfen lassen, wie sie mit der dargestellten Kultur umgehen. So ist denkbar, dass sie allein Stereotypen und Bilder bestätigen bzw. verstärken bzw. fremde Kulturen in dem Sinne kommodifizieren, dass sie nur mehr als Kulisse dienen.

Das Tropical Islands hat sich bei der Erstellung des Tropendorfes und dem Nachbau der Gebäude bemüht, möglichst originalgetreue Abbilder zu schaffen und damit auch ein Stück Kultur des Ursprungslandes in den Dome zu transportieren. Genauso, wie durch die Zusammenfügung der Naturlandschaft ein eigenes Mikroklima in der Anlage entstanden ist, wurde mit dem „Tropendorf" ein kulturelles Gefüge geschaffen, welches das Leben in den tropischen Gebieten abbilden soll.

---

[41] Dieser Wert entspricht damit ungefähr dem vom dwif 2009 ermittelten Wert für Brandenburg von 117,40 Euro bzw. bleibt unter dem von Berlin mit 196,70 Euro (vgl. *Harrer,B.*, Ausgaben, 2010, S. 76).

Fraglich ist, inwiefern dieses Bild auch von den Besuchern noch differenziert zugeordnet werden kann. Wie in Abbildung 56 ersichtlich ist, zeigte sich in der Befragung der Übernachtungsbesucher dann, dass fast ein Viertel der Befragten sich nicht in der Lage sah, ein Land zu benennen, das im Tropical Islands wiederzufinden ist.

Abbildung 56: Einschätzung die im Tropical Island abgebildeten Länder wiederzuerkennen

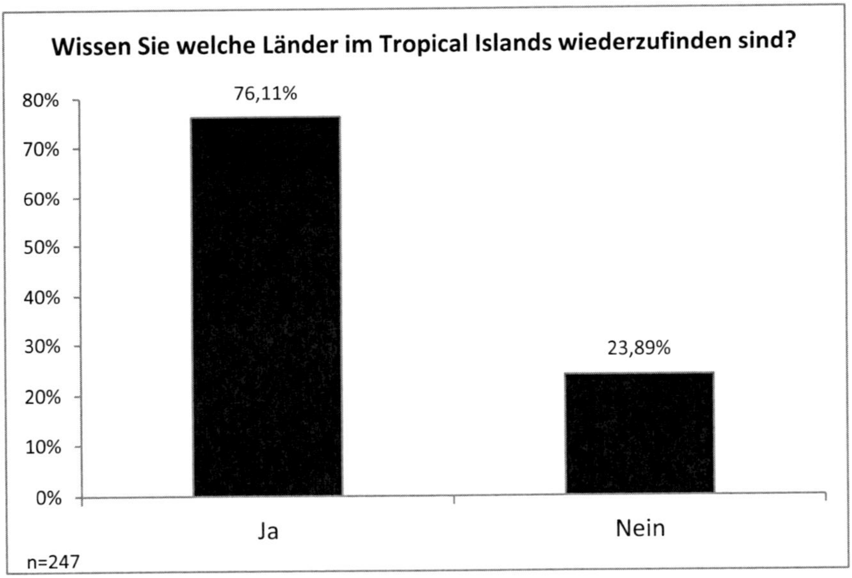

Quelle: eigene Erhebung

Diejenigen, welche angaben, Länder benennen zu können, wurden im Folgenden dann nach den Ländern gefragt. Hierbei zeigte sich, dass von dieser Gruppe wiederum mehr als ein Drittel nicht in der Lage war, auch nur ein richtiges Land zu benennen. Nur 39,36 Prozent waren in der Lage, wenigstens ein richtiges Land anzugeben.[42] Die entsprechende Verteilung der Nennungen ist in Abbildung 58 dargestellt.

Abbildung 57: Bekanntheit der im Tropical Islands abgebildeten Länder

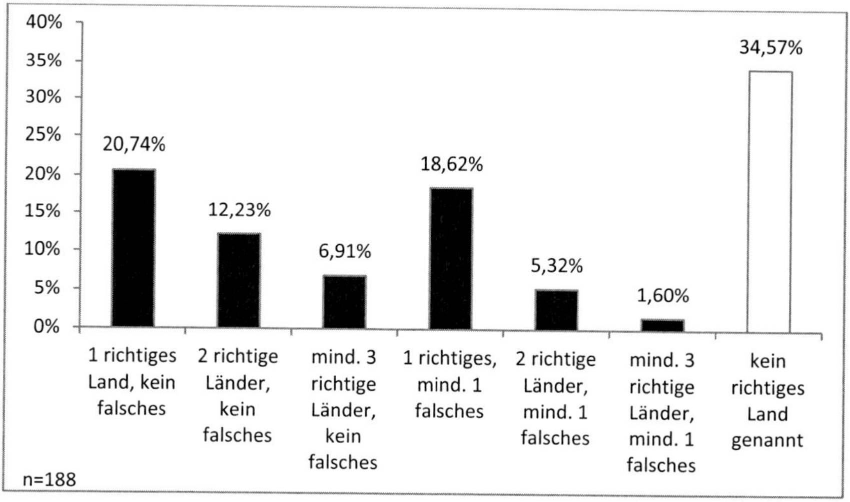

Quelle: eigene Erhebung

Davon abgesehen konnten teilweise nur Kontinente benannt werden, wie zum Beispiel „Asien“, oder es wurden Regionen genannt, wie zum Beispiel „Südsee“. Damit konnten 50,21 Prozent der befragten Übernachtungsbesucher kein Land, aus dessen Kultur sich Elemente im Tropical Islands wiederfinden, richtig benennen. Dieser Wert ist selbst bei derjenigen Gruppe, die mit 46,34 Prozent angab, das Tropendorf intensiv betrachtet zu haben, vergleichbar: Aus dieser Gruppe konnten wiederum

---

[42] Bei den Falschnennungen tauchten häufig auch Länder wie „Italien“, „Spanien“, „China“ oder auch „Russland“ auf, wobei „Italien“ beispielsweise vermutlich mit dem italienischen Fastfood-Bereich assoziiert worden war.

48,24 Prozent der befragten Übernachtungsbesucher kein Land richtig benennen.[43] Dies ist vor dem Hintergrund, dass sich das Tropical Islands um eine möglichst authentische Vielfalt im Tropendorf bemüht, ein ernüchterndes Ergebnis. Allerdings waren zum Befragungszeitpunkt auch keine Informationstafeln zu finden, welche über die verschiedenen Bauten informierten.

Dabei gab mit 89,56 Prozent immerhin die deutliche Mehrzahl der Besucher an, kulturell beziehungsweise an anderen Ländern interessiert zu sein, wenn davon auch nur 43,78 Prozent dieser Aussage uneingeschränkt zugestimmt haben:

Abbildung 58: Grundsätzliches Interesse an Ländern, Kultur und Tradition

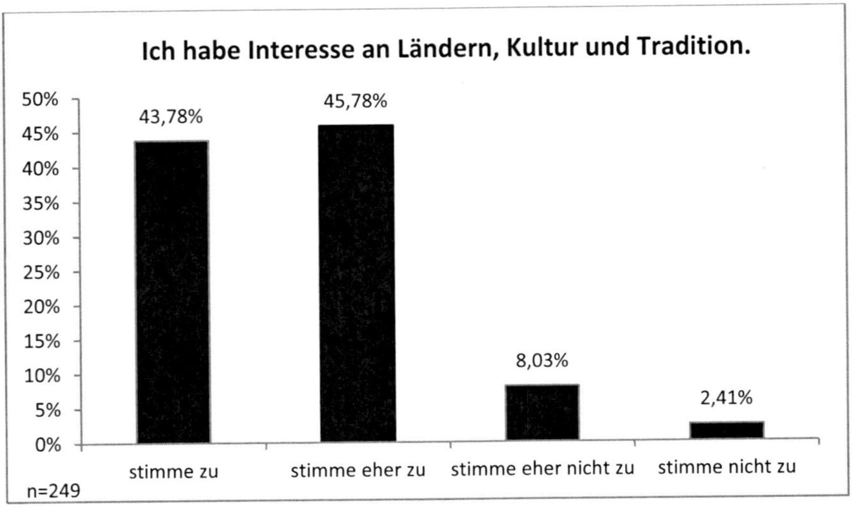

Quelle: eigene Erhebung

43 26,32 Prozent konnten kein richtiges Land benennen, obwohl sie davon ausgingen, die Länder zu kennen und 23,89 Prozent gaben von vornherein an, dazu keine Angabe machen zu können. Die Gruppe umfasst n=114 Befragte.

Damit vergibt das Tropical Islands tatsächlich eine Chance, dieses Interesse zu befriedigen. Hier könnte beispielsweise im Sinne von Cross-Marketing oder in Zusammenarbeit mit den entsprechenden Ländern, wie sie bereits bei den Bauten der Anlage praktiziert worden ist, mittels Edutainment-Angeboten informiert werden. So hat auch mit 60,88 Prozent die Mehrheit der Befragten geäußert, dass das Tropical Islands nicht ihre Einsicht in fremde Kulturen vergrößert habe, wie aus Abbildung 59 ersichtlich ist:

Abbildung 59: Grad des Verständnisses für andere Kulturen

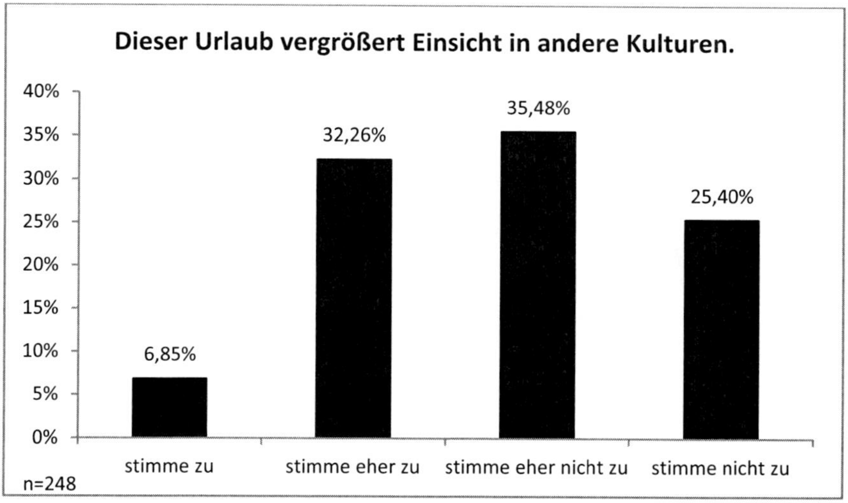

Quelle: eigene Erhebung

Ein vergleichbares Ergebnis zeigte sich bei der Auswertung der Kontrollfrage nach dem grundsätzlichen Interesse an Kultur, wie in Abbildung 60 dargestellt ist. Hier gaben immerhin noch 66,26 Prozent der Befragten an, dass Kultur sie zumindest eingeschränkt interessiere.[44] Mit nur 53,41 Prozent bestätigten allerdings deutlich weniger Befragte die Aussage, dass das Tropical Islands ihr Interesse an der Kultur fördern würde, 15,26 Prozent der Befragten lehnten diese Aussage sogar uneingeschränkt ab.

Abbildung 60: Das Tropical Islands weckt Interesse an Ländern, Kultur und Tradition

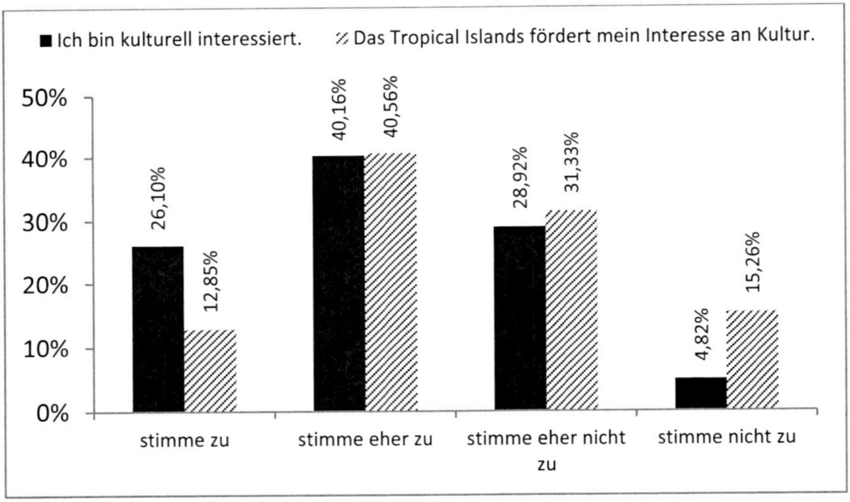

Quelle: eigene Erhebung

Außer den Bauten als materialisierte Bilder exotischer Ferne wird im Tropical Islands auch Kultur einerseits über Musik und andererseits über die Speisen verbreitet. Allerdings wurde in den Bars und Lounges zu den zwei Untersuchungszeitpunkten im August 2008 und März 2009 keine für die jeweiligen Länder typische Musik wiedergegeben, sondern ledig-

---

44 Schwierig gestaltet sich allerdings die Auswertung der Frage auch deshalb, weil der Kulturbegriff bei den Befragten vermutlich unterschiedlich interpretiert worden ist. So kann Kultur auch mit „Hochkultur" und weniger mit einer „Alltagskultur" der Reiseländer assoziiert werden.

lich ansonsten übliche Barmusik. Spätestens hier wurde bei einigen Besuchern, wie sich in Gesprächen zu den Interviews ergab, das immersive Element des Raumes gebrochen.

Auch die Esskultur und fremdländisches Essen stellen eine gute temporäre Möglichkeit für Kulturkontakt dar.[45] So kann im Tropical Islands beispielsweise landestypisches und exotisches Essen konsumiert werden. Allerdings zeigte die Beobachtung, dass die weitaus meisten Besucher sich in den Schlangen vor dem Fast-Food-Bereich einreihten und von den exotischeren Angeboten und Restaurants keinen Gebrauch machten. Als Grund hierfür können einerseits wiederum Verhaltensroutinen als auch die klare Preisstruktur des Fast-Food-Bereiches vermutet werden. Mit dem Fast-Food-Bereich scheint in der Anlage vordergründig zudem wiederum das immersive Raumbild gebrochen zu werden. Tatsächlich findet sich aber heutzutage in vielen Urlauberräumen hinter oder nahe der Hotelzone eine Fast-Food-Zone, welche vor allem von denjenigen Urlaubern aufgesucht wird, die kein All-Inclusive-Angebot gebucht haben und denen die Restaurant-Angebote nicht zusagen.

Eine vierte Möglichkeit, Interesse an fremden Kulturen zu wecken, zu informieren oder gar zu sensibilisieren, bestände theoretisch auch darin, die tägliche Abendshow als Instrument zu nutzen. Tatsächlich waren aber die besuchten Shows in 2008 und 2009 vor allem Tanz- und Entertainment-Veranstaltungen, die mit Fantasiekostümen allenfalls zur Unterhaltung der Besucher beitragen konnten. In 2010 hat sich das Konzept der Abendshow jedoch dahingehend geändert, dass diese als optionales Angebot zusätzlich bezahlt werden muss und nicht mehr „auf“ der „Südsee“, sondern auf der Show-Bühne stattfindet. Zugleich ist die Show jetzt eine abendfüllende Entertainment-Veranstaltung geworden, die zwar weiter professionalisiert wurde, aber mangels spezifischer kultureller Bezüge auch an einem anderen beliebigen Ort stattfinden könnte.

---

[45] Vgl. *Kapeller, K.*, Folklorismus, 1991, S. 199.

Aus der Perspektive kultureller Verantwortung zeigt sich damit im Tropical Islands ein Spiel mit Raumbildern. Die kulturellen Bauten sind ihrer ursprünglichen Verortung und Bedeutung dabei enthoben und zum Attraktionsfaktor umfunktioniert worden. Über ihre Bedeutung wird nur indirekt, zum Beispiel wenig vertiefend auf der Website, informiert. Dass hierbei zugleich auch religiöse Elemente, wie zum Beispiel das Bali-Tor, in die Anlage implementiert worden sind, erweckt den Anschein, dass hier kulturelle und religiöse Elemente profanisiert werden.

Wie in Kapitel 3.3.3 bereits festgestellt wurde, bewegt sich die touristische Nutzung von Kultur und Religion bzw. kulturellen und religiösen Gütern jedoch stets zwischen Vermittlung und Kommerzialisierung. Fehlt die Vermittlung jedoch, verbleibt allein die kommerzielle Nutzung und eine Reduzierung des Gezeigten auf seinen symbolischen, kommodifizierenden Gehalt. Wie in Kapitel 3.3.4 erläutert, kann es aber auch insbesondere eine Aufgabe des Nachhaltigen Tourismus sein, eine kulturelle Kompetenz bei den Reisenden zu fördern. So vermag die Anlage in der jetzigen Ausgestaltung allenfalls exotische Bilderwelten zu verfestigen, wie dies auch regelmäßig durch Reisekataloge geschieht.[46] Da die Anlage in sich aber um Authentizität bemüht ist, wäre es mit wenig Aufwand möglich, zumindest dem interessierten Besucher über einfache Edutainment-Angebote Informationen über die dargestellten Bauten und Länder zur Verfügung zu stellen.

---

[46] Vgl. *Kortländer, K.*, Land, 2000, S. 114.

6.4 Betrachtung aus der Perspektive sozialer Verträglichkeit

6.4.1 Zur Barrierefreiheit des Tropical Islands

Bei der Betrachtung des Handlungsfeldes der sozialen Verträglichkeit kann den Ausführungen in Kapitel 3.4 entsprechend vor allem auf den Aspekt eines „Tourismus für alle“ abgestellt werden. Hier wiederum ergeben sich vorrangig zwei Betrachtungsfelder: die Barrierefreiheit der Anlage und die Teilhabe auch unterer Einkommensschichten am Tourismus.

Das Tropical Islands ist nach eigenen Angaben barrierefrei. So stellt das Unternehmen in seinem Unternehmensportrait fest: „Tropical Islands ist auch für Rollstuhlfahrer zugänglich. Breite Wege, rollstuhlgerechte Toiletten und Umkleidebereiche, sowie Rampen garantieren eine weitestgehende Barrierefreiheit. Eine Erkundung des Regenwaldes ist mit dem Rollstuhl ebenfalls möglich: Gepflasterte Wege und Steigungen nicht über 6% garantieren das Vorankommen.“[47]

Tatsächlich können alle Ebenen und fast alle Bereiche sowie die Schwimmbecken des Tropical Islands mit dem Rollstuhl erreicht werden. Behindertengerechte Sanitäranlagen sind ebenfalls vorhanden. Auch die mehrstöckigen Häuser im Tropendorf sind größtenteils erreichbar. Zudem können nach Anmeldung vor Ort Rollstühle ausgeliehen werden. Allerdings sind die Schwimmbereiche nicht auf direktem Wege zu erreichen und Einstiegshilfen in die Schwimmbecken sind nicht vorhanden.

Auch die Website des Tropical Islands zeigte sich bei näherer Betrachtung nicht barrierefrei gestaltet: Es gibt beispielsweise keinerlei Möglichkeiten, die Ansichten zu verändern, zum Beispiel bei Farbblindheit, oder sich Texte vorlesen zu lassen. Auch bezieht sich hier das Verständnis von Barrierefreiheit ausschließlich auf Menschen mit Gehbehinderungen.

---

[47] *Tropical Islands*, Unternehmensportrait, 2010, S. 6.

Damit greift die Betrachtung hier auch zu kurz, da beispielsweise andere körperliche Einschränkungen nicht berücksichtigt werden. Dies zeigt sich beispielsweise auch anhand der Beschilderung der Pflanzen. Es könnte einen akustischen Guide geben oder die Beschilderungen könnten parallel in Blindenschrift verfasst sein. Insofern ist das Tropical Islands nicht vollständig, aber jedenfalls bei Gehbehinderungen weitgehend barrierefrei.

6.4.2 Das Tropical Islands als Urlaubs-Surrogat

Im Kapitel 3.4 wurde unter anderem die These aufgestellt, dass künstliche Ferienwelten insbesondere für Urlauber unterer Einkommensgruppen als Surrogat für andere Urlaubsorte genutzt werden könnten, sofern das Preisgefüge dies zulässt.[48] Tatsächlich zeigt sich, dass 27,71 Prozent der Befragten angaben, in 2008 höchstens noch eine weitere Kurzreise, neben der Reise ins Tropical Islands, aber keinen Urlaub mit mindestens vier Übernachtungen unternehmen zu wollen. In dieser Gruppe liegt der Wert derjenigen, welche angaben, über ein unterdurchschnittliches Einkommen zu verfügen, mit 43,47 Prozent deutlich höher als in der Stichprobe.[49]

In der Befragung wurde bewusst auf die sonst übliche Frage nach dem konkreten Haushalts-Nettoeinkommen verzichtet, da erfahrungsgemäß mehr als ein Drittel der Befragten diese Frage im direkten Interview nicht beantwortet. Da für die Auswertung der Befragung aber eine möglichst vollständige und auch breite Einschätzung der Daten bedeutend war, wurden die Befragten in diesem Fall nur nach der eigenen *Schätzung* ih-

---

[48] Das Preisgefüge des Tropical Islands hat sich inzwischen verändert. Zum Befragungszeitpunkt war es möglich, mit einmaligem Eintritt zeitlich unbegrenzt in der Anlage zu verweilen. Inzwischen wird ein Zuschlag von 15 Euro pro Nacht erhoben.

[49] 43,48 Prozent gaben an, über ein durchschnittliches Einkommen zu verfügen und 11,05 Prozent verfügen nach eigenen Angaben über ein überdurchschnittliches Einkommen.

res Nettoeinkommens im Verhältnis zum Durchschnitt gefragt. Tatsächlich verweigerten so nur 2,8 Prozent der Befragten hierzu ihre Aussage und auch die Bezieher niedriger Einkommen gaben bereitwillig, wenn auch immer noch, so der Eindruck der Interviewer, teilweise etwas peinlich berührt, Auskunft. Das geschätzte Nettoeinkommen der Befragten verteilt sich dabei in der Befragung wie folgt:

Abbildung 61: Geschätztes Nettoeinkommen im Verhältnis zur gesamten Bevölkerung

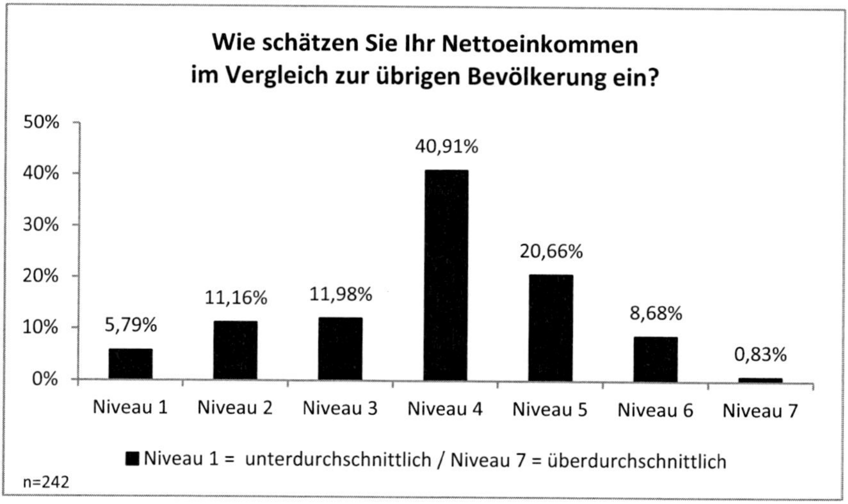

Quelle: eigene Erhebung

Im Folgenden wurde davon ausgegangen, dass die Bezieher der Einkommens-niveaus eins und zwei tatsächlich zur geringverdienenden Bevölkerungsgruppe zu zählen sind, bezüglich derer in Kapitel 3.4 bereits diskutiert wurde, dass gerade hier von einer „Entdemokratisierung des Reisens" gesprochen werden kann, da diese Gruppe immer seltener und weniger reist. So werden im Folgenden zwei Einkommensgruppen miteinander verglichen: die Einkommensniveaus eins und zwei, das sind insgesamt 41 Personen, mit den Niveaus drei bis sieben als übrige Gesamtheit der Befragten. Wie zu erwarten, war der Anteil der unter 30-jährigen Befragten an den Einkommensniveaus eins und zwei höher. Dies betrifft hier aber vor allem die Altersklasse der 20-29-jährigen, die in diesem Einkommensniveau doppelt so stark vertreten ist. Aber immerhin 34,15 Prozent der über 30-jährigen Befragten zählen sich selbst auch zum unteren Einkommensniveau, im Vergleich zur übrigen Gesamtheit von 41,78 Prozent. Dieser Zusammenhang ist in Abbildung 62 dargestellt:

Abbildung 62: Verteilung der Altersklassen nach Einkommensniveau

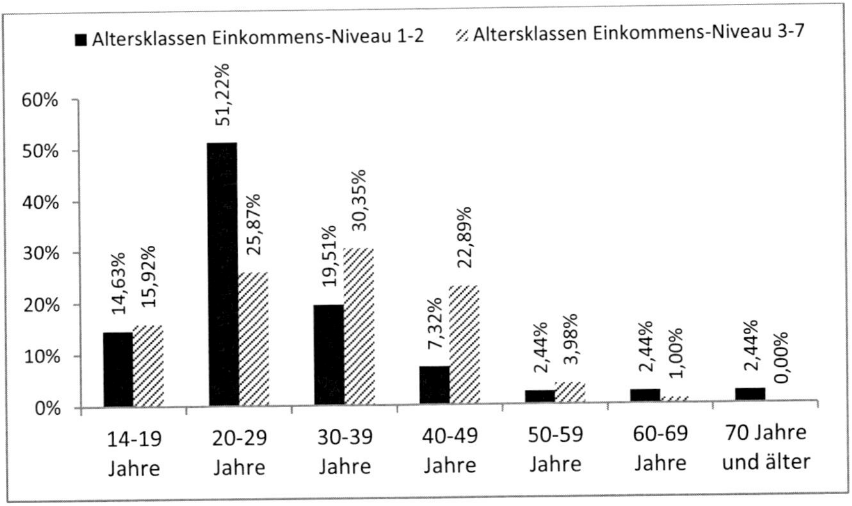

Quelle: eigene Erhebung

Weiterhin sollte eruiert werden, inwiefern sich die These bestätigen lässt, dass es sich bei dem Besuch des Tropical Islands insbesondere bei dieser Gruppe um ein Urlaubs-Surrogat handelt. Diese These kann dabei nur näherungsweise geprüft werden. Ein Indiz für die Stichhaltigkeit dieser These liegt darin, dass die Zustimmung zu der Aussage, es handele sich bei dem Aufenthalt um den Haupturlaub, mit 65 Prozent deutlich höher ist als bei der Vergleichsgruppe. Auch bei der in Abbildung 63 dargestellten Auswertung der abgefragten Entscheidungsgründe für den Besuch des Tropical Islands zeigte sich, dass hier beispielsweise das gewünschte tropische Klima von größerer Bedeutung, während hingegen eine gute Erreichbarkeit der Anlage von geringerer Bedeutung gewesen ist. Zudem wurde in der Gruppe der Einkommensniveaus eins und zwei deutlich seltener die Umgebung aufgesucht:

Abbildung 63: Hinweise auf das Tropical Islands als Urlaubs-Surrogat

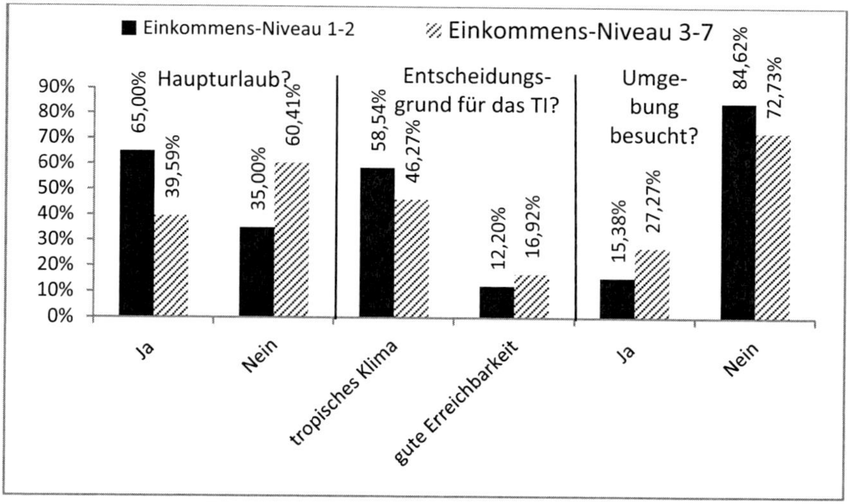

Quelle: eigene Erhebungen

Ferner zeigte sich diejenige Gruppe, welche angab, der Aufenthalt im Tropical Islands sei ihr diesjähriger Haupturlaub, deutlich preissensibler, was allerdings nicht die Art der Übernachtung, Zelt oder Strand, betrifft. So wurden aus dieser Gruppe von denjenigen, welche angaben, ihren Jahresurlaub künftig nicht in einer derartigen Anlage verbringen zu wollen, mit deutlichem Abstand als Grund die zu teuer empfunden Verpflegung genannt (40,82 Prozent zu 14,08 Prozent derjenigen, bei denen der Aufenthalt im Tropcial Islands nicht der Haupturlaub war). Auch unternahm die Gruppe der Haupturlauber im Schnitt kürzere Ausflüge in die Umgebung des Tropical Islands und gab dabei weniger Geld aus.

Als weiteres Indiz kann herangezogen werden, inwiefern die Befragten während ihres Aufenthalts im Tropical Islands „typisches Urlauberverhalten“ an den Tag gelegt haben. Wie in Kapitel 4.2.5 abgeleitet, hat vor allem das Urlaubsfoto auch eine demonstrative Funktion und ist in besonderem Maße geeignet, den Symbolgehalt des Urlaubs zu transportieren. Im Vergleich der zwei Einkommensgruppen zeigt sich dann auch, dass die Befragten der unteren Einkommensgruppe nicht nur häufiger fotografiert haben, sondern vor allem auch das Tropendorf, welches vermutlich die Exotik und Ferne am ehesten versinnbildlicht, deutlich häufiger als Motiv wählten. Diesen Zusammenhang verdeutlicht Abbildung 64:

Abbildung 64: Fotografie als typisches Urlaubsverhalten im Tropical Islands

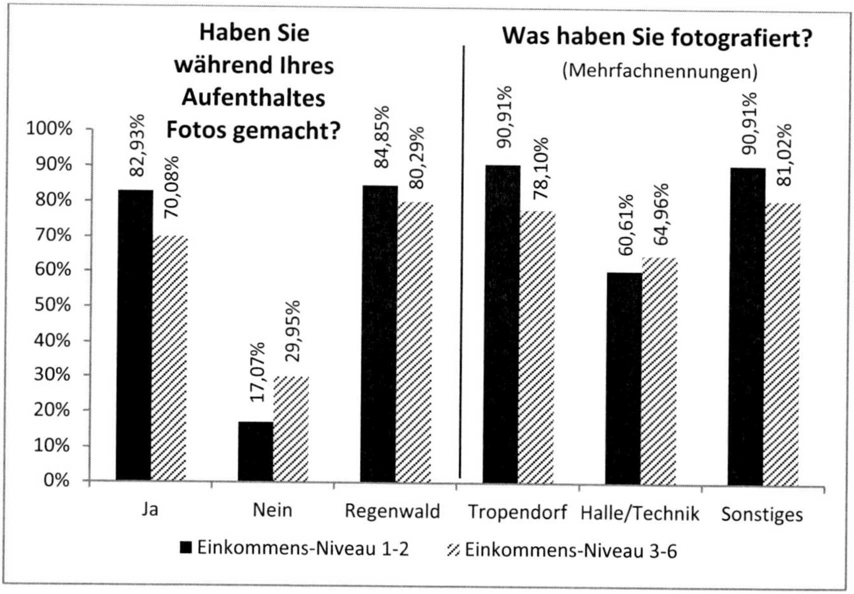

Quelle: eigene Erhebungen

Zusammenfassend kann die These, dass künstliche Ferienwelten durchaus als Surrogat insbesondere für Bezieher unterer Einkommensschichten dienen, bestätigt werden. Zudem sind künstliche Ferienwelten offenbar geeignet, einer Entdemokratisierung des Reisens insofern entgegenzuwirken, als dass die Anlagen als Urlaubsersatz dienen können und auch angenommen werden. Wie dies allerdings aus Sicht der Reisekultur zu betrachten ist, wird im Kapitel 7.2 zu diskutieren sein.

6.5 Resümee und Schlussfolgerungen zur Nachhaltigkeit

In der Analyse zur Nachhaltigkeit hat sich die These bestätigt, dass künstliche Ferienwelten einen Beitrag zu einem Nachhaltigen Tourismus leisten können. Bei der Betrachtung des ökologischen Handlungsfeldes zeigt sich, dass die These, die Konzentration der Urlauberströme in einer Freizeitanlage sei aus ökologischer Sicht zur Verringerung von Umweltbelastungen geeignet,[50] grundsätzlich bestätigt werden kann. Ob dieses Ergebnis allerdings auf das Tropical Islands übertragbar ist, hängt insbesondere vom Ressourcen- und Energieverbrauch ab. Mit der Substitution einer ausreichenden Anzahl von Flugreisen könnte das Tropical Islands hier seine Berechtigung aus ökologischer Sicht finden.

Bei der Betrachtung des ökonomischen Handlungsfeldes ergibt sich, dass künstliche Ferienwelten grundsätzlich geeignet sind, der Region, in die sie eingebettet sind, ökonomischen Nutzen zu stiften. Allerdings kann diese Aussage nur insofern bedingt getroffen werden, da sie ebenfalls den Wettbewerb oder die ökonomische Entwicklung in der Region verzerren können. Im Tropical Islands zeigt sich nun, dass die Region durch die geschaffene Wertschöpfung profitiert, wenn auch der Spreewald von der Appetizer-Funktion im Jahr 2008 offenbar weniger profitierte als die Destination Berlin. Dies mag sich aber durch eine gezielte Zusammenarbeit in der Vermarktung zukünftig ändern. Jedoch muss das Fortbestehen einer Anlage aus Sicht der Nachhaltigkeit ohne öffentliche Subventionen garantiert werden können, selbst dann, wenn es sich um die Revitalisierung einer Anlage handelt. Ob dies beim Tropical Islands zutrifft, wird sich erst in den nächsten Jahren zeigen.

Hinsichtlich der kulturellen Verantwortung zeigt sich, dass insbesondere bei künstlichen Ferienwelten durch achtlosen Umgang mit kulturellen und religiösen Werten[51] eine fremde Kultur allein zum Attraktionsfaktor kommodifiziert wird, indem exotische Raumbilder der Ferne in die heimatliche Nähe der Reisenden geholt werden. Auch wenn künstliche Ferienwelten den kulturellen Impact in den Reisezielländern verringern, sind sie im negativen Sinne doch in der Lage, vorhandene Stereotypen und

---

[50] Vgl. *Hochfeld, C./Strubel, V./Havers, K.*, Umweltauswirkungen, 2002, S. 70.
[51] Vgl. hierzu Kapitel 3.3.4.

Kulturbilder bei den Besuchern und somit Reisenden zu verstärken. Dabei bietet sich insbesondere im Tropical Islands die Gelegenheit, den verantwortungsvollen Umgang mit fremder Kultur nicht nur zu demonstrieren, sondern zudem vorhandene stereotype Bilder oder Fehlwissen bei Besuchern aufzulösen. Dies könnte auch in Zusammenarbeit mit den dargestellten Ländern geschehen. Hierzu bieten insbesondere die bereits vorhandenen Bauten eine Chance, die den Charakter eines Alleinstellungsmerkmals tragen.

Bei der Analyse des Handlungsfeldes sozialer Verträglichkeit konnte die These bestätigt werden, dass künstliche Ferienwelten ein Urlaubs-Surrogat darstellen können, insbesondere für Reisende unterer Einkommensschichten, sofern das Preisgefüge der Anlage dies zulässt. Zudem sind künstliche Ferienwelten sowohl durch die Begrenztheit ihres Raumes als auch durch ihre Plan- und Vorhersehbarkeit gut geeignet, barrierefreie Angebote zu schaffen. Allerdings ist darüber hinaus zu berücksichtigen, dass bei der Errichtung und dem Betrieb der Anlage die Bevölkerung der umliegenden Region eingebunden sein sollte, damit der soziale Friede gewahrt werden kann.

Insgesamt zeigt sich, dass in künstlichen Ferienwelten offenbar alles gestaltet werden kann, selbst das Klima. Dennoch erreicht das Tropical Islands bislang nicht die erhofften Besucherzahlen. So ist in diesem Zusammenhang noch die Frage zu erörtern, inwiefern Urlaubs-Sphären wie das Tropical Islands überhaupt in der Lage sind, die Reisemotive der Urlauber zu befriedigen. Auch ist zu diskutieren, was künstliche Ferienwelten und Urlaubs-Sphären eigentlich für unsere Reisekultur bedeuten. Diesen Fragen soll im folgenden Kapitel nachgegangen werden.

7. Das Tropical Islands im Fokus der Reisemotive und Reisekultur

7.1 Analyse der Erfüllung allgemeiner Reisemotive

7.1.1 Überblick zur Erfüllung allgemeiner Reisemotive

Wie in Kapitel 4.1.6 diskutiert, könnten künstliche Ferienwelten besonders geeignet sein, eine Vielzahl von Reisemotiven verlässlich zu befriedigen. Um dieser Frage nachzugehen, wurden die Übernachtungsbesucher befragt, inwiefern verschiedene Reisemotive während ihres Aufenthaltes befriedigt werden konnten. Dabei zeigte sich, dass mit unterschiedlich starker Ausprägung alle abgefragten Motive eine Zustimmung von mindestens 50 Prozent erhielten. Dieser hohe Durchschnittswert überrascht, wobei das Ergebnis jedoch im Einzelnen noch differenzierter betrachtet werden muss. So erhielten allein fünf Motive eine uneingeschränkte Zustimmung von mehr als der Hälfte der Befragten. Die stärkste Ablehnung erhielten mit 18 Prozent „andere Kulturen erleben", mit 17 Prozent „mit netten Leuten etwas unternehmen" und „etwas für die Gesundheit tun" sowie mit elf Prozent „Zeit für mich selbst haben". Offenbar ist das Tropical Islands über den „Spaßfaktor" hinaus aber in der Lage, bei einer Zustimmung von 98 Prozent auch den „Abstand vom Alltag" zu ermöglichen sowie den Besuchern „Zeit füreinander" zu ermöglichen. Insgesamt zeigt sich in der Zustimmung zu den Reisemotiven folgendes Bild:

Tabelle 8: Grad der Erfüllung einzelner Reisemotive durch das Tropical Islands

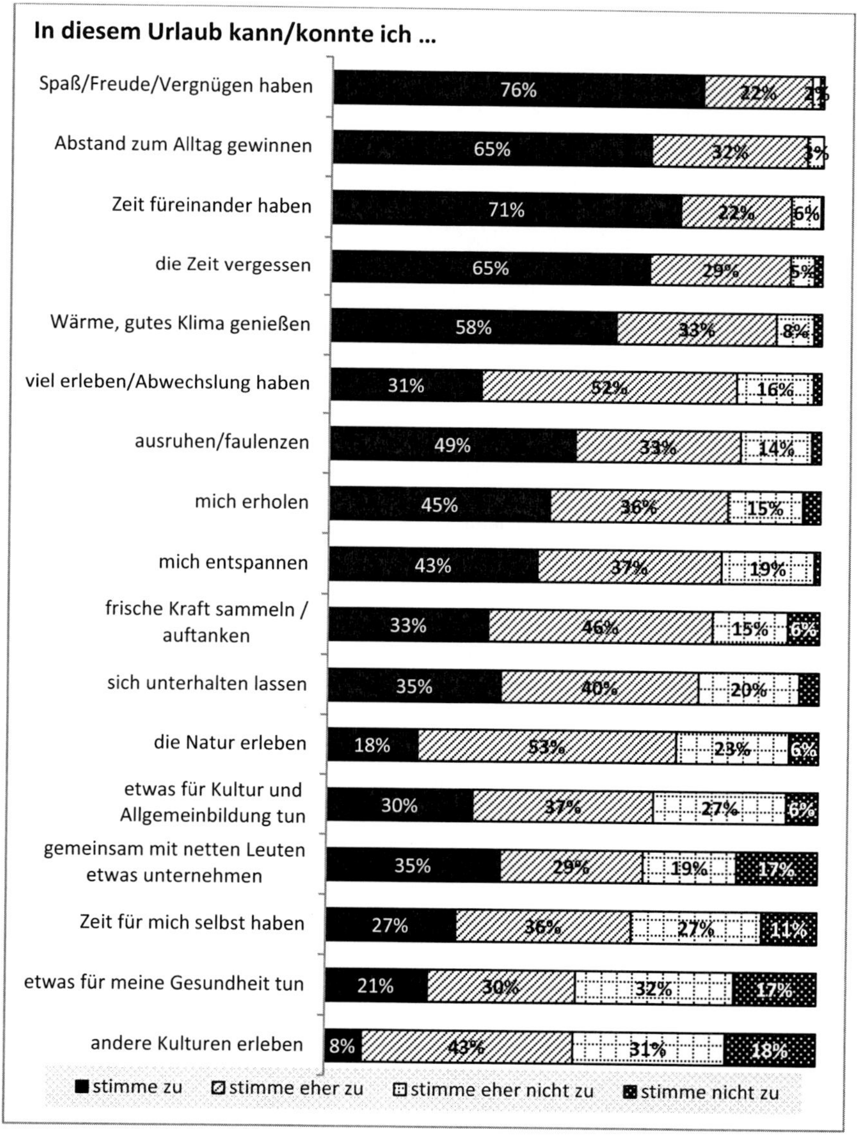

Quelle: eigene Erhebung

Im Vergleich zu den allgemeinen Reisemotiven der F.U.R.-Reiseanalyse ergibt sich damit für die wesentlichen Reisemotive ein hoher bis sehr hoher Erfüllungsgrad. Die zehn wichtigsten Reisemotive wurden der Umfrage nach weitgehend befriedigt, bei vier Reisemotiven mit einem Zustimmungsgrad von über 90 Prozent, wie folgende Tabelle verdeutlicht:

Tabelle 9: Erfüllungsgrad von allgemeinen Reisemotive im Vergleich zur ihrer Bedeutung in der F.U.R.-Reiseanalyse

Rang nach RA 2010	**Reisemotiv** (Auswahl)[1]	**Zustimmungsgrad nach** RA 2010	**Erfüllungsgrad (++/+) im** Tropical Islands
1	Entspannung, keinen Stress	69%	79,92 %
2	Abstand zum Alltag	67%	96,79 %
4	Frische Kraft sammeln, auftanken	63%	78,22 %
5	Spaß, Freude, Vergnügen	60%	97,59 %
6	Natur erleben, Landschaft, reine Luft	58%	71,08 %
7	Frei sein, Zeit haben	57%	62,25 %
8	Ausruhen, Faulenzen	56%	81,12 %
9	Zeit für einander haben (Partner/Familie)	52%	93,57 %
10	Gesundes Klima	51%	90,76 %
13	Viel Erleben, viel Abwechslung	42%	82,73 %
14	Gemeinsam etwas erleben, nette Leute	40%	64,51 %
16	Etwas für die Gesundheit tun	36%	51,00 %
18	Andere Länder erleben	35%	50,60 % (Kulturen)
21	Etwas für Kultur/Bildung tun	31%	66,53 %
23	Sich unterhalten lassen	28%	75,50 %
26	Mit den Kindern spielen, zusammen sein	18%	97,56 %

Quelle: eigene Darstellung nach (*Aderhold, P.*, Urlaubsreisen, 2010, S. 88) und eigene Erhebung

[1] Reisemotive, die nicht mit einer Urlaubs-Sphäre in Verbindung gebracht werden bzw. nicht abgefragt wurden, sind nicht aufgenommen worden, wie zum Beispiel „unterwegs sein, herumkommen".

In Tabelle 9 wird jedoch auch ein wesentlicher Unterschied des Tropical Islands als Urlaubs-Sphäre zu herkömmlichen Ferienparks deutlich. Wie in Kapitel 4.1.6 abgeleitet, werden einige wesentliche Reisemotive normalerweise nicht mit künstlichen Ferienwelten in Verbindung gebracht. In der Befragung zeigt sich jedoch, dass die Reisemotive „Natur erleben, Landschaft, reine Luft“ einen Zustimmungsgrad von 71 Prozent und das Motiv „Gesundes Klima“ sogar einen Zustimmungsgrad von 90,76 Prozent erhalten haben. Auch das Motiv „etwas für Kultur und Bildung tun“ wird mit 66,53 Prozent erfüllt, das Motiv „andere Länder erleben“ wird teilweise analog mit dem Motiv „andere Kulturen erleben“ immerhin noch mit 50,6 Prozent erfüllt, wobei hier der geringste Erfüllungsgrad beobachtet werden kann.

Da die Frage nach „Sonne, Wärme und schönem Wetter“ zu wenig passend erschien, wurde hier negativ abfragt, inwiefern die Sonne vermisst worden sei, denn die Wärme erschließt sich bereits aus dem vorhandenen tropischen Klima. Ein „Wetter“ ist hingegen nicht wirklich vorhanden. Bei der Beantwortung dieser Frage ergab sich dann überraschend eine sehr hohe Zustimmung zu der Aussage, dass man die Sonne nicht vermisst habe, wobei nur an einem der Tage die Sonne tatsächlich geschienen hat, was durch die UV-Folie auch begrenzt in der Halle wahrnehmbar war. Drei von vier Befragten stimmten der Aussage zu, die Sonne nicht vermisst zu haben, mehr als jeder Zweite stimmte dieser Aussage sogar uneingeschränkt zu (siehe Abbildung 65):

Abbildung 65: Relevanz des natürlichen Sonnenlichtes

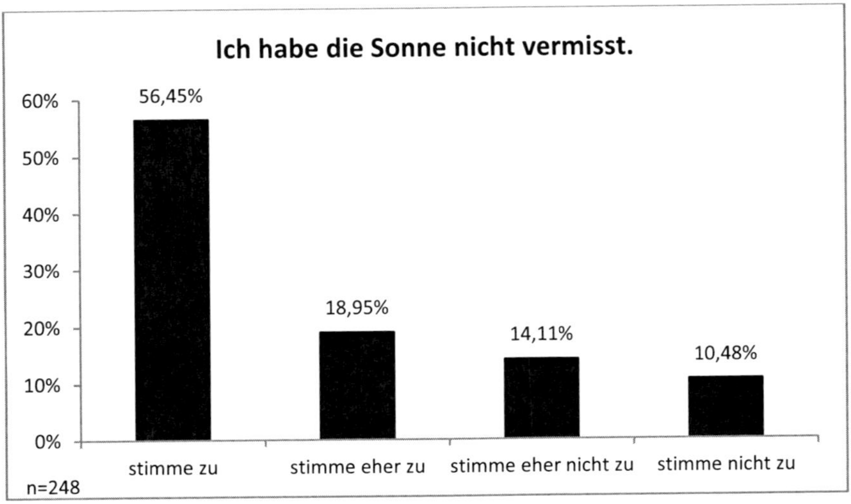

Quelle: eigene Erhebung

Damit zeigt sich, dass Urlaubs-Sphären wie das Tropical Islands offenbar geeignet sind, mehr wesentliche allgemeine Reisemotive zu erfüllen als herkömmliche Ferienparks. In der Simulation einer tropischen Urlaubswelt wurde zudem das drittwichtigste Reisemotiv „Sonne" überwiegend nicht vermisst. So überrascht ebenfalls, dass Reisemotive, die üblicherweise nicht mit einer künstlichen Ferienwelt in Verbindung gebracht werden, wie zum Beispiel „Klima und Natur erleben" einen Zustimmungsgrad von 91 und 71 Prozent erhalten haben.

Damit gelingt es einer Urlaubs-Sphäre wie dem Tropical Islands offenbar, den Touristen räumlich an einen Tourismusort zu versetzen, an dem wesentliche Urlaubsmotive erfüllt werden. Fraglich bleibt jedoch, ob es auch gelingt, ihn zeitlich aus gewohnten Mustern herauszulösen und das Gefühl zu vermitteln, auch zeitlich frei zu sein. Deshalb wurden die Übernachtungsbesucher befragt, ob sie, wie mit Urlaub regelmäßig assoziiert, auch in der Lage waren, die Zeit zu vergessen. Die Ergebnisse hierzu verdeutlicht Abbildung 66:

Abbildung 66: Möglichkeit zum zeitlichen Enthobensein im Tropical Islands

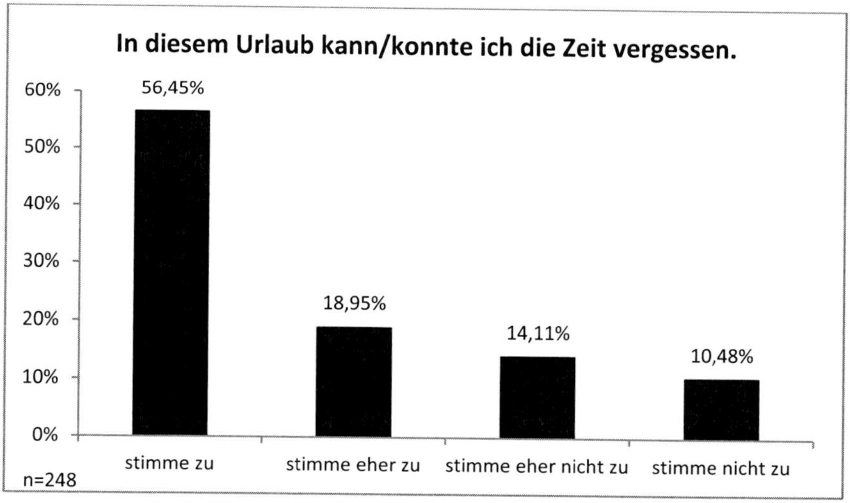

Quelle: eigene Erhebung

Mit einem Zustimmungsgrad von 93,55 Prozent bestätigten die Übernachtungsbesucher, die Zeit vergessen zu haben, 64,92 Prozent bestätigten dies sogar uneingeschränkt. Dies scheint in der Konzeption der Anlage durchaus gewollt zu sein: Uhren findet man sichtbar nur an zwei Stellen innerhalb der Anlage: An der Bali-Lagune und beim Tropino-Kinderclub. Der hohe Zustimmungswert mag ein Indiz für Zustände sein, die üblicherweise mit dem Urlaub assoziiert werden: Denn einerseits steht das Vergessen der Zeit für ein „Abschalten können", andererseits mag dies auf ein „Loslassen können" hindeuten.[2] Insgesamt könnte dies auch als Indiz gewertet werden, dass die Besucher sich immersiv auf die Urlaubs-Sphäre einlassen können.

7.1.2 Vergleichende Analysen zur Erfüllung allgemeiner Reisemotive

Da die Übernachtungsbesucher in durchaus heterogene Segmente unterschieden werden können, werden im Folgenden auffällige Unterschiede bei der Zustimmung zu Reisemotiven zwischen den Segmenten aufgezeigt und soweit möglich interpretiert. Dabei ergeben sich auch Hinweise darauf, welche zukünftigen Entwicklungen die Bewertung des Tropical Islands im Ganzen verändern könnten.

So ergibt sich beispielsweise eine unterschiedliche Bewertung bei der Zustimmung zu der Aussage, sich erholt zu haben, wie aus Abbildung 67 hervorgeht. Einerseits zeigt sich, dass die Befragten ohne Kinder sich offenbar in der Anlage nur in vergleichsweise geringem Umfang besser erholen konnten als die Gruppe ohne Kinder. Dieser Wert mag dadurch erklärt werden, dass das Tropical Islands einen großen Kinderbereich unterhält, in dem Eltern gemeinsam mit ihren Kindern spielen können, der aber auch Kinder-Animation anbietet. Immerhin stimmten 76,86 Prozent der Eltern zu, sich in der Anlage erholt zu haben, dies sind 8,06 Prozent weniger als die Gruppe ohne Kinder.

---

2 Vgl. hierzu auch Kapitel 4.1.5.

Abbildung 67: Erholungsgrad von Befragten mit und ohne Kinder

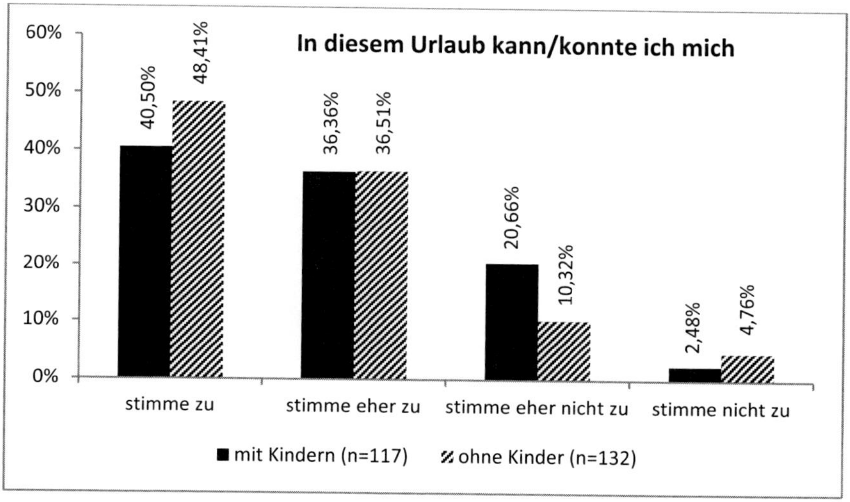

Quelle: eigene Erhebung

Deutliche Unterschiede zeigten sich aber insbesondere zwischen den Altersgruppen, wie aus Abbildung 68 zu ersehen ist. Die Gruppe unter 30 Jahren konnte sich mit 86,08 Prozent offenbar besser erholen als die Gruppe ab 30 Jahren, die dieser Aussage nur mit 76,86 Prozent zustimmte. Ein ähnliches Ergebnis ergab sich in der Zustimmung zur Entspannung. Hier stimmten ebenfalls 86,09 Prozent der unter 30-jährigen und nur 74,63 Prozent ab 30 Jahren zu, wie Abbildung 68 noch einmal verdeutlicht:

Abbildung 68: Erholungsgrad in Abhängigkeit vom Alter

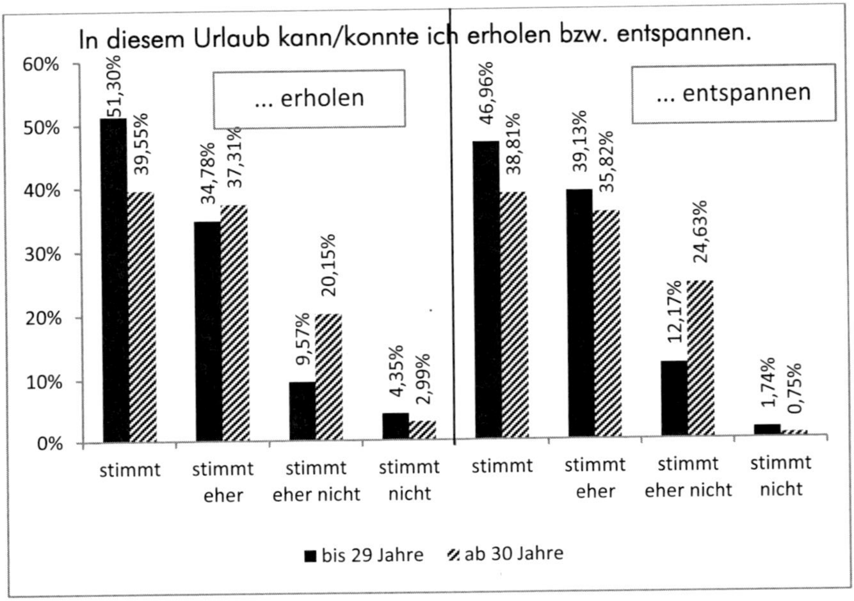

Quelle: eigene Erhebungen

Die Gründe hierfür können allerdings nur vermutet werden. Einerseits könnten unterschiedliche Vorstellungen bzw. Definitionen der Begriffe „Erholen“ und „Entspannen“ zwischen den Altersgruppen eine Rolle spielen. Andererseits könnte auch ein geringerer Bedarf bei den Jüngeren vermutet werden.

Deutliche Unterschiede in den Ergebnissen zeigten sich auch bei der Betrachtung der Anreiseorte. So ergaben sich in der Differenzierung zwischen Übernachtungsgästen, die aus westdeutschen, und denjenigen, die aus ostdeutschen Orten angereist waren, zum Teil signifikante Unterschiede. Um sicherzustellen, dass die Unterschiede nicht durch verschiedene Bildungs- oder Einkommensniveaus ausgelöst wurden, sind beide Gruppen diesbezüglich miteinander verglichen worden. Abbildung 69 zeigt nun einerseits, dass die Gruppe der Befragten mit Wohnort in Ostdeutschland ihr Nettoeinkommen etwas geringer einschätzten als die Befragten mit westdeutschen Wohnorten.

Abbildung 69: Unterschiede der Einschätzung des Nettoeinkommens zwischen West- und Ostdeutschland

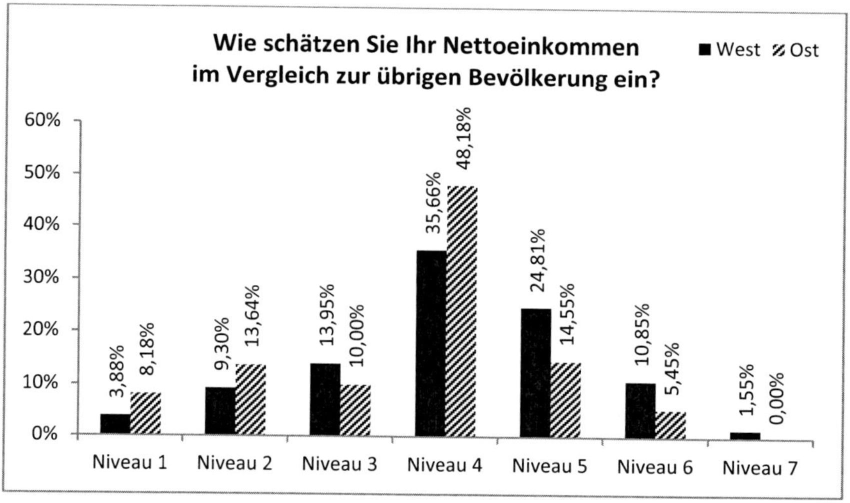

Quelle: eigene Erhebungen

Auch im Bildungsgrad zeigen sich eine Verschiebung von zehn Prozent zwischen Realschulabschluss und Abitur, doch dürften die Unterschiede nicht gravierend genug sein, um deutliche Unterschiede in der Zustimmung zu den Reisemotiven zu erklären, wie aus Abbildung 70 zu ersehen ist:

Abbildung 70: Unterschiede im Bildungsgrad zwischen West- und Ostdeutschland

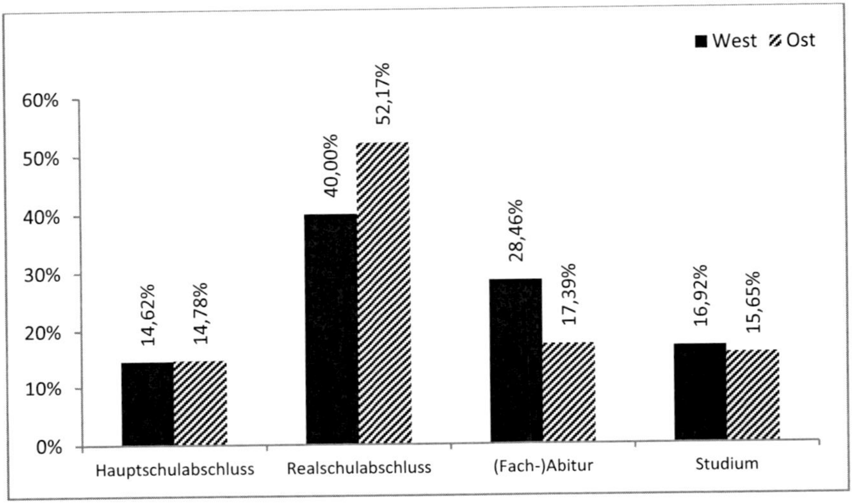

Quelle: eigene Erhebungen

Erste Unterschiede zwischen den beiden Segmenten[3] „West“ und „Ost“ finden sich in der Zustimmung zu der Aussage „viel bzw. Abwechslung erlebt zu haben“. Hier zeigt sich eine tendenziell stärkere Zustimmung zu dieser Aussage in dem Segment „Ost“, mit einer Differenz von 11,87 Prozent. Abbildung 71 stellt diesen Zusammenhang dar:

---

[3] Segment „Ost“ mit n=116, Segment „West“ mit n= 130; drei Befragte kamen aus Polen (nicht berücksichtigt).

Abbildung 71: Beurteilung des Erlebnis- & Abwechslungspotenzials des Tropical Islands im West-/Ost-Vergleich

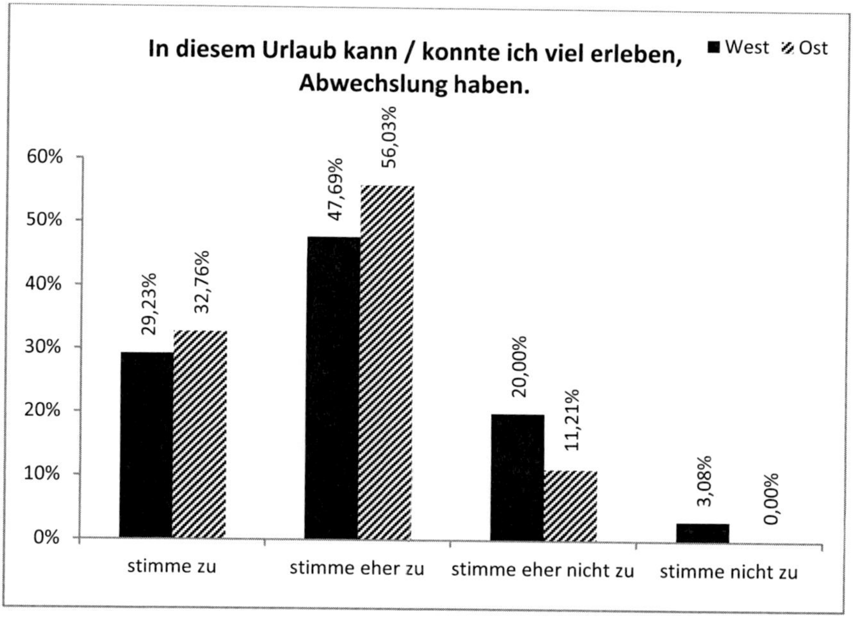

Quelle: eigene Erhebung

Als Grund hierfür könnte eine (Über-)Sättigungstendenz in dem Segment „West“ vermutet werden. Deutliche Unterschiede zeigen sich auch in der Gegenüberstellung der zwei Gruppen in der Fragestellung zum Erleben von Kultur. So stimmten mit einer Differenz von 24,49 Prozent mehr Befragte des Segmentes „Ost“ der Aussage zu, dass sie im Tropical Islands andere Kulturen erleben konnten, wohingegen mit einer Differenz von 17,44 Prozent das Segment „West“ diese Aussage stärker uneingeschränkt ablehnte, wie Abbildung 72 verdeutlicht:

Abbildung 72: Beurteilung der Möglichkeit andere Kulturen im Tropical Islands zu erleben im West-/Ost-Vergleich

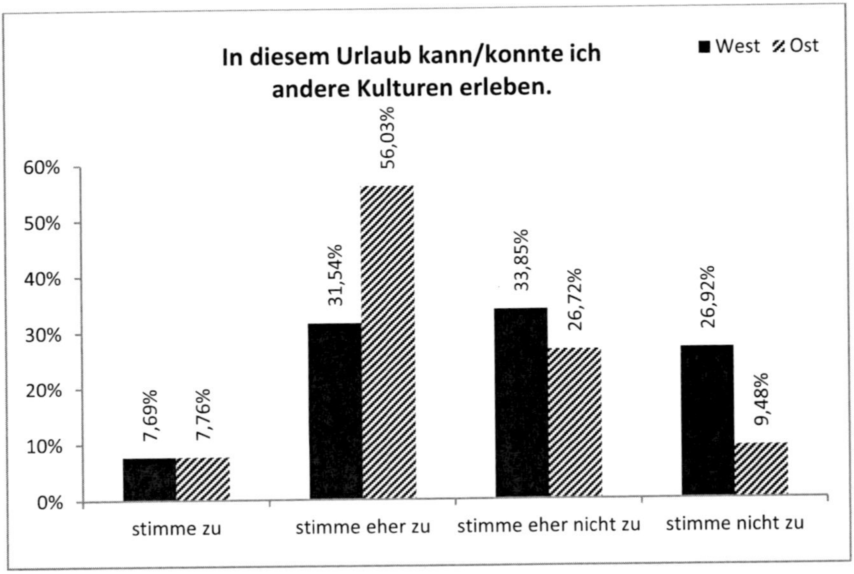

Quelle: eigene Erhebungen

Ein ähnliches Ergebnis lässt sich auch in der Zustimmung zu der Aussage wiederfinden, in diesem Urlaub etwas für Kultur und Allgemeinbildung getan zu haben. Hier fällt der Unterschied allerdings noch deutlicher aus, da im Segment „Ost" die Zustimmung 43,96 Prozent, im Segment „West" hingegen nur 24,04 Prozent betrug. Diese Differenz spiegelt sich in der Abbildung 73 mit 17,29 Prozent auch in der Gruppe derer wider, die eine deutliche Ablehnung zum Ausdruck brachte:

Abbildung 73: Bewertung der Bildungsmöglichkeiten des Tropical Islands im West-/Ost-Vergleich

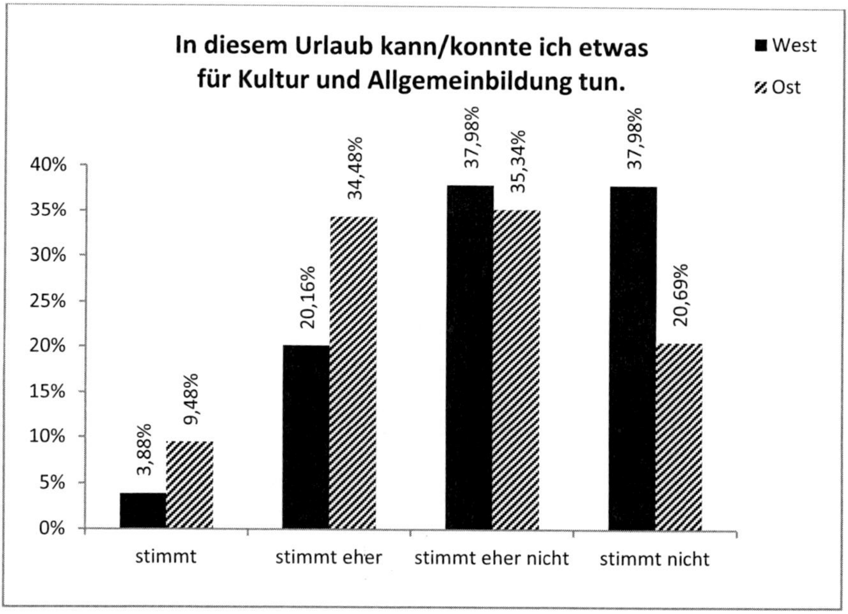

Quelle: eigene Erhebung

In der vertiefenden Analyse der beiden Segmente ergab sich dann eine weitere Korrelation in der Zustimmung zu dieser Aussage mit der Altersgruppe. Die Abbildung 74 zeigt, dass die Gruppe der unter 30-jährigen des Segmentes „West" am ehesten kritisch war, wohingegen die Gruppe der ab 30-jährigen des Segmentes „Ost" am wenigsten kritisch erschien:[4]

---

[4] Segment „West" bis 29 Jahre n=60 , ab 30 Jahre n=70 ; Segment „Ost" bis 29 Jahre n=54 , ab 30 Jahre n=62.

Abbildung 74: Bewertung der Bildungsmöglichkeiten des Tropical Islands aufgegliedert nach verschiedenen Befragungsgruppen

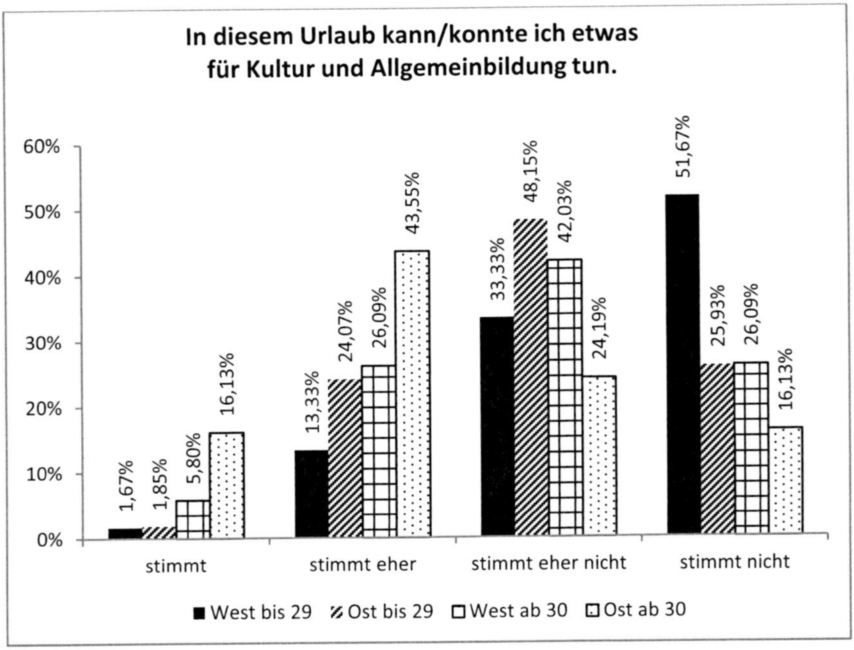

Quelle: eigene Erhebung

Diese Ergebnisse könnten einerseits durch eine unterschiedliche Reisebiographie erklärt werden. Die Konsumerfahrung im Reisen dürfte bei ab 30-jährigen des Segmentes „West" stärker ausgeprägt sein als im Segment „Ost". Andererseits lässt sich das Ergebnis aber auch dahingehend deuten, dass die jüngeren Besucher kritischer bzw. differenzierter mit dem Gezeigten umgehen. Diese These lässt sich zudem anhand des bereits gezeigten Befragungsergebnisses zum Vermissen der Sonne belegen. Wie die Abbildung 75 verdeutlicht, zeigten jüngere Besucher[5] hier

---

5 Bis 29 Jahre n=114, ab 30 Jahre n=132.

eine stärkere Affinität zur echten Sonne und gaben mit einer Differenz von 12,51 Prozent stärker an, die Sonne vermisst zu haben. Es bleibt allerdings die Frage offen, ob diese Beobachtung einen künftigen Trend abbildet, oder ob sich mit zunehmendem Alter auch die Bewertung verändert. Diese Frage könnte allenfalls mittels einer Kohorten-Analyse beantwortet werden.

Abbildung 75: Relevanz des natürlichen Sonnenlichtes differenziert nach Alter

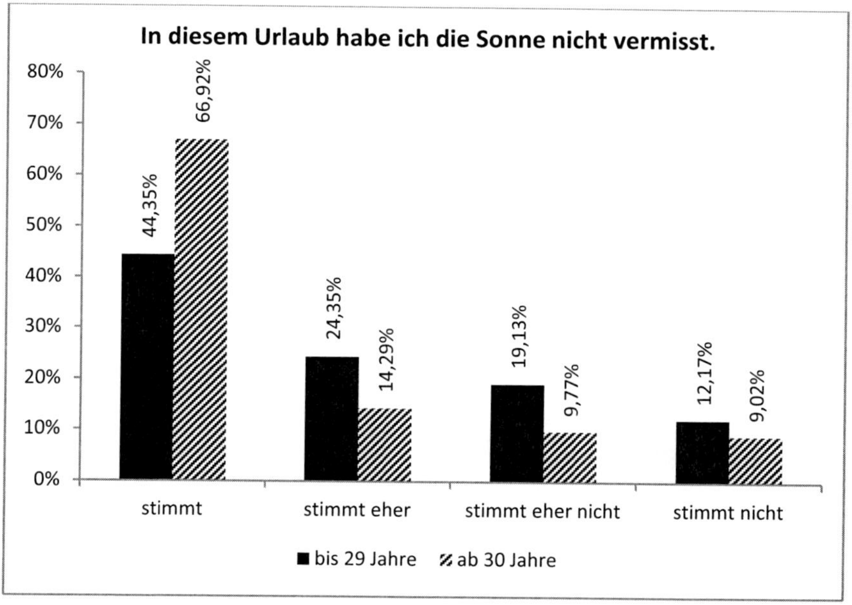

Quelle: eigene Erhebung

Eine weitere Unterscheidung könnte zwischen dem Segment der im Zelt- und Lodges-Übernachtenden und denjenigen, die am Strand auf einer Liege übernachtet haben, vermutet werden. Während die Zeltenden ihren eigenen kleinen Rückzugsraum haben, teilen sich die am Strand Übernachtenden letztlich einen großen Raum und besitzen somit nur wenig Privatsphäre. So liegt die Vermutung nahe, dass sich die Zeltenden besser während ihres Aufenthaltes entspannen konnten als die am Strand Übernachtenden. Im Vergleich der Befragten im Zelt und der am Strand Übernachtenden zeigt die Abbildung 76 jedoch überraschend, dass die am Strand-Übernachtenden mit einer Differenz von 17,23 Prozent eher der Aussage zustimmen konnten, sich entspannt zu haben:[6]

Abbildung 76: Bewertung der Erholung differenziert nach Übernachtungsart

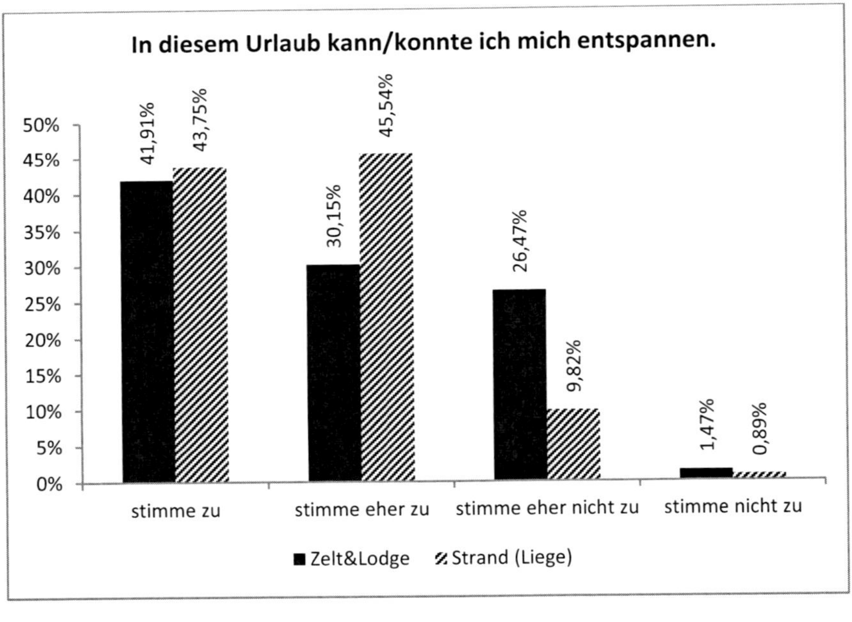

Quelle: eigene Erhebung

6 Strand-Schlafende n=112; Zelt-Schlafende n=136, davon drei in einer Lodge.

Als Grund könnte hier einerseits vermutet werden, dass eines der beiden Zeltlager nahe der Rutsche liegt, auf der auch am Abend Betrieb herrschte, weshalb dort akustisch weniger Ruhe war als an den Strandzonen des Nachts. Andererseits mag sich auch das tropische Klima im Zelt unangenehmer auswirken als auf der Liege. Interessant in diesem Zusammenhang ist auch die fast identische Zustimmung zwischen den beiden Segmenten zu der Aussage „…konnte ich Zeit für mich selbst haben“, wenn man bedenkt, dass auf der Liege auch des Nachts quasi keine Privatsphäre herrscht. Dass diese Zweckgemeinschaft der am Strand Übernachtenden zumindest geduldet, aber weniger wirklich erwünscht war, mag tendenziell in der Differenz zu der Aussage „konnte ich gemeinsam mit netten Leuten etwas unternehmen“ gefunden werden. Hier fiel die Zustimmung der am Strand Übernachtenden mit einer Differenz von 12,91 Prozent deutlich verhaltener aus, wie Abbildung 77 zeigt:

Abbildung 77: Bewertung des Gemeinschaftserlebens im Tropical Islands

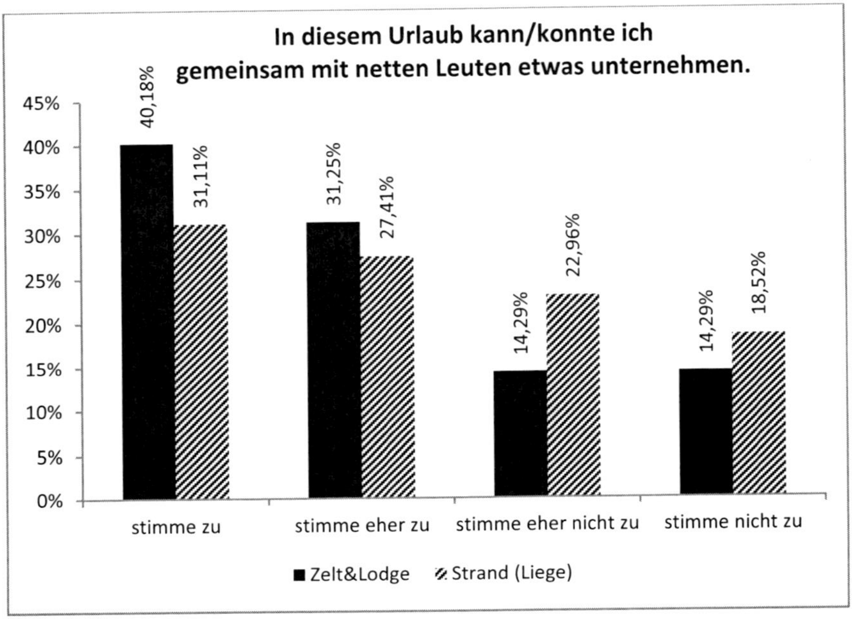

Quelle: eigene Erhebung

Denn doch stimmten immerhin mit 58,52 Prozent mehr als die Hälfte der am Strand Schlafenden der Aussage zu. Dies mag als Indiz gedeutet werden, dass eine Urlaubs-Sphäre wie das Tropical Islands auch als Geselligkeits-Kokon[7] zu funktionieren scheint. Die Übernachtenden teilen mit fremden Menschen, mit denen sie vor allem das gleichgerichtete Ziel der Teilhabe am Tropical Islands verbindet, einen gemeinsamen Raum und ihre Zeit.

In der Analyse der weiblichen und männlichen Übernachtungsgäste zeigte sich des Weiteren ein deutlicher Unterschied bei den Reisemotiven in

7 Vgl. hierzu Kapitel 4.4.1.

der Einschätzung zu der Aussage, in diesem Urlaub etwas für die Gesundheit tun zu können. Die weiblichen Übernachtungsgäste stimmten mit einer Differenz von 13,13 Prozent im Vergleich zu den männlichen Übernachtungsgästen dieser Aussage weniger deutlich zu, wie in Abbildung 78 dargestellt:

Abbildung 78: Einschätzung der gesundheitsfördernden Wirkung des Tropical Islands

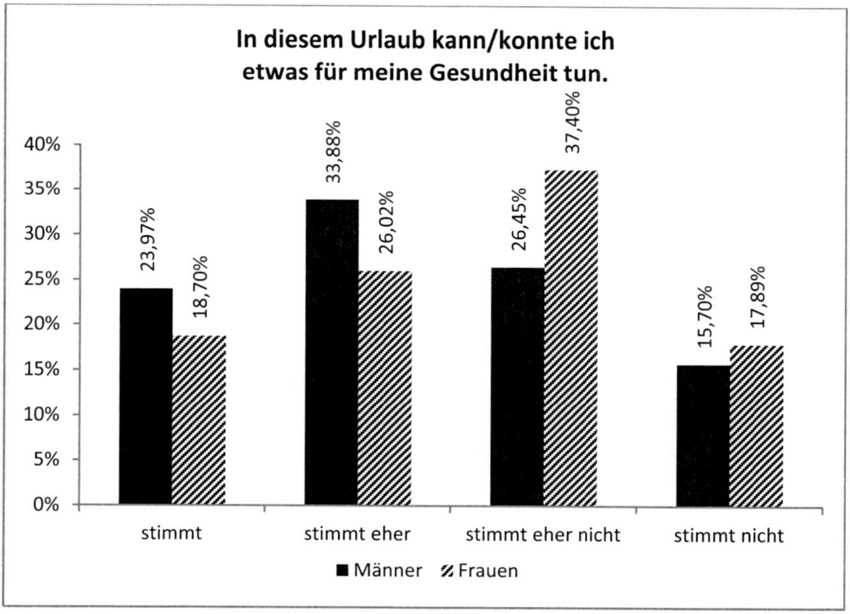

Quelle: eigene Erhebung

Insgesamt ergibt sich mit einer durchschnittlichen Zustimmung von 51 Prozent ein im Vergleich zum Erfüllungsgrad anderer Reisemotive relativ schlechter Wert im Gesundheitssegment. Dies überrascht einerseits, da sowohl mit dem großen Saunabereich als auch dem Massagebereich dem Gast durchaus Gesundheitsangebote unterbreitet werden. Offenbar werden diese aber nur bedingt wahrgenommen bzw. genutzt. Dabei ist jedoch insbesondere der Gesundheitstourismus einer der wesentlichen derzeitigen Trends im Deutschlandtourismus, wenngleich dieser auch in dem Segment der unter 40-jährigen Urlauber eine geringere Rolle spielt.[8]

7.2 Zur Funktion von Urlaubssphären für unsere Reisekultur

7.2.1 Analyse imageprägender Effekte des Tropical Islands

Wie festgestellt wurde, kann eine Urlaubs-Sphäre, wie das Tropical Islands sie darstellt, offenbar eine Vielzahl an Reisemotiven befriedigen. Allerdings ist mit dieser Feststellung noch nicht hinreichend beleuchtet, wie der Urlaubsraum auf die Besucher wirkt und inwiefern hieraus auch Erkenntnisse für unsere Reisekultur abgeleitet werden können. Diesen Fragen soll in den folgenden Seiten nachgegangen werden.

Dazu wurden in die Befragung einige wenige Fragen eingebaut, welche allgemeine Einstellungen zum Urlaub abfragten. Hier antworteten die meisten der befragten Übernachtungsbesucher mit einer allgemeinen Zustimmung zu den Aussagen, sie seien unternehmungslustig und würden gern in ferne Länder verreisen, was nicht weiter überrascht. Etwas verhaltener war allerdings die Zustimmung zu der Feststellung, Länder mit lebendiger Kultur und Tradition zu bevorzugen. Dies lässt darauf hindeuten, dass Kultur und Tradition in der Urlaubsentscheidung zwar ihre Bedeutung haben, diese jedoch hinter anderen Aspekten zurücktritt.

Zugleich wurde auch abgefragt, ob Urlaub einen demonstrativen Charakter für die Befragten habe. Hier zeigte sich zu der Aussage „Mir ist wichtig, was Freunde über mein Urlaubsziel denken.“ eine sehr deutliche Ablehnung. Diese Aussage ist im Fragebogen inmitten von weiteren Aussagen eingebettet, die im Allgemeinen eine Zustimmung erhalten haben. In

---

8 Vgl. *Lohmann, M./Aderhold, P.*, Urlaubsreisetrends, 2009, S. 165 ff.

den face-to-face-Interviews offenbarte sich dann auch, dass viele Befragte während der Interviews an dieser Stelle oftmals stutzten und vor der Antwort kurz nachdachten und überlegt antworteten. Folgende Grafik verdeutlicht ausgewählte Einstellungen[9] zum Urlaubsverhalten der Befragten:

Abbildung 79: Ausgewählte Einstellungen zum Urlaubsverhalten

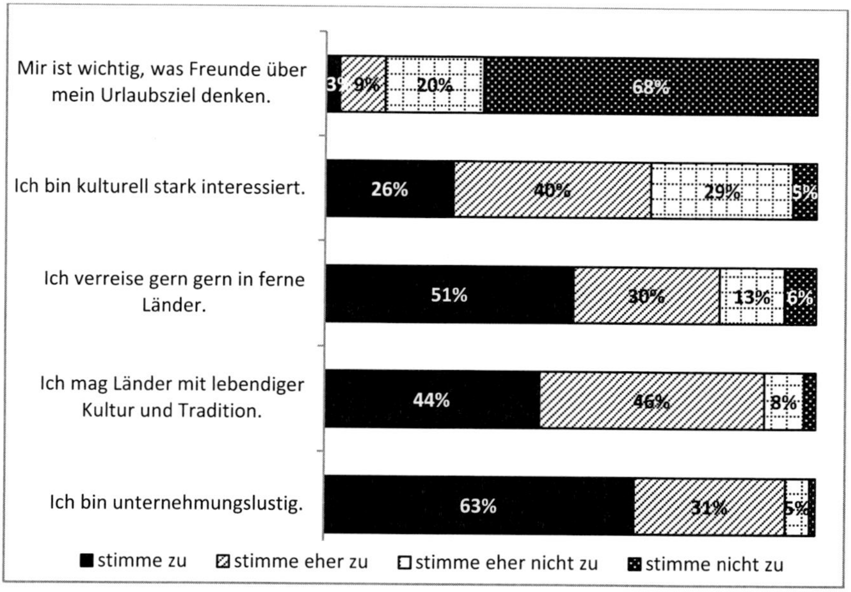

Quelle: eigene Erhebung

Wie in Kapitel 4.1.6 festgestellt, wird der Urlaubsreise grundsätzlich ein Demonstrations- und Statuswert zugeschrieben. Diese Aussage lässt sich jedoch nicht anhand der obigen Auswertung bestätigen, denn immerhin

9 Allerdings handelt es sich hierbei um Selbstzuschreibungen der Befragten, weshalb hieraus nicht geschlossen werden kann, dass die Betroffenen sich auch tatsächlich entsprechend verhalten.

68 Prozent der Befragten lehnen diese These für sich uneingeschränkt ab. Allerdings kann dieses Ergebnis darin begründet liegen, dass die Befragten sich der demonstrativen Bedeutung ihrer Urlaubswahl entweder nicht bewusst sind oder diese, im Sinne einer negativ sozial erwünschten Antwort, nicht eingestehen möchten. Immerhin haben zwölf Prozent der Befragten diese Aussage allerdings auch bejaht. Die nähere Analyse dieser Gruppe ergibt dabei folgendes Bild:

Abbildung 80: Bedeutung der Imagewirkung des Urlaubsziels für die Besucher

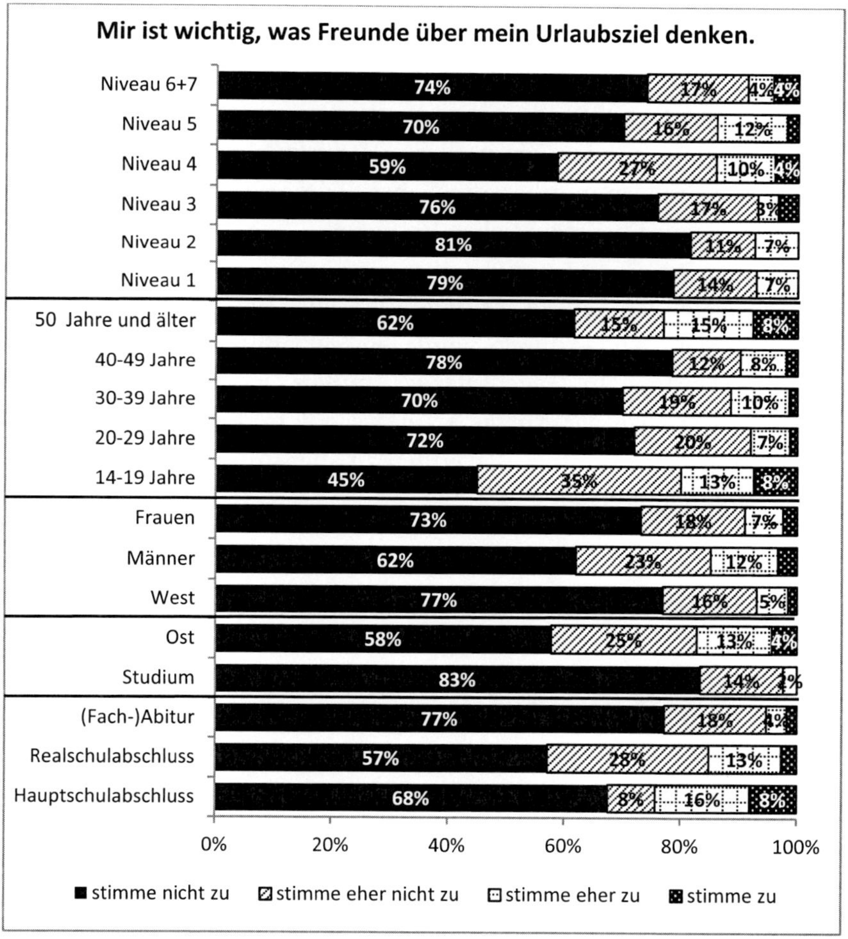

Quelle: eigene Erhebungen

Aus diesem Bild ergibt sich, dass der demonstrative Charakter des Urlaubs am ehesten bestätigt wird von

- Beziehern durchschnittlicher Einkommen,
- mittleren bis unteren Bildungsgraden,

- Männern,
- der Altersgruppe bis 19 Jahre und ab 50 Jahre sowie
- Besuchern aus ostdeutschen Bundesländern.

Als Grund für die Differenzierung kann zumindest für einen Teil der Befragten vermutet werden, dass diejenigen, die sich eher im Durchschnitt der Bevölkerung wähnen, ein größeres Bedürfnis haben, sich gegenüber anderen abzugrenzen und hervorzuheben. Dieses zeigt sich auch stärker bei jüngeren sowie bei männlichen Besuchern.

Darüber hinaus wurden die Befragten um eine Bewertung des Tropical Islands gebeten. Als Methode wurde ein semantisches Differential gewählt, um über bipolare Gegensatzpaare mittels einer sechsstufigen Skala die Imagewirkungen der Anlage zu erfassen.[10] In der Auswertung ergab sich insgesamt eine positive Bewertung zu allen Adjektivpaaren, wie folgende Abbildung verdeutlicht:

---

[10] Vgl. hierzu auch *Möhring, W.*, Befragung, 2010, S. 93 ff. Das Semantische Differential wird häufig auch als „Polaritätsfeld" bezeichnet.

Abbildung 81: Einschätzung des Tropical Islands anhand gegensätzlicher Adjektive

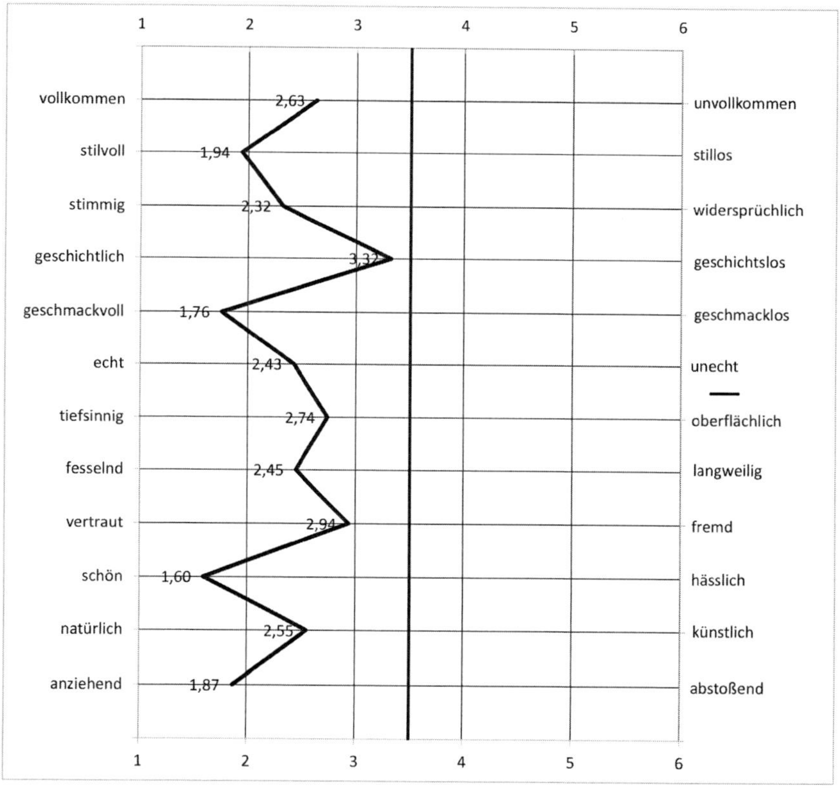

Quelle: eigene Erhebung

Anhand dieser Grafik lässt sich einerseits ablesen, dass diejenigen Adjektivpaare, welche der Ästhetik zuzuordnen sind, wie vor allem „schön/hässlich“, „geschmackvoll/geschmacklos“ und „stilvoll/stillos“, am stärksten positiv bewertet wurden. Die Anlage wurde offenbar insgesamt als ansprechend empfunden. Ferner mag ein Wert von 2,94 im Gegensatzpaar zwischen „vertraut“ und „fremd“ auf die rechte Balance zwischen attraktiver Fremdheit und Sicherheit vermittelnder Vertrautheit hindeuten.

Anders fällt die Bewertung jener Adjektive aus, welche sich mit den Inhalten der Anlage beschäftigen. Bei den Bewertungspaaren, welche sich mit der Diskussion um Authentizität verknüpfen lassen, wie „natürlich/künstlich" und „echt/unecht", ist der ermittelte Wert zwar immer noch positiv, jedoch bereits in deutlich schwächerer Ausprägung. Allerdings bewerteten 20,48 Prozent die Anlage uneingeschränkt als „natürlich" und 19,28 Prozent uneingeschränkt als „echt", womit circa jeder fünfte Befragte jedes „Unechte" und „Künstliche" innerhalb der Anlage offenbar völlig ausblendete. Dies mag wiederum als ein Indiz für den immersiven Charakter der Anlage gedeutet werden können.

Die Bewertungspaare, welche sich mit der inneren Beschaffenheit und dem Wesen der Anlage beschäftigen, wie „tiefsinnig/oberflächlich" und „geschichtsvoll/geschichtslos", werden hingegen am geringsten positiv bewertet. Obwohl mit den Bauten innerhalb des „Tropendorfes" die Anlage historisch und kulturell aufgeladen ist, wurde diese Aufladung von der Gesamtheit der Besucher offenbar differenzierter betrachtet. Eine Verknüpfung mit bzw. die Schaffung von Raumnarrativen gelingt somit nicht deutlich genug, um eine größere Zustimmung der Befragten zu erreichen. Hieran kann ebenfalls abgelesen werden, dass das „Tropendorf" offenbar mehr Kulisse bleibt, statt, wie es sich das Tropical Islands in seiner Selbstdarstellung[11] zum Ziel setzt, ein Vermittler eines „kulturübergreifenden Erlebnisses", das „Geschichten eines friedvollen Miteinander auf dieser Welt erzählt", zu sein. Hier bleibt das Tropical Islands hinter seinen eigenen Ansprüchen zurück.

Es bleibt festzuhalten, dass historische und kulturelle Kontexte der Anlage von dem Besucher nur eingeschränkt zugewiesen werden. Insofern scheint sich auch die Aussage LUGERS, zu bestätigen, dass wir die Fremde verheimatlichen, während wir sie gleichzeitig als Projektionsfläche für

---

[11] Vgl. Kapitel 5.2.1.

Träume und Sehnsüchte erhalten,[12] womit die Bauten des „Tropendorfes" im Tropical Islands zu potemkinschen Kulturartefakten zu geraten drohen.

In der Abfrage zur Stimmigkeit und Vollkommenheit des Tropical Islands zeigte sich ebenfalls eine differenzierte Bewertung durch die Befragten. Beide Werte wurden mit 2,3 und 2,6 deutlich weniger positiv eingeschätzt als die Adjektivpaare zur Ästhetik. Dies deutet darauf hin, dass die Befragten hier durchaus Unterscheidungsvermögen besitzen und sowohl Widersprüchlichkeiten als auch Unvollkommenheiten innerhalb der Anlage erkannten. Das Konglomerat an verschiedenen Raumbildern wurde nur bedingt als stimmig bewertet. Allerdings fließt diese Einschätzung offenbar nur teilweise in die Bewertung der Ästhetik der Anlage ein. Dies mag ebenfalls als Indiz dafür gewertet werden können, dass Urlauber sich mit Imitationen und Pastiche-Bildungen zufrieden geben, sofern diese nicht allzu offensichtlich sind. Zugleich vermag die Anlage jedoch seinen Besucher nur bedingt zu fesseln. Aus dem ermittelten Wert von 2,45 ergibt sich, dass die Anlage eher als fesselnd bewertet wird, die Zustimmung zu diesem Adjektiv allerdings eingeschränkt ist.

In einer vertieften Analyse des semantischen Differentials finden sich allerdings auch Hinweise auf eine unterschiedliche Bewertung durch die verschiedenen Besuchersegmente. Während die Analyse der männlichen und weiblichen Übernachtungsbesucher nur eine schwache Tendenz zeigt, die Anlage seitens der weiblichen Übernachtungsbesucher besser zu bewerten, ergaben sich, wie anhand der Abbildung 82 erkennbar, deutliche Unterschiede in einer gestaffelten Analyse nach dem Alter sowie der Herkunft nach west- und ostdeutschen Bundesländern und schließlich nach dem Bildungsgrad:

---

[12] Vgl. *Luger, K.*, Horizontverschiebungen, 2004, S. 44; *Luger, K.*, Horizontverschiebungen, 2004, S. 51.

Abbildung 82: Einschätzung des Tropical Islands anhand gegensätzlicher Adjektive differenziert nach verschiedenen Befragungsgruppen

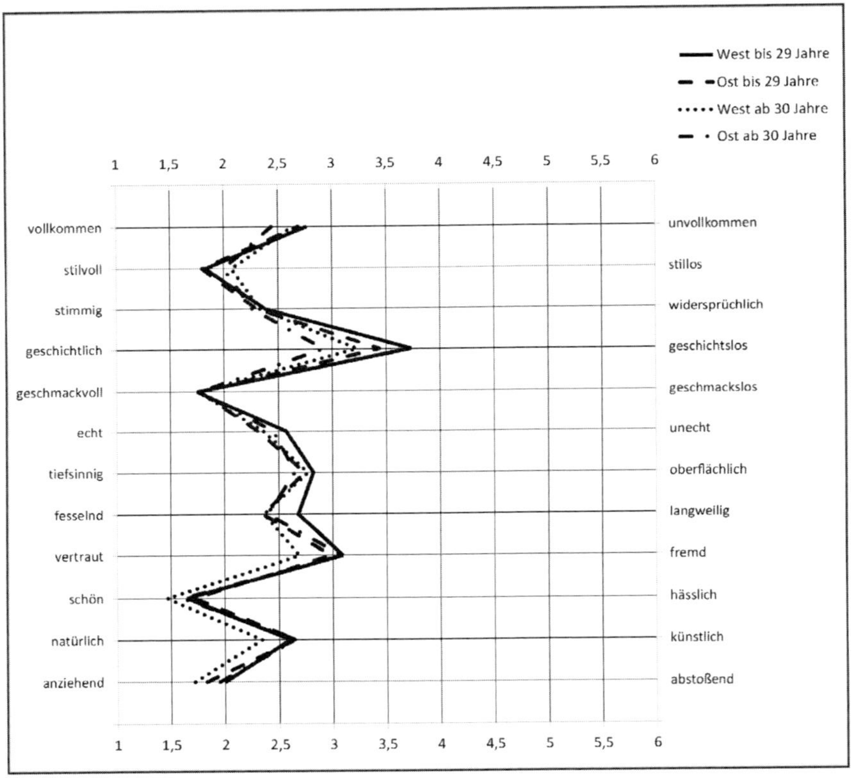

Quelle: eigene Erhebung

So zeigte sich beispielsweise, dass die Gruppe der unter 30-jährigen Befragten, die aus westdeutschen Bundesländern stammen, die Anlage am ehesten kritisch bewerteten. Am deutlichsten wird dieser Unterschied in der Bewertung zur Geschichtslosigkeit. Hier wird mit einem Wert von 3,73 der einzige negative Wert erreicht. Auch in der Bewertung der Anlage, die Besucher fesseln zu können, fällt der Wert mit 2,68 deutlich weniger positiv aus, als bei den übrigen Gruppen. Etwas weniger kritisch, aber weitgehend noch kritischer als die beiden weiteren Vergleichsgruppen, waren die unter 30-jährigen Befragten, die aus ostdeutschen Bundesländern stammen. Am wenigsten kritisch zeigte sich die Gruppe der ab 30-jährigen aus ostdeutschen Bundesländern. So wurde die Anlage im Vergleich zur übrigen Gesamtheit mit 2,92 als „geschichtsvoller" und mit einem Wert von 3,08 als „fremder" bewertet.

In der Differenzierung nach Bildungsgraden lässt sich deutlich beobachten, dass die Bewertung der Anlage auch vom erreichten Bildungsgrad abhängig ist. Dies zeigte sich auch in einer nuancierten Bewertung der ästhetischen Merkmale. Auch hier wird die Anlage ab dem Bildungsgrad (Fach-)Abitur mit Werten von 3,79 (Fach-)Abitur und 3,71 (Studium) am deutlichsten als geschichtslos bewertet. Insgesamt ergab sich, dass die Anlage mit steigendem Bildungsniveau zunehmend kritisch betrachtet wurde:

Abbildung 83: Einschätzung des Tropical Islands anhand gegensätzlicher Adjektive differenziert nach Bildungsgrad

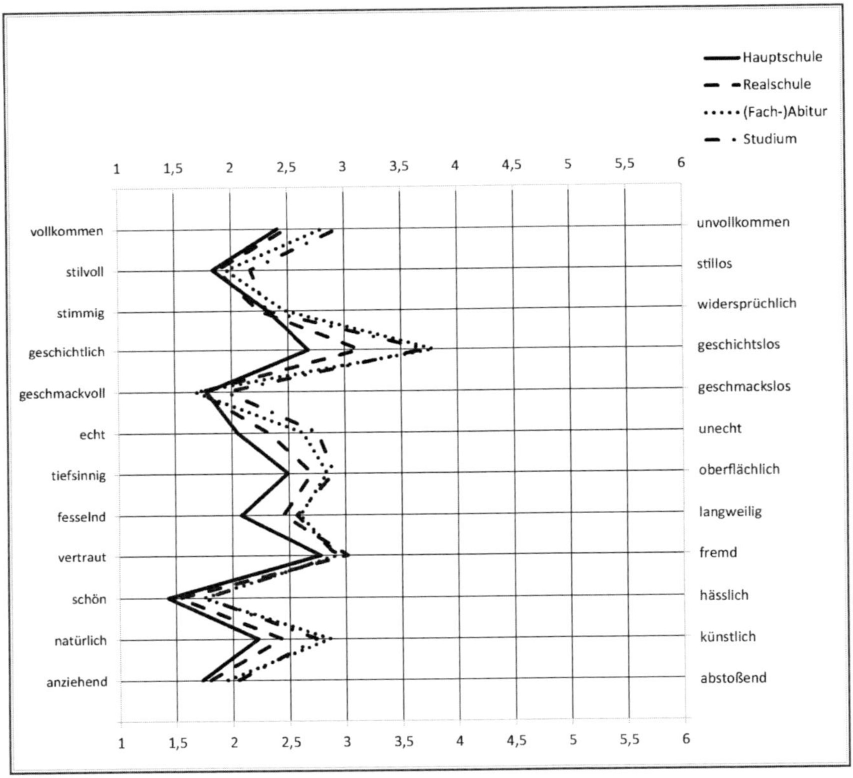

Quelle: eigene Erhebung

Allerdings gibt Abbildung 84 auch Hinweise darauf, dass die Bewertung von der Stärke der Aufmerksamkeit abhängt, die jeweils dem Regenwald bzw. dem „Tropendorf“ entgegengebracht wurde. Jene Besucher, welche angaben, sowohl den Regenwald als auch das „Tropendorf“ intensiv betrachtet zu haben, bewerteten die Anlage insgesamt besser und weniger kritisch. Dies gilt auch für die Gruppe der ansonsten kritischen Betrachter unter 30 Jahre. Diejenigen aus dieser Gruppe, welche sich die Anlage intensiv angeschaut haben, bewerteten die Anlage insgesamt weitgehend sogar besser als die Stichprobe. Dies kann darauf hindeuten, dass es weniger eine zu geringe historische bzw. kulturelle Aufladung ist, welche den Raum enthistorisiert zurücklässt und seine Inhalte zu Kulissen werden lässt, als vielmehr eine mangelnde Kommunikation des längst Eingebrachten. Die in den Raum hineingeschriebenen Geschichten werden mutmaßlich nicht oder zu wenig erzählt.

Abbildung 84: Einschätzung des Tropical Islands anhand gegensätzlicher Adjektive differenziert nach Nutzungsgrad

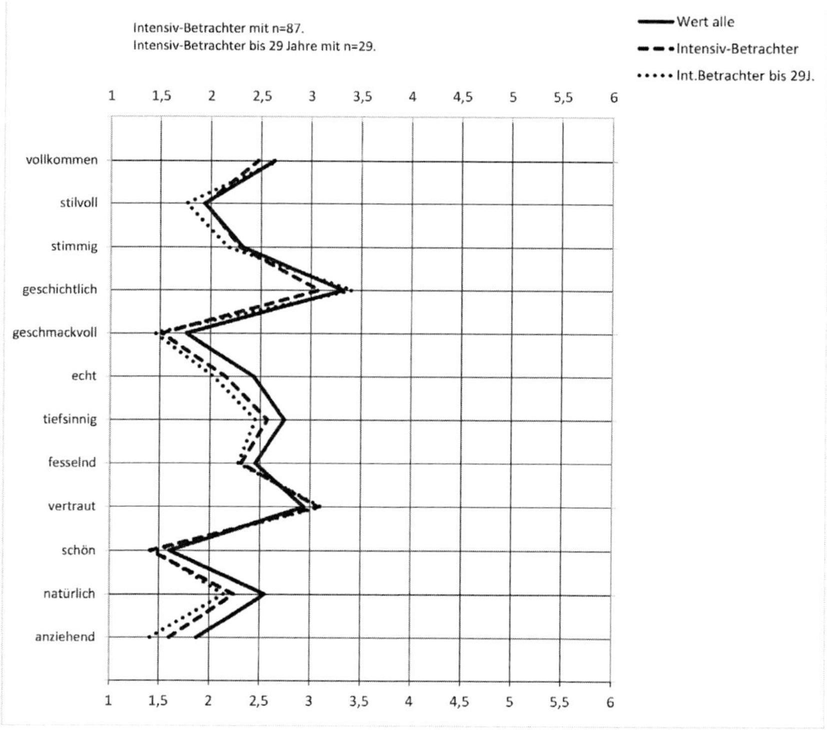

Quelle: eigene Erhebung

Die unzureichende Kommunikation der narrativen Bestandteile wie auch der eingebrachten „authentischen“ Bauten mag auch der Grund dafür sein, dass die Bewertung einiger imagebildender Aspekte recht heterogen ausfällt. Denn es sind vor allem jene Aspekte, die sich mit den Rauminhalten beschäftigen, welche eine breite Streuung in der Bewertung aufzeigen, wie sich anhand folgender Abbildung ablesen lässt:

Abbildung 85: Detaillierte Antworten im Polaritätsfeld

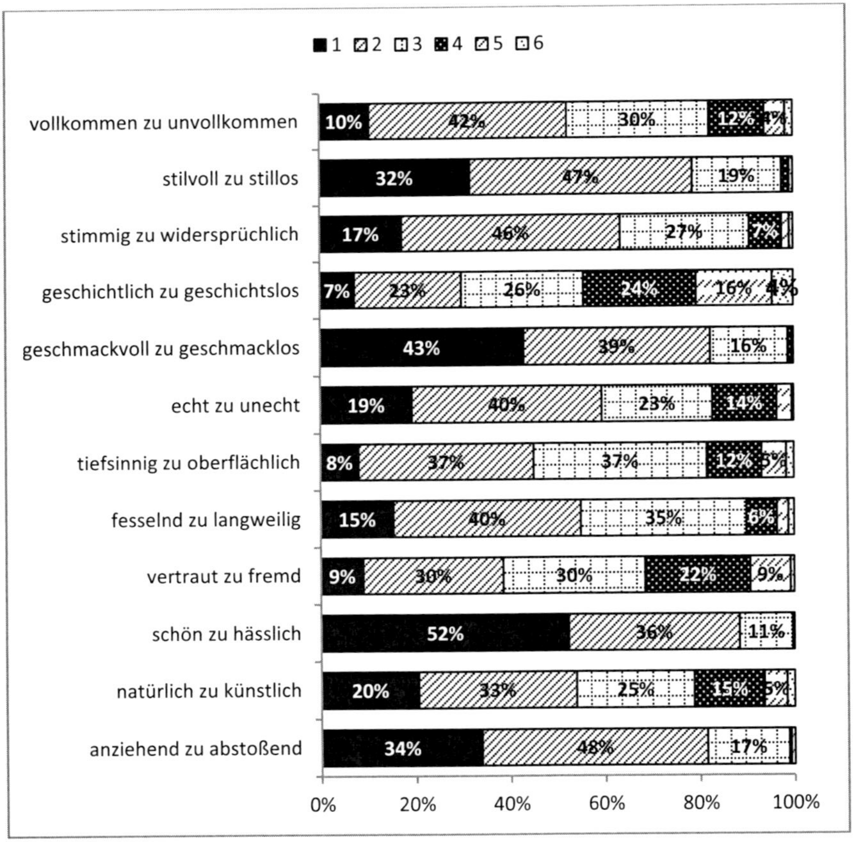

Quelle eigene Erhebungen

So ist auch die Standardabweichung bei den Aspekten „geschichtlich-geschichtslos“ mit 1,30 und „natürlich-künstlich“ mit 1,20 rechnerisch am größten. Dies stützt auch wiederum die im Lichte der kulturellen Verantwortung erhobene Forderung, die kulturellen und historischen Inhalte nicht zu kommodifizieren, sondern zu kommunizieren und somit bei den Besuchern Möglichkeiten zu schaffen, interkulturelle Kompetenz auf- bzw. auszubauen.

7.2.2 Urlaubs-Sphären in der Diskussion um unsere Reisekultur

In der Feststellung, dass Urlaubs-Sphären als sui generis einen eigenen Typus des Urlaubsraumes darstellen, ist zugleich auch die Frage enthalten, ob es sich bei ihnen nur um einen Appendix unserer Tourismuskultur oder vielmehr um die Genesis eines neuen Tourismus-Raumes handelt, welcher nur unsere Reisekultur verdichtet widerspiegelt. Im Rahmen der Diskussion über die Bedeutung von Urlaubssphären für unsere Reisekultur ist es allerdings sinnvoll, zuerst zwischen ihren eher naturästhetischen und den eher kulturanthropologischen Elementen zu trennen.

In Urlaubs-Sphären wie dem Tropical Islands drückt sich neben der beliebigen Form- und Verfügbarkeit von Natur auch der Glaube an ihre Beherrschbarkeit aus, wie bereits früher diskutiert wurde. Nun ist die Naturwelt des Tropical Islands durchaus komplex und bietet eine große Artenvielfalt tropischer Pflanzen. Diese wird vom Besucher allerdings unterschiedlich wahrgenommen. So konnten bei den Besuchen des Tropical Islands einerseits Biologie-Studenten angetroffen werden, welche zur Blütezeit der Pflanzen diese genau studierten und fotografierten. Andererseits gab es jene Besucher, welche die Natur als wandelbares Naturbild erfahren und im Regenwald spazieren gingen, wie Abbildung 86 zeigt. Selbst Führungen durch den Regenwald werden täglich angeboten.

Abbildung 86: Besucher auf der Regenwald-Brücke

Quelle: eigene Aufnahme (2008)

Der Regenwald im Tropical Islands erfüllt damit die hybriden Ansprüche des Touristen an die Natur. Er simuliert einerseits die wilde und unbezähmbare Natur, die andererseits aber bequem und gleichzeitig ungefährlich erlebt werden kann. Es werden Installationen geschaffen, „in die die Natur als harmloses, von Gefahren geräumtes und überwachtes Surrogat zurückkehren kann."[13] So wird Natur gewissermaßen durch Natur ersetzt. Zugleich wird die umfassende Naturerfahrung durch eine beschränkte Naturerfahrung ersetzt, die sich auch in einer sensorischen Verarmung ausdrückt. Das Grillen-Zirpen kommt vom Band, Wind und Wetter existieren nicht mehr. Indem die Natur bestenfalls erfahren und nur bedingt erlebbar und über Informationstafeln kognitiv begreifbar gemacht wird,

---

[13] *Müller, S.*, Konflikte, 1998, S. 109.

drohen statt einer Fortschreibung der Kultivierung von Natur ihre Kommodifizierung und eine Entsinnlichung bei ihren Besuchern. So bleibt auch die Installation der Naturraum-Atmosphäre von einem „locus amoenus" im Sinne von Böhme[14] weit entfernt. Zugleich zeigt sich, dass die Natursubstitution auch ganz reale Ausprägungen findet. So hätten von den 67,74 Prozent der Urlauber, welche einen Urlaub in Deutschland substituierten, etwas weniger als die Hälfte einen Urlaub an Ost- oder Nordsee geplant. Der reale Naturraum gerät in solch einem Fall in Konkurrenz zum imitierten Naturraum, welcher Sicherheit in Bezug auf Klima und „Wetter" zu bieten vermag.

In seiner kulturellen Ausprägung zeigt das Tropical Islands ebenso zwei Ebenen der Bedeutungsaufladung. Zum einen ist die Halle in ihrer ehemaligen Funktion als ehemalige Zeppelinhalle stets visuell präsent und den weitaus meisten Besuchern als solche auch bekannt. Andererseits wird die Anlage durch die verschiedenen Bauten und Raumbilder thematisch aufgeladen. In diesem Prozess gerät der Raum jedoch zu einer Art Schmelztiegel, in welchem die unterschiedlichsten kulturellen und religiösen Stoffe zusammengetragen und nebeneinander gestellt werden. So steht, wie in Abbildung 87 zu sehen, beispielsweise vor dem Bali-Tor, als ureigenstes balinesisch-hinduistisches Symbol, eine Buddha-Statue[15]:

---

[14] Vgl. *Böhme, G.*, Naturästhetik, 1989, S. 58.

[15] Allerdings wird im Hinduismus Buddha als eine weitere Inkorporation von Vishnu in das komplexe Glaubenssystem integriert.

Abbildung 87: Bali-Tor und Buddha-Statue

Quelle: eigene Aufnahme (2008)

Die eingebrachten kulturellen und religiösen Stoffe und Symbole werden durch ihre Enthebung aus dem Heimatraum zugleich dekontextualisiert und zu neuer Bedeutung wieder zusammengefügt. Diese Simultaneität von verschiedenen Religionen und Kulturen führt aber bei zugleich fehlender Konnotation in der Darstellung zur Beliebigkeit ihrer selbst. Dies weist nicht nur auf fehlenden Respekt hin, sondern, indem die dargebotene religiöse beziehungsweise kulturelle Form von ihrem Inhalt gelöst wird, wird sie sinnentleert. Die entankerten Fragmente fremder Raumbilder werden nicht ausdifferenziert, sondern vielmehr in dem Versuch, ein einheitliches Raumbild zu schaffen, homogenisiert. So wird mit einem Mosaik vielfacher Raumzitate ein neues Raumbild geschaffen, welches letztlich von der Dekontextualisierung einer sich globalisierenden Welt erzählt.

Dabei erweist sich der so geschaffene Tourismusraum als Imitation und Materialisierung unseres Bildes von einem typischen Urlaubsort. Ebenso wie an einem typischen Urlaubsort finden sich Bademöglichkeiten, Spazierwege und Angebote, „draußen“ exotisch zu speisen. Selbst touristische Wegweiser kennt das Tropical Islands, wie folgende Abbildung zeigt:

Abbildung 88: Touristische Wegweiser

Quelle: eigene Aufnahme (2008)

Es konnte auch beobachtet werden, dass die Besucher nicht nur innerhalb der Anlage flanieren und spazieren gehen, sondern auch, als typisches Urlaubsverhalten[16], innerhalb der Anlage fotografieren. Die Befragung

[16] Vgl. Kapitel 4.2.5.

der Übernachtungsbesucher bestätigte dieses Verhalten: 72,24 Prozent der Befragten fotografierten und wählten als Motive vor allem den Regenwald (davon 81,71 Prozent) und die exotischen Bauten (davon 81,14 Prozent). So findet der Besucher in einer Kombination von Fremdem und Vertrautem bei in der Regel geringer Reisedistanz und ohne lästige Impfungen oder gar Ungeziefer vor Ort die riesige Bühne eines Urlaubsortes. Bislang war es im Urlaub so, dass „den Raum selbst realiter zu sehen, zu begehen, zu durchqueren und sich in ihm mit allen Sinnen aufzuhalten, (…) die entscheidenden Kriterien für Authentizität und Wahrheit [waren].“[17] Indem eben diese Räume imitiert werden, ermöglichen sie in einer Art Schein-Demokratisierung das Erleben dieser Räume auch unteren Einkommensklassen.

Doch im Tropical Islands kommt ein neues Element hinzu: Mit dem Besuch des Tropical Islands taucht der Besucher in eine neue Welt ein, die letztlich stofflich und fiktional zugleich ist, da es sie in dieser Form noch nirgendwo gegeben hat oder gibt. Er taucht gewissermaßen in einen semifiktionalen Ort immersiv hinab und verlässt diese Sphäre erst wieder, wenn er auch den realen Raum hinter sich lässt. Dabei hat er an der semifiktionalen Sphäre nicht nur visuell und akustisch teil, wie dies ja auch in virtuellen Welten der Fall ist. Er erfährt sie darüber hinaus haptisch, indem er bereits beim Betreten des Domes sofort die tropische Wärme und Luftfeuchtigkeit erfährt. Dennoch wird das Thema der Tropenwelt nicht vollständig in allen Raumeinheiten durchdekliniert. Beispielsweise ist der Kinderspaßbereich nicht wirklich tropisch und es konnte auch beobachtet werden, dass die Musik in den Bars und Lounges wenig mit Tropen oder Exotik zu tun hatte. Zudem bleibt die Hülle dieser Sphäre, die Hallenwand, immer visuell präsent und kann nicht vollständig ausgeblendet werden. Des Weiteren wird das „Storytelling“, über welches die emotionale Involviertheit des Besuchers vertieft werden könnte,[18] kaum betrieben. Auch bleibt fraglich, inwiefern das Personal seine Rolle als „tropi-

---

[17] *Wöhler, K.*, Imagekonstruktionen, 1998, S. 103.
[18] Vgl. *Kagelmann, H. J.*, Erlebniswelten, 1998, S. 84.

sche" Mitarbeiter interpretiert und umsetzt. Die Urlaubs-Sphäre wird zur riesigen Bühne eines Urlaubsortes, auf der die Besucher gleichermaßen zu Zuschauern, Statisten und Spielern werden.

KÜBLBÖCK vergleicht den Club-Urlaub mit seinen vielfältigen aber in seinen Handlungsmöglichkeiten eindeutig vorgegebenen Aktionen und „Alternativen" mit einer „Hamsterkäfigperspektive" des Urlaubers.[19] Dieses Bild kann sicherlich auch auf eine Urlaubssphäre übertragen werden. Allerdings blendet es aus, dass auch auf vorgegebenen Wegen und in vorgegebenen Handlungen möglicherweise unterschiedliches inneres Erleben ausgelöst wird. Beispielsweise mag für den einen Besucher das Rutschen von der „höchsten Wasserrutsche Deutschlands" nur ein Vergnügen sein, für den anderen zugleich ein Stück Selbsterfahrung und für den nächsten nur eine Mutprobe.

Es zeigt sich aber ebenfalls, dass Urlaubs-Sphären wie das Tropical Islands dem Grunde nach nur Widerspiegelungen unseres bisherigen Reiseverhaltens und des aktuellen Standes unserer Tourismuskultur sind. Urlaubs-Sphären stellen damit keinesfalls eine eigene gesellschaftliche Entwicklung oder einen eigenen Trend dar. Sie bilden vielmehr nur Vorhandenes ab oder schreiben die bisherige Entwicklung gewissermaßen fort. Damit werden sie zugleich aber zu einem Referenzpunkt unseres Tourismusverständnisses und bilden nicht den Ausweg aus unserem heutigen Reiseverständnis.

So wie in Reiseprospekten Realitäten als hermetisch abgeschlossene Welten mit verbesserter Natur präsentiert werden,[20] so ist das Tropical Islands letztlich nur eine Rezeption touristischer Bilder und Phantasien, wie sie in der Vergangenheit von der Tourismusindustrie produziert wurden. Dementsprechend spiegelt sich im Tropical Islands an gut ausgelasteten Tagen

---

[19] Vgl. *Küblböck, S.*, Urlaub, 2005, S. 162.
[20] Vgl. *Köstlin, K.*, Touristen, 1995, S. 9.

der Massentourismus wider. Dies zeigt beispielsweise auch folgendes Foto:

Abbildung 89: Blick auf die Südsee kurz vor der Abendshow

Quelle: eigene Aufnahme (2008)

Dennoch ist bislang eine Urlaubs-Sphäre in der zunehmenden Modularität der Reise- und Lebensstile nur mehr eine zusätzliche Option. Diese mag dabei dem Besucher bisweilen auch faszinierend surreal erscheinen, wenn er beispielsweise inmitten des deutschen Winters buchstäblich nur einen Schritt vom tropischen Klima entfernt ist. Es zeigt sich hierbei aber auch, dass der Moment des „Jetzt-geht-der-Urlaub-los." durch eine verkürzte Anreisezeit zeitlich vorverlegt werden kann, was insbesondere für Kurzurlauber interessant sein dürfte. Zugleich erzeugt oder verstärkt die Kopie exotischer Urlaubsträume diese wiederum. Denn immerhin 63,26 Prozent der befragten Übernachtungsbesucher bestätigten die Aussage, dass der Besuch ihren Wunsch nach Exotik wecken oder vergrößern würde. Insofern findet hier nicht nur eine Transformation, sondern vermutlich auch eine Kreation von Träumen statt. Dass sich das Tropical Islands dessen bewusst ist, kann erahnt werden, wenn man sich das Werbebanner an der Deckenhalle anschaut, mit dem für eine Low-Cost-Airline geworben wird, wie folgendes Foto zeigt:

Abbildung 90: Werbebanner an der Decke

Quelle: eigene Aufnahme (2008)

Dennoch beschränkt sich das Erlebnis im Tropical Island auf die Erfahrung der touristischen Ortlosigkeit, wie wir sie auch ansonsten im Tourismus erleben, während hingegen Disneyland beispielsweise „jegliches Erleben zum Zeichen einer Ware und die Ware zum Zeichen des Erlebens erhebt."[21] Die Möglichkeiten des Erlebens im Tropical Islands sind gerade auch durch das Pastiche der verschiedenen realen Teilraumbilder und Naturräume konkreter und weiter. So zeigt sich beispielsweise gerade dadurch, dass untere Einkommensgruppen diese Art Urlaubs-Sphäre nutzen, ein Handlungsfeld, um für nachhaltiges Handeln und kulturelle Kompetenzen zu sensibilisieren. Gerade diese Option erscheint interessant, denn „materielle und kulturelle Verarmung sind nämlich selbst in bisweilen tragischer Weise miteinander verknüpft."[22] Künstliche Urlaubs-Sphären wie das Tropical Islands könnten hier eine Brücke bauen und bewusstseinsbildend wirken. Tatsächlich stellen jedoch die neuen Attraktionen, ein „Jungle-Lift" oder eine neue Varieté-Abendshow, gerade kein Edutainment-Programm dar.

Wenn Urlaubs-Sphären erfolgreich die bisherige Tourismusentwicklung abbilden und fortschreiben, muss umgekehrt gefragt werden, was eigentlich touristische Destinationen von ihnen lernen können. Zum einen ist es die bewusste touristische Inwertsetzung des Raumes, so wie sie im Touristischen Inwertsetzungsmodell in Kapitel 4.4.3 beschrieben wurde. Zum anderen ist es die einfache Buchbarkeit des Raumerlebens in Verbindung mit der Sicherheit des Dargebotenen. Aber auch der Aspekt des Kokonhaften mag von Destinationen in Teilen kopiert werden können.

Auf der anderen Seite hat sich die Unternehmensgruppe des Tropical Islands ihrer gesellschaftlichen Verantwortung zu stellen. Das Tropical Islands ist nicht ein ausschließlich reagierendes, sondern zugleich ein agierendes und damit mitgestaltendes Element im Tourismusmarkt. Als solches sind die bereits vorhandenen Möglichkeiten zur Information und Bewusstseinsbildung der Besucher aufzugreifen und entsprechend aufzubereiten. Wenn das geschähe, würde das mitunter infantil wirkende Spiel mit den Traumbildern eines Urlaubsortes zugleich einen anderen Charakter erhalten. Dann könnte vielleicht sogar anstelle einer „Erlebniswelt"

---

[21] *Legnaro, A./Birenheide, A.*, Stätten, 2005, S. 288.
[22] *Pfriem, R.*, Moral, 2007, S. 76.

von einer „Erfahrungswelt“ gesprochen werden, in der Erlebnisse über Reflexion und Information zu Erfahrungen reifen können. Ob damit auch Urlauberverhalten veränderbar wäre, bleibt allerdings offen.

8. Einschätzung möglicher Auswirkungen künstlicher Ferienwelten aus kulturalistischer Perspektive

8.1 Grundsätzliche Überlegungen zur Urlaubs-Sphäre als künftiges Urlaubsmodell

Im Folgenden werden mögliche Auswirkungen künstlicher Ferienwelten beziehungsweise von Urlaubs-Sphären aus kulturalistischer Perspektive diskutiert. Die Betrachtung erfolgt dabei auf drei Ebenen:

1. die Sicht auf die Urlaubs-Sphäre selbst,
2. Überlegungen zum achtsamen Umgang mit kulturellen Ressourcen und
3. die Deutung möglicher Effekte auf die Besucher.

Das Tropcial Islands versteht sich, wie in Kapitel 5.6 bereits erwähnt wurde, selbst als Pilotprojekt einer Urlaubswelt, die letztlich wohl auch global Verbreitung finden könnte. Einen solchen Prototyp kann man nun als eine Art Vorreitermodell beziehungsweise Versuchsmodell begreifen. Dies impliziert zugleich, neue Wege zu beschreiten und künftige Entwicklungen mit zu gestalten. Doch gerade „wer vordenken will, sollte vorher nachdenken“,[1] insbesondere darüber, wie aus ökonomischer Sicht die Überlebensfähigkeit langfristig sichergestellt werden kann.

Hier stellt sich vor allem die Frage, ob die Anziehungskraft einer Urlaubs-Sphäre und ihre Unterscheidungskraft zu anderen Urlaubsangeboten groß genug sind, um dauerhaft im Wettbewerb mit natürlichen oder anderen künstlichen touristischen Räumen bestehen zu können. Die Analyse des Tropical Islands ergibt hierzu ein ambivalentes Bild. Wie in Kapitel 7.1 gezeigt, sind Urlaubs-Sphären einerseits offenbar in der Lage, wesentliche Reisemotive der Urlauber zu erfüllen, weshalb sie grundsätz-

---

[1] *Pfriem, R.*, Strukturwandel, 2005, S. 28.

lich für Urlauber attraktiv sein dürften. Andererseits birgt ein Angebot, in dem der konstruierte Fremd-Raum kaum mehr als eine Kulisse darstellt, die Gefahr, ein über bloß oberflächliches Erleben hinausgehendes Bedürfnis nach authentischer Erfahrung unbefriedigt zu lassen. Dies spiegelt sich auch in den Ergebnissen der Befragung im Rahmen dieser Arbeit wider. Es zeigte sich vor allem, dass insbesondere die jetzt noch jüngeren Besucher, welche letztlich auch einen Teil des zukünftigen Urlauber-Potenzials darstellen, die kulissenhafte und inhaltlich entleerte Darstellung von Natur und Kultur kritisch bewerten.

Zugleich droht eine Anlage, die nur Urlaubs-Raumbilder zusammenträgt und abbildet, im Wettbewerb austauschbar oder gar beliebig zu werden. Die Betreiberin des Tropical Islands ist sich dessen bewusst, denn die Tropical Islands Management GmbH führt in ihrem Lagebericht zum Jahresabschluss 2010 unter dem Punkt Risikoberichterstattung unter anderem aus: „Das Tropical Islands Resort lebt von seiner Einzigartigkeit und dem damit verbundenen erweiterten Einzugsgebiet. Der Aufbau vergleichbarer Freizeitparks im Einzugsgebiet könnte damit zu einer verminderten Attraktivität des Resorts führen. Das Marktverhalten von (potenziellen) Wettbewerbern wird aus diesem Grunde nachhaltig beobachtet.“[2] Das Management begegnet diesem Wettbewerbsdruck derzeit, in dem es seine Attraktivität mit Neuerungen zu steigern versucht, wie beispielsweise mit dem kürzlich neu erbauten „African Jungle Lift“.[3] Dabei wird mit diesem neuen Fahrgeschäft offenbar auf ein „Erlebnis“-Bild gesetzt, wie es auch Freizeitparks regelmäßig zugrunde liegt. Hierdurch aber begibt sich letztlich diese Anlage mittelfristig in genau den Innovationsdruck, dem auch Freizeitparks regelmäßig unterliegen.

---

[2] Handelsregisterauszug des Jahresabschlusses nebst Lagebericht der Tropical Island Holding GmbH zum 30.01.2010 vom 07.01.2011

[3] Der „African Jungle Lift“ ist ein Fahrgeschäft für bis zu 16 Personen, das eine Fahrt in bis zu 20 Metern Höhe bietet (vgl. *Tropical Islands*, Lift, 2010).

Dies überrascht auch insofern, als das Tropical Islands mit seinem Mosaik verschiedener Raumbilder und Nachbildungen mehr sein könnte, als ein Ort oberflächlichen Erlebens. Anstatt den vorhandenen Facettenreichtum und die sich darin verbergende Inhaltsfülle zu nutzen, wird durch die bloße Zurschaustellung von Raumbildern die Vielfältigkeit des Raumes zur Einfältigkeit.

8.2 Zum Umgang künstlicher Ferienwelten mit fremden Kulturen

Wie sich am Tropical Islands zeigt, kann das Einbringen fremder kultureller Symbole und Elemente in den Raum ein wesentliches Gestaltungsmoment von Urlaubs-Sphären sein. Im Umgang mit fremden Kulturen lassen sich analog zu dem in Kapitel 3.3.4 dargelegten Prinzip der „Achtsamkeit" folgende Prämissen in der inhaltlichen Konstruktion für Urlaubs-Sphären ableiten:

Mit dem Erfordernis eines *Perspektivenwechsels* gilt es herauszuarbeiten, wie sich ein dargestelltes Land bzw. eine dargestellte Kultur selbst präsentiert sehen möchte. Hierdurch würde nicht nur eine stereotype Darstellung von Kultur und Religion vermieden. Zugleich bestünde die Chance, dem Betrachter beziehungsweise Gast auch eine vertiefte Möglichkeit zur Fremd-Erfahrung zu bieten. Darüber hinaus geht es jedoch auch darum, nachzuzeichnen, was eine fremde Kultur von sich vermittelt sehen möchte. Gerade hierdurch könnten sich beim Besucher überraschende Einsichten ergeben. Für die praktische Umsetzung dieser Anforderungen ist es unumgänglich, sowohl beim Aufbau als auch in der gesamten Planung der Präsentation einer Kultur Mitglieder derselben einzubeziehen.

Die Forderung nach Neutralität im Umgang mit der zu begegnenden Kultur beinhaltet das Gebot, jegliche Wertung bei der Darstellung zu vermeiden.[4] Dies gilt insbesondere für die textliche Darstellung und Erläuterung dargebotener Objekte. Letztlich soll der neutrale Umgang mit anderen Kulturen vor allem auch den Respekt gegenüber anderen Sichtweisen zum Ausdruck bringen.

Eine vertiefte Kenntnis der dargestellten Kultur, als dritte Prämisse, würde zudem verhindern können, dass Raumfragmente, wie in Kapitel 7.2.2 beschrieben, aus ihrem Bedeutungszusammenhang heraus entankert würden. Eine derartige Entankerung kann sowohl zur fehlerhaften Präsentation und damit zu ungenügenden oder falschen Informationen führen. Sie kann darüber hinaus die kulturellen oder religiösen Werte beziehungsweise Gefühle Dritter verletzen. Praktisch erfordert diese Prämisse, dass insbesondere die Verantwortlichen einer Urlaubs-Sphäre aber auch das Personal allgemein, über eine vertiefte Kenntnis der dort dargestellten Kulturen und Religionen verfügen.

Die vierte Prämisse fordert zur Akzeptanz des Ungewissen auf. Diese Forderung bleibt jedoch in einer Urlaubs-Sphäre weitgehend abstrakt, da der Besucher regelmäßig über das Bewusstsein verfügt, sich nur temporär in einer Raumenklave innerhalb seines gewohnten Heimatraumes zu befinden, der er jederzeit rasch wieder entfliehen kann.

Bezieht man die aus dem Prinzip der Achtsamkeit abgeleiteten Prämissen bei der Betrachtung künstlicher Ferienwelten ein, so zeigt sich, dass der „Ausverkauf" der exotischen Paradiese nicht allein durch die Abbildung des bislang fremden Raumes im Heimatraum, beispielsweise eines Südseeparadieses, gestoppt werden kann. Denn hierdurch entfallen zwar sowohl die Mobilität wie auch der kulturelle Impact vor Ort. Der Ausverkauf der Paradiese setzt sich jedoch auf subtile Weise in dem Maße fort, in dem fremde kulturelle und religiöse Werte nicht nur kopiert sondern kommodifiziert und zum bloßen Hintergrund eines Erlebnisses werden.

---

4 Völlig wertfrei wird die Darstellung allein deshalb aber bereits nicht sein können, weil allein die Auswahl des Darzustellenden bereits eine Wertung beinhaltet.

Zugleich birgt dies bei den Besuchern die Gefahr einer kulturellen Desensibilisierung als auch einer Verstärkung von Stereotypen. Dem kann nur durch die Beachtung der oben dargelegten Prämissen begegnet werden.

8.3 Weitere mögliche kulturelle Effekte künstlicher Ferienwelten

Wie in Kapitel 7.2.2 bereits diskutiert, führt in einer Urlaubs-Sphäre eine Dekontextualisierung der verwendeten Raumbilder zu ihrer Beliebigkeit. Dabei ist die Dekontextualisierung nicht der Künstlichkeit selbst geschuldet. Um dies zu verdeutlichen, sollen im Folgenden, in Erweiterung der in Kapitel 4.3.2 hergeleiteten Grade der technischen Aneignung von Natur, verschiedene Grade der Künstlichkeit eines Raumes abgeleitet werden.

Definiert man den Begriff der Künstlichkeit im engeren Sinn, so ist letztlich all das, was die Natur nicht selbst hervorbringt, künstlich. Dabei kann das Künstliche sowohl eine Neubildung als auch eine Nachbildung beziehungsweise eine Imitation sein. Im Umkehrschluss bedeutet dies, dass alles vom Menschen Geschaffene künstlich ist. Der so definierte Begriff der „Künstlichkeit" ist selbst erst einmal wertneutral. Denn letztlich steht weniger der Herstellungsprozess des Künstlichen als vielmehr das als künstlich wahrgenommene Ergebnis im Fokus. Von diesem Blickwinkel aus lassen sich drei Ausprägungsgrade künstlicher Ergebnisse herleiten.
Das Ergebnis kann sich einerseits in die Natur einfügen und zum umgebenden Raum anschlussfähig sein. In diesem Falle könnte man von einer *assimilierbaren Künstlichkeit* sprechen. Beispiele hierfür wären Parks, Gärten und Kulturlandschaften.

In der zweiten Ausprägung von Künstlichkeit finden sich hingegen all jene Ergebnisse, denen zwar die Anschlussfähigkeit fehlt und die als

Fremdkörper in der Natur oder gar als abstoßend wahrgenommen werden, deren Künstlichkeit aber noch natürliche Elemente enthält. Die Künstlichkeit entsteht in diesem Falle durch die Vermengung von Natürlichem oder existierenden Raumbildern beziehungsweise aus der Entortung des dargestellten Raumes, indem er seinem natürlichen Kontext entzogen wird. Ein Beispiel hierfür wäre das Tropical Islands.

Die dritte Ausprägung der Künstlichkeit eines Raumes, in der das Künstliche aus der Zusammenfügung künstlicher Raumelemente oder Raumbilder entsteht, könnte man hingegen als *synthetische*[5] *Künstlichkeit* beschreiben. Ein Beispiel für diese Ausprägung wäre Disneyland, wo mit fiktiven Gestalten und Phantasie-Raumbildern gearbeitet wird.

Letztlich hängt die Akzeptanz von Künstlichkeit zugleich von weiteren Faktoren und vor allem von der Wahrnehmung des Subjektes ab. Die unterschiedliche Bewertung der Anschlussfähigkeit des Künstlichen lässt sich am Beispiel von Kunstschnee in Skigebieten verdeutlichen. Wird dieser beispielsweise verwendet, um eine bereits vorhandene Schneedecke für den Skifahrer zu verstärken, mag die künstliche Beschneiung vom Betrachter beziehungsweise Skifahrer akzeptiert werden. Findet eine solche Beschneiung jedoch innerhalb einer ansonsten schneelosen Umgebung statt, fährt der Skifahrer sozusagen “mitten im Grünen“ Ski, dürfte die Akzeptanz hingegen sinken.

Zugleich ist die Einschätzung und Wahrnehmung des Subjekts im Zeitablauf veränderbar. Ein Beispiel hierfür bietet die Kultivierung der Kartoffel in Europa. Trotz deren ursprünglich südamerikanischer Herkunft erscheint sie uns heutzutage nicht mehr als exotisches Lebensmittel, sondern ist vielmehr fester Bestandteil unserer Esskultur geworden; ähnliches könnte für den Weizen hergeleitet werden.

---

5 KIRSTGES unterschied 1996 in einem Vortrag bereits zwischen einem Ghetto im realen Umfeld des Gastlandes, dem synthetischen Ghetto eines Ferienparks und einem virtuellen Ghetto der Multimedia-Generation (vgl. *Kirstges, T.*, Ghetto, 1996).

Ferner kann die Bewertung des Künstlichen vom Wissen und Unterscheidungsvermögen des Betrachters abhängen. So mag beispielsweise in Australien der uninformierte Betrachter von Wildpferden diese als natürlichen Bestandteil der dortigen Fauna empfinden, nicht wissend, dass diese erst durch Siedler auf den australischen Kontinent gebracht wurden.

Dies zeigt, dass die Entwicklung eines hinreichenden Unterscheidungsvermögens zwischen Künstlichem und Natürlichem für eine kulturelle Sensibilisierung notwendig ist. Die Polarität dieser Kontrapunkte zu bestreiten und sie auf zwei Faktoren zu reduzieren, die im Tourismus allein im richtigen Verhältnis vermischt werden müssen,[6] erscheint dabei zugleich Ausdruck einer global zunehmenden Referenzlosigkeit zu sein.

Wenn man alles Künstliche zugleich für natürlich erklärt und alles Natürliche damit eben auch für möglicherweise künstlich, verliert sich in der Diskussion nicht nur der Referenzpunkt für eine Bewertung. In dem Moment, indem Echtes durch Künstliches überlagert wird, kann auch der Zugang zum Echten durch das Subjekt nicht nur temporär sondern dauerhaft überlagert werden. Für die Naturerfahrung würde dies beispielsweise bedeuten, dass durch einen übersteigerten oder verklärenden Erlebnisraum der Zugang zu „echten" Erlebnissen dauerhaft verbaut wird. So würde eine Naturerfahrung im engeren Sinne auf Dauer unmöglich gemacht. Dies würde aber auch bedeuten, dass der Versuch, Einsicht in Umwelthandeln durch Naturerfahrung zu erreichen, erschwert würde.

Bezug nehmend auf den angedeuteten involutorischen Effekt eines Prozesses der Entsinnlichung bleibt zudem fraglich, inwiefern eine äußere Referenzlosigkeit im Tourismus nicht auch zu einer inneren Referenzlosigkeit beim Touristen führt und damit letztlich zu Orientierungs- und Haltlosigkeit. Trägt das Reisen des Menschen hingegen tatsächlich faustische Züge, wird eine oberflächliche und kontrafaktische Befriedigung

---

6 So BRITTNER (vgl. *Brittner, A.*, Natürlichkeit, 2002, S. 239).

von Reisemotiven durch die Tourismusindustrie den dem Reisen zugrunde liegenden Suchprozess nicht bedienen können.

Nun kann man einwenden, dass der Besucher einer Künstlichen Ferienwelt sich darum keine Gedanken macht oder gar machen möchte. Dies befreit aber das Unternehmen aus kulturalistischer Perspektive nicht von der Verantwortung zur Mitgestaltung der Gesellschaft. Auch wenn der Besucher einer künstlichen Ferienwelt um die Simulation derselben weiß und wir seit Jahren eine Steigerung von Simulation und Virtualität erleben, bleibt fraglich, ob ein Prozess zunehmender äußerer Ortlosigkeit nicht letztlich auch zu einer inneren Ortlosigkeit führt.

8. 4 Nachhaltiger Tourismus und Sanfter Tourismus als zukunftsweisende Modelle

Die Diskussion über die Nachhaltigkeit künstlicher Ferienwelten hat gezeigt, dass diese bei einer technischen Betrachtung von Nachhaltigkeit durchaus gerechtfertigt sein können, sofern negative Effekte vermieden beziehungsweise verringert werden oder positive Effekte überwiegen. Zudem ist in der Anwendung des Nachhaltigkeits-Modells die aktive Teilnahme des Nutzers nicht immer erforderlich. Der Tourist kann ein nachhaltiges Angebot nutzen, ohne sich der Nachhaltigkeit bewusst zu sein oder sich gar bewusst für Nachhaltigkeit entschieden zu haben. Gerade dies mag eine wesentliche Stärke des Modells sein.

Bezieht man jedoch die kulturalistische Sichtweise ein, verändert sich dieses Bild dahin gehend, dass Nachhaltiger Tourismus zwar ein Zwischenschritt auf dem Weg zu einem veränderten Tourismus sein kann. Eine allein durch das Konzept der Nachhaltigkeit geprägte Tourismusentwicklung könnte sich jedoch auch mit der Erfüllung der Kernforderung, weniger Ressourcen zu verbrauchen als ersatzweise geschaffen werden, zufrieden geben. Der Tourismusmarkt und der Tourist könnten dem Grunde nach unverändert bleiben.

Daher ist das Modell des Sanften Tourismus das weiterentwickelte Konzept, auch wenn dieses Modell nicht per se Nachhaltigkeit transportiert. Denn am Ende des Entwicklungsprozesses steht im Sanften Tourismus der *veränderte Tourist*. Auch der Feststellung, dass der Begriff des Sanften Tourismus letztlich negativ oder unzureichend sei, lässt sich insofern begegnen, als dass Gleiches für den Begriff der Nachhaltigkeit oder eines Nachhaltigen Tourismus festgestellt werden kann. Denn im allgemeinen Sprachgebrauch zeigt sich, beispielsweise auch bei Tourismusvertretern oder Politikern, dass mit „nachhaltig" oder „Nachhaltigkeit" oftmals allein eine *langfristige* Wirkung gleichgesetzt wird. Damit zeigt sich aber auch, dass der Begriff der Nachhaltigkeit wenig geeignet ist, von sich aus Unterscheidungsvermögen herauszubilden oder Inhalte sicher zu transportieren. Der Begriff droht damit im alltäglichen Verständnis inhaltlich entleert zu werden. Anders ist dies bei der Begrifflichkeit des Sanften Tourismus: Dieser Begriff mag polarisieren und vielleicht auch Konflikt-Bilder assoziieren. Aber genau damit bleibt der Begriff nicht nur unverwechselbar, sondern er transportiert auch das von Opaschowski konstatierte Visionäre dieses Modells.[7]

---

[7] Vgl. *Opaschowski, H. W.*, Tourismusforschung, 1989, S. 153.

9. Zusammenfassende Betrachtung und Ableitungen

Die Eingangsfrage, ob bei künstlichen Ferienwelten von einer Genesis anstelle eines Ausverkaufs von Urlaubsparadiesen gesprochen werden kann, konnte in der vorliegenden Arbeit zusammenfassend weitgehend dahin beantwortet werden, dass aus Sicht der Nachhaltigkeit tatsächlich von einer Genesis gesprochen werden kann, wenn die Bedingungen und Forderungen dieses Konzeptes tatsächlich eingehalten und berücksichtigt werden. Im Einzelnen hat die Untersuchung jedoch gezeigt, dass die Beantwortung dieser Fragestellung sich durchaus komplex gestaltet. Dies ist einerseits beispielsweise daran zu erkennen, dass der hohe Energieaufwand, der zur Bereitstellung von künstlichen Ferienwelten nötig ist, dadurch bedingt gerechtfertigt sein kann, dass er einen noch höheren Energieaufwand für eine Fernreise substituiert. Andererseits sind die Effekte, die von künstlichen Ferienwelten ausgehen können, mitunter eher subtiler Natur, wie am Umgang mit fremden Kulturgütern gezeigt werden konnte.

Um dies prüfen und veranschaulichen zu können, wurde der Diskurs zum Nachhaltigen Tourismus in der Arbeit aufgegriffen und dabei um Aspekte ergänzt, welche, im Gegensatz zur bisherigen eher mittelpunkt-fliehenden Betrachtungsweise, den Reisenden selbst verstärkt in den Fokus der Betrachtung rücken. Dabei zeigte sich auch, dass eine Betrachtung, die vor allem auf ökologische und soziokulturelle Aspekte abstellt, im Tourismus zu kurz greift und sowohl differenzierter als auch breiter erfolgen muss. Nachhaltiger Tourismus wurde daher in dieser Arbeit weniger als reaktives Konzept, sondern vielmehr als ein aktiv (mit-)gestaltender Entwicklungsprozess verstanden. In diesem Prozess kommt sowohl den touristischen Leistungsträgern als auch den vom Tourismus profitierenden Unternehmen eine Mitverantwortung zu.

So widersprüchlich der Gedanke im ersten Moment auch erscheinen mag, so sind künstliche Ferienwelten durchaus in der Lage, einen Nachhaltigen

Tourismus abzubilden. Der Ausverkauf der (realen) Urlaubsparadiese mag aus ökologischer Sicht durch sie quantitativ tatsächlich in geringem Maße verringert werden können. Im Tourismuskonsum mag dies den „Verschleiß" von Urlaubsdestinationen vielleicht auch bremsen, denn „ist ein Gebiet verbraucht, sucht sich das Klientel das nächste ‚Paradies'."[8] Es konnte gezeigt werden, dass künstliche Ferienwelten tatsächlich auch einen Beitrag dazu leisten können, Touristenströme zu kanalisieren und damit sowohl den Ressourcenverbrauch als auch die tourismusbedingten Emissionen zu kontrollieren sowie negative Effekte zu mindern oder gänzlich zu vermeiden. Damit können künstliche Ferienwelten aus ökologischer Sicht den „Verbrauch" von touristischen Destinationen verringern. Offen bleiben muss jedoch in diesem Zusammenhang die Frage, ob sie nicht selbst auch dem Verbrauch und Verschleiß unterliegen. Dieser mag dabei vielleicht weniger materieller als vielmehr immaterieller Natur sein. Denn er findet seine Ausprägung im Zeitverlauf vermutlich eher in einer psychischen Übersättigung der Urlauber.

Doch konnte in dieser Arbeit ebenso gezeigt werden, dass der Übergang zu einem „Ausverkauf der Paradiese" in kultureller und vielleicht auch moralischer Hinsicht eher fließend und subtiler Natur ist. In der Kommodifizierung von kulturellen Gütern und der Natur wird in künstlichen Ferienwelten mitunter ein Gesamtbild geschaffen, das in seiner Widersprüchlichkeit geradezu zu einer oberflächlichen Nutzung auffordert. Dies erscheint in zweifacher Hinsicht als bedauerlich: Einerseits wird hiermit die Chance vergeben, bildend auf den Besucher einzuwirken, der ein solches Angebot gerne annehmen würde. Dass solche Besucher tatsächlich in künstlichen Ferienwelten anzutreffen sind, konnte durch die Untersuchung nachgewiesen werden. Andererseits böten eine vertiefte und differenzierte Aufbereitung der bereitgestellten Kultur und Natur dem Besucher auch die Kontrasterfahrung, die er im Urlaub im Allgemeinen sucht. Geht man weiter davon aus, dass die jüngeren Besucher,

---

8 *Friedl, H./Friedl, H. A.*, Tourismusethik, 2002, S. 56.

welche insbesondere die eher oberflächlichen Aspekte des Tropical Islands kritischer bewerteten, sich als Kohorte in der Besucherstruktur zukünftig fortsetzen und abbilden werden, besteht für diese Anlage darüber hinaus Handlungsbedarf, um zukünftig als touristischer und nicht nur flüchtiger Erlebnisraum wahrgenommen zu werden.

In der Untersuchung des Tropical Islands zeigte sich zudem, dass dieser Typus einer künstlichen Ferienwelt nicht in dem bisherigen Theorierahmen zu verorten war, sondern einen neuen Typus darstellt. Dieser Typus wurde in der vorliegenden Arbeit hinreichend bestimmt und als „Urlaubs-Sphäre" neu definiert. Wie gezeigt werden konnte, ist der Typus einer Urlaubs-Sphäre dabei offenbar in der Lage, die Bedürfnisse der Urlauber in vielen Bereichen zu erfüllen. Daher stellen sie zumindest im begrenzten Umfang eine Urlaubsalternative zu klassischen Urlaubsorten dar.

Indem die Urlaubs-Sphäre ihre eigenen Raumnarrative in einer in sich abgeschlossenen Welt erschafft, ist sie zugleich in der Lage, einen immersiven Raum entstehen zu lassen, wie aus der Untersuchung abgeleitet werden konnte. Dieser gleicht dabei als begrenzter und geschützter Ort einem Kokon. Der Vergleich mit einem Kokon erscheint auch in weiterer Hinsicht passend: Denn richtig genutzt, könnte eine Urlaubs-Sphäre zugleich ein temporärer Ort der (Ver-)Wandlung sein, ein Ort der Weiterentwicklung.

Da künstliche Ferienwelten nicht nur ein Angebot für den Massentourismus darstellen, sondern vor allem in ihrer Ausprägung als Urlaubs-Sphären selbst aus den dort wiederzufindenden Urlaubsbildern zu erklären sind, vermögen sie in besonderem Maße an die Erfahrungs- und Bedürfniswelt des modernen Touristen anzuknüpfen. Sie können ihn dort abholen, wo er sich in seiner tourismus-biographischen Entwicklung und Erkenntnis gerade befindet. Denn Nachhaltigkeit ist ein Entwicklungsprozess, der vor allem auch Ungleichzeitigkeiten birgt. In diesem kann eine künstliche Ferienwelt einen Zwischenschritt darstellen und ihre Berechtigung darüber hinaus auch daraus herleitet, dass sie dem Klima-Touristen eine Option zur Fernreise zu bietet.

Die dieser Untersuchung zugrunde liegende Empirie ist aufgrund ihres Charakters als Stichprobe allerdings nur der erste Schritt, in Richtung eines Monitorings einer Urlaubs-Sphäre aus Sicht der Nachhaltigkeit. Um die Erkenntnisse weiter zu validieren und zu präzisieren, wäre es sinnvoll, über einen längeren Zeitraum weitere Befragungen durchzuführen. Dies scheint auch allein deshalb erforderlich, weil erst vor kurzem weitere Übernachtungsmöglichkeiten innerhalb des Domes geschaffen worden sind und in Kürze außerhalb des Domes weitere folgen werden.

In diesem Zusammenhang zeigen sich auch Lücken in der bisherigen Erholungsforschung. Hier wären weitere Studien, welche den Erholungsgrad vergleichend in Abhängigkeit zu dem gewählten Urlaubsort, dem Verkehrsmittel sowie der Urlaubsart und ähnlichem untersuchen, sinnvoll. Ergebnisse daraus könnten zu den ebenfalls noch festzustellenden physischen und psychischen Erholungspotenzialen künstlicher Ferienwelten gesetzt werden.

Auch wäre noch zu untersuchen, inwiefern Edutainment-Angebote in die Anlage eingebracht werden können, wie diese von den Besuchern angenommen würden und inwieweit sich hiermit bei den Besuchern Erkenntnisprozesse auslösen beziehungsweise Erkenntnisfortschritte erzielen ließen. In diesem Zusammenhang wäre weiter zu prüfen, ob sich auch die Einschätzung der Anlage durch die Besucher verändern würde.

Denn zugleich sind Urlaubs-Sphären theoretisch in der Lage, dem Urlauber Alternativen der Kultur- und Naturerfahrung aufzuzeigen, was in unterhaltsamer und urlaubsgerechter Weise auch zu einem anderen Völker- und Naturverständnis des Besuchers beitragen könnte - entgegen einer Verstärkung von Stereotypen, wie er sonst im Tourismus oftmals zu finden ist. Darüber hinaus mag eine künstliche Ferienwelt damit auch in der

Lage sein, an dem (Selbst-)Findungsprozess des modernen Tourismus gestaltend mitzuwirken, indem sie beispielsweise die Folgen des Ferntourismus kritisch reflektiert. Das gezielte „In-Wert-Setzen" der Natur könnte ebenfalls als Behelf genutzt werden, um spielerisch Umweltthemen zu transportieren. Nicht zuletzt könnten gerade Urlaubs-Sphären als geschützte Kokons ihren Besuchern Angebote unterbreiten, ihre inneren Räume zu entdecken.

Doch derzeit spiegeln künstliche Ferienwelten uns den Entwicklungsstand unserer heutigen Reisekultur eher als dionysische Zerrbilder wider. Daher hinterfragt jegliche Kritik an ihnen zugleich auch unser eigenes Verständnis vom Reisen und vom Reisenden. Sofern die Reproduktion von Urlaubsdestinationen in künstlich geschaffenen Fremdräumen zugleich mit einem Verlust an Sinneserfahrungen und Differenzierung des Dargebotenen einhergeht, mag sich hierdurch aktuell ein Prozess offenbaren, der involutorische Züge trägt. Inwieweit diese Entwicklung allerdings nur ein Zwischenschritt auf dem Weg zu einem anderen Verständnis von Urlaub und Reisen ist, an dessen Ende sich der Tourist vielleicht dem Idealtypus eines sanft Reisenden nähert, wird die Zeit zeigen. Urlaubs-Sphären könnten durchaus einen prägenden Beitrag dazu leisten, dass – im Sinne der eingangs zitierten Aborigines-Weisheit – auch im Tourismus mehr Verantwortung für das von unseren Vätern geerbte Land getragen würde.

Literatur- und Quellenverzeichnis

Aderhold, Peter [Urlaubsreisen, 2008]: Die Urlaubsreisen der Deutschen: Kurzfassung der Reiseanalyse 2008/ Peter Aderhold: Stand August 2008, Kiel: F.U.R., 2008.

- [Urlaubsreisen, 2010]: Die Urlaubsreisen der Deutschen: Kurzfassung der Reiseanalyse 2010: Stand August 2010, Kiel: F.U.R., 2010.

Albers, Aline [Sport, 2006]: Sport ist in - Entwicklungen und Chancen des Sports in Tourismus und Freizeit, in: *Paul Reuber/Aline Albers* (Hrsg.), Postmoderne, 2006, S. 349–359.

Allemeyer, Werner/Neumann, Peter [Impulse, 2003]: Ökonomische Impulse eines barrierefreien Tourismus für alle: Eine Untersuchung im Auftrag des Bundesministeriums für Wirtschaft und Arbeit ; Kurzfassung der Untersuchungsergebnisse, Nr. 526: Stand Dezember 2003, Münster, Berlin: Bundesministerium für Wirtschaft und Arbeit Referat Kommunikation und Internet (LP4), 2003.

Allmer, Henning [Urlaub, 2001]: Urlaub - Erholung oder Stress? in: *Alexander G. Keul/Henning Allmer* (Hrsg.), Gesund, 2001, S. 54–60.

Altenhöner, Norbert [Einstimmung, 2004]: Zur Einstimmung in das Thema, Erlebniswelten, 2004, S. 125–138.

Ammer, Ulrich/Buchwald, Konrad (Hrsg.) [Freizeit, 1998]: Freizeit, Tourismus und Umwelt, Bd. 11, Bonn: Economica-Verl., 1998.

Antoni-Komar, Irene/et. al. (Hrsg.) [Konzepte, 2009]: Neue Konzepte der Ökonomik: Unternehmen zwischen Nachhaltigkeit Kultur und Ethik ; Festschrift für Reinhard Pfriem zum 60. Geburtstag, Marburg: Metropolis-Verl., 2009.

Armanski, Gerhard [Tage, 1986]: Die kostbarsten Tage des Jahres: Tourismus - Ursachen, Formen, Folgen: 3. völlig überarb. Aufl., Bielefeld: Rump, 1986.

Aronsson, Lars/Sandell, Klas [Nachhaltigkeit, 1999]: Ort, Tourismus und Nachhaltigkeit: Ortszugehörigkeit und Ortlosigkeit als Aspekte eines konzeptionellen Rahmens für einen nachhaltigen Tourismus mit Beispielen aus Schweden, in: Tourismus-Journal 3 (1999), S. 357–378.

Atmosfair [Emissionsrechner]: Emissionsrechner, https://www.atmosfair.de/emissionsrechner/rechner/ (2011-01-23).

- [Erläuterungen, 2008]: Erläuterungen zum Emissionsrechner, 2008, https://www.atmosfair.de/fileadmin/user_upload/Medienecke/Downloadmaterial/Rund_um_atmosfair/Documentation_Calculator_DE_2008.pdf (2011-01-23).

Augé, Marc [Orte, 1994]: Orte und Nicht-Orte: Vorüberlegungen zu einer Ethnologie der Einsamkeit, (Franz. Originalausgabe 1992), Frankfurt am Main: S. Fischer, 1994.

Bachleitner, Reinhard [Erlebniswelten, 1998]: Erlebniswelten: Faszination Kraft, gesellschaftliche Bindung und mögliche Effekte, in: *Max Rieder/Reinhard Bachleitner* (Hrsg.), ErlebnisWelten, 1998, S. 43–57.

- [Erlebniswelten, 1998]: Erlebniswelten: Fazinationskraft, gesellschaftliche Bedingungen und mögliche Effekte, in: *Max Rieder/Reinhard Bachleitner* (Hrsg.), ErlebnisWelten, 1998, S. 43–57.

Bachleitner, Reinhard/Haas, Hanns (Hrsg.) [Tourist, 1998]: Der durchschaute Tourist: Arbeiten zur Tourismusforschung, Bd. 3, München, Wien: Profil, 1998.

Bachleitner, Reinhard/Penz, Otto [Massentourismus, 2000]: Massentourismus und sozialer Wandel: Tourismuseffekte und Tourismusfolgen in Alpenregionen, Bd. 10, München , Wien: Profil-Verl., 2000.

Backes, Martina [Anderssein, 2002]: Das gekaufte Anderssein: Erfahrungskonsum in der Fremde, in: *Martina Backes* u. a. (Hrsg.), Rassismus, 2002, S. 149–162.

- (Hrsg.) [Rassismus, 2002]: Im Handgepäck Rassismus: Beiträge zu Tourismus und Kultur, Freiburg (Breisgau): Informationszentrum Dritte Welt, 2002.

- [Ökoreisen, 2003]: Ökoreisen - und die Welt wird grüner? Aspekte der Umwelt(un)gerechtigkeit ökotouristischer Konzepte, in: *Heike Egner* (Hrsg.), Tourismus, 2003, S. 9–23.

- [Reise, 2005]: Die Reise als Spende: ein entwicklungspolitischer Rückfall, in: *Martina Backes* (Hrsg.), Ready, 2005, S. 51–54.

- (Hrsg.) [Ready, 2005]: Ready for tourism? Wiederaufbau und soziale Konflikte nach dem Tsunami in Südthailand, Nr. 22, Essen: Asienstiftung, 2005.

Backhaus, Norman [Bali, 1997]: Tourismus auf Bali - vom Paradies zum Museum: Die gegenwärtige touristische Entwicklung führt zur Marginalisierung von Unterpriviligierten, in: Tourismus-Journal 1 (1997), S. 90–116.

Bähre, Heike (Hrsg.) [Erlebnis-Marketing, 1996]: Erlebnis-Marketing: Trendangebote im Tourismus, Ein Lesebuch für Praktiker, Berlin: DSF, 1996.

Barthes, Roland [Mythen, 1964]: Mythen des Alltags, hrsg. von Helmut Scheffel, Bd. 92: 1. - 7. Tsd., Frankfurt a.M.: Suhrkamp, 1964.

Bätzing, Werner [Alpen, 1992]: Die Alpen: Entstehung und Gefährdung einer europäischen Kulturlandschaft, Frankfurt am Main, Wien: Büchergilde Gutenberg, 1992.

Baumgartner, Christian [Nachhaltigkeit, 2008]: Nachhaltigkeit im Tourismus: Von 10 Jahren Umsetzungsversuchen zu einem Bewertungssystem, Innsbruck: StudienVerl., 2008.

Baumgartner, Christian/Röhrer, Christine [Nachhaltigkeit, 1998]: Nachhaltigkeit im Tourismus: Umsetzungsperspektiven auf regionaler Ebene, Köln: Manz-Verl.; Intermedia, 1998.

Bausinger, Hermann [Grenzenlos, 1999]: Grenzenlos… Ein Blick auf den modernen Tourismus, in: *Hermann Bausinger* (Hrsg.), Reisekultur, 1999, S. 343–353.

- (Hrsg.) [Reisekultur, 1999]: Reisekultur: Von der Pilgerfahrt zum modernen Tourismus: 2. Aufl., München: Beck, 1999.

Becker, Christoph [Regionalentwicklung, 1995]: Nachhaltige Regionalentwicklung mit Tourismus: ein Strategierahmen, in: *Christoph Becker* (Hrsg.), Regionalentwicklung, 1995, S. 21–31.

- [Tourismus, 1995]: Tourismus und nachhaltige Entwicklung - von globalen Forderungen zu lokalen Strategien, in: *Albrecht Steinecke* (Hrsg.), Entwicklung, 1995, S. 86–95.

- (Hrsg.) [Regionalentwicklung, 1995]: Ansätze für eine nachhaltige Regionalentwicklung mit Tourismus: Ausgewählte Vorträge der 14. - 16. Sitzung des Arbeitskreises "Freizeit- und Fremdenverkehrsgeographie" sowie der Varia-

Sitzung "Nachhaltige Regionalentwicklung mit Tourismus" des 50. Deutschen Geographentages am 4.10.1995 in Potsdam, Berlin: Verl. für universitäre Kommunikation, 1995.

- (Hrsg.) [Forschungsergebnisse, 1999]: Forschungsergebnisse zur nachhaltigen Tourismusentwicklung, Trier: Selbstverl. der Geographischen Ges., 1999.

- [Großprojekte, 2000]: Neue Tendenzen bei der Errichtung touristischer Großprojekte in Deutschland, in: Geographische Rundschau 52 (2000), S. 28–33.

Becker, Christoph/Job, Hubert [Tourismus, 1996]: Tourismus und nachhaltige Entwicklung: Grundlagen und praktische Ansätze für den mitteleuropäischen Raum ; mit 8 Tabellen, Darmstadt: Wiss. Buchges., 1996.

Beer, Bettina [Ethnos, 2003]: Ethnos, Ethnie, Kultur, in: *Bettina Beer/Hans Fischer* (Hrsg.), Ethnologie, 2003, S. 53–72.

Beer, Bettina/Fischer, Hans (Hrsg.) [Ethnologie, 2003]: Ethnologie: Einführung und Überblick: 5. Aufl., Neufassung, Berlin: Reimer, 2003.

Berger, Wilhelm [Technologisierung, 1999]: Technologisierung des Erlebens, in: *Dieter Kramer* (Hrsg.), Schwerpunktthema, 1999, S. 33–47.

Bernecker, Roland [Dialog, 2001]: "Dialog zwischen Kulturen": Das Internationale Jahr 2001 der Vereinten Nationen, in: UNESCO heute 48 (2001), S. 11–15.

Berner, Hans-Wilhelm (Hrsg.) [Tourismus, 1995]: Tourismus im Umbruch?! Dokumentation des Vortragszyklus 15.-17.10.1993, Wilhelmshavener Tage 5; Wilhelmshavener Tage, Wilhelmshaven: Brune; Brune-Mettcker, 1995.

Bertram, Jutta [Arm, 1995]: "Arm, aber glücklich ...": Wahrnehmungsmuster im Ferntourismus und ihr Beitrag zum (Miss-)Verstehen der Fremde(n), Bd. 6, Münster, Hamburg: LIT, 1995.

Beschorner, Thomas u. a. [Perspektiven, 2004]: Perspektiven einer kulturwissenschaftlichen Theorie der Unternehmung: Zur Heranführung, in: *Forschungsgruppe Unternehmen und gesellschaftliche Organisation (FUGO)* (Hrsg.), Perspektiven, 2004, S. 11–54.

Betz, Klaus [Theorie, 1998]: Was bedeutet die Theorie des Tourismus für die Ökologie? in: *Hans-Peter Burmeister* (Hrsg.), Weg, 1998, S. 87–98.

Bieger, Thomas [Destinationsperspektive, 2001]: Von der Unternehmensperspektive zur Destinationsperspektive - integrierte strategische Planung für Erlebniswelten, in: *Hans H. Hinterhuber* (Hrsg.), Industrie-Erlebnis-Welten, 2001, S. 21–33.

Bieger, Thomas/Laesser, Christian [Konzept, 2003]: Das Konzept "Attraktionspunkte": Theoretische Grundlagen und praktische Folgerungen, in: *Thomas Bieger/Christian Laesser* (Hrsg.), Attraktionspunkte, 2003, S. 13–89.

- (Hrsg.) [Attraktionspunkte, 2003]: Attraktionspunkte: Multioptionale Erlebniswelten für wettbewerbsfähige Standorte, Bern, Stuttgart, Wien: Haupt, 2003.

Bittner, Regina (Hrsg.) [Urbane, 2001]: Urbane Paradiese: Zur Kulturgeschichte modernen Vergnügens ; [anläßlich der Ausstellung "Paradiese der Moderne", Stiftung Bauhaus Dessau, 22. Juni bis 14. Oktober 2001], Frankfurt/Main: Campus-Verl., 2001.

Blech, Thomas/Herrmann, Frank [Raum, 1999]: Raum plant Subjekt? in: *Sabine Thabe* (Hrsg.), Räume, 1999, S. 199–209.

Bodenstein, Gerhard/Spiller, Achim [Entwicklungsstränge, 1996]: Entwicklungsstränge der ökologischen Konsumforschung: Forschungsansätze und Diffusionsbarrieren, in: Ökologisches Wirtschaften (1996), S. 8–11.

Böhme, Gernot [Naturästhetik, 1989]: Für eine ökologische Naturästhetik, Frankfurt am Main: Suhrkamp, 1989.

- [Natur, 2002]: Die Natur vor uns: Naturphilosophie in pragmatischer Hinsicht, Bd. 33, Zug/Schweiz: Graue Ed., 2002.

Boonrut, Junya [Chancen, 2010]: Chancen und Risiken für einen nachhaltigen Tourismus durch die Ernennung zum UNESCO-Weltnaturerbe am Beispiel der Welterbestätten Thailands, Bachelor-Thesis, Wilhelmshaven, Jade Hochschule, 2010.

Borghardt, Jörg [Entgrenzung, 1997]: Die Entgrenzung des touristischen Blicks: "Postmoderne" Raumbilder und räumliche Planung, in: Tourismus-Journal 1 (1997), S. 405–418.

- [Raumbilder, 2002]: Raumbilder und "imaginäre Räume": Eine Kategorie tourismusbezogener Raumanalyse, in: *Jörg Borghardt* (Hrsg.), ReiseRäume, 2002, S. 54–62.

- (Hrsg.) [ReiseRäume, 2002]: ReiseRäume: Touristische Entwicklung und räumliche Planung, Bd. 109, Dortmund: Dortmunder Vertrieb für Bau- und Planungsliteratur; IRPUD, 2002.

- [Tourismus, 2002]: Tourismus und Raum: Eine kritische Bestandsaufnahme, in: *Jörg Borghardt* (Hrsg.), ReiseRäume, 2002, S. 351–367.

Bormann, Regina [Nicht-Orten, 2000]: Von Nicht-Orten, Hyperräumen und Zitadellen der Konsumkultur: Eine sozialtheoretische Reise durch postfordistische Landschaften, in: Tourismus-Journal 4 (2000), S. 215–233.

Bosshart, David [Kulten, 1996]: Zwischen Preisen und Kulten: Marktdifferenzierungen im Konsum und Tourismsubereich, in: *Albrecht Steinecke* (Hrsg.), Tourismusmarkt, 1996, S. 7–18.

Bourdieu, Pierre [Kult, 1983]: Kult der Einheit und kultivierte Unterschiede, in: *Pierre Bourdieu* (Hrsg.), Photographie, 1983, S. 25–84.

Bourdieu, Pierre (Hrsg.) [Photographie, 1983]: Eine illegitime Kunst: Die sozialen Gebrauchsweisen der Photographie, Frankfurt (Main): Suhrkamp, 1983.

Braun, Andreas/Lennartz, Stephan (Hrsg.) [Tourismus, 1998]: Tourismus - Gewinn oder Verlust von Identität?: Die Wechselwirkungen von Kultur und Tourismus, [Dokumentation einer Studienkonferenz der Thomas-Morus-Akademie Bensberg], Bd. 8, Bergisch Gladbach: Thomas-Morus-Akad. Bensberg; Thomas-Morus-Akademie Bensberg, 1998.

Braun, Andreas/Kagelmann, Hans Jürgen (Hrsg.) [Traumurlaub, 1999]: Traumurlaub als Event? Event als Traumurlaub!: Dokumentation 2. CBR-Tourismus-Symposium, München: Messe München Projektleitung CBR, 1999.

Braun, Ottmar L. [Reiseentscheidung, 1989]: Die Reiseentscheidung: Einige Ergebnisse zum Stand der Forschung, Starnberg: Studienkreis für Tourismus, 1989.

- [Urlaubszufriedenheit, 1989]: Vom Alltagsstress zur Urlaubszufriedenheit, zugl. Diss. Univ. Bielefeld 1989, Bielefeld, Univ., 1989.

Brenner, Peter J. [Erfahrung, 1989]: Die Erfahrung der Fremde: Zur Entwicklung einer Wahrnehmungsform in der Geschichte des Reiseberichts, in: *Peter J. Brenner* (Hrsg.), Reisebericht, 1989, S. 14–49.

- (Hrsg.) [Reisebericht, 1989]: Der Reisebericht: Die Entwicklung einer Gattung in der deutschen Literatur: Materialien, Frankfurt am Main: Suhrkamp; 1989.

Breuer, Toni [Fremdenverkehrsgebiete, 1998]: Fremdenverkehrsgebiete des Mittelmeerraums im Umbruch: Beiträge der Tagung des Arbeitskreises "Geographische Mittelmeerländer-Forschung vom 11. - 13. Oktober 1996 in Regensburg, Regensburg: Inst. für Geographie an der Univ., 1998.

Briegel, Ramón [Freizeitmobilität, 2006]: Nachhaltige Freizeitmobilität? Ein dynamisches akteursorientiertes Simulationsmodell, zugl. Diss. Univ. Kassel 2005, Marburg: Metropolis-Verl., 2006.

Brittner, Anja [Natürlichkeit, 2002]: Zur Natürlichkeit künstlicher Ferienwelten: Eine Untersuchung zur Bedeutung Wahrnehmung und Bewertung von ausgewählten Ferienparks in Deutschland, zugl. Diss. Univ. Trier 2001, H. 57, Trier: Geographische Gesellschaft, 2002.

Broggi, Mario F. (Hrsg.) [Sanfter Tourismus, 1985]: Sanfter Tourismus - Schlagwort oder Chance für den Alpenraum? Schlußbericht mit Referaten, schriftl. Beitr., Nachlese sowie Bibliogr. d. CIPRA-Jahresfachtagung vom 5./6. Okt. 1984 in Chur/Schweiz, Vaduz, 1985.

Brunner-Sperdin, Alexandra [Qualität, 2004]: Qualität als Erlebnis, in: *Klaus Weiermair* (Hrsg.), Qualitätszeichen, 2004, S. 153–169.

Buchert, Matthias [Umweltschutz, 2001]: Last minute für den Umweltschutz - Perspektiven für die Zukunft des Reisens, Freiburg: Öko-Inst., 2001.

Bündnis 90 - Die Grünen [Thermografieuntersuchung, 2011]: Thermografieuntersuchung Tropical Island, 2011, http://gruene-brandenburg.de/partei/arbeitsgemeinschaften/wirtschaft-finanzen-haushalt/?expand=288510&displayNon=1 (2011-01-10).

Burghoff, Christel [Hoffnungsformel, 1986]: Hoffnungsformel Sanfter Tourismus, in: *Gruppe Neues Reisen e.V.* (Hrsg.), Sanfter Tourismus, 1986, S. 7–11.

Burmeister, Hans-Peter (Hrsg.) [Weg, 1998]: Auf dem Weg zu einer Theorie des Tourismus: [Dokumentation einer Tagung der Evangelischen Akademie

Loccum vom 28. bis 30. Januar 1998], Rehburg-Loccum: Evang. Akad. Loccum Protokollstelle, 1998.

Büro für Tourismus- und Erholungsplanung (BTE) [Großprojekte, 1994]: Touristische Großprojekte: Eine Planungshilfe für Gemeinden, Bd. 2, Berlin: Selbstverl., 1994.

Cantauw-Groschek, Christiane [Urlaubspostkarten, 1993]: "Liebe Kolleginnen und Kollegen..." Urlaubspostkarten an die Arbeitsstelle, in: *Dieter Kramer/Lutz Ronald* (Hrsg.), Tourismus-Kultur, 1993, S. 143–169.

Cantauw-Groschek, Christiane/Deutsche Gesellschaft für Volkskunde / Kommission Tourismusforschung (Hrsg.) [Arbeit, 1995]: Arbeit, Freizeit, Reisen: Die feinen Unterschiede im Alltag, 3. Arbeitstagung der DGV-Kommission Tourismusforschung vom 23. bis zum 25. März 1994, Bd. 88, Münster u.a.: Waxmann, 1995.

Csikszentmihalyi, Mihaly [Flow, 2010]: Flow: Das Geheimnis des Glücks: 15. Aufl., Stuttgart: Klett-Cotta, 2010.

Deloitte & Touche GmbH Wirtschaftsprüfungsgesellschaft [Entwicklungsstrategie, 2009]: Touristische Entwicklungsstrategie Niedersachsen 2015, 11.12.2009, Papenburg, Niedersächsisches Ministerium für Wirtschaft und Verkehr / Tourismusmarketing Niedersachsen.

Demunter, Christophe [Entwicklungen, 2008]: Sind die jüngsten Entwicklungen im Tourismus mit einer nachhaltigen Entwicklung vereinbar? 2008.

Deutsche Bahn AG (Hg.) [Nachhaltigkeit, 2007]: Kennzahlen und Fakten zur Nachhaltigkeit 2007, Berlin, 2007.

- [Daten, 2009]: Daten & Fakten 2008, Berlin, 2009.

Deutscher Sparkassen- und Giroverband; dwif-Consulting GmbH [Tourismusbarometer, 2010]: Sparkassen-Tourismusbarometer Deutschland , Berlin, 2010, http://www.dsgv.de/_download_gallery/Publikationen/Tourismusbarometer_2010.pdf (2010-12-21).

Deutscher Tourismusverband e. V [Tourismus, 2010]: Tourismus in Deutschland 2009: Zahlen - Daten - Fakten, 2010.

Deutschland / Statistisches Bundesamt [Bevölkerung, 2003]: Bevölkerung Deutschlands bis 2050: 10. koordinierte Bevölkerungsvorausrechnung; Presseexemplar, Wiesbaden, 2003.

Dogterom, Robert Jan [Inszenierung, 2000]: Die thematische Inszenierung eines touristischen Großprojektes: Der Ferienpark 'Heide Metropole' Soltau, in: *Albrecht Steinecke/Anja Brittner* (Hrsg.), Konsumwelten, 2000, S. 145–156.

Domrös, Manfred [Malediven, 2005]: Die Malediven - Authentizität und Nachhaltigkeit des Resortinsel-Tourismus, in: *Michael Waibel/Tanja Thimm/ Werner Kreisel* (Hrsg.), Inselwelten, 2005, S. 55–78.

Dorner, Anne-Marie [Ökotourismus, 2001]: Ökotourismus: Sanfter Tourismus in Schweden, in: *Torsten Kirstges* (Hrsg.), Fallstudien, 2001, S. 83–107.

Draheim, Axel [Ferienzentren, 2002]: Ferienzentren als verkehrsfreundliche, umweltfreundliche und sozialverträgliche Lösung, zugl. Diss. Techn. Univ. Berlin 2002, Bd. 38, Berlin: TU Univ.-Bibliothek Abt. Publ., 2002.

Drews, Andreas/Rauschelbach, Burghard (Hrsg.) [(Öko-)Tourismus, 1998]: (Öko-) Tourismus: Instrument für eine nachhaltige Entwicklung?: Tourismus und Entwicklungszusammenarbeit, Heidelberg: Kasparek, 1998.

Dworschak, Helmut [Authentizität, 1998]: Inszenierte Authentizität - zum touristischen Transformationsprozess kultureller Tradition, in: Tourismus-Journal 2 (1998), S. 115–131.

Ebert, Wolfgang [Strategien, 2004]: Strategien und Konzepte für eine nachhaltige Entwicklung des Tourismus zu Zielen der Industriekultur, in: *Jürgen Schwark* (Hrsg.), Industriekultur, 2004, S. 21–42

Eder, Klaus [Vergesellschaftung, 1988]: Die Vergesellschaftung der Natur: Studien zur sozialen Evolution der praktischen Vernunft, Frankfurt am Main: Suhrkamp, 1988

Eder, Walter [Hause, 1991]: Zu Hause in der Fremde?: Der Verlust der Raumerfahrung als Verlust des Erfahrungsraums beim Reisen, in: *Ortfried Schäffter* (Hrsg.), Fremde, 1991, S. 158–172.

Egger, Roman/Herdin, Thomas (Hrsg.) [Tourismus, 2010]: Tourismus im Spannungsfeld von Polaritäten, Bd. 2, Wien: LIT, 2010.

Egner, Heike (Hrsg.) [Tourismus, 2003]: Tourismus - Lösung oder Fluch?: Die Frage nach der nachhaltigen Entwicklung peripherer Regionen, Bd. 9, Mainz: Geographisches Institut der Johannes Gutenberg-Universität, 2003.

Ehmer, Philipp/Heymann, Eric [Klimawandel, 2008]: Klimawandel und Tourismus: Wohin geht die Reise? Frankfurt (Main), 2008.

Ekardt, Felix [Zwischenruf, 2005]: Zwischenruf - Für einen Neuansatz im Klimaschutzrecht, in: Zeitschrift für Rechtspolitik (ZRP) 41 (2005), S. 159–161.

Eliade, Mircea [Bilder, 1998]: Ewige Bilder und Sinnbilder: Über die magisch-religiöge Symbolik, 2512: Philosophie, Religion, Frankfurt am Main, Leipzig: Insel-Verl., 1998.

Ellenberg, Ludwig [Tourismus, 1998]: Tourismus zwischen Ökonomie und Ökologie, in: *Andreas Drews/Burghard Rauschelbach* (Hrsg.), (Öko-)Tourismus, 1998, S. 25–28.

Ellenberg, Ludwig/Beier, Birgit/Scholz, Marion [Ökotourismus, 1997]: Ökotourismus: Reisen zwischen Ökonomie und Ökologie, Heidelberg: Spektrum Akad. Verl., 1997.

Elsasser, Hans [Nachbemerkungen, 1985]: Einige kritische Nachbemerkungen, in: *Mario F. Broggi* (Hrsg.), Sanfter Tourismus, 1985, S. 257–263.

Elsasser, Hans u. a. [Nachhaltigkeit, 1995]: Nachhaltigkeit im Tourismus: Ein Diskussionsbeitrag, in: *Christoph Becker* (Hrsg.), Regionalentwicklung, 1995, S. 7–20.

Energieversorgung Brand GmbH [Jahresabschluss, 2011]: Jahresabschluss zum 31. Dezember 2009, 22.01.2011, https://www.ebundesanzeiger.de (2011-01-22)

Enzensberger, Hans Magnus [Theorie, 1958]: Vergebliche Brandung der Ferne. Eine Theorie des Tourismus, in: Merkur 12 (1958), S. 701-720; danach veröffentlicht in: Enzensberger, Hans Magnus, Frankfurt 1962, S. 147-168; wieder abgedruckt in: Universitas, Jg. 42, 1987, H. 7, S. 660-676.

- [Einzelheiten, 1962 (1958)]: Einzelheiten: 1.-5. Tsd., Frankfurt a. M.: Suhrkamp, 1962 (1958).

Europäische Kommission [Rahmenbedingungen, 2001]: Europäische Rahmenbedingungen für die soziale Verantwortung der Unternehmen: Grünbuch, Bd.

2001,366, Luxemburg: Amt für Amtliche Veröff. der Europ. Gemeinschaften, 2001.

Feess, Eberhard [Umweltökonomie, 2007]: Umweltökonomie und Umweltpolitik: 3. vollst. überarb. und erw. Aufl., München: Vahlen, 2007.

Fendl, Elisabeth/Löffler, Klara [Wahrnehmungskultur, 1993]: "Man sieht nur, was man weiß": Zur Wahrnehmungskultur in Reiseführern, in: *Dieter Kramer/Lutz Ronald* (Hrsg.), Tourismus-Kultur, 1993, S. 55–77.

Fichter, Klaus/Paech, Niko/Pfriem, Reinhard (Hrsg.) [Zukunftsmärkte, 2005]: Nachhaltige Zukunftsmärkte: Orientierungen für unternehmerische Innovationsprozesse im 21. Jahrhundert, Bd. 29, Marburg: Metropolis-Verl., 2005.

Fischer, Dirk [Symbolökonomie, 2005]: Strategisches Management in der Symbolökonomie, zugl. Diss. Univ. Oldenburg 2004, Bd. 27, Marburg: Metropolis-Verl., 2005.

Fischer, Hans [Samos, 1984]: Warum Samoa?: Touristen und Tourismus in der Südsee, Berlin: Reimer, 1984.

Fischer, Hans (Hrsg.) [Ethnologie, 1992]: Ethnologie: Einführung und Überblick: 3. veränd. und erw. Aufl., Berlin: Reimer, 1992.

Fleischmann, Katharina [Bilderwelten, 2004]: Touristische Bilderwelten: Zur Produktion von "Welt-Ansichten" durch Tourismuswerbung, in: Tourismus-Journal 8 (2004), S. 419–434.

Flitner, Michael/Langlo, Peter/Liebsch, Kahtarina [Kultur, 1997]: Kultur kaputt: Variationen einer Denkfigur der Tourismuskritik, in: *Tobias Gohlis* (Hrsg.), Warum, 1997, S. 86–98.

Forschungsgruppe Unternehmen und gesellschaftliche Organisation (FUGO) (Hrsg.) [Perspektiven, 2004]: Perspektiven einer kulturwissenschaftlichen Theorie der Unternehmung, Marburg: Metropolis-Verl., 2004.

forum anders reisen [Firmenporträt, 2010]: Firmenporträt forum anders reisen e.V.: Unternehmensverband für nachhaltigen Tourismus, 2010, http://www.forumandersreisen.de/content/dokumente/Portrait_forum_anders_reisen.pdf (2011-01-17).

Franck, Georg [Medienästhetik, 2001]: Medienästhetik und Unterhaltungsarchitektur, in: *Regina Bittner* (Hrsg.), Urbane, 2001, S. 221–231.

Franck, Jochen [Freizeittrends, 1996]: Aktuelle Freizeittrends, kulturelle Szenen und zeitgenössische Inszenierungen und ihre Bedeutung für die Produktgestaltung im deutschen Fremdenverkehr, in: *Heike Bähre* (Hrsg.), Erlebnis-Marketing, 1996, S. 25–78.

Franck, Jochen/Würbel, Andreas (Hrsg.) [Kathedralen, 1995]: Kathedralen der Freizeitgesellschaft: Kurzurlaub in Erlebniswelten ; Trends Hintergründe Auswirkungen, Bd. 83, Bergisch Gladbach: Thomas-Morus-Akad. Bensberg, 1995.

Frey Marti, Claudia [Umweltproblematik, 1996]: Verkehrs- und Umweltproblematik in touristischen Gebieten: Analyse, Lösungsansätze, Auswirkungen; untersucht am Beispiel Oberengadin, zugl. Diss. Univ. St. Gallen 1995, Bern: Haupt, 1996.

Freyer, Walter [Tourismus, 2000]: Ganzheitlicher Tourismus: Beiträge aus 20 Jahren Tourismusforschung, Dresden: FIT-Forschungsinst. für Tourismus, 2000.

Friedl, Harald/Friedl, Harald A. [Tourismusethik, 2002]: Tourismusethik: Theorie und Praxis des umwelt- und sozialverträglichen Fernreisens, Bd. 3, München, Wien: Profil-Verl., 2002.

Fritsch, Michael [Marktversagen, 2011]: Marktversagen und Wirtschaftspolitik: Mikroökonomische Grundlagen staatlichen Handelns: 8., überarb. Aufl., München: Vahlen, 2011.

Fröhlich, Siegfried (Hrsg.) [Kultur, 2000]: Kultur: Ein Interdisziplinäres Kolloquium zur Begrifflichkeit Halle (Saale) 18. bis 21. Februar 1999, Halle (Saale): Landesamt für Archäologie, 2000.

Friedl, Harald A. [Paradies, 2007]: Das gebuchte Paradies, gutes Gewissen inklusive. Ethische Grundlagen des umwelt- und sozialverträglichen Ferntourismus, München: GRIN Verlag GmbH, 2007.

Fuchs, Matthias [Qualitätswahrnehmung, 2004]: Kulturelle Einflüsse bei der Qualitätswahrnehmung, in: *Klaus Weiermair* (Hrsg.), Qualitätszeichen, 2004, S. 113–135.

Fürst, Angelika [Tourismus, 2000]: Tourismus in wirtschaftssoziologischer Betrachtung: am Beispiel junger Asiaten auf Deutschlandreise, zugl. Diss. Univ. Bonn 2000, Bonn, 2000.

Gebauer, Olaf-Jürgen [Urlaub, 1981]: Urlaub und Erholung in psychologischer Sicht: E. Modellstudie zum psychotherapeutischen Wert des Urlaubs, zugl. Diss. Univ. Berlin 1981, Freie Universität, 1981.

Geiger, Herbert [Interessen, 1969]: Interessen und Verhaltensweisen von Urlaubsreisenden, in: *Studienkreis für Tourismus* (Hrsg.), Motive, 1969, S. 119–135.

Geller, Manuel [Tourismusentwicklung, 2005]: Tourismusentwicklung und Flutwelle: Ökonomische Ursachen einer Katastrophe, in: *Martina Backes* (Hrsg.), Ready, 2005, S. 7–10.

Geser, Guntram/Markus, Mark [Prosumer, 2008]: Prosumer im Tourismus: Studie, Hamburg: ITD-Verlag, 2008.

Gierl, Heribert [Werbewirkung, 1999]: Werbewirkung von Reisekatalogen, in: Tourismus-Journal 3 (1999), S. 171–187.

Gleiter, Jörg H. [Exotisierung, 1999]: Exotisierung des Trivialen: Japanische Themenparks, in: *Dieter Kramer* (Hrsg.), Schwerpunktthema, 1999, S. 48–66.

Goethe, Tina [Erleben, 2002]: Das Erleben der Grenze: Über die Verwandtschaft von Rassismus und Tourismus, in: *Martina Backes* u. a. (Hrsg.), Rassismus, 2002, S. 13–28.

Gohlis, Tobias (Hrsg.) [Warum, 1997]: Schwerpunktthema: Warum reisen? Bd. 1.1997, Köln: DuMont, 1997.

- (Hrsg.) [Fremde, 1998]: Schwerpunktthema Das Bild der Fremde - Reisen und Imagination, Köln: DuMont, 1998.

Götz, Konrad/Seltmann, Gudrun [Reisestile, 2005]: Urlaubs- und Reisestile: Ein Zielgruppenmodell für nachhaltige Tourismusangebote, Ergebnisse einer Repräsentativbefragung zu Urlaubsorientierungen und Reiseverhalten im Rahmen des Forschungsprojekts INVENT (innovative Vermarktungskonzepte nachhaltiger Reiseangebote), Nr. 12, Frankfurt am Main: ISOE, 2005.

Graf, Bettina [Reisen, 2002]: Reisen und seelische Gesundheit: Erfahrungs(t)räume zwischen Autonomie und Geborgenheit, Bd. 12, München, Wien: Profil, 2002.

Grau, Oliver [Immersion, 2005]: Immersion & Emotion: Zwei bildwissenschaftliche Schlüsselbegriffe, in: *Oliver Grau/Andreas Keil* (Hrsg.), Emotionen, 2005,
S. 70–106.

Grau, Oliver/Keil, Andreas (Hrsg.) [Emotionen, 2005]: Mediale Emotionen: Zur Lenkung von Gefühlen durch Bild und Sound, Frankfurt am Main: Fischer-Taschenbuch-Verl., 2005.

Greenblatt, Stephen [Warum, 1997]: Warum reisen? in: *Tobias Gohlis* (Hrsg.), Warum, 1997, S. 13–17.

Greverus, Ina Maria [Kommunikation, 1978]: Tourismus und interkulturelle Kommunikation, in: Zeitschrift für Kulturaustausch, in: Zeitschrift für Kulturaustausch 28 (1978), S. 96–107.

Grosjean, Georges et al (Hrsg.) [Phänomen, 1982]: Das Phänomen des Reisens: Referate einer Vortragsreihe des Collegium generale der Universtität Bern im Sommersemester 1982, Bd. 19, Bern: Verl. Forschungsinst. für Fremdenverkehr d. Univ., 1982.

Grötsch, Kurt [Erlebniswelten, 2001]: Psychologische Aspekte von Erlebniswelten, in: *Hans H. Hinterhuber* (Hrsg.), Industrie-Erlebnis-Welten, 2001, S. 69–82.

Gruppe Neues Reisen e.V. (Hrsg.) [Sanfter Tourismus, 1986]: Sanfter Tourismus - ein Schlagwort mehr? vollst. überarb. Neuausg., Berlin: Gruppe Neues Reisen, 1986.

- (Hrsg.) [Massentourismus, 1994]: Massentourismus: Ein reizendes Thema, Bd. 23, St. Peter-Ording: gruppe neues Reisen [u.a.], 1994.

Günther, Armin [Reisen, 1996]: Reisen als ästhetisches Projekt. Über den Formenwandel touristischen Erlebens, in: *Hans A. Hartmann* (Hrsg.), Freizeit, 1996, S. 95–124.

Günter, Wolfgang/Würbel, Andreas (Hrsg.) [Phänomen, 1998]: Phänomen Tourismus: Interdisziplinäre Beiträge zur Erforschung des Reisens, Bd. 98, Bergisch Gladbach: Thomas-Morus-Akad. Bensberg, 1998.

Hachtmann, Rüdiger [Tourismus-Geschichte, 2007]: Tourismus-Geschichte: Mit 8 Tabellen, Bd. 2866, Göttingen: Vandenhoeck & Ruprecht, 2007.

Hahn, Heinz/Kagelmann, H. Jürgen (Hrsg.) [Tourismuspsychologie, 1993]: Tourismuspsychologie und Tourismussoziologie: Ein Handbuch zur Tourismuswissenschaft, München: Quintessenz, 1993.

Hahne, Ulf [Regionalentwicklung, 1995]: Nachhaltige Regionalentwicklung im peripheren Raum: Das Beispiel der Eider-Treene-Sorge-Niederung in Schleswig-Holstein, in: *Albrecht Steinecke* (Hrsg.), Entwicklung, 1995, S. 32–51.

Haller, Reinhard/Lingg, Albert [Suizidstudie, 1989]: Vorarlberger Suizidstudie - Ergebnisse und Konsequenzen, in: Suizidprophylaxe, Theorie und Praxis - DGS 16 (1989), S. 106–109.

Hansen, Klaus P. [Kultur, 2000]: Kultur und Kulturwissenschaft: Eine Einführung, Bd. 1846: 2. vollst. überarb. und erw. Aufl., Tübingen, Basel: Francke, 2000.

Harfst, Wolfgang/Strasdas, Wolfgang [Ferienzentren, 1991]: Ferienzentren der zweiten Generation: Ökologische, soziale und ökonomische Auswirkungen: Abschlussbericht; Forschungsvorhaben im Auftrage des Bundesministers für Umwelt, Naturschutz und Reaktorsicherheit, Hannover, 1991.

Harrer, Bernhard [Ausgaben, 2010]: Ausgaben der Übernachtungsgäste in Deutschland, Nr. 53, München: dwif, 2010.

Harris, Marvin [Kulturanthropologie, 1989]: Kulturanthropologie, Frankfurt/Main, New York: Campus-Verl., 1989.

Hartmann, Hans A. (Hrsg.) [Freizeit, 1996]: Freizeit in der Erlebnisgesellschaft: Amüsement zwischen Selbstverwirklichung und Kommerz? Opladen: Westdt. Verl., 1996.

Hartmann, Klaus D. [Glücksvorstellungen, 1981]: Glücksvorstellungen - Urlaubserwartungen: Folgerungen für ein menschenfreundliches Marketing, in: *Studienkreis für Tourismus* (Hrsg.), Reisemotive, 1981, S. 55–75.

- [Auslandsreisen, 1978]: Verlauf und Auswirkungen von Auslandsreisen: Tourismus und Völkerverständigung, in: *Ernst J. Tetsch* (Hrsg.), Kulturwandel, 1978, S. 48–52.

- [Psychologie, 1979]: Psychologie des Reisens, in: *Norbert Hinske* (Hrsg.), Reisen, 1979, S. 15–21.

- [Psychologie, 1982]: Zur Psychologie des Landschaftserlebens im Tourismus, Starnberg: Studienkreis für Tourismus, 1982.

Hartmann, Rainer/Krause, Melisa [Stakeholder, 2010]: Stakeholder - Shareholder: Corporate Social Resonsibility bei deutschen Reiseveranstaltern, in: *Roman Egger/Thomas Herdin* (Hrsg.), Tourismus, 2010, S. 177-190.

Hasse, Jürgen [Heimat, 1993]: Heimat und Landschaft: Über Gartenzwerge, Center Parcs und andere Ästhetisierungen, Wien: Passagen-Verl., 1993.

- [Paradies, 1995]: Das künstliche Paradies: Eutropie der Wünsche, in: *Jochen Franck/Andreas Würbel* (Hrsg.), Kathedralen, 1995, S. 163–174.

Haßlacher, Peter [Sanfter Tourismus, 1989]: Sanfter Tourismus Virgental, in: *Peter Haßlacher* (Hrsg.), Sanfter Tourismus, 1989, S. 123–144.

- [Sanfter Tourismus, 1989]: Sanfter Tourismus: Theorie und Praxis ; Markierungen für die weitere Diskussion, Nr. 3, Innsbruck: Oesterr. Alpenverein Verwaltungsausschuss, 1989.

Hauer, Wolfgang [Verkehrsaufkommen, 1982]: Verkehrsaufkommen von Freizeit- und Erholungszentren, H. 188, Wien: Bundesstrassenverwaltung; Forschungsges. für d. Strassenwesen im Österr. Ingenieur- u. Architekten-Verein, 1982.

Hauschild, Ralf J./Hilligweg, Gerd/Kull, Stephan [Edutainmentwelten, 2008]: Edutainmentwelten und erneuerbare Energien: Gesellschaftliche Spannungsfelder und konzeptionelle Hintergründe, Saarbrücken: VDM Verl. Müller, 2008.

Häusler, Nicole [Horizont, 1995]: Hinterm Horizont gehts weiter! - Anmerkungen zu einer schwierigen Beziehung: Ethnologie und Tourismus, in: *Klaus Rieländer* (Hrsg.), Konsequenzen, 1995, S. 1–11.

- [Tourismusansätze, 2002]: Mit den Fischern fischen gehen - die Förderung von nachhaltigen Tourismusansätzen, in: *Burghard Rauschelbach* (Hrsg.), Cooperating, 2002, S. 63–68.

- [Finanzierung, 2004]: Finanzierung von "Community-based Tourism"-Projekten: Probleme, Risiken und Anforderungen, in: *Kurt Luger* (Hrsg.), Ferntourismus, 2004, S. 147–163.

Häußler, Oliver [Reisen, 1997]: Reisen in der Hyperrealität: Baudrillard und das Problem der Authentizität, in: *Tobias Gohlis* (Hrsg.), Warum, 1997, S. 99–107.

Heil, Dagmar/Krüger, Rainer [Reisen, 1994]: Bewußtes Reisen - Sanfte Angebote - Regionales Handeln: Berichte aus der Praxis des umweltverträglichen Tourismus; Dokumentation einer Tagung des BURG-Projektes [am 22.-23. April 1993 in Wittmund], Oldenburg: Bibliotheks- und Informationssystem der Univ., 1994.

Heinze, G. Wolfgang/Kill, Heinrich H. [Freizeit, 1997]: Freizeit und Mobilität: Neue Lösungen im Freizeitverkehr, Hannover: Akad. für Raumforschung und Landesplanung, 1997.

Helbig, Dirk [Pulk, 2010]: Wenn der Pulk sich verdichtet., in: Die Zeit Nr. 30 v. 01.08.2010, S. 41.

Held, Gerd [Urbanisierung, 2002]: Ist eine Urbanisierung des Tourismus möglich? in: *Jörg Borghardt* (Hrsg.), ReiseRäume, 2002.

Hennig, Christoph [Alltags, 1997]: Jenseits des Alltags: Theorien des Tourismus, in: *Tobias Gohlis* (Hrsg.), Warum, 1997, S. 35–53.

- [Reiselust, 1997]: Reiselust: Touristen, Tourismus und Urlaubskultur, Frankfurt am Main: Insel-Verl., 1997.

- [Reiselust, 1999]: Reiselust: Touristen, Tourismus und Urlaubskultur, Frankfurt am Main: Suhrkamp, 1999

Henning, Christoph [Entwurf, 1998]: Entwurf einer Theorie des Tourismus, in: *Hans-Peter Burmeister* (Hrsg.), Weg, 1998, S. 54–70.

Hennings, Gerd/Müller, Sebastian (Hrsg.) [Kunstwelten, 1998]: Kunstwelten: Künstliche Erlebniswelten und Planung, Bd. 85, Dortmund: IRPUD; Informationskreis für Raumplanung (IfR), 1998.

Hennings, Gerd [Fremdbestimmung, 2000]: Fremdbestimmung des Raumes durch Kunstwelten? Aspekte des Verhältnisses von künstlichen Erlebniswelten und tourismusorientierter Stadtentwicklung, in: Tourismus-Journal 4 (2000), S. 501–518.

Heß, Ulrike [Debatte, 1998]: Die Debatte um die Völkerverständigung durch Tourismus: Entwicklung einer Idee und empirische Befunde, in: *Reinhard Bachleitner/Hanns Haas* (Hrsg.), Tourist, 1998, S. 106–115.

Hinske, Norbert (Hrsg.) [Reisen, 1979]: Reisen und Tourismus: Auswirkungen auf d. Landschaft u.d. Menschen, Wintersemester 1978/79, Trier: Präsident d. Univ., 1979.

Hinterhuber, Hans H. (Hrsg.) [Industrie-Erlebnis-Welten, 2001]: Industrie-Erlebnis-Welten: Vom Standort zur Destination, Berlin: Schmidt; Erich Schmidt, 2001.

Hirtenlehner, Helmut/Mörth, Ingo/Steckenbauer, Christian [Reisemotivmessung, 2002]: Reisemotivmessung: Überlegungen zu und Erfahrungen mit der Operationalisierung von Urlaubsmotiven, in: Tourismus-Journal 6 (2002), S. 93–115.

Hlavin-Schulze, Karin [Postmoderne, 1998]: Alles schon dagewesen? Reisen in der Postmoderne, in: Tourismus-Journal 2 (1998), S. 273–282.

Hochfeld, Christian/Strubel, Volker/Havers, Kirsten [Umweltauswirkungen, 2002]: Umweltauswirkungen und Optimierungspotenziale von Freizeit- und Erlebnisparks, in: *Öko-Institut* (Hrsg.), Freizeitgesellschaft, 2002, S. 55–71.

Hochschild, Arlie Russell [Commercialization, 1983]: The managed heart: Commercialization of human feeling, Berkeley: Univ. of California Press, 1983.

Hoffmann, Hilmer [Hochsicherheitstrakt, 2001]: Exzessiver Genuss im Hochsicherheitstrakt, in: *Dieter Kramer* (Hrsg.), Schwerpunktthema, 2001, S. 56–64.

Hofstetter, Patrick [Vergleich, 1992]: Flug oder Zug - ein Vergleich: Ein ökologischer und ökonomischer Vergleich verschiedener Verkehrsträger anhand von Städtereisen in Europa ; eine Studie des Verkehrs-Clubs der Schweiz und der Genossenschaft SSR-Reisen ; Kurzbericht, Zürich: VCS, 1992

Högl, Hans [Fassaden, 1995]: Hinter den Fassaden des Tourismus: Dörfer im Stress, Innsbruck, Wien: Österr. StudienVerl., 1995.

Hollinshead, Keith [Theme Parks, 2009]: Theme Parks and the Representation of Culture and Nature: The Consumer Aesthetics of Presentation and Performance, in: *Tazim Jamal/Mike Robinson* (Hrsg.), Sage, 2009, S. 269–289.

Hopfenbeck, Waldemar/Zimmer, Peter [Tourismusmanagement, 1993]: Umweltorientiertes Tourismusmanagement: Strategien, Checklisten, Fallstudien, Landsberg/Lech: Verl. Moderne Industrie, 1993.

Horny, Christian [Großprojekte, 2002]: Touristische Großprojekte als Allheilmittel für strukturschwache Räume: Die Auswirkungen von Ferienparks in Ostdeutschland, in: *Jörg Borghardt* (Hrsg.), ReiseRäume, 2002, S. 199–212.

Huber, Andrea [Feriengroßprojekte, 1999]: Feriengroßprojekte, Bd. 11, Trier: Selbstverl. der Geographischen Ges., 1999.

Infras (Hg.) [Kosten, 2007]: Externe Kosten des Verkehrs in Deutschland: Aufdatierung 2015, Kurzfassung, Zürich, 2007, http://www.allianz-pro-schiene.de/cms/upload/pdf-Dateien/Publikationen/070300_Externe-Kosten_Management_Summary.pdf (2009-08-01).

Institut für Energie und Umweltforschung Heidelberg GmbH (ifeu) [Grundlagenbericht, 2000]: Wissenschaftlicher Grundlagenbericht zur „Mobilitäts-Bilanz“ und zum Softwaretool „Reisen und Umwelt in Deutschland“, Im Auftrag der Deutschen Bahn AG und der Umweltstiftung WWF-Deutschland, 2000, http://www.wwf.de/imperia/md/content/sponsoring/mobilitaetsbilanz.pdf (2009-08-01).

Institut für Entwicklungsforschung im ländlichen Raum Ober- und Mittelfranken (Hrsg.) [Suche, 2003]: Auf der Suche nach kreativen Formen eines ländlichen Tourismus, Bd. 15, Bamberg, 2003.

Institut für Mobilitätsforschung (Hrsg.) [Erlebniswelten, 2004]: Erlebniswelten und Tourismus: Mit 13 Tabellen, Berlin: Springer, 2004.

Isenberg, Wolfgang (Hrsg.) [Konsum, 2000]: Konsum als Religion?: Über die Wiederverzauberung der Welt, Nr. 1, Mönchengladbach: Kühlen, 2000.

Jamal, Tazim/Robinson, Mike (Hrsg.) [Sage, 2009]: The Sage handbook of tourism studies, Los Angeles: Sage, 2009.

Job, Hubert [Nachhaltigkeit, 1997]: Lässt sich Nachhaltigkeit im (Fern-) Tourismus bilanzieren? Ein Modell, in: *Yörn Kreib* (Hrsg.), Gratwanderung, 1997, S. 190–203.

- [Jubiläumsausgabe, 2000]: Jubiläumsausgabe 50 Jahre dwif, Bd. 43. München: Verl. des dwif, 2000.

- [Reisestile, 2003]: "Reisestile": Modell des raumzeitlichen Verhaltens von Reisenden: Ein raumwissenschaftlicher Diskussionsbeitrag zum Wandel der Gestalt touristischer Destinationen, in: Tourismus-Journal 7 (2003), S. 355–376.

Joerges, Bernard/Karsten, Detlev [Editorial, 1978]: Editorial: Tourismus und Kulturwandel, in: *Ernst J. Tetsch* (Hrsg.), Kulturwandel, 1978, S. 4–10.

Jungk, Robert [Plädoyer, 1980]: Wieviel Touristen pro Hektar Strand? Plädoyer für "sanftes Reisen", in: GEO (1980), S. 154–156.

Jürgens, Isabell [Mega-Freizeitcenter, 2007]: Mega-Freizeitcenter Polaris macht Fortschritte, in: welt online v. 07.11.2007, http://www.welt.de/berlin/article1340614/Mega-Freizeitcenter_Polaris (2008-03-18).

Kagelmann, H. Jürgen [Erlebniswelten, 1998]: Erlebniswelten: Grundlegende Bemerkungen zum organisierten Vergnügen, in: *Max Rieder/Reinhard Bachleitner* (Hrsg.), ErlebnisWelten, 1998, S. 58–94.

- [Erlebnisse, 2001]: Erlebnisse, Erlebniswelten, Erlebnisgesellschaft: Bemerkungen zum Stand der Erlebnistheorien, in: *Alexander G. Keul/Henning Allmer* (Hrsg.), Gesund, 2001, S. 90–101.

- [Spaßbad, 2006]: Die Spaßbad-/Thermenstudie: Trends und Entwicklungen auf dem Markt der Erlebnisbäder (Spassbäder und Wellnessthermen), Bd. 4: 2. erw. Aufl., Eichstätt: Lehrstuhl f. Kulturgeographie [u.a.], 2006.

Kahrmann, Christiane [Sichtweise, 1995]: Hoffen auf den reichen Strand: Tourismus in der Südsee; die einheimische Sichtweise, zugl. Diss. Univ. Freiburg (Breisgau) 1994, Berlin: Reimer, 1995.

Kapeller, Kriemhild [Folklorismus, 1991]: Tourismus und Volkskultur: Folklorismus - zur Warenästhetik der Volkskultur: ein Beitrag zur alpenländischen Folklorismusforschung am Beispiel des Vorarlberger Fremdenverkehrs mit besonderer Berücksichtigung der Regionen Montafon und Bregenzerwald, zugl. Diss. Technische Univ. Graz 1991, Graz: dbv-Verl., 1991.

Kaschuba, Wolfgang [Ethnologie, 2003]: Einführung in die europäische Ethnologie: 2., aktualisierte Aufl., München: Beck, 2003.

Kaspar, Claude [Tourismuslehre, 1996]: Die Tourismuslehre im Grundriss: 5. überarb. und erg. Aufl., Bern: Haupt, 1996.

Keil, Andreas/Grau, Oliver [Emotionsforschung, 2005]: Mediale Emotionen: Auf dem Weg zu einer historischen Emotionsforschung, in: *Oliver Grau/Andreas Keil* (Hrsg.), Emotionen, 2005, S. 7–19.

Keith, Jan [Agenda, 2007 (Print 2007)]: Agenda: Badeschlappe, in: Financial Times Deutschland v. 16.04.2007 (Print 17.04.2007), http://www.ftd.de/unternehmen/handel-dienstleister/:agenda-badeschlappe/187344.html (2011-01-18).

Keul, Alexander G. [Reise, 2001]: Gesunde Reise - erholsamer Urlaub? in: *Alexander G. Keul/Henning Allmer* (Hrsg.), Gesund, 2001, S. 48–53.

Keul, Alexander G./Allmer, Henning (Hrsg.) [Gesund, 2001]: Gesund durch Erleben? Beiträge zur Erforschung der Tourismusgesellschaft, Bd. 8: 2. korr. Aufl., München, Wien: Profil, 2001.

Kiefl, Walter [Massentourismus, 1993]: „Ich danke Dir, dass ich anders bin als die anderen…“: Über das Pharisäertum der Kritik am Massentourismus, in: Universitas 48 (1993), S. 655–672.

- [Strandurlaub, 2000]: Strandurlaub zwischen Erholung, Inszenierung und Ventil: Eine Beobachtungsstudie an der Lutania Beach bei Kolymbia (Rhodos), H. 1, Eichstätt: Lehrstuhl für Kulturgeographie Kath. Univ., 2000.

- [Ferntourismus, 2004]: Ferntourismus als "gesunkenes Kulturgut", in: *Kurt Luger* (Hrsg.), Ferntourismus, 2004, S. 297–307.

- [Utopia, 2005]: Utopia ist nahe., in: *Karlheinz Wöhler* (Hrsg.), Erlebniswelten, 2005, S. 205–213.

Kirchberg, Volker [McDonaldisierung, 2000]: Die McDonaldisierung deutscher Museen: Zur Diskussion einer Kultur- und Freizeitwelt in der Postmoderne, in: Tourismus-Journal 4 (2000), S. 117–144.

Kirstges, Torsten [Expansionsstrategien, 1992]: Expansionsstrategien im Tourismus, zugl. Diss. Univ. Mannheim., Bd. 110, Wiesbaden: Gabler, 1992.

- [Sanfter Tourismus, 1992]: Sanfter Tourismus: Chancen und Probleme der Realisierung eines ökologieorientierten und sozialverträglichen Tourismus durch deutsche Reiseveranstalter: 1. Aufl., München, Wien: Oldenbourg, 1992.

- [Sanfter Tourismus, 1995]: Sanfter Tourismus: Hat der ökologisch- und sozialverträgliche Tourismus eine Chance? in: *Hans-Wilhelm Berner* (Hrsg.), Tourismus, 1995, S. 97–117.

- [Ghetto, 1996]: Urlauber, bleibt in Eurem Ghetto!: Dem neuen Sanftmut ist Härte entgegenzusetzen, denn es darf keine Massenbewegung des sog. Sanften Tourismus geben!, Zusammenfassung eines Vortrages auf der ITB, 1996, Berlin.

- [Grundfragen, 2001]: Grundfragen eines "sanften" Tourismus: Hat der ökologisch- und sozialverträgliche Tourismus eine Chance? in: *Torsten Kirstges* (Hrsg.), Fallstudien, 2001.

- (Hrsg.) [Fallstudien, 2001]: Umweltverträglicher Tourismus: Fallstudien zur Entwicklung und Umsetzung sanfter Tourismuskonzepte, Meßkirch: Gmeiner, 2001.

- [Sanfter Tourismus, 2003]: Sanfter Tourismus, Chancen und Probleme der Realisierung eines ökologieorientierten und sozialverträglichen Tourismus durch deutsche Reiseveranstalter: 3. vollst. überarb. u. erw. Aufl., München, Wien: Oldenbourg, 2003.

- [Expansionsstrategien, 2010]: Expansionsstrategien im Tourismus – Marktanalysen und Strategiebausteine unter besonderer Berücksichtigung mittelständischer Reiseveranstalter, 4. vollst. überarb. Auflage, Dr. Kirstges, 2010

Kirstges, Torsten H./Schmoll, Enno [Messeauftritt, 2010]: Der (un-)inszenierte Messeauftritt: Zur Diskussion um die optimale ITB-Messestandgestaltung; ein

Plädoyer für mehr Emotionalität am B2B-Messestand, Wilhelmshaven: ITF, 2010.

Kliem, Thomas [Reisemotive, 2003]: Reisemotive, Reiseverhalten und Wahrnehmungen deutscher Touristen in Norwegen als Grundlage der Entwicklung neuer Konzepte für die norwegische Tourismuswirtschaft, zugl. Diss. Univ. Duisburg-Essen 2003, 2003.

Klingenberg, Karl-H (Hrsg.) [Glück, 1990]: Glück durch Reisen?: Eine erweiterte Dokumentation der Beiträge vom 13. Kirchenforum, einer gemeinsamen Diskussionsveranstaltung des Evangelischen Arbeitskreises für Freizeit, Erholung und Tourismus und der Katholischen Arbeitsgemeinschaft ür Freizeit und Tourismus bei der Internationalen Tourismusbörse in Berlin im März 1990, Stuttgart: Evang. Arbeitskreis Freizeit Erholung Tourismus in d. EKD, 1990.

Klöpper, Rudolf (Hrsg.) [Aspekte, 1969]: Wissenschaftliche Aspekte des Fremdenverkehrs, Forschungsberichte des Ausschusses "Raum und Fremdenverkehr" der Akademie für Raumforschung und Landesplanung, Bd. 53, Hannover: Jänecke, 1969.

Knebel, Hans-Joachim [Strukturwandlungen, 1960]: Soziologische Strukturwandlungen im modernen Tourismus, zugl. Diss. Univ. Hamburg 1958, Stuttgart: Enke, 1960.

Köck, Christian [Konstruktion, 2005]: Die Konstruktion der Erlebnisgesellschaft. Eine kurze Revision, in: *Karlheinz Wöhler* (Hrsg.), Erlebniswelten, 2005, S. 3–16.

Kohl, Karl-Heinz [Blick, 1986]: Entzauberter Blick: Das Bild vom Guten Wilden und die Erfahrung der Zivilisation, Bd. 1272: Frankfurt am Main: Suhrkamp, 1986.

- [Ethnologie, 2000]: Ethnologie - die Wissenschaft vom kulturell Fremden: Eine Einführung: 2. erw. Aufl., München: Beck, 2000.

Kohnen, Ulrich/Bienge, Katrin/Schroff, Wolfgang [Umweltfolgen, 2006]: VCD Fakten - Reduzierung der Umweltfolgen des Flugverkehrs, Berlin, 2006.

Kolbe, Carsten [Ökotourismus, 2002]: Ökotourismus als Chance?: Ein Überblick über die Entwicklung des Konzeptes und seiner Umsetzung am Beispiel zweier Großschutzgebiete, in: *Symposium zum Internationalen Jahr des Ökotou-*

rismus/Landesanstalt für Großschutzgebiete (Hrsg.), Tourismus-Report, 2002, S. 10–20.

Kolland, Franz [Motivation, 2004]: Motivation und Figuration im Tourismus: Badetouristen in Kuba als empirisches Beispiel, in: *Kurt Luger* (Hrsg.), Ferntourismus, 2004, S. 375–394.

König, Nicole [Nachhaltigkeit, 2002]: Nachhaltigkeit und Tourismus - "Sustainable Development" und "Carrying Capacity" im Tourismus, in: *Jörg Borghardt* (Hrsg.), ReiseRäume, 2002, S. 73–86.

Kortländer, Kristina [Land, 2000]: Das Land des Lächelns: Thailand als Mythos in Reisekatalogen, Bd. 41, Münster, Hamburg, London: LIT, 2000.

Köstlin, Konrad [Touristen, 1995]: Wir sind alle Touristen: Gegenwelten als Alltag, in: *Christiane Cantauw-Groschek/Deutsche Gesellschaft für Volkskunde / Kommission Tourismusforschung* (Hrsg.), Arbeit, 1995, S. 1–12.

Kramer, Dieter [Tourismus-Diskussion, 1990]: Tourismus-Politik: Aufsätze aus 12 Jahren Tourismus-Diskussion, Bd. 4, Münster, Hamburg: LIT, 1990.

- [Kulturanthropologie, 1993]: Kulturanthropologie des Tourismus, in: *Heinz Hahn/H. Jürgen Kagelmann* (Hrsg.), Tourismuspsychologie, 1993, S. 56–59.

- [Theorie, 1998]: Was bedeutet die Theorie des Tourismus für die Kulturwissenschaften? in: *Hans-Peter Burmeister* (Hrsg.), Weg, 1998, S. 153–166.

- (Hrsg.) [Schwerpunktthema, 1999]: Schwerpunktthema: Künstliche Ferien - Leben und Erleben im Freizeitreservat, Bd. 3.1999, Köln: DuMont, 1999.

- [Einleitung, 2001]: Einleitung, in: *Dieter Kramer* (Hrsg.), Schwerpunktthema, 2001, S. 8–15.

- (Hrsg.) [Schwerpunktthema, 2001]: Schwerpunktthema: Tourismus verändert die Welt - aber wie? Bd. 4.2001, Köln: DuMont, 2001

- [Horizont, 2004]: Der globale Tourismus erobert den Horizont: Bedingungen eines zukünftigen Tourismus, in: *Kurt Luger* (Hrsg.), Ferntourismus, 2004, S. 17–38.

Kramer, Dieter/Ronald, Lutz (Hrsg.) [Tourismus-Kultur, 1993]: Tourismus-Kultur - Kultur-Tourismus, Bd. 1, Münster, Hamburg: LIT, 1993.

Kreilkamp, Edgar/Pechlaner, Harald/Steinecke, Albrecht (Hrsg.) [Destinationsmanagement, 2001]: Gemachter oder gelebter Tourismus?: Destinationsmanagement und Tourismuspolitik, Bd. 3, Wien: Linde, 2001.

Kreib, Yörn (Hrsg.) [Gratwanderung, 1997]: Gratwanderung Ökotourismus: Strategien gegen den touristischen Ausverkauf von Kultur und Natur, Gießen: Focus, 1997.

- [Ökotourismus, 1998]: Ökotourismus: Lukratives Nischenprodukt oder Modell zum nachhaltigen Umbau des Tourismus? in: *Andreas Drews/Burghard Rauschelbach* (Hrsg.), (Öko-)Tourismus, 1998, S. 89–94.

Kreisel, Werner/Hoppe, Michael/Reeh, Tobias [Mega-Trends, 2000]: Mega-Trends im Tourismus: Auswirkungen auf Natur und Umwelt ; Forschungs- und Entwicklungsvorhaben FKZ 298 99 110 ; Endbericht, Berlin: Umweltbundesamt, 2000.

Krippendorf, Jost [Ferienmenschen, 1986]: Die Ferienmenschen: Für ein neues Verständnis von Freizeit u. Reisen, dtv-Sachbuch: Im Text ungekürzte, vom Autor aktualisierte Ausg., München: Deutscher Taschenbuch-Verlag, 1986.

- [Frage, 1997]: Frage & Antwort: Tourismuswissenschaft? in: *Tobias Gohlis* (Hrsg.), Warum, 1997, S. 61–63.

Krippendorf, Jost/Müller, Hansruedi [Tourismus, 1989]: Tourismus bis hierher und wie weiter?: Protokoll eines Kaminfeuergesprächs mit Pfuschi-Cartoons, Bd. 25, Bern: FIF, 1989.

Krippendorf, Jost [Landschaftsfresser, 1981]: Die Landschaftsfresser: Tourismus u. Erholungslandschaft - Verderben oder Segen?: 3. Aufl., Bern: Forschungsinst. für Fremdenverkehr d. Univ. Bern, 1981.

Kroeber-Riel, Werner/Weinberg, Peter/Gröppel-Klein, Andrea [Konsumentenverhalten, 2009]: Konsumentenverhalten: 9. überarb., aktualisierte und erg. Aufl., München: Vahlen, 2009.

Krüger, Rainer [Entwicklung, 1995]: Nachhaltige Regionale Entwicklung mit Tourismus - Konzeptionelle Ansätze und Strategien ihrer Umsetzung, in: *Christoph Becker* (Hrsg.), Regionalentwicklung, 1995, S. 53–66.

- [Strandurlaub, 2001]: Zwischen Strandurlaub und Internet: Räume des Reisens, in: Tourismus-Journal 5 (2001), S. 365–374.

Krüger, Rainer/Loda, Mirelle [Zwickmühle, 2004]: Sanfter Tourismus in der Zwickmühle: Wie kommen „Recht auf Reisen", Schonung von Natur und Sozialkultur sowie wirtschaftlicher Nutzen unter einen Hut? Erlebniswelten, 2004, S. 11–38.

Kubina, Eva Maria [Irrwege, 1990]: Irrwege - Fluchtburgen: Modelle und Dimensionen zur soziologischen Analyse des Phänomens Massentourismus, zugl. Diss. Ruhr-Univ. Bochum 1989, Bd. 197, Frankfurt am Main, Bern, New York, Paris: Lang, 1990.

Küblböck, Stefan [Urlaub, 2005]: Urlaub im Club: Zugänge zum Verständnis künstlicher Ferienwelten, zugl. Diss. Univ. Eichstätt, 2004, Bd. 5, München, Wien: Profil-Verl., 2005.

Kull, Stephan [Edutainment-Welten, 2007]: Edutainment-Welten: Lernen, Erleben und Konsumieren als Leistungsangebot für Gesellschaft, Markt und Individuum, Wilhelmshaven, 2007.

Kurte, Bernadette [Ökotourismus-Begriff, 2002]: Der Ökotourismus-Begriff: Seine Interpretation im internationalen Bereich, zugl. Diss. Univ. Trier 2002, Trier: Selbstverl. der Geographische Ges., 2002.

Land Brandenburg [Bevölkerung, 2009]: Bevölkerung im Land Brandenburg am 31. Dezember 2009 nach amtsfreien Gemeinden, Ämtern und Gemeinden: Gebietsstand 31.12.2009, 2009, http://www.statistik-berlin-brandenburg.de// Publikationen/OTab/2010/OT_A01-04-00_124_200912_BB.pdf (2011-01-10).

Lange, Hans-Joachim [Erfahren, 1999]: Er-fahren des Woanders: Wahrnehmungen zum Reisen als Lebensmodus, in: Tourismus-Journal 3 (1999), S. 101–120.

Lanzendorf, Martin [Freizeitmobilität, 2001]: Freizeitmobilität: Unterwegs in Sachen sozial-ökologischer Mobilitätsforschung, zugl. Diss. Univ. Trier 2000, H. 56, Trier: Selbstverl. der Geographischen Ges., 2001.

Lausitzer Rundschau Online [Wasserrutsche]: Größte Wasserrutsche für Tropical Islands, http://www.lr-online.de/nachrichten/brandenburg/Groesste-Wasserrutsche-fuer-Tropical-Islands;art25,1331115 (2010-12-30).

Lautermann, Christian/Pfriem, Reinhard [Tugendethik, 2006]: Es darf gewollt werden. Plädoyer für eine Renaissance der Tugendethik, in: *Josef Wieland* (Hrsg.), Tugend, 2006, S. 109–136.

Leclerc, Gérard [Anthropologie, 1973]: Anthropologie und Kolonialismus, München: Hanser, 1973.

Legnaro, Aldo/Birenheide, Almut [Stätten, 2005]: Stätten der späten Moderne: Reiseführer durch Bahnhöfe, shopping malls, Disneyland Paris, Bd. 6, Wiesbaden: VS Verl. für Sozialwiss., 2005.

Leipzig Online [Tropical]: Tropical Islands Resort – das authentische Tropenparadies vor den Toren Berlins, http://www.leipzig-online.de/index.php3/2748_1_1.html?g=35&sid=&id=2748&seite=1&satz=6&bst= (2011-01-23).

Lichtl, Martin [Ecotainment, 2000]: Ecotainment: Die großen Gefühle für ein besseres Umweltverhalten, in: *Albrecht Steinecke/Anja Brittner* (Hrsg.), Konsumwelten, 2000, S. 119–129.

Lobin, Daniela [Kundenanforderungen, 2007]: Kundenanforderungen an Erlebniswelten: Bedeutung der Disneyization für künstliche Skiwelten, zugl. Diss. Univ. Dortmund 2006, Bd. 10, Hamburg: Kovač, 2007.

Loew, Thomas u. a. [Bedeutung, 2004]: Bedeutung der CSR-Diskussion für Nachhaltigkeit und die sich daraus ergebenden Anforderungen an Unternehmen mit Fokus auf Berichterstattung: Endbericht an das Bundesministerium für Umwelt, Naturschutz und Reaktorsicherheit, Geschäftszeichen GI2 – 46043/136, München, 2004.

Lohmann, Martin [Akzeptanz]: Akzeptanz klimaschonender Verhaltensweisen im Urlaub: Kommentar zu den Ergebnissen - F.U.R / Ipsos Befragung im April 2007.

Lohmann, Martin/Aderhold, Peter [Urlaubsreisetrends, 2009]: Urlaubsreisetrends 2020: Die RA-Trendstudie Entwicklung der touristischen Nachfrage der Deutschen: Stand: April 2009., Kiel: F.U.R. 2009.

Lohmann, Martin/Sierck, Astrid/Grimm, Bente [Seniorenreisen, 2007]: Seniorenreisen mit Zukunft: Aktuelle Daten und Trends zum Urlaubsmarkt der Best Ager, Bd. 2007, Kiel: F.U.R., 2007.

Lorenz, Peter [Freizeitarchitektur, 1998]: Freizeitarchitektur - Baukunst oder Kitsch? in: *Andreas Braun/Stephan Lennartz* (Hrsg.), Tourismus, 1998, S. 45–55.

Losang, Eric [Tourismusentwicklung, 1999]: Nachhaltige Tourismusentwicklung - Quo vadis? in: *Christoph Becker* (Hrsg.), Forschungsergebnisse, 1999, S. 7–26.

- [Nachhaltigkeit, 2000]: Tourismus und Nachhaltigkeit, Trier: Selbstverl. der Geographischen Ges., 2000.

Luberichs, Johannes [Primärenergieverbrauch, 1999]: Der Primärenergieverbrauch zur Raumüberwindung im Urlaub und in der Freizeit, in: *Christoph Becker* (Hrsg.), Forschungsergebnisse, 1999, S. 27–43.

Lüem, Thomas [Auswirkungen, 1985]: Sozio-kulturelle Auswirkungen des Tourismus in Entwicklungsländern: Ein Beitrag zur Problematik des Vergleiches von touristischen Implikationen auf verschiedenartige Kulturräume der Dritten Welt, Vol. 5, Zürich: Geograph. Inst. Abt. Anthropogeographie Univ., 1985.

Luft, Hartmut [Destination Management, 2007]: Destination Management in Theorie und Praxis: Organisation und Vermarktung von Tourismusorten und Tourismusregionen, Meßkirch: Gmeiner, 2007.

Luger, Kurt [Sehnsucht, 1995]: Sehnsucht Abenteuer: Entgrenzungsversuche und Fluchtpunkte der Erlebnisgesellschaft ; Vortrag im Wiener Rathaus am 25. Januar 1995, Bd. 40, Wien: Picus-Verl., 1995.

- [Horizontverschiebungen, 2004]: Horizontverschiebungen: Imagination und Erfahrung von Fremdheit im Tourismus, in: *Kurt Luger* (Hrsg.), Ferntourismus, 2004, S. 39–55.

- (Hrsg.) [Ferntourismus, 2004]: Ferntourismus wohin? Der globale Tourismus erobert den Horizont, Bd. 8, Innsbruck, Wien, München, Bozen: StudienVerl., 2004.

Lutz, Patrick [Reisezielentscheidungen, 2004]: Es geht ein Flug nach irgendwo: Ein alternativer Ansatz zur Frage touristischer Reisezielentscheidungen, Hamburg: VTF-Verl., 2004.

Lutz, Ronald [Tourismus, 1993]: Tourismus und Bewegungskultur: Perspektiven des Reisens, in: *Dieter Kramer/Lutz Ronald* (Hrsg.), Tourismus-Kultur, 1993, S. 201–244.

Maase, Kaspar [Massenkultur, 1997]: Grenzenloses Vergnügen ; der Aufstieg der Massenkultur 1850 - 1970, Frankfurt am Main: Fischer, 1997.

Mäder, Ueli [Fluchthelfer, 1982]: Fluchthelfer Tourismus: Wärme in der Ferne, Zürich: Rotpunktverlag, 1982.

- [Kolonialismus, 1987]: Vom Kolonialismus zum Tourismus - von der Freizeit zur Freiheit, Zürich: Rotpunktverlag, 1987.

- [Freizeit, 1990]: Frei-Zeit: Fantasie und Realität, Zürich: Rotpunktverl., 1990.

Mandel, Birgit [Urlaubsfotografie, 1997]: Urlaubsfotografie - ein sinnentleertes Ritual zur Bestätigung touristischer Scheinwelten?: Thesen zur Aneignung von Urlaubswelt durch Fotografie, in: Tourismus-Journal 1 (1997), S. 419–430.

Maschke, Joachim [Erlebnisbäder, 2000]: Erlebnisbäder in Deutschland: Eine Marktanalyse anhand dwif-interner Forschungsergebnisse, in: Jahrbuch für Fremdenverkehr 42 (2000), S. 75–90.

Mayer-Tasch, Peter Cornelius (Hrsg.) [Zeichen, 1998]: Die Zeichen der Natur: Natursymbolik und Ganzheitserfahrung, Frankfurt am Main, Leipzig: Insel-Verl., 1998.

Meyer-Abich, Klaus Michael [Kultur, 1999]: Kultur ist unser Beitrag zur Naturgeschichte, in: *Klaus Michael Meyer-Abich/Siegfried Reusch* (Hrsg.), Naturlos, 1999, S. 6–8.

- (Hrsg.) [Naturlos, 1999]: Naturlos, 1999, Nr. 9, Stuttgart: Omega-Verl. Reusch, 1999.

Mezzasalma, Roman [Öko-Management, 1994]: Öko-Management für Reiseveranstalter, zugl. Diss. Univ. Bern 1993, Bd. 31, Bern: Univ. Forschungsinst. für Freizeit und Tourismus, 1994.

Mielke, Bernd [Freizeiteinrichtungen, 1993]: Großflächige Freizeiteinrichtungen im Freiraum: Freizeitparks und Ferienzentren, Bd. 75, Duisburg: WAZ-Dr., 1993.

Mobiles Umwelttechnik Zentrum [Thermographie, 2006]: Thermographie Aufnahmen Tropical Island: vom 13.03.2006, Berlin, 2006, http://gruene-brandenburg.de/userspace/BB/lv_brandenburg/arbeitsgemeinschaften/wirtschaft-arbeit-finanzen/148440.thermografieuntersuchung_tropical_island.pdf (2011-01-09).

Möhring, Wiebke [Befragung, 2010]: Die Befragung in der Medien- und Kommunikationswissenschaft: Eine praxisorientierte Einführung: 2. überarb. Aufl., Wiesbaden: VS-Verl., 2010.

Mose, Ingo [Alternative, 1989]: Sanfter Tourismus - Alternative der Tourismusentwicklung, in: *Peter Haßlacher* (Hrsg.), Sanfter Tourismus, 1989, S. 9–23.

Mose, Ingo/Jacobs, Anne-Katrin [Tourismus, 2004]: Tourismus in Europa, H. 11, Vechta: ISPA; Vechtaer Dr. und Verl., 2004.

Moser, Hans [Folklorismus, 1962]: Vom Folklorismus in unserer Zeit, in: Zeitschrift für Volkskunde (1962), S. 177–209.

Müllenmeister, Horst Martin [Kultur, 1998]: Rettet die Kultur vor den Rettern: Plädoyer für eine multikulturelle Welt, in: *Andreas Braun/Stephan Lennartz* (Hrsg.), Tourismus, 1998, S. 9–24.

Müller, Hansruedi [Regionalentwicklung, 1995]: Nachhaltige Regionalentwicklung durch Tourismus: Ziele – Methoden – Perspektiven, in: Steinecke: Tourismus und Nachhaltige Entwicklung, in: *Albrecht Steinecke* (Hrsg.), Entwicklung, 1995, S. 11–18.

- [Tourismus, 1999]: Tourismus und Ökologie: Wechselwirkungen und Handlungsfelder, Bd. 37, Bern: FIF, 1999.

- [Tourismus-Management, 2004]: Qualitätsorientiertes Tourismus-Management: Wege zu einer kontinierlichen Weiterentwicklung, Bd. 2534, Bern: UTB/BRO; Haupt Verlag/BRO, 2004.

- [Ökologie, 2007]: Tourismus und Ökologie: Wechselwirkungen und Handlungsfelder: 3. überarb. Aufl., München, Wien: Oldenbourg, 2007.

Müller, Hansruedi/Scheurer, Roland [Tourismus-Destination, 2007]: Tourismus-Destination als Erlebniswelt: Ein Leitfaden zur Angebots-Inszenierung: 2. Aufl., Bern: FIF Univ., 2007.

Müller, Sebastian [Konflikte, 1998]: Konflikte um Center Parcs, kein Zufall, in: Tourismus-Journal 2 (1998), S. 101–113.

- [Parks, 1998]: Parks von Center Parcs: Designer-Landschaft für die schönsten Tage im Jahr, in: *Gerd Hennings/Sebastian Müller* (Hrsg.), Kunstwelten, 1998, S. 176–192.

Müller, Wolfgang [Eventmarketing, 2003]: Eventmarketing: Grundlagen - Rahmenbedingungen Konzepte - Zielgruppe - Zukunft: 2. überarb. Aufl., Düsseldorf: VDM-Verl. Müller, 2003.

Mundt, Jörn W. [Tourismus, 2006]: Tourismus: 3. völlig überarb. und erg. Aufl., München: Oldenbourg, 2006.

Mundt, Jörn W./Lohmann, Martin [Erholung, 1988]: Erholung und Urlaub: Zum Stand der Erholungsforschung im Hinblick auf Urlaubsreisen, Starnberg: StfT; Studienkreis für Tourismus, 1988.

Myburgh, Elmarie/Saayman, M. [Ecotourism, 1999]: Ecotourism in action: practical guidelines and principles: Practical guidelines and principles, South Africa: Institute for Tourism and Leisure Studies School for Business Management Potchefstroom University for Christian Higher Education; Inst. for Tourism and Leisure Studies, 1999.

Naisbitt, John [Paradox, 1994]: Global Paradox: Warum in einer Welt der Riesen die Kleinen überleben werden, Düsseldorf, Wien, New York, Moskau: ECON-Verl., 1994.

Neumann, Peter [Qualitätssteigerung, 2008]: Barrierefreier Tourismus für Alle in Deutschland: Erfolgsfaktoren und Maßnahmen zur Qualitätssteigerung, Berlin: BMWi, 2008.

Nickel, Volker [Mär, 2002]: Ich bin so frei - Wider die Mär vom unmündigen Konsumenten, in: Universitas 57 (2002), S. 279–286.

Niekisch, Manfred [Ökotourismus, 1997]: Ökotourismus - Die neue Zauberformel? in: *Yörn Kreib* (Hrsg.), Gratwanderung, 1997, S. 14–29.

- [Erhaltung, 1998]: Erhaltung von Schutzgebieten durch Tourismus, in: *Andreas Drews/Burghard Rauschelbach* (Hrsg.), (Öko-)Tourismus, 1998, S. 47–56.

o. V. [Ökoviren, 1991]: "Wir müssen Ökoviren pflanzen.", in: Der Spiegel (1991), S. 218–226.

- [Mobilität, 1991]: Die entfesselte Mobilität, in: GEO Wissen (1991), S. 6-23; 118-123.

- [Energie, 2005]: Energie managen in der tropischen Insel Brandenburgs, in: Metering automation (2005), S. 26–31, http://goerlitz-group.planer.de/uploads/pics/pdfs/METERING_AUTOMATION/05-05/GOE_MAU_0505_island.pdf (2011-01-22).

- [Willkommen, 2008]: Willkommen im Tropical Islands: Von der Luftschiffwerft zur "Badekathedrale", in: TAB Technik am Bau 39 (2008), S. 42–49.

Öko-Institut e.V. [Umwelt, 2001]: Umwelt und Tourismus: Grundlagen für einen Bericht der Bundesregierung, Kurzfassung, Freiburg (Breisgau), 2001.

Öko-Institut (Hrsg.) [Freizeitgesellschaft, 2002]: Freizeitgesellschaft zwischen Umwelt, Spaß und Märkten, Freiburg (Breisgau): Öko-Inst. Geschäftsstelle Freiburg, 2002.

Olsen, Jessica [Bilderwelten, 2002]: Mit weißem Blick: Bilderwelten im Reisekatalog, in: *Martina Backes* u. a. (Hrsg.), Rassismus, 2002, S. 119–132.

Opaschowski, Horst W. [Psychologie, 1981]: Zur Psychologie des Urlaubers, in: *Studienkreis für Tourismus* (Hrsg.), Reisemotive, 1981, S. 41–44.

- [Tourismusforschung, 1989]: Tourismusforschung, Bd. 3, Opladen: Leske u. Budrich, 1989.

- [Mythos, 1991]: Mythos Urlaub: Die unerfüllbare Sehnsucht nach dem Paradies ; eine motivationspsychologische Studie, Hamburg: BAT-Freizeit-Forschungsinst., 1991.

- [Ferienwelten, 1995]: "Wir schaffen Glückseligkeit!": Anspruch und Wirklichkeit künstlicher Freizeit- und Ferienwelten, in: *Jochen Franck/Andreas Würbel* (Hrsg.), Kathedralen, 1995, S. 11–34.

- [Pädagogik, 1996]: Pädagogik der freien Lebenszeit, Bd. 1: 3. völlig bearb. Aufl., Opladen: Leske und Budrich, 1996.

- [Kathedralen, 2000]: Kathedralen und Ikonen des 21. Jahrhunderts: Zur Faszination von Erlebniswelten, in: *Albrecht Steinecke/Anja Brittner* (Hrsg.), Konsumwelten, 2000, S. 44–54.

Orlovius, Anita [Reisen, 1990]: Reisen - die Suche nach Glück in der Ferne?: Ein Beitrag aus psychologischer Sicht, in: *Karl-H Klingenberg* (Hrsg.), Glück, 1990, S. 29–41.

Österreichische Gesellschaft für Marketing [Weißbuch, 2005]: Weißbuch Tourismus Kärnten - Einführung: Entwicklungsplan für Tourismus und Freizeit 2005--2015, Wien, 2005.

Otto, Eicke [Ökotourismusmarketing, 2002]: Ökotourismusmarketing: Business als usual? in: *Burghard Rauschelbach* (Hrsg.), Cooperating, 2002, S. 115–118.

Paech, Niko [Entwicklung, 2004]: Nachhaltige Entwicklung als kulturelle Herausforderung, in: *Forschungsgruppe Unternehmen und gesellschaftliche Organisation (FUGO)* (Hrsg.), Perspektiven, 2004, S. 341–374.

Paech, Niko/Pfriem, Reinhard [Konzepte, 2004]: Konzepte der Nachhaltigkeit von Unternehmen: Theoretische Anforderungen und empirische Trends ; Endbericht der Basisstudie 1 des vom BMBF geförderten Vorhabens "SUstainable Markets eMERge" (SUMMER), Nr. 37: Nachhaltigkeit, Oldenburg: Univ. Fak. II Informatik Wirtschafts- und Rechtswiss., 2004.

Pagenstecher, Cord [Tourismusessay, 1998]: Enzensberger Tourismusessay von 1958 - ein Forschungsprogramm für 1998, in: Tourismus-Journal 2 (1998), S. 533–552.

Palm, Petra [potential, 2001]: The potential of community based tourism and the role of development cooperation in Namibia, Eschborn: GTZ, 2001.

Panoff, Michel/Perrin, Michel/Stagl, Justin [Ethnologie, 2000]: Taschenwörterbuch der Ethnologie: Begriffe und Definitionen zur Einführung: 3. überarb. Aufl., Berlin: Reimer, 2000.

Pardon, Kai [Begegnung, 1997]: Begegnung in der Fremde Ja - Zuhause nein danke? in: *Yörn Kreib* (Hrsg.), Gratwanderung, 1997, S. 138–151.

Petermann, Thomas [Folgen, 1998]: Folgen des Tourismus – Band 1: Gesellschaftliche, ökologische und technische Dimensionen, Bd. 1, Berlin: Ed. Sigma, 1998.

- [Tourismus, 2004]: Tourismus und Tourismuspolitik im Zeitalter der Globalisierung, Erlebniswelten, 2004, S. 60–70.

Peters, Ulla/Witzel, Anke [Nachhaltigkeit, 1995]: Regionale Nachhaltigkeit - von der Idee zum Leitbild regionaler Entwicklung, in: *Albrecht Steinecke* (Hrsg.), Entwicklung, 1995, S. 19–31.

Pfriem, Reinhard [Unternehmenspolitik, 1995]: Unternehmenspolitik in sozial-ökologischen Perspektiven, Marburg: Metropolis-Verl., 1995.

- [Ökonomischen, 2004]: Weg vom Ökonomischen?: Die kulturwissenschaftliche Option betriebswirtschaftlicher Forschung, in: *Forschungsgruppe Unternehmen und gesellschaftliche Organisation (FUGO)* (Hrsg.), Perspektiven, 2004,
S. 241–269.

- [Strukturwandel, 2005]: Strukturwandel und die Generierung von Zukunftsmärkten als neue Wettbewerbsebene, in: *Klaus Fichter/Niko Paech/Reinhard Pfriem* (Hrsg.), Zukunftsmärkte, 2005, S. 27–55.

- [Unternehmensstrategien, 2006]: Unternehmensstrategien: Ein kulturalistischer Zugang zum strategischen Management, Marburg: Metropolis-Verl., 2006.

- [Bildung, 2007]: Kulturelle Bildung als mögliche Herausforderung für Unternehmensstrategien, in: *Reinhard Pfriem* (Hrsg.), Moral, 2007, S. 261–282.

- [Moral, 2007]: Unsere mögliche Moral heißt kulturelle Bildung: Eben deswegen: Ökonomie und Unternehmen als Gegenstände kultureller Entwicklung, in: *Reinhard Pfriem* (Hrsg.), Moral, 2007.

- (Hrsg.) [Moral, 2007]: Unsere mögliche Moral heißt kulturelle Bildung: Unternehmensethik für das 21. Jahrhundert, Marburg: Metropolis-Verl., 2007.

- [Unternehmensethik, 2008]: Vom Sollen zum können Wollen. Auf dem Wege zu einer kulturalistischen Unternehmensethik und Unternehmenstheorie, in: *Andreas Georg Scherer* (Hrsg.), Betriebswirtschaftslehre, 2008, S. 65–84.

Pikulik, Lothar [Reisen, 1979]: Das romantische Reisen, in: *Norbert Hinske* (Hrsg.), Reisen, 1979, S. 9–14.

Pine, B. Joseph/Gilmore, James H. [economy, 1999]: The experience economy: Work is theatre & every business a stage, Boston, Mass.: Harvard Business School Press, 1999.

Plüss, Christine [Macht, 1997]: Die Macht der Schnäppchenjäger: Der folgenschwere Kamp um Marktanteile im Reisegeschäft, in: *Yörn Kreib* (Hrsg.), Gratwanderung, 1997, S. 124–137.

Popcorn, Faith [Popcorn-Report, 1993]: Der Popcorn-Report: Trends für die Zukunft, Nr. 253: Ungekürzte Taschenbuchausg., München: Heyne, 1993.

- [Clicking, 1999]: "Clicking": Der neue Popcorn-Report; die neuesten Trends für unsere Zukunft, überarb. und erw. Taschenbuchausg., München: Heyne, 1999.

Popp, Reinhold [Einleitung, 2003]: Einleitung, in: *Institut für Entwicklungsforschung im ländlichen Raum Ober- und Mittelfranken* (Hrsg.), Suche, 2003, S. 1.

- (Hrsg.) [Festschrift, 2005]: Zukunft Freizeit Wissenschaft: Festschrift zum 65. Geburtstag von Univ. Prof. Dr. Horst W. Opaschowski, Bd. 6, Wien, Münster: LIT, 2005.

Prahl, Hans-Werner [Millionen, 1989]: Der Millionen-Urlaub: Von der Bildungsreise zur totalen Freizeit, Bielefeld: IFKA, 1989.

- [Massen, 1994]: Vom Teigklumpen zum Schimpfwort: Die gesellschaftliche Vereinnahmung der Massen, Massentourismus, 1994, S. 8–17.

Prahl, Hans-Werner/Steinecke, Albrecht/Prahl-Steinecke [Millionen-Urlaub, 1979]: Der Millionen-Urlaub: Von der Bildungsreise zur totalen Freizeit, Darmstadt: Luchterhand, 1979.

Preisendörfer, Peter [Umwelteinstellungen, 1998]: Umwelteinstellungen und Freizeitmobilität: GIbt es Effekte des allgemeinen Umweltbewusstseins auf das Verkehrsverhalten? in: Tourismus-Journal 2 (1998), S. 441–456.

Rahner, Sibylle [Sanfter Tourismus, 1995]: Sanfter Tourismus aus der Perspektive der Geographie: Das regionale Beispiel Allgäu unter besonderer Berücksichtigung des Alpenschutzzentrums der Naturfreunde bei Oberstdorf einem ökopädagogisch orientierten Projekt des Sanften Tourismus, zugl. Diss. Univ. Göttingen 1995, 1995.

Rauschelbach, Burghard (Hrsg.) [Cooperating, 2002]: Cooperating for sustainable tourism: Proceedings of the Forum International at the Reisepavillon 2002 = Kooperieren für nachhaltigen Tourismus, Heidelberg: Kasparek, 2002.

Reeh, Tobias/Kreisel, Werner [Motive, 2005]: Motive, Merkmale und Marketing im Inseltourismus: Ein Überblick, in: *Michael Waibel/Tanja Thimm/Werner Kreisel* (Hrsg.), Inselwelten, 2005, S. 7–26.

Reinhardt, Ulrich [Edutainment, 2005]: Edutainment: Zwischen Bildung und Unterhaltung, in: *Reinhold Popp* (Hrsg.), Festschrift, 2005, S. 349–362.

Renschler, Regula [Dimension, 1982]: Die anthropologische Dimension: Bedrohung oder Erweiterung der Identität von Gast und Gastgeber, in: *Hermann Ringeling/Maja Svilar* (Hrsg.), Phänomen, 1982, S. 75–89.

Reuber, Paul/Albers, Aline (Hrsg.) [Postmoderne, 2006]: Postmoderne Freizeitstile und Freizeiträume: Neue Angebote im Tourismus, Bd. 5, Berlin: Erich Schmidt, 2006.

Revermann, Christoph/Petermann, Thomas [Großschutzgebieten, 2002]: TA-Projekt Tourismus in Großschutzgebieten: Wechselwirkungen und Kooperationsmöglichkeiten zwischen Naturschutz und regionalem Tourismus ; Endbericht, Bd. 77, Berlin: Büro für Technikfolgen-Abschätzung beim Deutschen Bundestag, 2002.

Richter, Dieter [Tourismus, 1998]: Tourismus und Kulturkontakt oder über die kulturelle Produktivität des Tourismus, in: *Hans-Peter Burmeister* (Hrsg.), Weg, 1998, S. 143–147.

- [Angst, 1999]: Die Angst der Reisenden, die Gefahren der Reise, in: *Hermann Bausinger* (Hrsg.), Reisekultur, 1999, S. 100–108.

Rieder, Max [Erlebniswelten, 1998]: Erlebniswelten: Jenseits der Realität - Inmitten der Utopie, in: *Max Rieder/Reinhard Bachleitner* (Hrsg.), ErlebnisWelten, 1998, S. 20–34.

Rieder, Max/Bachleitner, Reinhard (Hrsg.) [ErlebnisWelten, 1998]: ErlebnisWelten: Zur Kommerzialisierung der Emotionen in touristischen Räumen und Landschaften, Bd. 4, München, Wien: Profil, 1998.

Rieger, Paul [Dimension, 1982]: Die historische und die psychologische Dimension: Warum reiste man früher? Warum reisen wir heute? in: *Georges Grosjean* (Hrsg.), Phänomen, 1982, S. 9–21.

- [Urlaub, 1982]: Glücklicher Urlaub: Erfahrungen und Ratschläge für den "inneren" Menschen: 2. Aufl., München: Claudius-Verlag, 1982.

Rieländer, Klaus (Hrsg.) [Konsequenzen, 1995]: Konsequenzen des Tourismus: Ein Reader mit Beispielen aus Entwicklungs- und Schwellenländern ; Tagung des Arbeitskreises für Internationale Wissenschaftskommunikation e.V. (AIW), Göttingen: AIW, 1995.

Riemer, Klaus [Center Parcs, 1995]: Center Parcs, in: *Jochen Franck/Andreas Würbel* (Hrsg.), Kathedralen, 1995, S. 65–68.

Ringeling, Hermann/Svilar, Maja (Hrsg.) [Phänomen, 1982]: Tourismus - das Phänomen des Reisens: Referate einer Vorlesungsreihe des Collegium generale der Universität Bern, Bd. 27, Bern: Haupt, 1982.

Ritzer, George [McDonaldisierung, 1997]: Die McDonaldisierung der Gesellschaft, 5. - 6. Tsd., Frankfurt am Main: Fischer-Taschenbuch-Verl., 1997.

Romeiß-Stracke, Felicitas [Traumfabrik, 1996]: Vom Urlaubs-Traum zum Traum-Urlaub: die Traumfabrik Tourismus, in: *Albrecht Steinecke* (Hrsg.), Tourismusmarkt, 1996, S. 43–56.

- [Nomaden, 1997]: Nomaden sind wir alle, in: *Tobias Gohlis* (Hrsg.), Warum, 1997, S. 64–66.

- [Theorie, 1998]: Fünf Versuche zu einer Theorie des Tourismus, in: *Hans-Peter Burmeister* (Hrsg.), Weg, 1998, S. 41–53.

- [Abschied, 2003]: Abschied von der Spaßgesellschaft: Freizeit und Tourismus im 21. Jahrhundert, Mit bissigen Randbemerkungen von Karl Born, Amberg: Büro Wilhelm, 2003.

- [Erlebniswelten, 2004]: Freizeit- und Erlebniswelten: Die europäischen Erfahrungen, Erlebniswelten, 2004, S. 167–181.

Roost, Frank [Stadtplaner, 2001]: Micky Maus als Stadtplaner, in: *Dieter Kramer* (Hrsg.), Schwerpunktthema, 2001, S. 98–107.

Rudolph, Wolfgang [Ethnos, 1992]: Ethnos und Kultur, in: *Hans Fischer* (Hrsg.), Ethnologie, 1992, S. 57–78.

Rudolphi, Paul [Studienreisen, 2007]: Studienreisen in der Erlebnisgesellschaft: Eine Untersuchung zu den Implikationen der Erlebnisorientierung in der Tou-

ristik,
zugl. Diss. Univ. Paderborn 2006, Bd. 20, Paderborn: Fach Geographie Fak. für Kulturwiss. Univ. Paderborn, 2007.

Saretzki, Anja [Umwelt, 2001]: Wieviel Umwelt braucht der Tourist? in: *Alexander G. Keul/Henning Allmer* (Hrsg.), Gesund, 2001, S. 38–44.

Schade, Burkhard/Hahn, Heinz [Psychologie, 1969]: Psychologie und Fremdenverkehr, in: *Rudolf Klöpper* (Hrsg.), Aspekte, 1969, S. 35–53.

Schäffter, Ortfried [Fremderleben, 1991]: Modi des Fremderlebens, in: *Ortfried Schäffter* (Hrsg.), Fremde, 1991, S. 11–42.

- (Hrsg.) [Fremde, 1991]: Das Fremde: Erfahrungsmöglichkeiten zwischen Faszination und Bedrohung, Opladen: Westdt. Verl., 1991.

Schallaböck, Karl Otto [Fliegen, 1996]: K.O. Fliegen – eine feine Sache? Abschied von hymnischen Übersteigerungen, in: Ökozidjournal (1996), S. 38–45.

Scharpf, Helmut [Großschutzgebiete, 1998]: Tourismus in Großschutzgebieten, in: *Ulrich Ammer/Konrad Buchwald* (Hrsg.), Freizeit, 1998, S. 43–86.

Scheiner, Joachim/Steinberg, Gernot [Flugzeug, 2002]: Mit dem Flugzeug zum Wandern, in: *Jörg Borghardt* (Hrsg.), ReiseRäume, 2002, S. 106–120.

Schemel, Hans-Joachim [Kommunikation, 2001]: Kommunikation und Umwelt im Tourismus: Empirische Grundlagen und Konzeptbausteine für ein nachhaltiges Verbraucherverhalten im Urlaub, Berlin: Erich Schmidt, 2001.

Scherer, Andreas Georg (Hrsg.) [Betriebswirtschaftslehre, 2008]: Betriebswirtschaftslehre und Unternehmensethik, Wiesbaden: Gabler, 2008.

Scheurer, Roland [Erlebnis-Setting, 2003]: Erlebnis-Setting: Touristische Angebotsgestaltung in der Erlebnisökonomie, zugl. Diss. Univ. Bern 2003., Bd. 43, Bern: FIF Univ, 2003.

Schilson, Arno [Rituale, 2000]: Säkulare Rituale.: Theologische Entdeckungen in der Konsumwelt, in: *Wolfgang Isenberg* (Hrsg.), Konsum, 2000, S. 75–80.

Schlatter, Gerhard [Mythos, 1989]: Mythos: Streifzüge durch Tradition und Gegenwart, zugl. Diss. Univ. Tübingen 1988, München: Trickster-Verl., 1989.

Schmidt, Anne [Objektivierung, 2009]: Objektivierung des Erholungseffekts eines Strandurlaubs am Meer unter besonderer Berücksichtigung des Einflusses von Erholung auf die Gesundheit: Eine Fragebogenstudie, zugl. Diss. Univ. Greifswald 2009, Ernst-Moritz-Arndt-Universität, 2009.

Schmidt, Bettina [Kulturbegriff, 2000]: Zur Aktualität des Kulturbegriffs in der Ethnologie, in: *Siegfried Fröhlich* (Hrsg.), Kultur, 2000, S. 125–129.

Schmidt, Siegfried J. [Medien, 1996]: Die Welten der Medien: Grundlagen und Perspektiven der Medienbeobachtung, Bd. 46, Braunschweig, Wiesbaden: Vieweg, 1996.

Schmied, Martin [Umwelt, 2004]: Umwelt und Tourismus: Daten - Fakten - Perspektiven, Erlebniswelten, 2004, S. 27–42.

Schmied, Martin u. a. [Umwelt, 2002]: Umwelt und Tourismus: Daten Fakten Perspektiven, Forschungsbericht 200 87 112, Bd. 2002,4, Berlin: Erich Schmidt, 2002.

Schmied, Martin u. a. [Traumziel, 2009]: Traumziel Nachhaltigkeit: Innovative Vermarktungskonzepte nachhaltiger Tourismusangebote für den Massenmarkt, Heidelberg: Physica-Verl., 2009.

Schmitt, Cosima [Ferien, 2008]: Ferien bis zum Umfallen: Interview mit dem Psychotherapeuten Bernd Sprenger, in: Die Zeit Nr. 29 v. 10.07.2008, S. 59.

Schmitt, Thomas [Landschaftsanalyse, 1999]: Ökologische Landschaftsanalyse und -bewertung in ausgewählten Raumeinheiten Mallorcas als Grundlage einer umweltverträglichen Tourismusentwicklung, zugl. Habil.-Schr. Univ. Gießen 1998, Bd. 37, Stuttgart: Steiner, 1999.

Schmitz-Scherzer, Reinhard/Rudinger, Georg [Motive, 1969]: Motive- Erwartungen - Wünsche in Bezug auf Urlaub und Verreisen, in: *Studienkreis für Tourismus* (Hrsg.), Motive, 1969, S. 9–19.

Schmoll, Enno [Kulturtourismus, 2010]: Kulturtourismus und Tourismuskultur: Aspekte einer symbiotischen Verbindung, Nr. 3, Wilhelmshaven: ITF - Institut für Innovative Tourismus- und Freizeitwirtschaft, 2010.

Schönberger, Alwin [Alm-Rausch, 1994]: Alm-Rausch: Die Alltagstragödie hinter der Freizeitmaschinerie, Wien: Ueberreuter, 1994.

Schröder, Helmut/Gilberg, Reiner [Weiterbildung, 2005]: Weiterbildung Älterer im demographischen Wandel: Empirische Bestandsaufnahme und Prognose, Bd. 5, Bielefeld: Bertelsmann, 2005.

Schulze, Gerhard [Erlebnis-Gesellschaft, 1993]: Die Erlebnis-Gesellschaft: Kultursoziologie der Gegenwart: 3. durchges. Aufl., Frankfurt/Main, New York: Campus-Verl., 1993.

- [Suggestion, 2001]: Suggestion und entgangener Gewinn - zur Transformation der Erlebnisgesellschaft, in: *Dieter Kramer* (Hrsg.), Schwerpunktthema, 2001, S. 29–41.

Schurian-Bremecker [Fotografie, 2002]: Der Mann mit dem Stiefel: Fotografie und touristisches Verhalten, in: *Martina Backes* u. a. (Hrsg.), Rassismus, 2002.

Schwark, Jürgen (Hrsg.) [Industriekultur, 2004]: Tourismus und Industriekultur: Vermarktung von Technik und Arbeit, Berlin: Schmidt, 2004.

Schwarzbeck, Frank (Hrsg.) [Ökotourismus, 1995]: Ökotourismus als Instrument des Naturschutzes? Möglichkeiten zur Erhöhung der Attraktivität von Naturschutzvorhaben, Bd. 116, München, Köln, London: Weltforum-Verl., 1995

Schwenkenbecher, Jürgen [Interview, 2005]: Interview: "Den Beton finde ich auch nicht schön": Der neue Chef von Tropical Islands, Ole Hensing, über Traumurlaub, Illusionen und Verluste, in: Berliner Zeitung Nr. Online v. 17.10.2005, https://www.berlinonline.de/berliner-zeitung/archiv/.bin/dump.fcgi/2005/ 1017/brandenburg/0007/index.html (2011-01-09).

Shields, Rob [Raumkonstruktion, 1998]: Raumkonstruktion und Tourismus: Orte der Erinnerung und Räume der Antizipation in Quebec, in: *Tobias Gohlis* (Hrsg.), Fremde, 1998, S. 53–69.

Sloterdijk, Peter [Tractatus, 2008]: Tractatus philosophico-touristicus, 07.03.2008, Berlin, ITB Berlin Kongress.

Smeral, Egon [Tourismus, 1994]: Tourismus 2005: Entwicklungsaspekte und Szenarien für die Tourismus- und Freizeitwirtschaft, Wien: Ueberreuter, 1994.

- [Wachstumsmaschine, 2003]: Wachstumsmaschine Tourismus: Semper et Ubique? in: *Klaus Weiermair/Thomas Bieger* (Hrsg.), Unternehmertum, 2003, S. 35–51.

Spiegel online [Tropenwald, 2004]: Tropenwald-Schöpfer Au im Interview: "Glaubt uns, dass wir nachgedacht haben", 19.12.2004, 2004, http://www.spiegel.de/wirtschaft/0,1518,331855,00.html (2010-12-30).

Spode, Hasso [Tourismus, 1988]: Der moderne Tourismus: Grundlinien seiner Entstehung und Entwicklung vom 18. bis zum 20. Jahrhundert, in: *Dietrich Storbeck* (Hrsg.), Tourismus, 1988, S. 38–76.

- [Reif, 1995]: "Reif für die Insel." Prolegoma zu einer historischen Anthroplogie des Tourismus, in: *Christiane Cantauw-Groschek/Deutsche Gesellschaft für Volkskunde / Kommission Tourismusforschung* (Hrsg.), Arbeit, 1995, S. 105–123.

Spode, Hasso/Ziehe, Irene (Hrsg.) [Gefühle, 2005]: Gebuchte Gefühle: Tourismus zwischen Verortung und Entgrenzung, München, Wien: Profil-Verl., 2005.

Stark, Oliver [Kompetenz, 2005]: Interkulturelle Kompetenz als Wettbewerbsfaktor international agierender Unternehmen, Bd. 3130, Frankfurt am Main, Berlin, Bern, Bruxelles, New York, Oxford, Wien: Lang, 2005.

Steck, Birgit [Tourismus, 1999]: Tourismus in der technischen Zusammenarbeit: Ein Leitfaden zur Konzeption Planung und Durchführung von projektbegleitenden Maßnahmen in der ländlichen Entwicklung und im Naturschutz: 2. Aufl., Eschborn: GTZ, 1999.

Steinecke, Albrecht [Urlaubserwartungen, 1988]: Urlaubserwartungen und Urlaubertypen: Möglichkeiten und Probleme der soziologischen und psychologischen Zielgruppenbestimmung und Marktsegmentierung, in: *Dietrich Storbeck* (Hrsg.), Tourismus, 1988, S. 325–344.

- [Urlaubserwartungen, 1992]: Urlaubserwartungen und Urlaubertypen: Möglichkeiten und Probleme der soziologischen und psychologischen Zielgruppenbestimmung und Marktsegmentierung, in: *Dietrich Storbeck* (Hrsg.), Tourismus, 1992, S. 325–343.

Steinecke, Albrecht (Hrsg.) [Entwicklung, 1995]: Tourismus und nachhaltige Entwicklung: Strategien und Lösungsansätze in Europa ; 3. [4.] Europäisches Wissenschaftsforum auf der Internationalen Tourismus-Börse Berlin '95, Trier: Europäisches Tourismus Institut, 1995

- [Tourismusmarkt, 1996]: Der Tourismusmarkt von morgen - zwischen Preispolitik und Kultkonsum: 5. Europäisches Wissenschaftsforum auf der Internationalen Tourismus-Börse Berlin 1996, Bd. 10, Trier: Europäisches Tourismus Institut, 1996.

- [Hyperkonsument, 2000]: Auf dem Weg zum Hyperkonsumenten:: Orientierungen und Schauplätze, in: *Wolfgang Isenberg* (Hrsg.), Konsum, 2000, S. 85–94.

- [Erlebniswelten, 2000]: Erlebniswelten und Inszenierung im Tourismus, in: Geographische Rundschau (2000), S. 42–45.

- [Erlebniswelten, 2001]: Erlebniswelten und Inszenierungen im Tourismus: Die Thematisierung des touristischen Raumes, in: *Edgar Kreilkamp/Harald Pechlaner/Albrecht Steinecke* (Hrsg.), Destinationsmanagement, 2001, S. 67–74.

- [Themenwelten, 2009]: Themenwelten im Tourismus: Marktstrukturen - Marketing-Management - Trends: Oldenbourg, R/CVK, 2009.

Steinecke, Albrecht/Brittner, Anja (Hrsg.) [Konsumwelten, 2000]: Erlebnis- und Konsumwelten, München: Oldenbourg, 2000.

Stern, Heike von [Antennen]: Alle Antennen auf Empfang: Wer achtsam lebt, lebt besser, in: Psychologie Heute 2004, S. 20–28.

Storbeck, Dietrich [Massentourismus, 1988]: Ökonomische und soziale Aspekte der Entstehung und Existenz des Massentourismus, in: *Dietrich Storbeck* (Hrsg.), Tourismus, 1988, S. 399–423.

- (Hrsg.) [Tourismus, 1988]: Moderner Tourismus: Tendenzen und Aussichten, Heft 17, Trier: Geograph. Ges., 1988

- (Hrsg.) [Tourismus, 1992]: Moderner Tourismus: Tendenzen und Aussichten, Bd. 17: 3. unveränd. Aufl., Trier: Geograph. Ges., 1992.

Strasdas, Wolfgang [Ökotourismus, 2001]: Ökotourismus in der Praxis: Zur Umsetzung der sozio-ökonomischen und naturschutzpolitischen Ziele eines anspruchsvollen Tourismuskonzeptes in Entwicklungsländern, zugl. Diss. TU Berlin 2000, Ammerland: Studienkreis für Tourismus und Entwicklung, 2001.

Strauss-Blasche, Gerhard [Urlaubswirkung, 2004]: Urlaubswirkung und Erholungsverläufe: Zusammenfassung neuerer Ergebnisse der Urlaubs- Kur- und Erholungsforschung, Wien, Medizinische Universität Wien, 2004.

Strauss-Blasche, Gerhard/Ekmekcioglu, Cem/Marktl, Wolfgang [Vacation, 50]: Does Vacation Enable Recuperation? Changes in Well-being Associated with Time Away from Work, in: Occupational Medicine 2000 (50), S. 167–172.

Studienkreis für Tourismus (Hrsg.) [Motive, 1969]: Motive - Meinungen - Verhaltensweisen: Einige Ergebnisse und Probleme der psychologischen Tourismusforschung ; Bericht über eine Tagung des Studienkreises für Tourismus vom 21. - 23. Januar 1969 in Frankfurt, Starnberg: Studienkreis für Tourismus, 1969.

Studienkreis für Tourismus (Hrsg.) [Reisemotive, 1981]: Reisemotive – Länderimages - Urlaubsverhalten: Neue Ergebnisse der psychologischen Tourismusforschung; Bericht über e. Fachtagung d. Studienkreises für Tourismus e.V. im Rahmen der 15. Internationalen Tourismus-Börse am 4. März 1981 in Berlin, Starnberg: Studienkreis für Tourismus, 1981.

Suchanek, Norbert [Ökotourismus, 2002]: Alle reden vom Ökotourismus - Hinterfragung des Begriffes, in: *Symposium zum Internationalen Jahr des Ökotourismus/Landesanstalt für Großschutzgebiete* (Hrsg.), Tourismus-Report, 2002, S. 9.

Sumner, William Graham [Folkways, 2007 (1906)]: Folkways: A study of mores, manners, customs and morals, New York: Cosimo Inc., 2007 (1906).

Symposium zum Internationalen Jahr des Ökotourismus/Landesanstalt für Großschutzgebiete (Hrsg.) [Tourismus-Report, 2002]: Tourismus-Report: Symposium zum Internationalen Jahr des Ökotourismus ; 1.2.10 2002 in Eberswalde, Eberswalde: Landesanstalt für Großschutzgebiete, 2002.

Szczesny-Friedmann, Claudia [Gesellschaft, 1991]: Die kühle Gesellschaft: Von der Unmöglichkeit der Nähe, München: Kösel, 1991.

Tanjong public limited company [Annual, 2009]: Annual Report & Financial Statements: 31. January 2009, Kuala Lumpur; Malaysia, 2009.

- [Annual, 2010]: Annual Report & Financial Statements: 31. January 2010, Kuala Lumpur; Malaysia, 2010.

Thabe, Sabine (Hrsg.) [Räume, 1999]: Räume der Identität - Identität der Räume, Bd. 98, Dortmund: Dortmunder Vertrieb für Bau- und Planungsliteratur; IRPUD, 1999.

The Eden Project [eden, 2008]: eden project: the guide, 2008.

Tempel, Karl G. [Nachhaltiger Tourismus, 1999]: Nachhaltiger Tourismus - Zur Karriere eines Themas auf der globalen Bühne der Umwelt- und Entwicklungspolitik, in: Tourismus-Journal 3 (1999), S. 471–479.

Tetsch, Ernst J. (Hrsg.) [Kulturwandel, 1978]: Tourismus und Kulturwandel, Bd. 7, Stuttgart: Institut für Auslandsbeziehungen, 1978.

Thiem, Marion [Identität, 1994]: Tourismus und kulturelle Identität: Die Bedeutung des Tourismus für die Kultur touristischer Ziel- und Quellgebiete, zugl. Diss. Univ. Bern 1992, Bd. 30, Bern: FIF, 1994.

- [Kulturwandel, 1998]: Kulturwandel durch Reisen?: Die Bedeutung des Tourismus für die Kultur touristischer Ziel- und Quellgebiete, in: *Andreas Braun/Stephan Lennartz* (Hrsg.), Tourismus, 1998, S. 25–37.

Thurner, Ingrid [Foto, 1992]: Grauenhaft! Ich muss ein Foto machen. Tourismus und Fotografie, in: Fotogeschichte (1992), S. 23–42.

- [Rezeption, 1995]: Die Rezeption des Fremden in der touristischen Fotografie, in: *Klaus Rieländer* (Hrsg.), Konsequenzen, 1995, S. 55–62.

Tomás, Helder [Summary, 2002]: Summary of the Ecotourism Market: Prospekts in Eurpa and North America, in: *Burghard Rauschelbach* (Hrsg.), Cooperating, 2002, S. 101–114.

Tropical Island Management GmbH [Mediadaten, 2007]: Mediadaten 01/2007, 03.07.2007, http://www.tropical-islands.de/fileadmin/user_upload/Touristik/tropical_islands_mediadaten2007.pdf (2011-01-18).

- [Mediadaten, 2009]: Mediadaten 01/2009, 2009, http://www.tropical-islands.de/fileadmin/user_upload/Firmen/TI_Media-Daten_2009_v1_mail.pdf (2011-01-18).

- [Jahresabschluss, 2010]: Jahresabschluss zum 31. Januar 2010 und Lagebericht 2009/2010, (veröffentlicht am 21.10.2010), Krausnick-Groß Wasserburg, 2010, https://www.ebundesanzeiger.de/ebanzwww/wexsservlet?session.sessionid=c5b81e67951498830db07c3515e2c2f1&page.navid=detailsearchlisttodetailsearchdetail&fts_search_list.selected=a1bd80cdb0d65697&fts_search_list.destHistoryId=51380 (2010-12-29).

Tropical Islands [Philosophie]: Unsere Philosophie, http://www.tropical-islands.de/de/jobs/philosophie.html (2011-01-07).

- [Unternehmensporträt]: Unternehmensporträt – Zahlen, Daten, Fakten, Brand.

- [Menschen, 2006]: Die Menschen hinter dem Projekt Tropical Islands, Brand, Pressemitteilung, 2006.

- [Angkor, 2007]: Der Angkor Wat Tempel: Anlage 4/8 zur Pressemitteilung „Europas größte tropische Wellnesslandschaft im Tropical Islands eröffnet", 2007.

- [Elefanta, 2007]: Der Elefanta-Tempel: Anlage 1/8 zur Pressemitteilung „Europas größte tropische Wellnesslandschaft im Tropical Islands eröffnet", Brand, 2007.

. [Sauna-Landschaft, 2007]: Europas größte tropische Sauna-Landschaft: Das Regenwald-Camp, 2007.

- [Thermalgebiet, 2007]: Das Thermalgebiet Waiotapu: Anlage 2/8 zur Pressemitteilung „Europas größte tropische Wellnesslandschaft im Tropical Islands eröffnet", 2007.

- [MICE, 2009]: Meeting-Incentive-Congress-Event: Informationen für Veranstaltungen - Tropical Islands, Brand, 2009.

- [African, 2010]: The African Jungle Lift, Pressemitteilung, 2010.

- [Hinweis, 2010]: Hinweis Biotop Regenwald, 2010, http://www.tropical-islands.de/de/besucher/uebernachtung/uebernachten-in-der-halle/lodges.html (2010-12-31).

- [Indoor-Logdes, 2010]: Tropisch Übernachten: Neue Indoor-Lodges im Tropical Islands, Pressemitteilung, 2010.

- [Regenwald, 2010]: Der tropische Regenwald, Pressemitteilung, 2010.

- [Tropendorf, 2010]: Das Tropendorf, Brand, Pressemitteilung, 2010.

- [Unternehmensportrait, 2010]: Unternehmensportrait - Langfassung, Brand, 2010.

Ullrich, Wolfgang [Naturpazifismus, 1999]: Naturpazifismus und Selbstverachtung: Zum modernen Verlust der Natur, in: *Klaus Michael Meyer-Abich/Siegfried Reusch* (Hrsg.), Naturlos, 1999, S. 9–12.

Umweltbundesamt (Hrsg.) [Zukunft, 1997]: In die Zukunft reisen? "Perspektiven für unseren Traumurlaub", Berlin: Umweltbundesamt Fachgebiet Umwelt und Freizeit Sport und Tourismus, 1997.

Umweltbundesamt [Vergleich, 2009]: Vergleich der Schadstoffemissionen einzelner Verkehrsträger, http://www.umweltbundesamt.de/uba-info-presse/hintergrund/Vergleich-Personenverkehr.pdf (01 .August 2009).

- [Vergleich, 2010]: Vergleich der Emissionen einzelner Verkehrsträger im Personenverkehr, http://www.umweltbundesamt.de/verkehr/verkehrstraeg/verkehrstraegervergleich.pdf (22. Januar 2011).

UNEP / UNWTO [Tourism, 2005]: Making tourism more sustainable: A guide for policy makers, Paris/Madrid: World Tourism Organization, 2005.

Universität Oldenburg; BNN Herstellung und Handel e. V; Zentrum für Wirtschaftsethik (ZfW) gGmbH (Hrsg.) [Ethikmanagement, 2005]: Ethikmanagement in der Naturkostbranche: Eine Machbarkeitsstudie, Bd. 28, 2005.

UNWTO [Tourism, 2001]: Tourism satellite account: Recommended methodological framework, New York: Eurostat; OECD; WTO; United Nations, 2001.

Vester, Heinz-Günter [Erbsenzählerei, 1998]: Jenseits der Erbsenzählerei: Der mögliche Beitrag der Soziologie zur Tourismusforschung, in: *Wolfgang Günter/Andreas Würbel* (Hrsg.), Phänomen, 1998, S. 67–73.

- [Theorien, 1998]: Soziologische Theorien und Tourismus - eine Tour d'horizon, in: *Reinhard Bachleitner/Hanns Haas* (Hrsg.), Tourist, 1998, S. 20–28.

- [Tourismustheorie, 1999]: Tourismustheorie: Soziologische Wegweiser zum Verständnis touristischer Phänomene, Bd. 6, München: Profil, 1999.

- [Erlebnisgesellschaft, 1999]: Von der Arbeitsgesellschaft zur unbedingten Freizeit- und Erlebnisgesellschaft? in: *Andreas Braun/Hans Jürgen Kagelmann* (Hrsg.), Traumurlaub, 1999, S. 13–18.

Vickers, Adrian [Bali, 1996]: Bali: Ein Paradies wird erfunden; Geschichte einer kulturellen Begegnung, Bielefeld/Brackwede: Rump, 1996.

Viegas, Angela [Ökomanagement, 1998]: Ökomanagement im Tourismus, München: Oldenbourg, 1998.

Vorlaufer, Karl [Tourismus, 1996]: Tourismus in Entwicklungsländern: Möglichkeiten und Grenzen einer nachhaltigen Entwicklung durch Fremdenverkehr ; mit 28 Tabellen im Text, Darmstadt: Wiss. Buchges., 1996.

Voss, Christiane [Immersion, 2008]: Fiktionale Immersion zwischen Ästhetik und Anästhesierung, in: Image (2008), S. 3–15, http://www.bildwissenschaft.org/own/journal/pdf/buch_image8.pdf.

Voßebürger, Petra/Weber, Andrea [Freizeitgroßprojekte, 1998]: Planerischer Umgang mit Freizeitgroßprojekten: Bausteine zum Konfliktmanagement am Beispiel eines "Center Parcs"-Projektes, Dortmund: IRPUD, 1998.

Wachter, Markus [Freizeitwelten, 2001]: Künstliche: Touristisches Phänomen und kulturelle Herausforderung, zugl. Diss. Univ. Wien 2000, Bd. 20, Frankfurt am Main: Lang, 2001.

Wagner, Friedrich A. [Urlaubswelt, 1970]: Die Urlaubswelt von morgen: Erfahrungen und Prognosen, Düsseldorf: Diederichs, 1970.

- [Architekturstile, 1999]: Architekturstile für Freizeitwelten, in: *Dieter Kramer* (Hrsg.), Schwerpunktthema, 1999, S. 9–13.

Wahren, Reinhard (Hrsg.) [Tropisch-Brandenburg, 2007]: Tropisch-Brandenburg: Inseltouren im Süden der Mark, Berlin: Bäßler, 2007.

Waibel, Michael/Thimm, Tanja/Kreisel, Werner (Hrsg.) [Inselwelten, 2005]: Fragile Inselwelten: Tourismus, Umwelt und indigene Kulturen, Bd. 9, Bad Honnef: Horlemann, 2005.

Watzka, Carlos [Sozialstruktur, 2008]: Sozialstruktur und Suizid in Österreich: Ergebnisse einer epidemiologischen Studie für das Land Steiermark, Wiesbaden: VS Verlag für Sozialwissenschaften / GWV Fachverlage GmbH Wiesbaden, 2008.

Weick, Karl E./Sutcliffe, Kathleen M. [Unerwartete, 2003]: Das Unerwartete Managen: Wie Unternehmen aus Extremsituationen lernen, Stuttgart: Klett-Cotta, 2003.

Weiermair, Klaus [Erlebnisökonomie, 2001]: Von der Dienstleistungsökonomie zur Erlebnisökonomie, in: *Hans H. Hinterhuber* (Hrsg.), Industrie-Erlebnis-Welten, 2001, S. 35–48.

- (Hrsg.) [Qualitätszeichen, 2004]: Qualitätszeichen im Tourismus: Vermarktung und Wahrnehmung von Leistungen, Berlin: Schmidt, 2004.

Weiermair, Klaus/Bieger, Thomas (Hrsg.) [Unternehmertum, 2003]: Unternehmertum im Tourismus: Führen mit Erneuerungen, Berlin: Erich Schmidt, 2003.

Wernicke, Kerstin [Reisefieber, 1998]: Reisefieber macht die Urlaub krank, in: Globus (1998), S. 24–25.

Wieland, Josef (Hrsg.) [Tugend, 2006]: Die Tugend der Governance, Bd. 4, Marburg: Metropolis-Verl., 2006.

- [Kulturalismus, 2009]: Kulturalismus - Castoriadis und die Folgen für die Betriebswirtschaftslehre, in: *Irene Antoni-Komar/et. al.* (Hrsg.), Konzepte, 2009, S. 257–270.

Wieland, Josef/Fürst, Michael [Naturkostbranche, 2005]: Moralische Güter und Wertemanagementsysteme in der Naturkostbranche, Ethikmanagement, 2005, S. 217–235.

Winter, Gerhard [Reisehandlungen, 1988]: Motivations- und emotionspsychologische Aspekte von Reisehandlungen, in: *Dietrich Storbeck* (Hrsg.), Tourismus, 1988, S. 205–237.

Wittich, Thomas [Reisegefahren, 2004]: Reisegefahren und Urlaubsängste: Die touristische Erfahrung von Bedrohung und Unsicherheit als Gegenstand narrativer Darstellungen, zugl. Diss. Univ. Tübingen 2002., Bd. 427, Münster: Waxmann, 2004.

Wöhler, Karlheinz [Editorial, 1997]: Editoral, in: Tourismus-Journal 1 (1997), S. 3–12.

- [Naturerlebnisgebiete, 1997]: Naturerlebnisgebiete - Rettung der Naturerfahrung?: Eine kulturwissenschaftliche Ableitung, N.F., 25, Lüneburg: Univ. FB Kulturwiss., 1997.

- [Imagekonstruktionen, 1998]: Imagekonstruktionen fremder Räume: Entstehung und Funktion von Bildern über Reiseziele, in: *Tobias Gohlis* (Hrsg.), Fremde, 1998, S. 96–114.

- [Aufhebung, 1999]: Aufhebung von Raum und Zeit: Realitätsverlust Wirklichkeitskonstruktion und Inkorporation von Reisebildern, Bd. 30, Lüneburg: FB Kulturwiss. Univ., 1999.

- [Kulturangebote, 1999]: Kulturangebote zwischen Authentizität und Inszenierung: Kommt der raumlose Tourismus? Bd. 28, Lüneburg: FB Kulturwissenschaften Univ., 1999.

- [Raumbindungen, 2000]: Konstruierte Raumbindungen: Kulturangebote zwischen Authentizität und Inszenierung, in: Tourismus-Journal 4 (2000), S. 103–116.

- [Konvergenz, 2001]: Konvergenz von Destinationen und Freizeitparks - Zur postmodernen Organisation des Tourismuskonsums, in: *Edgar Kreilkamp/Harald Pechlaner/Albrecht Steinecke* (Hrsg.), Destinationsmanagement, 2001, S. 101–113.

- [Negation, 2001]: Pflege der Negation. Zur Produktion negativer Räume als Reiseauslöser., in: *Alexander G. Keul/Henning Allmer* (Hrsg.), Gesund, 2001, S. 29–37.

- [Qualitätszeichen, 2002]: Qualitätszeichen und Reiseentscheidungsprozesse, 40: Neue Folge, Lüneburg: FB Kulturwiss. Univ., 2002.

- [Virtualisierung, 2003]: Virtualisierung von touristischen Räumen, in: Tourismus-Journal 7 (2003), S. 237–250.

- [Entfernung, 2005]: Entfernung, Entfernen und Verorten, in: *Hasso Spode/Irene Ziehe* (Hrsg.), Gefühle, 2005, S. 121–134.

- [Topographie, 2005]: Topographie des Erlebens: Zur Verortung touristischer Erlebniswelten, in: *Karlheinz Wöhler* (Hrsg.), Erlebniswelten, 2005, S. 17–28.

- (Hrsg.) [Erlebniswelten, 2005]: Erlebniswelten: Herstellung und Nutzung touristischer Welten, Bd. 5, Münster: LIT, 2005

Wöhler, Karlheinz/Saretzki, Anja [Nachhaltigkeitsdenken, 2004]: Nachhaltigkeitsdenken und Nachhaltigkeitsreden: Ethikdiskurs im Tourismus, in: *Kurt Luger* (Hrsg.), Ferntourismus, 2004, S. 327–342.

Wolters, Jürgen [Tourismus, 1998]: Tourismus - paßt er in das Leitbild einer nachhaltigen Entwicklung? in: *Andreas Drews/Burghard Rauschelbach* (Hrsg.), (Öko-)Tourismus, 1998, S. 19–24.

World Tourism Organization (UNWTO [Ecotourism, 2002]: World Ecotourism Summit: Final Report, Madrid, 2002.

Zucker-Stenger, Waldefried [Hyperwettbewerb, 1996]: Hyperwettbewerb versus Authentizität: Bedürfnisse, Präferenzen und Kaufentscheidende Faktoren bei Urlaubsreisen, in: *Albrecht Steinecke* (Hrsg.), Tourismusmarkt, 1996, S. 39–42.

Anhang

- verwendeter Fragebogen

CARL VON OSSIETZKY universität OLDENBURG

Fakultät II – Institut für Betriebswirtschaftslehre und Wirtschaftspädagogik

Dipl.-Kfm. Dipl.-Hdl. Enno Schmoll
Befragung zur Dissertation über Künstliche Ferienwelten

Fragebogen Nr. ☐☐☐
(nicht ausfüllen)

1. Ist das Ihr erster Besuch im Tropical Islands?

O Ja
O Nein → **Ist das Ihr erster Besuch *mit Übernachtung* im Tropical Islands?**
O Ja
O Nein → ***Wie oft haben Sie das Tropical Islands schon besucht und hier übernachtet?*** O 1x O 2x O öfter

2. Wie viele Nächte werden Sie (vermutlich) hier bleiben / waren Sie hier? ________ Nächte

3. Ist dies Ihre... O Haupturlaubsreise O zusätzliche Urlaubsreise / zusätzlicher Ausflug

4. Wer reist mit Ihnen?
O Freund(e) O (Ehe-)Partner O Kinder → **Alter:**
O Eltern O Geschwister O Großeltern O Sonstige

5. Welche Gründe haben für diesen Urlaub / Ausflug ins Tropical Islands eine Rolle gespielt?
(Mehrfachnennungen möglich)
O kurze Anreise O Preis O deutschsprachiges Personal O tropisches Klima
O Zeitvorteil O Neugier O gute Erreichbarkeit O Sicherheit
O exotische Atmosphäre O Wünsche von Mitreisenden O Sonstiges :

6. Mit welchem Verkehrsmittel sind Sie angereist?
O Auto O Bahn O Motorrad O Wohnmobil O Bus O Fahrrad

7. Ersetzt dieser Urlaub/Ausflug eine Reise/Fahrt zu einem anderen Urlaubs-Ziel/Ausflugs-Ziel?
O Nein O Ja → Wohin wären Sie stattdessen gereist? ______________________
→ Mit wie viel Übernachtungen? __________ Übernachtungen

8. Welche Länder in Asien haben Sie im Urlaub bereits besucht?

9. Wie viele Reisen unternehmen Sie dieses Jahr ? Reisen von 2-4 Tagen __________ (Anzahl)
Reisen von 5 Tagen und mehr __________ (Anzahl)

10. Haben Sie Ihren Urlaub/Aufenthalt im Tropical Islands mit einem Aufenthalt in der Umgebung verbunden?

O Nein O Ja ➔ und zwar O Berlin O Spreewald O Rest Brandenburg O Sonstiges

wenn ja ➔ **10a. Wie viel Euro haben Sie bei diesem Aufenthalt außerhalb des Tropical Islands schätzungsweise (als Paar, Familie oder Gruppe) pro Tag ausgegeben?**

ca. ________ Euro/Tag davon ______€ für Verpflegung

______€ für Übernachtung

______€ für Eintritt

______€ für Sonstiges

wenn ja ➔ **10b. War das Tropical Islands der Hauptgrund, um in diese Gegend zu reisen?**

O der einzige Grund O einer von mehreren Gründen O eher nebensächlich

11. Wissen Sie spontan, welche Länder im Tropical Islands wieder zu finden sind?

O Nein O Ja ➔ und zwar ____________________

12. Folgende Dinge habe ich mir in der Anlage angesehen:

	Nicht gesehen	Nicht näher betrachtet	Flüchtig betrachtet	Intensiv betrachtet
Abendshow				
Gebäude im Tropen-Dorf				
Regenwald				
Beschreibung (Beschilderung) der Tropenpflanzen				

13. Wissen Sie, wozu diese Halle früher genutzt wurde?

O Nein O Ja ➔ als ____________________

14. Haben Sie in der Anlage fotografiert?

O Nein O Ja ➔ Was haben Sie fotografiert? O Regenwald O exotische Bauten O Halle/Technik O Sonstiges

15. Könnten Sie sich vorstellen, Ihren Hauptjahresurlaub in dieser oder einer ähnlichen Anlage zu verbringen, wenn entsprechende Unterkünfte (Bungalows/Hotel o. ä.) zur Verfügung stünden?

O Ja ➔ O ca. 1 Woche O ca. 2 Wochen O ca. 3 Wochen

O Nein ➔ Warum nicht?: ____________________

____

16. Wie haben Sie im Tropical Islands übernachtet?

O Zelt O am Strand O Sonstiges:

17. Wie hat Ihnen die Übernachtung im Tropical Islands gefallen?

sehr zufrieden O—O—O—O—O—O—O sehr unzufrieden

18. Würden Sie Ihren Freunden oder Bekannten einen mehrtägigen Urlaub / Aufenthalt, wie Sie ihn gerade verbracht haben, in dieser Ferienanlage empfehlen?

O Ja, uneingeschränkt O Ja, mit Einschränkungen O Eher nicht O Ganz sicher nicht

19. Jetzt würde ich gern von Ihnen erfahren, wie die Anlage insgesamt auf Sie wirkt...

	sehr	mehr	eher	eher	mehr	sehr	
anziehend	O	O	O	O	O	O	abstoßend
natürlich	●	●	●	●	●	●	künstlich
schön	O	O	O	O	O	O	hässlich
vertraut	●	●	●	●	●	●	fremd
fesselnd	O	O	O	O	O	O	langweilig
tiefsinnig	●	●	●	●	●	●	oberflächlich
echt	O	O	O	O	O	O	unecht
geschmackvoll	●	●	●	●	●	●	geschmacklos
geschichtlich	O	O	O	O	O	O	geschichtslos
stimmig	●	●	●	●	●	●	widersprüchlich
stilvoll	O	O	O	O	O	O	stillos
vollkommen	●	●	●	●	●	●	unvollkommen
	sehr	mehr	eher	eher	mehr	sehr	

20. Kommen wir kurz auf Ihre Vorlieben beim Verreisen zu sprechen. Sagen Sie mir bitte auf einer Skala von „– –" (stimme nicht zu) bis „++" (stimme zu), ob Sie folgender Aussage zustimmen:

	stimme nicht zu – –	stimme eher nicht zu –	stimme eher zu +	stimme zu ++
Ich verreise gern in ferne Länder.				
Dieser Urlaub/Aufenthalt ist genau das, was ich mir gewünscht habe.				
Ich bin kulturell stark interessiert.				
Ich bin im Urlaub unternehmungslustig.				
Mir ist wichtig, was Freunde über mein Urlaubsziel denken.				
Ich kann mich wirklich über diesen Urlaub/Aufenthalt freuen.				
Ich mag Länder mit lebendiger Kultur und Tradition.				
Dieser Urlaub/Aufenthalt fördert mein Interesse an der Natur.				
Dieser Urlaub/Aufenthalt fördert mein Interesse an anderen Kulturen.				
Dieser Urlaub/Aufenthalt weckt oder vergrößert meinen Wunsch, einmal ein exotisches Urlaubsland zu besuchen.				
Dieser Urlaub/Aufenthalt vergrößert meine Kenntnisse über die Natur.				
Dieser Urlaub/Aufenthalt vergrößert meine Einsicht in andere Kulturen.				
In diesem Urlaub/Aufenthalt habe ich die Sonne nicht vermisst.				

21. Kommen wir nun auf Ihren Aufenthalt/Urlaub hier zu sprechen. Sagen Sie mir bitte auf einer Skala von „– –" (stimmt nicht) bis „++" (stimmt), ob Sie folgender Aussage zustimmen:

Während dieses Urlaubs/Aufenthalts kann/konnte ich …	stimmt nicht – –	stimmt eher nicht –	stimmt eher +	stimmt ++
mich erholen				
mich entspannen				
Abstand zum Alltag gewinnen				
Zeit für mich selbst haben				
frische Kraft sammeln / auftanken				
Spaß / Freude / Vergnügen haben				
die Natur erleben				
ausruhen / faulenzen				
andere Kultur(en) erleben				
viel erleben / Abwechslung haben				
etwas für meine Gesundheit tun				
mit den Kindern spielen				
die Zeit vergessen				
gemeinsam mit netten Leuten etwas unternehmen				
sich unterhalten lassen				
etwas für Kultur und Allgemeinbildung tun				
Wärme / gutes Klima genießen				
Zeit füreinander haben				

22. In welche Altersklasse ordnen Sie sich ein:

O 14 – 19 Jahre O 20 – 29 Jahre O 30 – 39 Jahre O 40 – 49 Jahre
O 50 – 59 Jahre O 60 – 69 Jahre O 70 Jahre und älter

23. Wo ist Ihr Hauptwohnsitz? Postleitzahl: ____-__________ Ort: ______________________

24. Welchen höchsten Bildungs- bzw. Schulabschluss haben Sie?

O Hauptschulabschluss O Realschulabschluss O Fachabitur/Abitur
O Fachhochschul-/Universitätsabschluss

25. Sie sind... O männlich O weiblich

26. Wie schätzen Sie Ihr monatliches Haushalts-Nettoeinkommen im Vergleich zur übrigen Bevölkerung ein?

unterdurchschnittlich O——O——O——O——O——O——O überdurchschnittlich

Vielen Dank für Ihre Unterstützung!